高职高专经管类专业系列教材
GAOZHI GAOZHUAN JINGGUAN LEI ZHUANYE XILIE JIAOCAI

JINGJIXUE JICHU

经济学基础

主　编　林七七　吴春尚　李　丹
副主编　胡祖杰　伍　伟

重庆大学出版社

内容简介

本书根据教育部职业教育课程改革工作要求，职业教育财经商贸类专业建设及人才培养目标要求，以供求理论和国民收入决定为核心，把全书内容分为三大部分：第一部分即第一章，为认识经济学，简单介绍了什么是经济学，经济学的研究内容；第二部分为微观经济学，包括第二章至第八章，主要介绍家庭、厂商和市场如何合理配置经济资源，以单个经济单位的经济行为为对象，以资源的合理配置为解决的主要问题，以供求理论为中心理论，涵盖消费者行为分析、生产者行为分析、成本与收益分析、市场结构分析、收入与分配、市场失灵与政府干预；第三部分为宏观经济学，包括第九章至第十二章，主要介绍国民经济的整体运行中如何充分利用经济资源，以国民经济整体运行为研究对象，以资源的充分利用为解决的主要问题，以国民收入决定理论为中心理论，涵盖失业与通货膨胀分析、经济周期与经济增长、宏观经济政策。本书注重高素质技术技能型人才培养要求，力求系统、规范、实用，以适应当前职业教育改革对高职教材的需要。

本书既可作为高等职业院校学生的经济学基础教材，也可作为广大读者学习经济学基础知识的普及读物。

图书在版编目（CIP）数据

经济学基础 / 林七七，吴春尚，李丹主编．-- 重庆：重庆大学出版社，2024.2

高职高专经管类专业系列教材

ISBN 978-7-5689-4285-0

Ⅰ．①经…　Ⅱ．①林…②吴…③李…　Ⅲ．①经济学—高等职业教育—教材　Ⅳ．①F0

中国国家版本馆 CIP 数据核字(2024)第 003716 号

经济学基础

JINGJIXUE JICHU

主　编　林七七　吴春尚　李　丹

副主编　胡祖杰　伍　伟

策划编辑　顾丽萍

责任编辑：李桂英　　版式设计：顾丽萍

责任校对：王　倩　　责任印制：张　策

*

重庆大学出版社出版发行

出版人：陈晓阳

社址：重庆市沙坪坝区大学城西路 21 号

邮编：401331

电话：(023)88617190　88617185(中小学)

传真：(023)88617186　88617166

网址：http://www.cqup.com.cn

邮箱：fxk@cqup.com.cn (营销中心)

全国新华书店经销

重庆新荟雅科技有限公司印刷

*

开本：787mm×1092mm　1/16　印张：17　字数：395 千

2024 年 2 月第 1 版　　2024 年 2 月第 1 次印刷

印数：1—2 000

ISBN 978-7-5689-4285-0　定价：49.00 元

前　言

如今，经济全球化和区域化不断向纵深发展，我们经常能从各类媒体上听到或看到许多关于经济形势的描述，如房市一路低迷，某行业处于垄断或竞争地位，某国或地区的GDP(国内生产总值)及GNP(国民生产总值)是多少，居民储蓄总额的变化，银行利率的升降，税收的增减，国债发行规模的变化，等等。事实告诉我们，不管你愿不愿意，喜欢不喜欢，经济现象都是客观存在的，是不以人的意志为转移的。因此，学习经济学不仅有助于了解我们所生活的经济社会，也有助于对政府政策的了解和把握，为个体判断提供依据。

高等职业教育以培养经济社会急需的高技能型人才为宗旨，其中经济知识和实践能力越来越成为学生必备的素养。"经济学基础"是一门理论性强、实践能力要求高的综合性学科，为了使学生更好地掌握经济学基本原理和规律，本书从适应高职高专教材改革需要出发，坚持理论必需、够用的原则，在吸收和借鉴国内外同类教材优点的基础上，结合作者多年的经济学教学经验和课程教学改革经验编写而成。与已有的经济学教材相比，本书具有以下特色。

(1)培养目标明确。学习目标划分为知识培养目标、技能培养目标、思政育人目标，理论要求和实践运用要求相统一，同时注重学生价值观培养，使培养目标更加明确，针对性更强。

(2)结构合理。在结构体裁上设置了学习目标、思维导图、引导案例、思政拓展案例、思考与练习、技能训练项目等栏目，在正文中还穿插有身边经济学、知识小链接等栏目，教学内容中运用了大量图形、表格和案例。

(3)体例新颖。针对高职学生的特点，编写注重易学性、动态性、知识性、新颖性、趣味性和应用性。

(4)思政创新。本书明确教材内容的政治方向和思想引领作用，始终保持正确的价值判断，以中国特色社会主义经济理论的成果丰富教学内容，强化教学的辩证思维，构建课堂教学的共同价值观，从而有利于学生正确认识经济理论，培育学习者对马克思主义经济理论的自信，促进学生全面发展。

本书由林七七、吴春尚、李丹担任主编，由胡祖杰、伍伟担任副主编。参加编写的人员还有吕春燕、方艳、黎骅锋等。

在本书的编写过程中，我们参考了相关经济学著作与论文，在此表示诚挚的谢意。由于编者水平有限，书中难免存在不足之处，恳请专家和广大读者批评指正。

编者

2023年7月

目 录

第一章　认识经济学

【知识培养目标】

◆ 理解经济学的定义、经济学相关的基本概念。

◆ 理解资源稀缺、资源配置与经济制度之间的关系。

◆ 掌握机会成本和生产可能性边界。

◆ 理解和掌握微观经济学和宏观经济学的内容和假设条件。

【技能培养目标】

◆ 能识别身边的经济现象。

◆ 能初步用经济学思维思考和分析现实的经济现象。

【思政育人目标】

◆ 通过对供求调控的分析，加深对中国特色社会主义市场经济体制优越性的认识。

◆ 学会抓住主要矛盾，减少运用时间的机会成本。

【思维导图】

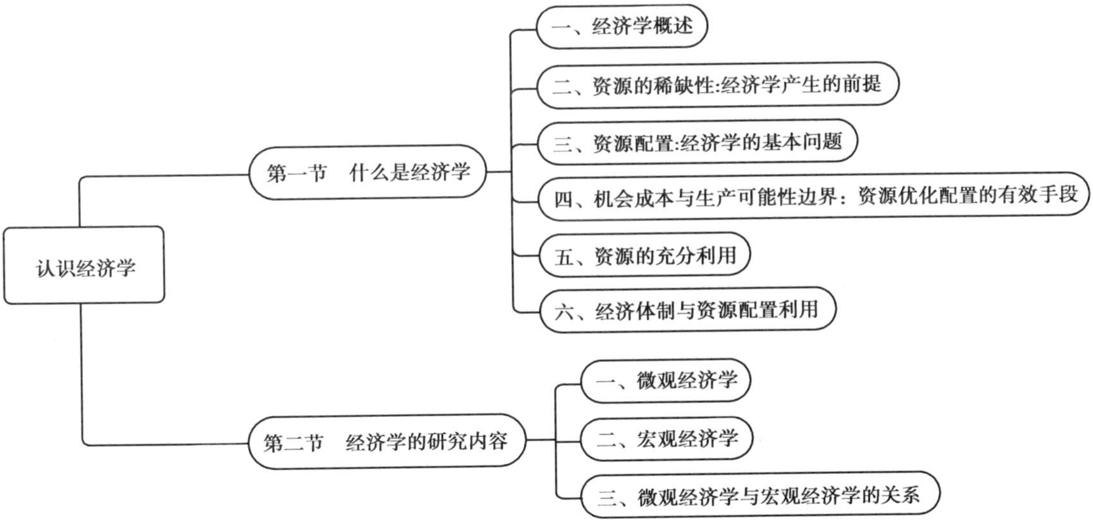

【引导案例】

供需因素主导下动力煤价格“起舞”

动力煤市场价近日也出现大幅上涨。中国电煤采购价格指数显示，2023年9月13日5500大卡动力煤价格为881元/吨，9月20日5500大卡动力煤价格已升至990元/吨。据悉，该价格指数采用曹妃甸港区电煤现货采购平仓价作为样本，按样本采购量加权编制，反映当期市场电煤现货交易真实成交价格水平。

对于煤价反弹，易煤研究院研究部副总监杨洁认为，其主要受产地安检加强、下游需求增加等因素影响。目前陕西、山西和内蒙古等主产地的安监形势依然严峻，导致煤炭产量受到一定的影响。但下游化工行业和民用市场对于动力煤的需求上升，支撑煤炭市场价格偏强运行。此外，一些具有风向标意义的大矿原煤起拍价也出现了一定幅度上涨，进一步推动了市场看涨的情绪。环渤海港口是国内煤炭运销的重要环节，近一周，存在刚需的下游环节开展采购，这使得贸易商报价进一步水涨船高，推动市场报价和成交价格持续快速走高。

从中国煤炭市场网CCTD的数据来看，目前主要电厂库存依然较高，处于安全水平。但有业内人士透露，煤炭产地的减量显然是超预期的，内蒙古、陕西等地减产幅度甚至在15%以上。从目前的供求情况来看，动力煤价格的向上空间正逐步打开。

（资料来源：中国财富网）

动力煤价格变化是市场经济的必然规律，国家相关部门也会了解当前煤炭行业情况，出台各种措施，为冬天的煤炭保供工作做准备。因此，煤炭市场的价格并不仅仅由单一的买方或者卖方决定，而是由市场背后的供需规律决定，只有厘清价格背后的供求逻辑，才能更好地维护市场秩序，保证社会经济健康稳定可持续发展。在分析经济现象时，应该用经济学的全局视角和思维，透过现象看到本质。

第一节　什么是经济学

一、经济学概述

经济一词，在西方源于希腊文，原意是家计管理。古希腊哲学家色诺芬的著作《经济论》中论述了以家庭为单位的奴隶制经济的管理，这和当时的经济发展状况是适应的。

在中国古汉语中，“经济”一词是“经邦”和“济民”、“经国”和“济世”，以及“经世济民”等词的综合和简化，含有“治国平天下”的意思。其内容不仅包括国家如何理财、如何管理其他各种经济活动，而且包括国家如何处理政治、法律、教育、军事等方面的问题。

包括在“经世济民”内的“经济”一词，很早就从中国传到日本。西方经济学在19世纪传入中、日两国。日本的神田孝平最先把economics译为“经济学”，中国的严复则译为“生计学”。20世纪80年代以来，经济学已逐渐成为各门类经济学科的总称，具有经济科学的含义。

关于什么是经济学，不同的经济学家有不同的答案。著名经济学家保罗·萨缪尔森(1970年诺贝尔经济学奖获得者)给出了一个大多数经济学家都同意的一般定义：经济学研究的是一个社会如何利用稀缺资源生产有价值的商品和劳务，并将它们在不同的人之间进行分配。可见，经济学是研究如何使稀缺资源处于最佳用途以满足人类最大需要的科学。简单地讲，经济学是一门关于如何选择的科学，主要有三点考虑：资源的稀缺性是经济学分析的前提；选择行为是经济学分析的对象；资源的有效配置是经济学分析的中心目标。

二、资源的稀缺性：经济学产生的前提

(一)资源

1972年，联合国环境规划署定义：“所谓资源，特别是自然资源，是指在一定时间、地点条件下，能够产生经济价值，以提高人类当前和将来福利的自然环境因素的总称。”从该定义可知，资源是指能够被人们利用来生产物品、提供劳务和创造价值的东西，一般主要指劳动力、土地、资本等。

生产要素：我们将土地、劳动、资本、技术与管理统称为生产要素。土地指的是包括土地在内的一切自然资源；劳动指的是人的体力和脑力的支出；资本是最终产品和生产中投入的中间产品；技术和管理指的是组织管理能力和生产管理能力。

资源和生产要素的区别：资源的含义要比生产要素广泛。如时间是一种资源，但不是生产要素。

人类在这个地球上不是独立存在的，其所有的行为都必须要与特定的资源发生直接或间接的联系。离开资源，人类的生存和发展无从谈起。小至个人，大到民族、国家，均是如此。人类可以从太阳和地球那里得到满足个体生存以及种族维持的足够的资源，甚至可以说过剩的能量。

(二)欲望

欲望是人们为了满足生理和心理上的需要而产生的渴望。这种欲望是无限多样的。当一个较低层次的欲望得到满足甚至只是部分得到满足时，人们就会立即产生新的更高层次的欲望。人们总是希望未来比现在更好，自己的生活更富裕，有更多的收入和荣誉。尽管人们的生活水平在不断提高，但人们的欲望也在不断增长，甚至以更快的速度在增长。不断提高的欲望，是人类进步的重要动力之一。在人类早期或目前尚处于贫穷阶段的人，可以有较高的欲望，并积极发展生产，提高自己的生活水平，满足自己的欲望。

(三)免费品和经济物品

欲望的满足需要借助一定的物品来实现，满足人们欲望的物品分为两类：自由取用的物品和经济物品。

自由取用的物品也叫免费品，是指人类无须做出努力或花费任何代价便可随意得到

的物品，如阳光、空气和海水，这类物品的基本特点是“取之不尽，用之不竭”，供给远大于需求，对人类有用而且价格为零，即买方不用花费任何代价，卖方也得不到任何好处，因此通常不存在供求双方形成的买卖市场。面对人类无限的欲望，用来满足人类需要的自由物品将越来越少。如水资源，在200年前可以说是自由物品，而在今天，水是人类稀缺的资源之一。

经济物品也叫稀缺物品，是指人类必须付出一定代价才能得到的物品，如汽车、粮食等。这类物品的共同特点是有一定的市场价格。经济物品的特点主要表现为：

①有用性。

②人们获得时通常都要花费代价。

③经济物品相对于自由物品来说一定是稀缺的，即经济物品的稀缺性。

④价格为正。价格为正的物品在市场交易时，通常是买方向卖方支付代价。这与我们平时购买商品、劳务时的经验相一致。

人类的欲望主要依赖消费各种经济物品来满足，但经济物品的量又是稀缺的。进入21世纪，生产力极大提高，物质财富极大丰富，但为什么经济物品还是稀缺呢？因为生产这些经济物品的资源总是有限的。首先，地球上的自然资源是有限的，石油、天然气、煤等资源都是不可再生的，用一点少一点。其次，经济组织中的资本、劳动力、企业家才能等资源也是有限的。最后，时间资源也是有限的，因为时间具有一维性，不可逆转。因此。我们不可能无限制地生产经济物品。

（四）资源的稀缺性

资源的稀缺性，指相对于人类无限的需求而言，人的需求具有无限增长和扩大的趋势，为了满足这种需求就需要更多的物品和劳务，从而需要更多的资源，而在一定时间与空间范围内资源总是有限的，相对不足的资源与人类绝对增长的需求相比造成了资源的稀缺性。

一方面，人的欲望是无限的；另一方面，用来满足人的欲望的经济物品和资源又是有限的，这对矛盾是永远无法解决的，这就产生了资源的稀缺性。

无论是古老的原始社会还是今天的发达社会，无论是贫穷的非洲还是富裕的欧美地区，无论是富可敌国的比尔·盖茨还是一贫如洗的阿富汗难民，都要面对稀缺性，只是稀缺的内容不同而已。一方面，稀缺性是人类面对的永恒问题，只要有人类社会，就会有稀缺性；另一方面，资源的稀缺性具有相对性，相对于人类的欲望来说，再多的资源也总是不足的。所以，资源的稀缺性就是相对于人类社会的无穷欲望而言，经济物品或者说生产这些物品所需的资源总是不足的。经济学正是产生于稀缺性的存在，经济学的研究对象也是由这种稀缺性所决定的。

西方经济学家认为，经济学是由于稀缺性的存在而产生的。这里要注意的是，经济学上所说的稀缺性是指相对的稀缺性，这也就是说，稀缺性强调的不是资源的绝对数量的多少，而是相对于人类欲望的无限性来说，再多的物品和资源也是不足的。

【课程思政】

身边经济学

如今,人们都在积极倡导营造低碳生活,尽量减少化石燃料(如石油、煤)的使用,为什么呢?这正是因为化石燃料是稀缺的。所以我们一方面要学会节约,千万不能浪费稀缺资源;另一方面要学习经济学,只有学好了经济学,才可以帮助我们更好地处理稀缺性问题。

此外,古语有云“知足者常乐”,就是告诉我们在面对相对稀缺的资源时,要能克制自己的欲望,若放任自身欲望膨胀,不仅对自然环境有害,而且自己也不会得到真正的快乐!

三、资源配置:经济学的基本问题

资源的稀缺性决定了人们必须在资源的多种用途上进行选择。因为同一种资源可以用于不同产品的生产,同时人类欲望的满足也有轻重缓急之分,所以,在用有限的资源去满足人类的不同欲望时,就必须作出选择。总之,在经济学中,人们始终被要求作出各种各样的选择,消费者在一定的收入条件下不仅要在不同商品的消费中进行选择,还要在消费和储蓄间作出选择;社会在既定的资源条件下,不仅要在不同商品的生产中进行选择,还要在消费和投资中进行选择。这实际上是一个资源配置的问题。人类为了满足自身需求对这些资源的使用作出安排,这个过程被称为资源配置。

具体来说,资源配置就是要解决以下三个基本问题:

(一)生产什么和生产多少

当我们拥有资源时,我们可以利用这些资源生产多种可能的物品和劳务,但我们应该生产的每种物品和劳务的数量是多少呢?何时生产这些物品和劳务呢?今天我们应该生产面包还是小汽车呢?是应该生产高档小汽车还是普通小汽车呢?我们是应该生产许多消费品(面包),还是应该生产少量的消费品和许多投资品(面包厂),从而让明天拥有更多的消费品呢?在资源稀缺性的前提下,生产什么和生产多少是人们首先要考虑和选择的问题,选择的标准是需求的迫切程度。

(二)如何生产

即由哪些人,使用哪些资源,应用哪种技术方法来生产这些物品?谁来当农民,谁来当工人?用手工还是用机器生产物品?是在私有制的资本主义公司还是在国有制的社会主义企业里生产物品?不同的生产方式对资源利用的效果不同,如何生产是在生产什么和生产多少决定之后第二个必须考虑和选择的问题,选择的标准是生产效率。

(三)为谁生产

即谁享受这些经济活动的成果呢?社会产品如何分配呢?我们的社会是否将是一个富人很少而穷人很多的社会?是管理者、工人还是资本家应该得到高收入呢?懒惰者会过得很好吗?为谁生产实际上是指生产出的产品和劳务在不同的成员或者利益集团之间如何分配。其实质是收入和财务如何分配的问题。为谁生产是资源配置过程中的最后一个环节，选择的标准是公平与效率的兼顾。

这三个基本问题是所有经济社会共同的问题。虽然社会中，任何个人和组织都不负责解决这些经济问题，但是在市场中，千百万企业和消费者自愿从事交易，他们的活动通过价格和市场无形地得到协调，从而解决了这三个基本的经济问题。

四、机会成本与生产可能性边界：资源优化配置的有效手段

面对稀缺性，资源配置的一个重要原则就是能够最好地利用有限资源，实现资源配置的最优化。那么如何判断资源在配置过程中实现了最优化呢？这涉及经济学的两个基本概念：机会成本和生产可能性边界，它们反映了稀缺资源在配置中的相互关系。

（一）机会成本

对于消费者来讲，在个人收入既定的约束下，面临的基本选择是用多大比例的收入满足现在的消费，用多大比例的收入满足未来的消费（即储蓄）。对于生产者来讲，在支配的生产要素既定的约束下，面临的基本选择是生产什么、生产多少、如何生产以及如何分配生产成果；对于政府来讲，在财政收入既定的约束下，面临的基本选择是如何在公共福利和公共安全之间分配财力等。

选择的基本原则是最优化或经济化，即在付出的代价相同时，获得的收益最大；或在获得的收益相同时，付出的代价最小。然而，如何衡量一项选择是否实现了最优化呢？要理解这个问题，可以借助机会成本这个概念。

机会成本就是指当一定的资源用于生产某种产品时所放弃的该资源用于生产其他产品可能获得的最大收益。例如，一个人选择上大学，就必须放弃三年或者四年工作所能得到的收入，放弃的这些工作收入就是选择上大学的机会成本。例如，农民在获得更多土地时，如果选择养猪就不能养其他家禽，养猪的机会成本就是放弃养鸡或养鸭等的收益。假设养猪可以获得9万元，养鸡可以获得7万元，养鸭可以获得8万元，那么养猪的机会成本是8万元，养鸡的机会成本为9万元，养鸭的机会成本也为9万元。再如，在图书馆看书学习还是享受看电视剧带来的快乐之间进行选择，那么在图书馆看书学习的机会成本是减少享受看电视剧带来的快乐，享受看电视剧的机会成本是失去了在图书馆看书学习所得到的东西。懂得机会成本的存在，有助于个人、企业和政府作出正确的决策。人们在作决策时，不能只考虑赚了多少钱或得到了多少收益，还要考虑放弃了多少可能赚到的钱或多少可能得到的收益，即赚这些钱或得到这些收益的机会成本是多少。

机会成本是对资源配置效率的一种度量。资源配置的效率越高，则生产的机会成本就越低。但是，机会成本的运用是有条件的。首先，在不存在闲置资源的情况下，机会成本才有意义；其次，资源要有多种用途，即存在多种选择的可能性。如果资源只有特定的用途，没有可供选择的用途，机会成本也就没有意义。例如，在我国传统的计划经济体制下，绝大部分农民没有从事非农工作的可能，因此，他们务农的机会成本就等于0。

对于机会成本需要注意的是：①机会成本不同于实际成本，它不是在作出某项选择时

实际支付的费用或损失，而是一种观念上的成本或损失；②机会成本并不全是由个人的选择所引起的，有时他人的选择也会给自己带来机会成本；③机会成本是作出选择时所放弃的其他若干种可能的选择中最好的一种。

【知识小链接】

机会成本与会计成本

机会成本是指为了得到某种资源而不得不放弃另外一些资源，在放弃资源中价值最大的那部分。当然机会成本和我们平时所说的成本(会计成本)是完全不同的两个概念，会计成本是可以通过会计报表直接看出来的，是一种显性成本；机会成本则不能通过某种工具直接反映出来，是一种隐性成本。有的时候利用会计成本去计算利润是正的，但用机会成本去计算，就有可能是负数。最典型的就是我们在核算收入的时候，通常不会将污染等因素考虑进去。

(二)生产可能性边界

为了使相对稀缺的有限的资源来满足无限多样的需要，经济学提出生产可能性边界这个概念来考察一个国家应该怎样分配其相对稀缺的生产资源问题。生产可能性边界又称为生产可能性曲线，是指在一定的资源条件下，利用现有资源可能生产的最大产量组合。生产可能性曲线用来表示经济社会在既定资源和技术条件下所能生产的各种商品最大数量的组合，它反映了资源稀缺性与选择性的经济学特征。

我们知道，一国可利用的资源，按用途来说，主要用于生产资料和消费资料的生产。由于资源总量是一定的，因此，要多生产消费资料就必须减少生产资料的产量。那么，一个国家如何兼顾目前利益和长远利益，把有限的资源分配使用于消费资料和生产资料的生产，是经济学必须回答的一个重要问题。这个问题可以用生产可能性曲线来解释和回答。

现在，假定一国现有资源用来生产面包(消费资料)和机器(生产资料)。如果全部用来生产面包，可生产 OD 单位；如果全部用来生产机器，可生产 OA 单位；如果同时用来生产机器和面包两种产品，则可能有各种不同的面包与机器的产量组合。将面包和机器的各种不同的产量组合描绘在坐标图上，便可得出生产可能性曲线，如图1-1所示。

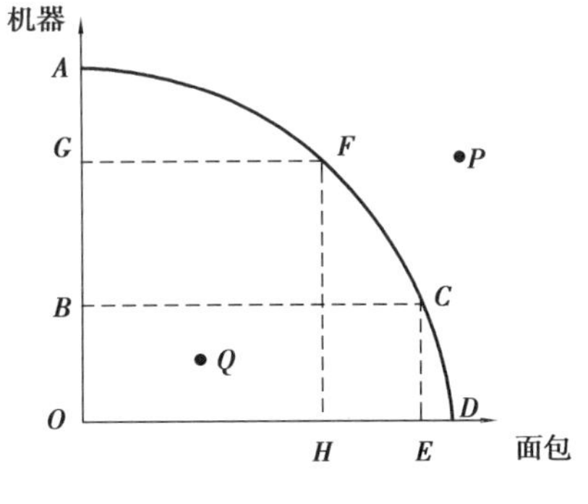

图1-1 生产可能性曲线

图中的 AD 线即生产可能性曲线，或称生产可能性边界(Production Possibility Frontier)，也可称为转换线。

生产可能性曲线是用来说明和描述在一定的资源与技术条件下可能达到的最大的产量组合曲线，它可以用来进行各种生产组合的选择。如图1-1中 F 点和 C 点比较，少生产

*GB*数量的机器产品(资本品),就可以多生产*HE*数量的面包产品(消费品),因此,生产*HE*单位面包产品的机会成本就是*GB*单位的机器设备。那么,一个国家关于消费资料和生产资料这两大部类的生产,到底是选择*F*点还是*C*点?或者是*AD*线上的任何其他一点?这就是经济学所面临和必须回答的问题。

生产可能性曲线还可以用来说明潜力与过度的问题。生产可能性曲线以内的任何一点(如*Q*点),说明生产还有潜力,即还有资源未得到充分利用,存在资源闲置;而生产可能性曲线之外的任何一点(如*P*点),则是现有资源和技术条件所达不到的。只有生产可能性曲线之上的点,才是资源配置最有效率的点。因为它说明一个社会的全部资源都得到了充分利用,不存在闲置资源和失业,社会经济达到了充分就业的状态。

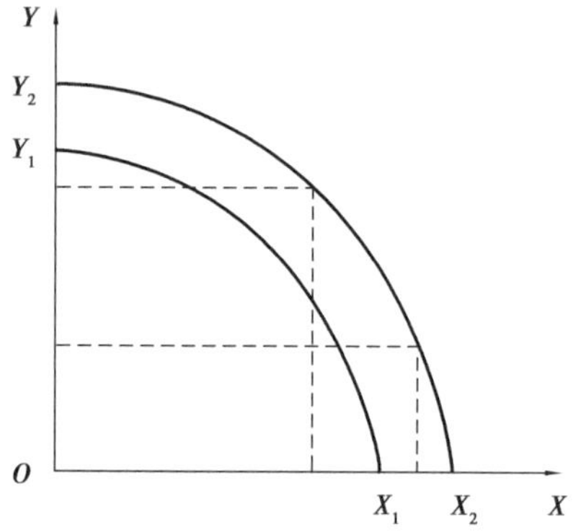

图1-2 生产可能性曲线的扩展

在资源数量和技术条件不变的条件下,一个社会现有资源可能生产的产品产量组合是既定的,但当资源数量变化和技术条件改变时,生产可能性曲线会相应移动。随着资源数量的增加或技术的进步,生产可能性曲线会向外平行移动,如图1-2所示。

图1-2中,在原来的技术水平和资源条件下,生产可能性曲线为X_1Y_1。现假定资源数量增加了,或者技术进步,劳动生产率提高了,使生产可能性曲线向外平移至X_2Y_2。在X_2Y_2上,每一点所代表的两种产品的产量组合都比X_1Y_1上相应的一点所代表的产量组合要大。因此,生产可能性曲线向外移动,代表着一个社会生产能力的提高。

【课程思政】

身边经济学

生产可能性曲线告诉我们这样一个道理:做事要量力而行,千万不要“不可为而为之”,这样不仅不能把事情做好,而且还会徒增烦恼。在大学期间,总是有许多学生喜欢出去做兼职,有些人因此耽误了学习,这是因为每个人的时间和能力都是有限的。同时我们也不可以妄自菲薄,轻视自己的能力,因为有时我们可能处于自己的“生产可能性曲线”之内,这个时候就需要你充分发挥自己的潜力,达到“人尽其才”,不要浪费了自己的能力。

五、资源的充分利用

在现实生活中,人类社会往往面临这样一个矛盾:一方面资源是稀缺的;另一方面稀缺的资源又没有得到充分的利用,如劳动者失业、生产设备和自然资源经常处于闲置状态等。因此,资源的稀缺性不仅要考虑资源配置的问题,还要考虑资源利用的问题。资源配置解决的是有限资源能否被配置到最佳用途或合理使用,以便生产更多的产品和劳务。资源利用则解决有限资源能否得到充分利用或不让其闲置,以便使资源都发挥作用。从整个社会层面上讲，要实现资源的充分利用，要考虑以下三个方面的基本问题：如何达到充分就业？如何保持物价稳定？如何实现经济增长？这是经济学要研究的另外三个基本问题，即宏观经济问题。

（一）如何充分就业

资源是否得到充分利用，是否存在资源的闲置和浪费现象，也就是说如何使资源得到充分利用，从而使产量达到最大，这就是一般所说的充分就业问题。

（二）如何保持物价稳定

资源利用过程中如果资源利用不足，存在闲置，比如失业状态下往往伴随通货紧缩现象，但是利用过度则可能导致通货膨胀。这两种情况都会破坏市场经济的价格体制，不利于经济的稳定运行，因此资源的利用最好没有通货紧缩也没有通货膨胀，即物价稳定。因此，经济学要研究资源充分利用，也要研究如何保持物价稳定。

（三）如何实现经济增长

经济增长意味着在相同的资源限制情况下能够生产更多的产品和劳务来满足人们的需要，这也是资源充分利用的目的，因此研究资源充分利用和如何实现经济增长具有特别重要的意义。

六、经济体制与资源配置利用

为了达到有效配置稀缺资源的目的，社会有必要作出一定的制度安排和经济规则设定，即建立一定的经济体制。换句话说，经济体制的首要功能应该是有效地进行资源配置。

不同的社会选择在不同的经济制度下组织不同的经济活动，这就是经济制度发挥了作用。经济制度就是一个社会作出选择的方式，或者说解决资源配置或利用的方式。当前世界解决资源配置与利用的经济制度基本有两种。一种是市场经济制度，即通过市场价格的调节来决定生产什么、如何生产和为谁生产的问题。哪一种产品的价格高就生产哪一种，用什么方法生产成本低就用什么方法生产，谁在生产中作出的贡献大谁得到更多的商品。资源的充分利用依靠价格的调节与刺激来实现。另一种是计划经济制度，即通过中央计划来决定生产什么、如何生产与为谁生产，资源的充分利用也依靠计划来实现。当然，在现实中许多国家的经济制度都是市场与计划不同程度的结合，经济学家把这种经济制度称为“混合经济”。但市场与计划的结合并不是一半对一半，总是以一种经济制度为主，以另一种为辅。现在越来越多的人认识到，市场经济从总体上看比计划经济效率高，更有利于经济发展。因此许多过去采用计划经济制度的国家纷纷转向市场经济。

【课程思政】

绿水青山就是金山银山

人类欲望的无限性和资源的有限性，使生产与发展资源的稀缺性日益突出。19世纪某些资本主义国家崇尚完全自由的市场经济制度,个人的自私与企业的逐利行为使整个社会资源被过度开发,造成了严重的空气污染、水污染和生态系统的破坏。

新时期,我国在经济社会发展中更加注重资源的集约化开发利用和生态环境的综合治理。在党的十九大报告中,习近平总书记指出,坚持人与自然和谐共生,必须树立和践行绿水青山就是金山银山的理念,坚持节约资源和保护环境的基本国策。在党的十八届五中全会上,习近平总书记提出了创新、协调、绿色、开放、共享的新发展理念。在经济发展的过程中要注重生态环境的治理与保护,切实提高人民生活的幸福感和获得感。"十四五"期间,我国会更加深入贯彻五大发展理念,充分发挥科技创新优势,提高资源利用效率,实现经济社会的更高质量发展。

第二节　经济学的研究内容

经济学的研究对象是资源配置与利用,前者构成微观经济学的研究内容,后者构成宏观经济学的研究内容。

一、微观经济学

(一)微观经济学的定义

微观经济学是以单个经济单位为研究对象,通过研究单个经济单位经济行为和相应的经济变量单项数值的决定来说明价格机制如何解决社会的资源配置问题。

理解微观经济学的定义需要把握以下四个基本特点:

1.微观经济学的研究对象是三个经济单位的经济行为

微观经济学以个别经济单位为研究对象。个别经济单位是指所有参与社会经济运行的个人或实体,包括消费者、工人、投资者、土地所有者、厂商等。微观经济学主要以单个经济单位作为研究对象,分析单个生产者如何将有限的资源分配在各种商品的生产上以取得最大的利润;单个消费者如何将有限的收入分配在各种商品的消费上以获得最大的满足。同时,微观经济学还分析单个生产者的产量、成本、使用的生产要素数量和利润如何确定;生产要素供应者的收入如何决定;单个商品的效用、供给量、需求量和价格如何确定;等等。

2.微观经济学解决的问题是资源配置问题

微观经济学是研究个别经济单位的决策行为以及市场体系如何对稀缺资源进行配置的科学。微观经济学通过对个别经济单位决策行为的研究,来描述现代市场经济的运行机制和作用,说明市场配置经济资源的过程、效率及其失灵,寻求改善效率、弥补缺陷的途径。

3.微观经济学的中心理论是价格理论

在商品与劳务市场上,作为消费者的家庭根据各种商品的不同价格进行选择,设法用有限的收入从所购买的各种商品量中获得最大的效用或满足。家庭选择商品的行动必然会影响商品的价格,市场价格的变动又是厂商确定生产何种商品的信号。厂商是各种商品及劳务的供给者,厂商的目的则在于如何用最小的生产成本,生产出最大的产品量,获得最大限度的利润。厂商的抉择又将影响到生产要素市场上的各项价格,从而影响到家庭的收入。家庭和厂商的抉择均通过市场上的供求关系表现出来,通过价格变动进行协调。因此,微观经济学的任务就是研究市场机制及其作用,均衡价格的决定,考察市场机制如何通过调节个体行为取得资源最优配置的条件与途径。

4.微观经济学分析方法是个量分析

个量分析是对单个经济单位和单个经济变量的单项数值及其相互关系所做的分析。微观经济学以单个经济单位为研究对象,与此相适应它使用的是个量分析方法。

(二)微观经济学的基本内容

1.均衡价格理论

经济学其实是研究稀缺资源的配置方式,而这种配置资源的方式,就是价格机制。价格分析是微观经济学分析的核心,价格机制直接决定了两样东西:供求平衡和完全竞争的市场结构,而需求和供给又分别构成了效用理论和厂商理论的基础,因此,价格机制可以说是构成了整个微观经济学的基础,起到了定海神针的作用。

2.消费者行为理论

消费者行为理论也叫作效用理论,它研究消费者如何在各种商品和劳务之间分配他们的收入,以达到满足程度的最大化。

3.生产者行为理论

生产者行为理论是研究生产者决策行为的理论。假设生产者以利润最大化为目标,考虑在技术条件约束下如何通过选择最优的生产计划来实现其目标。生产者理论与消费者理论所采用的分析方法基本相同,两者只在经济含义上存在区别。

4.成本收益理论

成本收益理论是生产理论的延伸。它是研究厂商在既定的条件下,生产成本与产量之间的关系。成本是厂商经营决策的主要基础,厂商通过使总收益与总成本之差达到最大,实现利润最大化。

5.市场理论

市场理论也被称为厂商理论。它是研究影响资源配置和分配的厂商行为的理论,它是微观经济学的组成部分。其中厂商是市场经济中生产组织的基本单位,它主要指个体工商户、合伙公司、股份公司等,而生产相同产品的同类厂商则组成一个行业。

市场理论研究不同市场条件下的厂商均衡条件与价格、产量的决定。不同市场条件包括市场的结构、市场组成的特点和市场的竞争程度。

6.分配理论

分配理论是揭示财富在社会成员间分配的经济学理论。它研究生产要素市场中各种生产要素(劳动、资本、土地、企业家才能)如何决定。该部分是运用价格理论来说明为谁生产的问题。

7.市场失灵与微观经济政策

经济学家认为,在现实社会中,种种原因将导致市场失灵,即市场机制的运转无法使社会资源达到最优配置,无法实现社会经济福利的最大化等社会目标。因此,市场机制的作用并不是万能的,必须通过政府对经济的干预来加以克服。

(三)微观经济学的基本假设

微观经济学理论是建立在一系列假设条件之上的。在微观经济分析中,在不同的模型中,具体的假设条件存在着差异,至少有两个基本的假设条件。

1.理性人假设

合乎理性的人的假设条件(经济人)。以利己为动机,力图以最小的经济代价去追逐和获取自身的最大的经济利益。只有在这一假设之下,价格调节实现资源配置最优化才是可能的。

2.完全信息假设

市场上每一个从事经济活动的个体(即买者和卖者)都对有关的经济情况具有完全的信息。消费者和厂商只有具备完备而迅速的市场信息才能及时对价格信号作出反应,以实现其利益最大化的目标。

以上两个假设条件是微观经济学中的基本假设条件。上述两个假设条件未必完全合乎事实,它们是为了理论分析的方便而设立的,在分析具体经济问题时,必须注意非假设条件下的情况。

【知识小链接】

理性经济人

理性经济人,就是说每一个人都是利己的,在其活动中总是想以最小的成本获取尽可能多的利益。在西方经济学中,“理性经济人”有时候也被简称为“经济人 ”。这个概念最早是由英国最伟大的经济学家亚当·斯密在《国民财富的性质和原因的研究》(简称《国富论》)中提出的。他生动地指出,只要每个人都成为理性经济人,尽管没有政府去协调他们的经济活动,这种为追求个人利益的行为也会对社会作出巨大贡献,让社会繁荣富裕起来。“经济人”假设贯穿整个微观经济学的始末。在消费者理论中,每个消费者总是想方设法用最少的钱使自己的效用达到最大;在生产者理论中,企业也绞尽脑汁想以最小的成本获取最多的收益,以达到利润最大化等。这些都证明了这个假设的重要性。

二、宏观经济学

(一)宏观经济学的定义

宏观经济学是使用国民收入、经济整体的投资和消费等总体性的统计概念来分析经济运行规律的一个经济学领域。它以整个国民经济为研究对象,通过研究一个国家整体经济运作中各有关总量的决定及其变化,来说明资源如何才能得到充分利用。

理解宏观经济学定义要掌握以下四个基本特点:

1.宏观经济学的研究对象是整个经济

宏观经济学以整个国民经济为考察对象,研究经济中各有关总量的决定及其变动,以解决失业、通货膨胀、经济波动、国际收支等问题,实现长期稳定的发展。

2.宏观经济学解决的问题是资源利用

宏观经济学把资源配置作为前提,研究社会范围内的资源利用问题,以实现社会福利的最大化。

3.宏观经济学的中心理论是国民收入决定理论

国民收入决定理论最早由英国经济学家凯恩斯提出,它的提出为分析各种宏观经济问题提供了一种重要的分析工具,指明宏观经济学中的失业、通货膨胀、经济周期和经济增长等问题均可以运用国民收入决定理论进行分析。它为政策制定者提供了刺激经济的工具,对国民经济的发展具有重要指导意义。

4.宏观经济学的研究方法是总量分析

总量分析是数量分析方法在宏观经济学中的具体运用。由于宏观经济学的研究对象是整个国民经济活动,因此在数量分析上它只研究与整个国民经济活动有关的经济总量的决定及其变动,以及各有关经济总量之间的影响和关系。宏观经济学在进行总量分析时,以个量是已知的、既定的为前提,研究国民生产总值、国民收入与就业量如何决定;研究全社会消费、储蓄、投资总量及其占国民收入的比率如何决定;研究货币供应量、物价水平和利息率如何决定;研究经济中为什么会发生周期性波动;研究如何实现稳定的经济增长;等等

(二)宏观经济学的基本内容

1.国民收入决定理论

国民收入是衡量一国或者一个地区经济资源利用情况和整个国民经济状况的基本指标。国民收入决定理论从总需求和总供给的角度出发,分析国民收入决定及其变动的规律,这是宏观经济学的核心理论。

2.失业与通货膨胀理论

失业与通货膨胀是各国经济中最主要的问题。宏观经济学把失业与通货膨胀和国民收入联系起来,分析其原因和相互关系,以便找出解决这两个问题的途径。

3. 经济周期与经济增长理论

经济周期指国民收入的短期波动，经济增长指国民收入的长期增长趋势，这一理论要分析国民收入短期波动的原因，长期增长的源泉等问题，以实现经济长期稳定发展。

4. 宏观经济政策

宏观经济政策是指政府为了增进整体经济福利、改善整体经济运行状况，以达到一定的政策目标而对宏观经济领域进行的有意识的干预。其中最主要的是财政政策和货币政策，财政政策是政府变动税收和支出以便影响总需求进而影响就业和国民收入的政策，货币政策是政府货币当局即中央银行通过银行体系变动货币供给量来调节总需求的政策。财政政策和货币政策配置是否得当，直接影响到一个国家宏观经济运行的状况，因此也是宏观经济学探讨的主要内容。

5. 开放经济理论

当今世界是开放的世界，各国之间的交易往来频繁，一国经济的变动会影响别国，也会受到别国的影响。开放经济理论主要分析国际贸易、国际收支、汇率等基本问题以及开放条件下一国宏观经济的运行与调节。

（三）宏观经济学的假设条件

1. 市场机制是不完善的

自从市场经济产生以来，各国经济一直在繁荣与萧条的交替中发展，若干年一次的经济危机成为市场经济的必然产物。经济学家认识到如果只靠市场机制的自发调节，就必然会出现经济周期与通货膨胀，经济就无法克服危机与失业等一系列问题，从而就会在资源稀缺的同时，又产生资源的浪费。稀缺性不仅要求资源需要合理配置，而且资源还需要充分利用，要做到这一点，仅仅靠市场机制是不行的。这是宏观经济学产生的必要性。

2. 政府有能力调节经济，纠正市场机制的缺陷

人类不是只能顺从市场机制的作用，而是能够在遵从基本经济规律的前提下，对经济进行调节和干预。市场调节的主体是政府，政府可以通过研究认识和掌握经济运行的规律，并采取市场的手段和措施进行调节，这既包括通过行政、经济、法律等手段的宏观调控，也包括通过财政、货币、产业等政策进行的经济干预，这是宏观经济学产生的可能性。

政府应该调节经济，政府可以调节经济，这是宏观经济学的假设前提。

三、微观经济学与宏观经济学的关系

微观经济学与宏观经济学作为经济学的两大组成部分，二者虽然在研究对象、解决的问题、中心理论和分析方法上都有所不同，但它们之间又有着密切的联系，其表现在以下三个方面。

（一）微观经济学和宏观经济学互为补充

微观经济学是在资源总量既定的条件下，通过研究个体经济活动参与者的经济行为及其后果来说明市场机制如何实现各种资源的最优配置；宏观经济学则是在资源配置方

式既定的条件下研究经济中各有关总量的决定及其变化。

(二)微观经济学是宏观经济学的基础

这是因为任何总体总是由个体组成的,对总体行为的分析自然也离不开对个体行为的分析。

(三)微观经济学和宏观经济学都采用了供求均衡分析的方法

微观经济学通过需求曲线和供给曲线决定产品的均衡价格和产量,宏观经济学通过总需求曲线和总供给曲线研究社会的一般价格水平和产出水平。

【思政拓展案例】

用好科技这个利器

2023年1月召开的中央农村工作会议强调,要依靠科技和改革双轮驱动加快建设农业强国。农业现代化,科技是根本性决定性力量。建设农业强国,利器在科技,关键靠改革。

在当今世界百年变局中,科技自立自强对一个国家的重要意义越来越凸显,同样,农业作为国家战略性基础性产业,面临资源环境等约束,自然处处少不了科技加持。要紧盯世界农业科技前沿,大力提升我国农业科技水平,加快实现高水平农业科技自立自强。近年来,我国农业科技创新能力稳步提升,但核心种源、关键装备等领域还有不小差距。因此建设农业强国,必须强化科技创新地位,开展自主创新和原始创新,不断提高农业全要素生产率,从主要拼资源拼环境拼消耗转向依靠科技进步和现代装备,推动农业科技由跟跑、并跑向领跑跨越,为可持续地、高效地发展奠定基础。

新时代新征程,农业科技发展站在新的历史起点,面临新形势新任务。要聚焦"国之大者",瞄准国家重大需求,加强农业科技创新,用好科技这个利器,筑牢农业强国之基。

(资料来源:中国农村网)

思政引导:科技在农业生产中发挥着越来越大的作用,但面向我国农业主战场要求、面向人民对美好生活的需求仍然十分紧迫。在强调农业科技发展数量和速度的同时,需要更加关注质量、关注能否落地转化为实际生产力。要以农业关键核心技术攻关为引领,以产业急需为导向,构建梯次分明、分工协作、适度竞争的农业科技创新体系。

思考与练习

一、单项选择题

1.经济资源与非经济资源的区别主要在于(　　)。

A.它们是否有用

B.获取它们时,是否要付出一定的费用

C.它们价格的高低

D.它们效用的高低

2.资源稀缺性的含义是指(　　)。

A.资源的数量较少

B.获得一定量资源所必须耗费的成本相当高

C.资源的价格很高

D.相对于人类无限的欲望来说,再多的资源也显不足

3.任何一个经济社会中(　　)。

A.因为资源是稀缺的,所以不存在资源的浪费

B.因为存在资源浪费,所以资源不稀缺

C.既存在资源的稀缺,又存在资源的浪费

D.既不存在资源的稀缺,又不存在资源的浪费

4.一国生产可能性曲线以内的点表示(　　)。

A.通货膨胀　　B.资源配置

C.该国可被利用的资源最少　　D.整体经济单位利益的最大化

5.经济学可以定义为(　　)。

A.政府对市场制度的干预　　B.消费者如何获得收入

C.研究如何合理地配置稀缺资源于诸多用途　　D.企业取得利润的活动

6.有选择就有成本,这种成本是(　　)。

A.会计成本　　B.机会成本　　C.沉没成本　　D.边际成本

7.在以下四种情况中可以作为生产要素的资本是(　　)。

A.通用汽车公司所拥有的货币　　B.通用汽车公司的债券

C.通用汽车公司所拥有的某家汽车厂　　D.以上各项都是

8.小王的时间既可以听一次经济学讲座也可以打一场网球。他选择了听讲座,打网球的价值就是(　　)。

A.听讲座的机会成本　　B.大于听讲座的价值

C.不能与听讲座的价值相比　　D.等于听讲座的价值

9.当经济学家说人们是理性人的时候,这是指(　　)。

A.人们不会作出错误的判断

B.人们总会从自己的角度作出最好的决策

C.人们根据完全的信息而行事

D.人们不会为自己所作出的任何决策而后悔

10.花10元钱理发的机会成本是(　　)。

A.10元钱其他最好的用途

B.用来理发的时间的其他最好的用途

C.10元钱和用来理发的时间的其他最好用途

D.给理发师10元钱的价值

二、多项选择题

1.经济学研究的基本经济问题包括(　　)。

A.生产什么、各生产多少　　B.如何生产

C.为谁生产　　D.经济如何才能快速稳定地增长

2.经济学主要是研究一国的稀缺资源(　　)的科学。

A.如何合理配置　　B.如何充分利用

C.如何储存　　D.如何运输

3.“经济人”假定的含义主要有(　　)。

A.经济主体的行为动机是最大化私人利益

B.经济主体有能力最大化私人利益

C.经济主体的自利行为将增加社会福利

D.经济主体的自利行为将损害社会福利

三、判断题

1.作为一门独立的科学,经济学早在古希腊时期就产生了。　　(　　)

2.经济学根源于资源的稀缺性与人类欲望的无限性之间的矛盾。　　(　　)

3.资源的合理配置问题涉及生产什么、如何生产和为谁生产等三大基本经济问题。　　(　　)

4.在计划经济体制下,整个社会生产什么、如何生产和为谁生产等基本经济问题,主要是由市场机制决定的。　　(　　)

5.市场经济体制下的资源配置效率明显高于计划经济体制。　　(　　)

6.“经济人假定”的哲学基础是功利主义。　　(　　)

7.经济学又被称为选择的科学。　　(　　)

8.稀缺性仅仅是市场经济中所存在的问题。　　(　　)

9.小王昨晚做经济学习题就不能与朋友一起去看电影,这一事实说明了机会成本的概念。　　(　　)

10.在一个由行政指令来协调经济活动的经济中,生产什么、如何生产和为谁生产的决策是价格调节的结果。　　(　　)

四、问答题

1.什么是资源的稀缺性？如何理解资源的稀缺性既绝对又相对的理论？

2.什么是微观经济学？其基本内容是什么？

3.什么是宏观经济学？其基本内容是什么？

4.当你大学毕业时面临着继续深造和找工作挣钱的选择,请你运用机会成本分析权衡取舍决策的过程。

技能训练项目

研讨经济现象与经济问题

【技能目标】

培养学生的经济学思维和提高学生对经济问题的初步分析能力。

【内容与要求】

学生自愿组成学习小组，每组5~6人，以组为单位确定一个大家感兴趣的经济问题或现象进行分析研讨。问题的选择和分析可以通过网络、报纸、身边的经济案例来收集资料。研讨过程中自由发言，围绕以下几个问题进行：

1. 该经济问题的实质是什么？

2. 产生的原因有哪些？

3. 有什么解决对策？

4. 涉及什么经济学主题？

根据研讨情况，总结归纳，形成一份“关于对×××经济问题的分析报告”，并做好交流发言的准备。

【成果与考核】

1. 小组提交一份修改完善后的“关于对×××经济问题的分析报告”。

2. 由教师与全班同学共同根据各组报告、班级交流发言以及提问答辩情况对每组进行评估打分，综合评定各组本次活动的成绩。

第二章　供求关系分析

【知识培养目标】

◆ 掌握需求与供给的含义及影响因素。

◆ 理解均衡价格的形成及变动。

◆ 掌握影响需求弹性和供给弹性的因素。

◆ 掌握供求定理、需求的变动与供给的变动。

【技能培养目标】

◆ 能画出需求与供给曲线。

◆ 能简单计算需求与供给弹性，判断价格与总收益之间的变动关系。

◆ 能用供求定理初步分析生活中的经济现象。

【思政育人目标】

◆ 引导和教育学生正确解读国家相关惠民政策；

◆ 塑造学生爱国情怀和民族自豪感。

【思维导图】

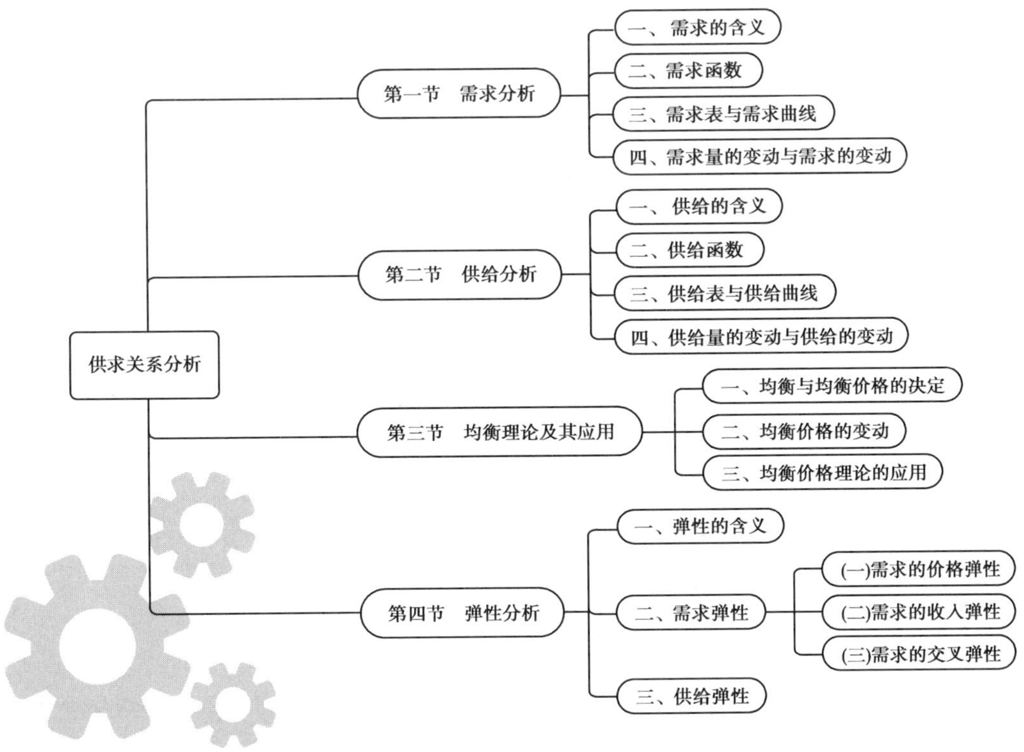

【引导案例】

节节高！猪价“高歌猛进”

2022年国庆长假期间，国内生猪价格“高歌猛进”，猪价噌噌往上涨，市场呈现上涨“节节高”的态势，国内猪价转眼间整体步入“12元时代”！猪价涨势反扑，但是，消费者的口袋又要“捉襟见肘”，猪肉价持续走高，部分消费者坦言，倘若猪肉价持续再涨，又要高攀不起了！那么，市场发生了什么？

国内屠企报价显示，10月6日，全国生猪价格涨至25.44元/kg，猪价反弹0.26元，市场延续了连涨的走势，国内猪价“节节高”，南北市场联袂上涨，猪价再创新高，相比去年，猪价同比上涨147.2%！

国内猪价“高歌猛进”，南方市场，猪价全面冲高；北方市场，猪价大幅上扬；东北、华北地区，猪价重心明显拉升。现阶段下，黑龙江、吉林、辽宁地区，猪价反弹0.3~0.4元，高价猪源涨至12.6元/斤，华北地区，高价猪源涨至12.6~12.8元，京津、山西、河北市场涨至12.8元，北方市场部分地区，实际生猪成交价已经涨破了13元/斤。

而在南方市场，猪价继续冲高，南方传统高价地区，猪价陆续涨入“13元时代”，其中，川渝、江浙、上海、福建以及广东、广西等地，猪价涨入“13元时代”，部分高价地区，猪价冲高至13.3元/斤！

此次猪价大幅上涨，相比国庆前，行情涨幅近0.7元/斤，猪价上涨的本质，仍是供需间的失衡，供弱需强，加剧了本轮猪价的涨势！

但是，造成市场供需失衡的关键，在于市场盲从情绪较高，对于猪价前景过于盲从，这也加剧了阶段性养殖端盲从的情绪。散户猪场盲从压栏增重，规模猪企盲从二次育肥，市场盲目看涨，加剧了阶段性猪源供给的压力，屠宰场难以顺利收猪，市场猪源流通偏少，支撑了本轮猪价的大幅冲高！

当然，撇开市场盲目看涨的情绪，在国庆假期，消费市场支撑转强，市场需求改善，这也提振了市场情绪，而近期寒潮天气到来，为猪价上涨进一步“添火”，市场多重支撑下，价格大幅攀升！

供给与需求是使市场经济运行的力量，它们决定了每种物品的产量以及出售的价格。如果想知道，任何一种事件或政策将如何影响经济，首先就应该考虑它如何影响供给与需求。

第一节 需求分析

一、需求的含义

经济学中的需求（Demand）是指消费者在一定时期内，在某种商品可能的价格水平上愿意而且能够购买的数量，即不同的价格与相应的需求量之间的关系就是需求。对商品的需求的形成必须满足以下两个充分必要条件：一是消费者有购买欲望，即需求一方面要取决于消费者的嗜好或偏好，这是消费者本身的一种纯主观上的需要；二是消费者有购买能力，即需求另一方面要受到消费者本身收入预算的限制，这是消费者本身的一种客观上的收入约束，购买欲望与购买能力是构成市场需求的缺一不可的充要条件。例如，某人有钱但不想购买房子，或某人想买房子但囊中羞涩，均不能构成对房子的需求；某人只有在既有购买房子欲望，同时又有购买房子货币支付能力条件下，才能构成对房子的需求。

【经济学小故事】

福特造车

100多年前，福特公司的创始人亨利·福特先生到处跑去问客户："您需要一个什么样的更好的交通工具？"几乎所有人的答案都是："我要一匹更快的马。"大部分人听到这个答案会立马跑到马场去选马配种，以满足客户的需求。但是福特先生却没有立马往马场跑，而是接着往下问。

福特："你为什么需要一匹更快的马？"

客户："因为可以跑得更快！"

福特："你为什么需要跑得更快？"

客户："因为这样我就可以更早地到达目的地。"

福特："所以，你要一匹更快的马的真正用意是？"

客户："用更短的时间更快地到达目的地！"

然后福特就发明了汽车，很好地满足了客户的需求。

二、需求函数

（一）影响需求的因素

消费者对某种商品（或劳务）的需求量取决于许多因素，如商品价格、消费者收入、相关商品（替代品或互补品）价格、消费者对商品价格的期望、消费者个人偏好、商品广告费用等。不同因素对商品需求量的影响程度及影响方向是不同的，一般而言影响需求的主要因素有：

1. 商品价格（P_A）

商品价格是商品自身的价值表现，它是对商品需求量的影响最大、最敏感的因素。就绝大多数商品来说，商品价格上涨，需求量减少；反之，商品价格下跌，需求量增加。商品需求量与价格之间呈反向变化关系。

2. 相关商品价格（P_B或P_C）

相关商品是指与需要购买的商品存在直接关联或间接关联的商品。它可以分为替代品与互补品两类。

所谓替代品是指其使用价值或使用功能与所研究商品之间存在相同或相似，可以互相替代的商品，如大米与面粉、猪肉与牛肉等。商品需求量与替代品价格之间具有正相关关系。例如，当猪肉价格上涨，而牛肉价格不变时，人们会把原先对猪肉的需求转移到对牛肉的需求上，使牛肉的需求量增加；反之，若猪肉的价格下跌，而牛肉价格不变，同样会引起猪肉需求量增加，牛肉需求量减少。所以，一种商品需求量与其替代品价格呈同向变化。

所谓互补品是指那些需要与所研究商品相互搭配并结合在一起使用的商品。例如，汽车与汽油、打印机与硒鼓等。商品价格与其互补品价格之间具有负相关关系。例如，汽油价格上涨会使汽车需求量减少；反之，若汽油价格下跌会使汽车需求量增加。所以，一种商品的需求量与其互补品价格呈反向变化。

【相关链接】

多重因素影响燃油汽车需求量

商品的需求量除了受自身价格的影响外，还会受到互补品和替代品价格波动的影响。以燃油汽车的需求量为例，当市场上石油价格出现明显上涨的时候，开车出行的成本会增加，公众对汽车的需求量就会下降。此外，随着新能源汽车生产规模的不断扩大，燃油汽车的需求量将进一步减少。根据中国汽车工业协会发布的数据，2023年前8个月，我国汽车产量为1822.5万辆，销售量为1821万辆，同比增长7.4%和8%。其中新能源汽车产销量分别达到543.4万辆和537.4万辆，同比分别增长36.9%和39.2%。在第26届联合国气候变化大会上，6家主要汽车制造商签署承诺，到2040年在全球范围内逐步停止燃油车的生产。本田宣布将在2030年停止向国内投放燃油车，全面推广纯电动和混动车型。福特、长安等车企也发布了燃油车的停售计划，预计2022年到2025年逐步替换成电动车。

3.消费者收入(I)

消费者收入是指消费者平均收入水平。对城镇居民来说，通常用人均月收入来表示；而对于农村居民而言，一般用户均年收入来表示。消费者收入的变化，会引起消费者消费心理与消费行为发生变化。

4.消费者偏好(T)

消费者偏好是指消费者个人性格、长期习惯形成的对商品的嗜好或偏爱，偏好不同而对商品作出的选择也不同。偏好既与消费者的个人爱好和个人性格有关，也与整个社会风俗、时尚有关。“穿衣戴帽，各有所好”，有人喜欢吃羊肉，终生不食猪肉；也有人喜爱吃猪肉，一辈子不沾羊肉；有人对流行时装、流行音乐的偏好十分敏感；也有人对古老唐装、古老民歌情有独钟，难以割舍；同样是饮料，东方人喜欢喝茶，西方人喜欢喝咖啡，而年轻人喜欢喝可乐。

5.广告(A)

广告会影响消费者对商品的偏好与选择。一般来说，广告的费用支出越大，人们对商品的需求量也就越大。但广告费用的投入对商品需求量的影响是一个递减变化的过程。

起初，单位广告费用的投入会使商品需求量有较大的增加，当广告费用增加到一定程度后，再继续增加广告投入，则增加单位广告费用而引起需求量的增加将递减。所以，对广告费用的投入也存在一个合理限度问题，即增到一定限度后，再增加广告费用的投入就不一定合算了。

6.消费者对未来商品价格的预期(E)

价格预期是指社会群体对某种商品未来价格的期望，不论这种预期是否正确，都会对某种商品当前需求量产生影响。例如，人们普遍预期商品房价格会继续显著上涨，则会增加现时商品房消费，促使人们提前或增加商品房的购买。消费者对未来商品价格的预期效应有时会带来商品价格越高、需求量反而越大的反常现象，这是因为人们普遍存有“买涨不买跌”的心理。

【经济学小故事】

洛阳纸贵

《晋书·文苑·左思传》记载，西晋时期著名文学家左思用了十年时间，对三国时魏、蜀、吴首都的风土、人情、物产等进行了详细的考察与潜心研究，写成了文学巨著《三都赋》。

左思将文章送给当时的文学家张华品评，张华觉得写得很好，又拿给了当时的学者皇甫谧。皇甫谧读后非常赞赏，并亲自为《三都赋》写了序言。

《三都赋》很快就传遍了整个洛阳。当时喜爱《三都赋》的人实在是太多了，人们都争相抄阅，导致京城洛阳的纸张供不应求，一时间全城纸价大幅度上升。这就是“洛阳纸贵”的典故。这个典故具有丰富的经济学哲理，蕴含了商品需求与供给的内在关系。

(二)需求函数

需求函数(Demand Function)表示一种商品的需求数量和影响该商品需求数量的各种因素之间的相互关系。需求函数的一般表达式为：

$$Q_d=F(P_A,P_B,P_C,I,T,A,E) \quad (2\text{-}1)$$

式中，Q_d为需求量；P_A为A产品的自身价格；P_B为替代品B的价格；P_C为互补品C的价格；I为收入；T为消费者偏好；A为广告费用；E为消费者对未来商品价格的预期。

式中任何一个因素发生变动，都会引起因变量Q_d的相应变动，由于一种商品的价格是决定需求量的最基本的因素，所以，如果假定其他因素保持不变，仅仅分析价格因素对该商品需求量的影响，这样需求函数可以用下式表示：

$$Q_d=F(P) \quad (2\text{-}2)$$

三、需求表与需求曲线

(一)需求表

需求函数$Q_d=F(P)$表示一种商品的需求量和价格之间存在一一对应的函数关系，这种函数关系可以分别用商品的需求表和需求曲线来表示。

需求表是某种商品的各种价格水平与其相对应的需求数量之间关系的数字列表。表2-1是苹果的需求表，可以清楚地看到苹果的价格与需求量的相互对应关系。即价格降低，需求量增加；价格提高，需求量减少。

表2-1 苹果的需求表

苹果的价格/元	20	18	16	14	12	10	8
苹果的需求数量/kg	0	0.5	1	1.5	2	2.5	3

（二）需求曲线

需求曲线是根据商品需求表中的价格与需求量的组合在平面坐标图上所绘制的一条曲线。图2-1是根据表2-1绘制的一条需求曲线。在分析需求曲线和供给曲线时，通常以纵轴表示自变量，以横轴表示因变量。在图2-1中，横轴OQ表示商品的数量，纵轴OP表示商品的价格，曲线$Q_d=F(P)$，它表示在不同价格水平下消费者愿意而且能够购买的商品数量。可见，需求曲线是以几何图形来表示的商品的价格和需求量之间的函数关系。

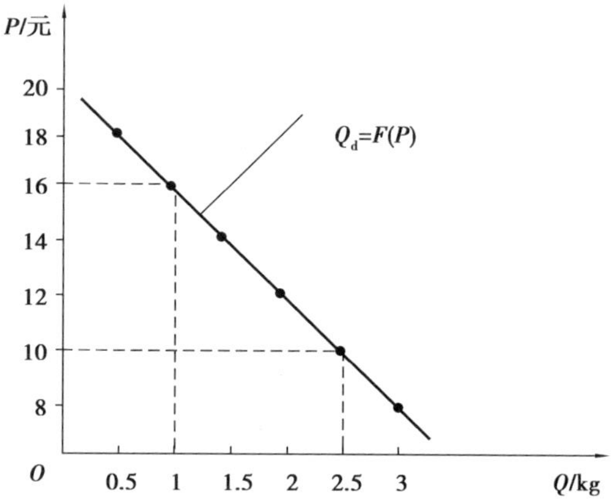

图2-1 苹果需求曲线

建立在需求函数基础上的需求表和需求曲线都反映了商品的价格变动和需求量变动两者之间的关系，即商品的价格和需求量之间呈反方向变动，表现为需求曲线右下方倾斜，其斜率为负值。经济学上把价格上升需求量减少、价格下降需求量增加的现象称为需求定理。

需求定理指的是一般商品的定律，但这一定理也有例外。比较重要的例外是炫耀性商品与吉芬商品。炫耀性商品是用来显示人的社会身份的商品，例如首饰、豪华型轿车就是这种商品。这种商品只有在高价时才有显示人的社会身份的作用，因此，价格下降时需求反而减少。此外，在某些特定条件下，某些商品的价格上升，需求反而增加。例如，英国经济学家吉芬发现，在1845年爱尔兰大灾荒时，马铃薯的价格上升，需求量反而增加。这种价格上升、需求增加的情况被称为“吉芬之谜”，具有这种特点的商品被称为“吉芬商品”。

【课程思政】

启发学生突破思维定式，要有发散性思维，拓展考虑问题的角度和维度，可以从以下几个方面进行：

1. 不断学习新知识，以此突破自己思维的限制进行创新。

2. 不断学习专业知识，加深对本专业的理解和领悟以此做出创新。

3. 多与人交流沟通，开阔自己的思维方式从而做出创新突破。

4. 多进行实践操作，以此改正自己的方法与不足从而做出突破。

5. 多总结过去失败的经验，进行思考研究以此做出突破创新。

四、需求量的变动与需求的变动

当影响需求量的其他非价格因素固定不变时，商品自身价格变化所引起的需求量变化称为需求量变动。需求量变动时，其需求方程、需求曲线与需求表不发生变动。而需求变动是指除商品自身价格以外的其他因素的变化所引起的整个需求函数或整个需求表的变动。从需求曲线来看，需求量变动是在同一条需求曲线上不同点的变动；而需求变动则是整条需求曲线的移动。如图2-2所示，从A点到B点的变动是需求量变动；而从曲线D_1到D_2的变动则是需求变动。

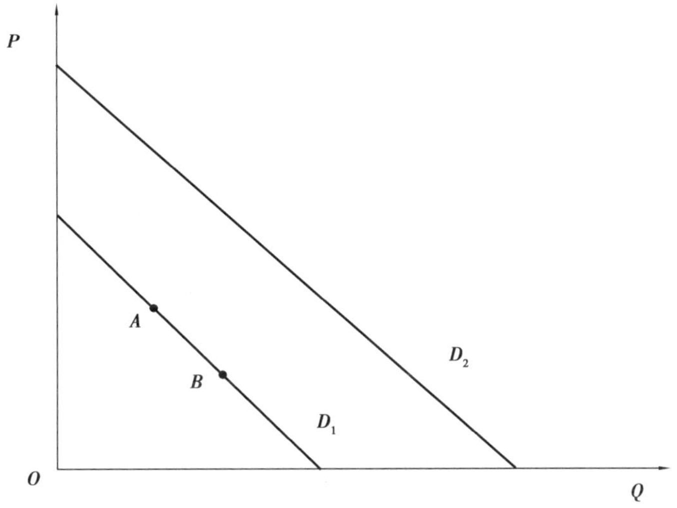

图2-2　需求量变动与需求变动图

第二节　供给分析

一、供给的含义

供给(Supply)也是市场供求中的一方和决定价格的关键因素之一。供给与需求是相对应的概念，需求的实现与满足来源于供给。供给是指厂商(生产者)在某一特定的时期内，在每一价格水平时愿意而且能够供给的商品量。供给要具备两个条件：一是生产者愿意供给；二是有供给能力。仅具备供给愿望而不具备供给能力，不能形成真正的供给；同样，只具备供给能力而无供给愿望，也无法形成供给。

二、供给函数

(一)影响供给的因素

影响供给的因素很多,既有经济因素,也有非经济因素,概括起来主要有以下几种:

1.商品价格(P)

一般情况下,商品价格提高,商品供给量就会随之增加。这是因为商品提价后,生产者在新价格下更有利可图,生产者会进一步扩大生产量,愿意为市场提供更多数量的商品。同时,商品价格的提高,又会吸引更多的企业加入这一行业来投资办厂,使企业或行业的商品供给量有所增加。反之,商品价格下降,其供给量就会随之减少。一般情况下,商品的供给与商品自身的价格是呈正向变化的。

2.生产要素价格(P_R)

生产要素价格主要指工资率、利息率和租金率。生产要素的价格下降,会使产品的成本减少,从而在产品价格不变的情况下,增加利润,增加供给;反之,生产要素的价格上升,会使产品的成本增加,从而在产品价格不变的情况下,减少利润,减少供给。

3.生产技术的变动(T)

在资源既定的条件下,生产技术的提高会使资源得到更充分的利用,从而增加供给。

4.相关商品价格(Ps)

如果其他商品的价格上升了,那么,生产者很可能放弃原商品的生产而被吸引到其他商品的生产中去,在原商品价格一定的前提下,就会减少原商品的生产与供给。特别是在生产设备、生产技术、生产工艺大致相近的商品之间,这种替代性尤为明显。例如,服装厂既生产西装,也生产风衣。若市场西装价格下降了,而风衣价格不变,那么,厂家就会减少西装的生产量,西装的供给量就会随之减少,而风衣的生产量与供给量就会相应增加。

5.生产者对商品未来价格的预期(E)

与消费者一样,生产者对商品未来的市场价格也有预期。如果生产者预期的商品价格要上涨,那么,生产者会尽量减少现时供给,囤积居奇,使现时供给量减少,而增加了长期的供给量;反之,如果生产者预期的商品价格要下降,他就会减少这种商品的生产,并想方设法将现有商品销售出去,使现时供给量相应增加,但长期的供给量会减少。

6.政府税收(t)

政府税收直接影响生产成本,如果税收增加,则事实上使商品成本增加,在相同的价格下供给量就会减少;反之,政府补贴的作用正好相反,事实上使商品成本降低,供给量增加。

7.其他

除上述影响供给量的主要因素外,其他诸如自然条件、交通运输、政府出台的政策等因素也会影响商品的供给。

在不同的时期,不同的市场上,供给要受多种因素综合影响。还应该强调的是,供给的变动与时间因素密切相关。一般来说,在价格变动之后的极短期内,供给通过调整库存来作出反应，变动不会很大。在短期内可以通过变更原料、劳动力等生产要素来调节供给，变化会稍大。但只有在长期中才能变更厂房、设备等生产要素，使供给较大幅度地变化以适应价格的变动。

【拓展阅读】

农业农村部：力争秋粮取得好的收成 确保全年粮食产量保持在1.3万亿斤以上

2022年7月20日上午10时，国务院新闻办公室举行新闻发布会，农业农村部总农艺师、发展规划司司长曾衍德与相关负责人介绍2022年上半年农业农村经济运行情况，并答记者问。

曾衍德介绍，扎实稳住经济一揽子政策，是高效统筹疫情防控和经济社会发展、保持经济运行在合理区间的重大举措。农业农村部坚决贯彻落实党中央、国务院的决策部署，对涉及农业农村部门的各项措施逐条细化、逐项推进，目前已全部落实到位，为保供稳价防通胀、稳住经济大盘提供了坚实支撑。

下一步，农业农村部要深入贯彻落实中央部署，按照疫情要防住、经济要稳住、发展要安全的要求，加大力度，紧盯不放，强力推进，确保各项措施落地见效。从工作来看，主要是三个方面：

第一，全力抓好稳产保供。这是稳住经济大盘、防通胀保民生的基础，也是首要任务。这方面要突出抓好两件事：一是夺取全年粮食丰收。现在看，夏粮已丰收到手，早稻正大面积收获，要精心组织机收，确保早稻颗粒归仓。但全年粮食生产的大头在秋粮，占3/4，稳住了秋粮，全年粮食生产就稳住了。农业农村部正在指导各地抓好秋粮田间管理，特别是狠抓农业防灾减灾，力争秋粮取得好的收成，确保全年粮食产量保持在1.3万亿斤以上。另一个是，保障“菜篮子”产品的供应，重点是要加强设施蔬菜生产，分级落实生猪产能调控责任，统筹抓好牛羊禽、水产品等生产，强化产销衔接和应急保供，压实地方“菜篮子”市长负责制，稳定市场供应，稳定市场价格。

第二，全力促进农民就业增收。主要是通过发展产业来促进农民就业增收，重点是要引导各地立足县域和特色优势资源，依托现代农业产业园、优势特色产业集群、农业产业强镇等平台抓手，包括正在大力推进的高标准农田建设项目，加快推进一、二、三产业融合发展，形成一业一群、一县一园、一镇一特、一村一品的格局，让农民能够就地就近就业。同时要健全联农带农机制，让农民更多分享产业链增值收益，确保把产业发展落到促进农民就业增收致富上来。

第三，全力扩大农业农村投资。这方面重点是两个方面：一方面，要扎实有序推进乡村建设。目前，乡村建设行动实施方案已经印发，“1本规划+8项硬件改造+3项软件提升”的建设任务已明确。下一步关键是怎么建。要健全责任落实机制，细化部门专项推进方案，明确具体任务和进度安排。要健全项目管理机制，优先实施群众需求强烈、短板突出、兼顾改善生产生活条件的项目。要健全主体参与机制，指导地方编制农民参与乡村建设指南，引导农民干好自己的事情。健全运行管护机制，把设施谁来管、哪个环节谁负责分清楚。另一方面，加快实施农业农村建设项目。

目前，农业农村领域中央预算内投资已经全部下达，规模比上年小幅增长。下一步要推动优化审批服务，强化跟踪调度，加快高标准农田、仓储保鲜冷链物流设施、农村人居环境整治等重大项目建设，尽快形成实物量。同时要抓住扩大投资的有利时机，抓紧启动“十四五”规划安排的重大工程行动计划，积极推动智慧农业、农业科技创新、产业融合等新型基础设施建设，加快补齐农业农村现代化短板。

（资料来源：央视新闻客户端）

（二）供给函数

供给函数表示一种商品的供给数量与影响该供给数量的各种因素之间的依存关系。如果把影响供给的因素作为自变量，把供给作为因变量，则可以用函数关系来表示影响供给的因素与供给之间的关系，即供给函数。供给函数的一般形式为：

$$Q_S=F(P,P_R,T,P_3,E,t\cdots) \tag{2-3}$$

式中，Q_S为某商品的供给量；P为该商品的价格；P_S为生产中可替代商品的价格；P_R为生产要素的价格；E为生产者对该商品的价格期望；T为生活技术的变动；t为政府税收。

如果假定影响供给的其他因素不变，只考虑供给量与价格之间的关系，以P代表价格，则供给函数公式为：

$$Q_S=F(P) \tag{2-4}$$

三、供给表与供给曲线

（一）供给表

供给函数$Q_S=F(P)$表示一种商品的供给量和价格之间存在着一一对应的关系，这种关系可以分别用商品的供给表和供给曲线来表示。

供给表是表示某种商品的各种价格水平与其相对应的该商品的供给数量之间关系的数字列表。表2-2是某地区苹果的供给表，由表中可以清楚地看到商品的价格与供给量之间的关系。即价格下降，供给量减少；反之，价格上升，供给量增加。

表2-2　苹果的供给表

苹果的价格/元	20	18	16	14	12	10	8
苹果的供给数量/kg	90	80	70	60	50	40	30

（二）供给曲线

供给曲线是根据商品供给表中的价格与供给量的组合绘制的曲线。图2-3是根据表2-2绘制的一条供给曲线。在图2-3中，横轴OQ表示商品的数量，纵轴OP表示商品的价格，曲线$Q_S=F(P)$，它表示在不同价格水平下生产者愿意而且能够供给的商品数量。可见，供给曲线是以几何图形表示的商品的价格和供给量之间的函数关系。

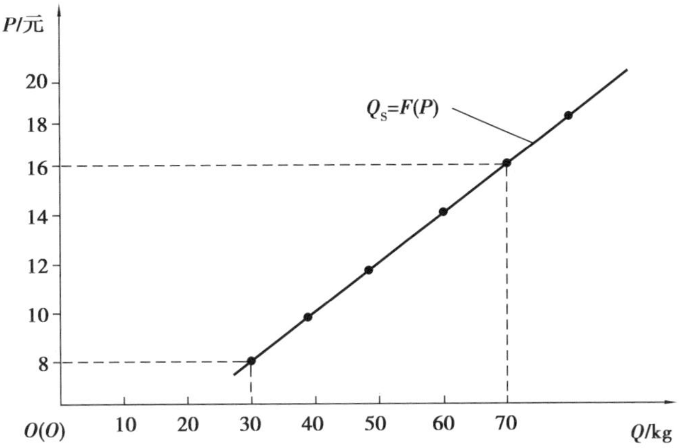

图 2-3　苹果供给曲线

建立在供给函数基础上的供给表和供给曲线都反映了商品的价格变动和供给量变动两者之间的关系，即商品的价格和供给量之间呈同方向变动，供给曲线是向右上方倾斜的，斜率为正值。经济学上把价格上升供给量增加、价格下降供给量减少的现象称为供给定理。

供给定理指的是一般商品的规律，这一定理也有例外。

①有些商品的供给量是固定的，价格上升，供给也无法增加（文物、艺术品属于此类情况）。

②劳动力的供给也是个例外。在开始阶段，提高工资，工人愿意增加工作时数，但工资水平上升到一定高度，劳动者的一般生活需要得到了满足后，他就希望多一点休息和娱乐的时间。这时，工资提高，他用于劳动的时间反而会逐渐减少，因此，劳动力供给曲线先是随着工资的上升而向右上方延伸，然后向左弯曲，称为向后倾斜的供给曲线，如图 2-4 所示。

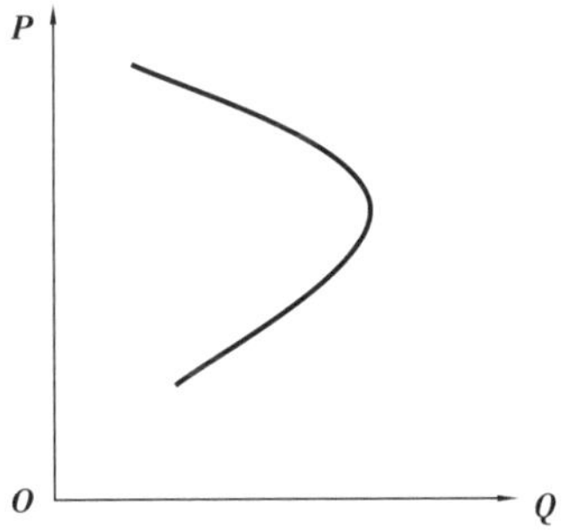

图 2-4　劳动力的供给曲线

③某些商品小幅度升降价时，供给按供给定理正常变动，而大幅度升降价时，供给则会出现不规则的变化。证券、黄金市场就常是如此。以股票为例，当市场上某种股票价格大幅度下降时，股票持有者害怕其进一步贬值，会抛售这种股票，使股票的供给不仅不会随其价格的下跌而减少，反而增加。其他有价证券的供给也是这样。

④有些商品，在正常时期，供给量按供给定理正常变化；在非正常时期，则会出现不正常的变化。比如粮食歉收时，粮价上涨，并不能立即引起粮食供给量的增加，甚至会因生产者囤积居奇而减少；丰收时，粮价下降也不能立即引起供给量的减少。

【相关链接】

黄金向后弯曲的供给曲线

普通商品的供给曲线一般都是由左下方向右上方倾斜的曲线,即商品的价格和供给量呈正相关。但是,在很长一段时间里,黄金的供给曲线却是向后弯曲的曲线。1970年,世界的黄金交换水平和金价自由波动,从那时起金价和黄金产量之间的关系就很反常:20世纪70年代,采矿公司减少黄金产量时,金价暴涨;而当20世纪80年代金价下跌时,黄金产量实际上却增加了,从而形成了一条向后弯曲的供给曲线——价格越高,生产越少,反之亦然。

如何对这种现象进行合理解释呢?我们知道金矿的勘探开发需要较长的时间。当金价上涨时,短期内市场依然延续着供给减少的趋势,无法增加供给量。但是,金价的上升鼓励矿业公司勘探开发新矿藏,而这些矿藏将来会生产更多的黄金。20世纪70年代,当金价由一盎司35美元暴涨为一盎司超过800美元时,各地都在开采新矿。20世纪80年代,金价开始回落时,新矿开采生产的黄金如潮涌来,就出现了上述向后弯曲的供给曲线。

黄金的勘探、开采需要一个周期,即黄金供给对高价格的反应在时间上不是同步的而是滞后的。如果预期未来金价是上升的,将资源由当前生产移至将来生产,以黄金产量的短期减少换取黄金产量的长期增加是合适的。向后弯曲的供给曲线实际上表示了黄金的短期供给曲线,长期看黄金的价格与供给变动也符合正常的供给规律。

四、供给量的变动与供给的变动

为了区分商品本身价格和其他因素对商品供给的影响,要区分供给量变动和供给变动这两个不同的概念。供给量的变动是指在其他条件不变的情况下,商品本身价格变动所引起的供给量的变动。供给量的变动表现为同一条供给曲线上点的移动。如图2-5所示,当价格由P_0上升到P_1时,供给量从Q_0增加到Q_1,在供给曲线S上则是从b点向上方移动到a点;当价格由P_0下降到P_2时,供给量从Q_0减少到Q_2,在供给曲线S上则是从b点向下方移动到c点。可见,在同一条供给曲线上,向上方移动是供给量增加,向下方移动是供给量减少。

供给变动是指在商品本身价格不变的情况下,其他因素变动引起的供给的变动。供给变动表现为供给曲线的平行移动。在图2-6中,在价格P_0不变的情况下,由于其他因素,例如生产要素价格下降了,在同样的价格水平下,厂商所获得的利润增加,从而产量增加,供给量从Q_0增加到Q_1,供给曲线从S_0移到S_1;当生产要素价格上升后,供给量从Q_0减少到Q_2,供给曲线由S_0移到S_2。可见,供给曲线向左移动是供给减少,供给曲线向右方移动是供给增加。

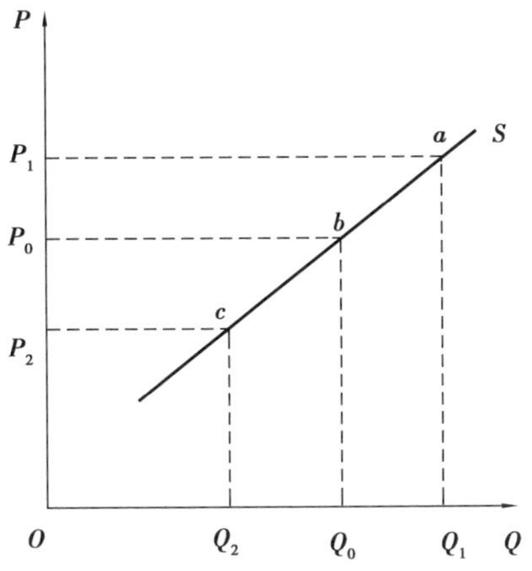

图 2-5　供给量的变动

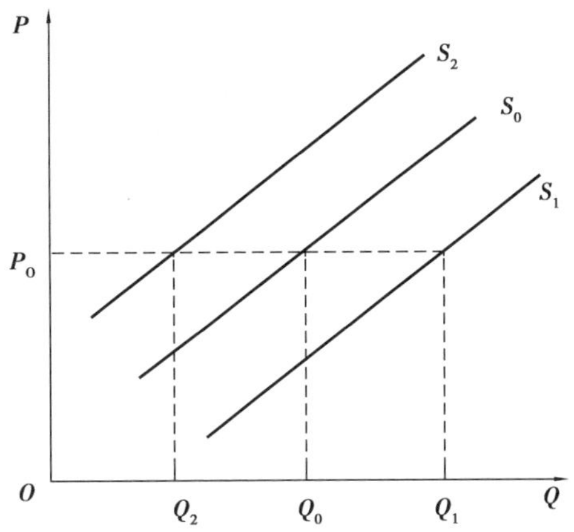

图 2-6　供给的变动

第三节　均衡理论及其运用

一、均衡与均衡价格的决定

(一)均衡的含义

均衡是指经济事务中有关的变量在一定条件的相互作用下所达到的一种相对静止的状态。在竞争的市场上,供给和需求双方共同作用的结果,便形成了市场的均衡。在经济分析中,市场均衡有局部均衡和一般均衡之分。局部均衡是指单个市场或部分市场供给与需求之间的关系处于均衡状态。一般均衡是整个市场的供给与需求的关系处于均衡状态。一个市场的均衡只有在其他所有市场都达到均衡的情况下才能实现。

(二)均衡价格的决定

均衡价格是指消费者为购买一定数量商品所愿意支付的需求价格与生产者为提供一定数量商品所愿意接受的供给价格相一致时的价格,它是这种商品的需求曲线与供给曲线的交点所对应的价格,如图 2-7 所示。

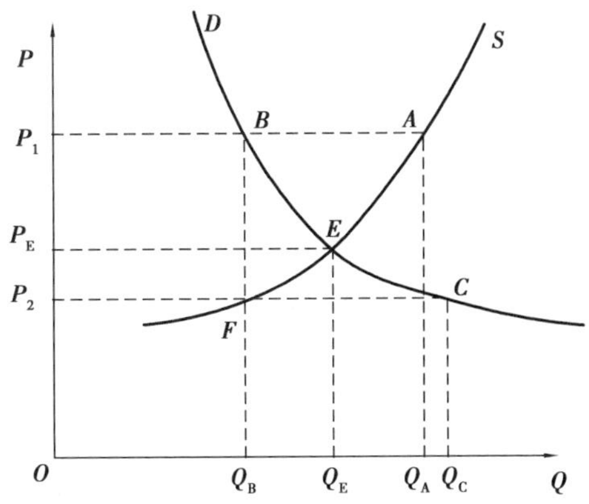

图 2-7　均衡价格的决定

均衡价格形成可用图 2-7 来说明。图中假定 D 曲线为市场需求曲线,S 曲线为市场供给曲线,它们相交的 E 点为均衡点。在均衡点 E,所对应的价格 P_E 为均衡价格,数量 Q_E 为均衡数量,这时消费者的购买和生产者的销售量是相等的。但是在大多数情况下,需求量与供给量是不相等的,或者供过于求，或者供不应求。当价格为$P_1(P_1>P_E)$时，生产者的供应量是Q_A，而消费者的需求量是Q_B，显然该商品供大于求($Q_A>Q_B$)；当价格为$P_2(P_2<P_E)$时，生产者的供应量为Q_B，消费者的需求量是Q_C，该商品供不应求($Q_B<Q_C$)。当供过于求时，市场价格会下降，从而导致供给量减少而需求量增加。当供不应求时，市场价格会上升，从而导致供给量增加需求量减少；供给与需求相互作用最终会使商品的需求量和供给量在某一价格上正好相等。

【拓展阅读】

农产品市场的供需变化与发展趋势

随着社会经济的快速发展，农产品市场也随之发生了很多的变化。我们可以看到，农产品市场的供需关系及价格波动已经成为影响国家经济发展的重要因素。本文就着重分析农产品市场的供需变化与发展趋势，展望农产品市场未来的发展。

一、供需变化分析

1.供给结构变化

近年来，我国农业供给结构经历了从传统种植业到产业化种植、规模化种植和现代化特色农业的发展过程。通过科技的推广和提高，传统种植业已经被取代，现代化农业正逐渐形成。

2.需求结构变化

随着人们生活水平的提高，对生活品质和营养需求的不断增长，人们对健康、安全方面的要求也不断提高，对优质农产品、绿色健康农产品的需求也逐渐增加。此外，随着城市化的加速，人口基数增加，对农产品的需求更加高涨。

3.市场价格波动

农产品市场价格波动主要受供求双方的影响。例如，当供应过剩时，价格通常会下跌，而需求过剩时，价格则会上涨。此外，价格波动也可能受到天气、自然灾害等不同因素的影响。

二、发展趋势分析

1.现代化特色农业趋势

随着社会经济的发展，农业由传统种植业逐渐向现代化特色农业发展。现代化农业不仅是种植业的机械化、自动化和智能化，更体现了种植业的规模化和产业化特征。尤其是现代化特色农业的出现，更加强调人为干预的作用，人工养殖、施肥和管理等都更加科学合理。因此，农产品市场未来将逐渐呈现现代化特色农业的趋势。

2.进口农产品市场化

随着国际化程度的加深，我国对外贸易也逐步扩大，在国际市场中占有一定份额和话语权。我国也开始向其他国家进口农产品，例如新鲜水果、动物肉类和海鲜等。在未来，进口的农产品将会在我国市场中占据一定的份额并逐渐市场化。

3.绿色有机食品发展

近年来,更加健康、安全、环保的消费理念影响到了农产品市场,消费者对绿色有机食品的需求日益增加。绿色有机食品是道德和行为的选择,通过坚持不使用农药、化肥以及其他化学品来保护自然环境和人们的健康。在未来,绿色有机食品将成为农产品市场中的一个重要方向,各大农业企业也将逐渐发展出更加绿色有机的种植方式。

综上所述,农产品市场的供需变化与发展趋势是随着社会经济的发展而不断变化的,随着现代化特色农业的发展,进口农产品市场化、绿色有机食品的不断发展,我们可以看到农产品市场未来的发展充满了希望。

二、均衡价格的变动

均衡价格和均衡产量是由供求均衡决定的,即供求均衡点决定了均衡价格和均衡数量。均衡状态只是在一定条件下才能存在,若条件发生变化,不论是需求或是供给或是两方面都发生变化,均会引起均衡的变动,通常情况下均衡价格的变动有以下几种情况。

(一)供给不变,需求发生变化

假设某种商品的供给不变,而需求发生变化,如消费者收入、偏好发生变化,相关商品的价格发生变化等,由此引起整个需求状况的变动。当消费者收入增加,需求曲线由D_0右移到D_1,均衡点由E_0右移到E_1,均衡价格从P_0上升到P_1,均衡数量由Q_0增加到Q_1,市场状态在E_1点上实现新的均衡;反之,当消费者收入降低,需求曲线从D_0左移到D_2,市场在新的均衡点E_2上实现新的均衡状态(图 2-8)。

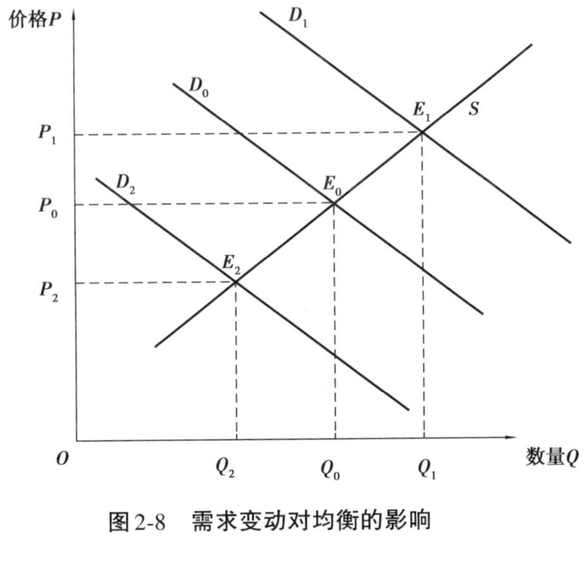

图 2-8 需求变动对均衡的影响

(二)需求不变,供给发生变化

假定某种商品的需求不变,而供给由于技术水平的提高,生产要素价格的降低等而增加,则均衡价格由于供给曲线的移动而变动的情况如图 2-9 所示。如果生产者的生产成本下降,使供给曲线S_0右移到S_1,均衡点内E_0右移到E_1,均衡价格从P_0下降到P_1,均衡数量由Q_0增加到Q_1，市场状态在E_1点上实现新的均衡；反之，如果生产成本上升，供给曲线从S_0左移到S_2，市场在新的均衡点E_2上实现新的均衡状态。

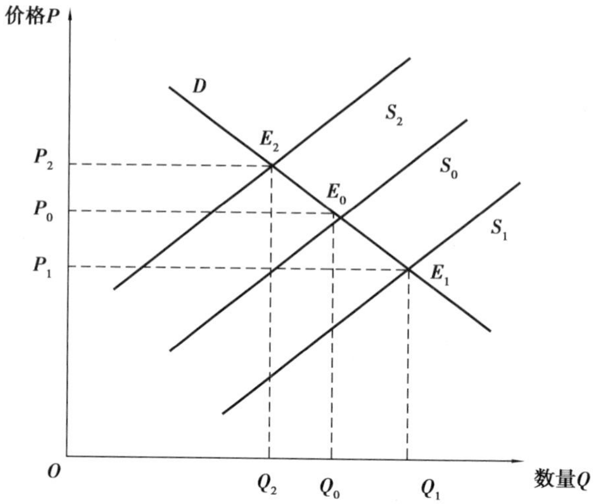

图2-9　供给变动对均衡的影响

（三）需求和供给同时发生变化

需求与供给同时发生变化的情况比较复杂，根据需求曲线与供给曲线变动的方向与程度不同，可以分为以下四种形式：

1.需求与供给同时增加

如果消费者收入增加，则需求曲线右移，同时生产者生产成本下降，供给曲线右移，则：

①若需求增加幅度大于供给增加幅度，则均衡价格$P_1>P_0$，如图2-10(a)所示。

②若需求增加幅度等于供给增加幅度，则均衡价格$P_1=P_0$，如图2-10(b)所示。

③若需求增加幅度小于供给增加幅度，则均衡价格$P_1<P_0$，如图2-10(c)所示。

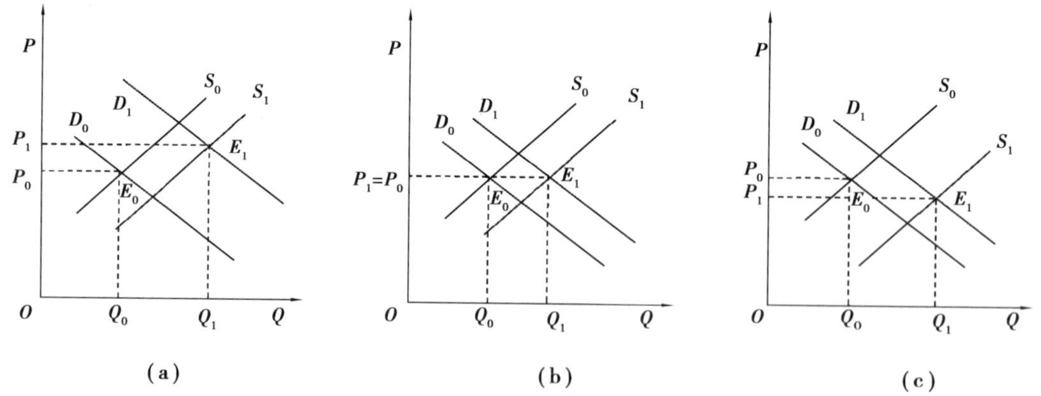

图2-10　需求与供给同时增加

无论哪一种情况，新的均衡数量总是增加，即$Q_1>Q_0$。

2.需求与供给同时减少

当消费者收入减少，需求曲线左移，同时，生产者生产成本上升，供给曲线也左移，则：

①若需求减少幅度大于供给减少幅度，则均衡价格$P_1<P_0$，如图2-11(a)所示。

②若需求减少幅度等于供给减少幅度，则均衡价格$P_1=P_0$，如图2-11(b)所示。

③若需求减少幅度小于供给减少幅度，则均衡价格$P_1>P_0$，如图2-11(c)所示。

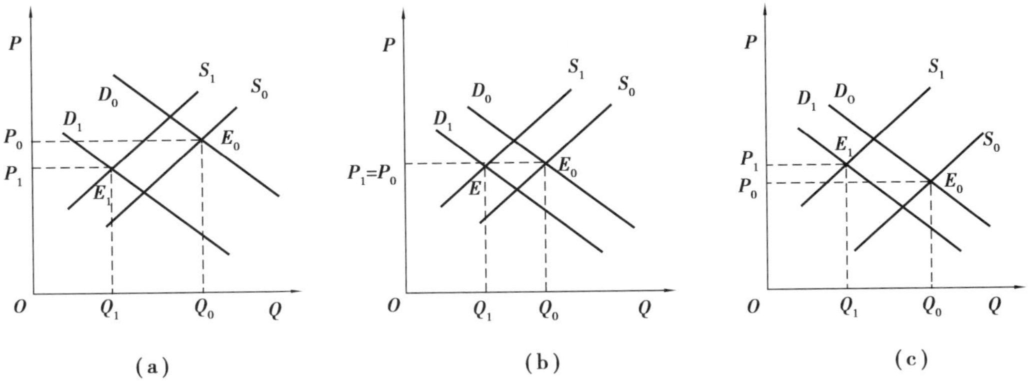

图2-11 需求与供给同时减少

无论哪一种情况，新的均衡数量总是减少，即$Q_1<Q_0$。

3.供给增加，需求减少

当生产者生产成本下降，供给曲线右移，同时消费者收入减少，需求曲线左移，则：

①若供给增加幅度大于需求减少幅度，则均衡数量$Q_1>Q_0$，如图2-12(a)所示。

②若供给增加幅度等于需求减少幅度，则均衡数量$Q_1=Q_0$，如图2-12(b)所示。

③若供给增加幅度小于需求减少幅度，则均衡数量$Q_1<Q_0$，如图2-12(c)所示。

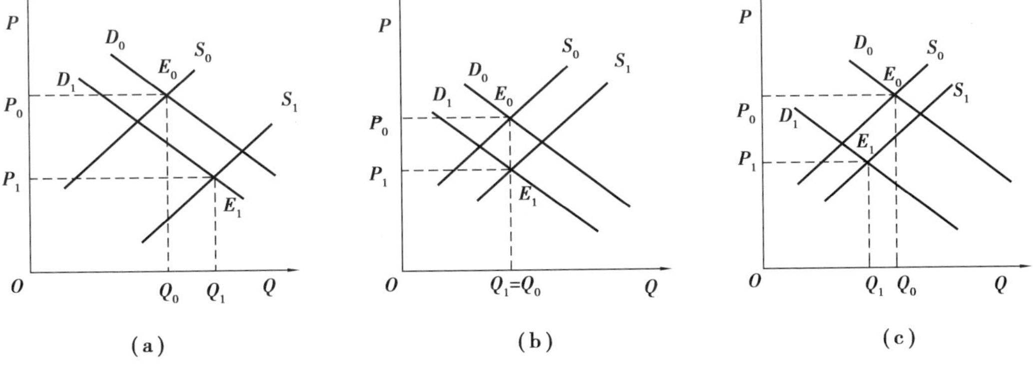

图2-12 供给增加，需求减少

无论哪一种情况，新的均衡价格总是减小，即$P_1<P_0$。

4.需求增加，供给减少

当消费者收入增加，需求曲线右移，同时生产者生产成本上升，供给曲线左移，则：

①若需求增加幅度小于供给减少幅度，则均衡数量减少，即 $Q_1<Q_0$，如图 2-13(a)所示。

②若需求增加幅度等于供给减少幅度，则均衡数量不变，即 $Q_1=Q_0$，如图 2-13(b)所示。

③若需求增加幅度大于供给减少幅度，则均衡数量增加，即 $Q_1>Q_0$，如图 2-13(c)所示。

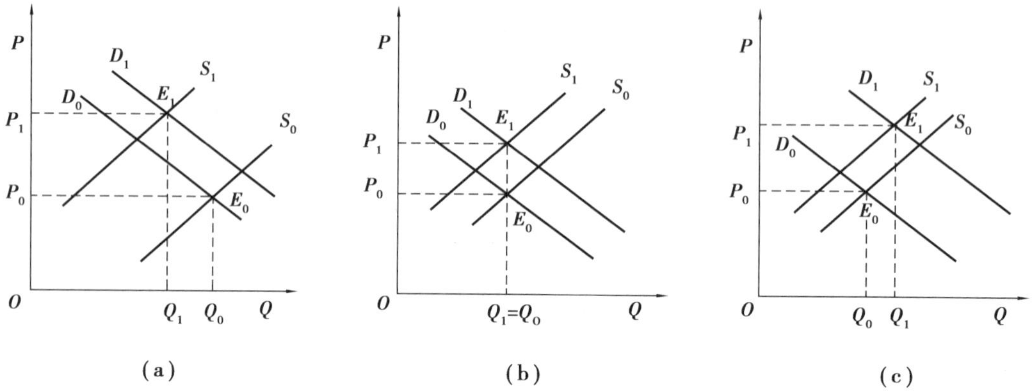

图 2-13　需求增加，供给减少

无论哪一种情况，新的均衡价格总是增加，即 $P_1>P_0$。

以上关于需求和供给的变动对均衡的影响可归纳为如表 2-3 所示。

表 2-3　需求和供给的变动对均衡的影响

变动情况	需　求	供　给	均衡价格	均衡数量
需求变动，供给不变	↗	—	↑	↑
	↘	—	↓	↓
需求不变，供给变动	—	↗	↓	↑
	—	↘	↑	↓
需求和供给同时发生变动	↗	↗	?	↑
	↘	↘	?	↓
	↗	↘	↑	?
	↘	↗	↓	?

根据上述分析可得出如下结论：需求的变动引起均衡价格与均衡数量同方向变动，供给的变动引起均衡价格反方向变动，引起均衡数量同方向变动。这就是微观经济学中的供求定理。

三、均衡价格理论的应用

微观经济学的核心是要论证通过价格机制能够对社会经济自发地做出合理的调节，事实上价格机制的调节作用并不像理论上所讲的那样完善，比如某些生活必需品严重短缺时，价格会大幅度提高，在此价格水平上，收入水平低的家庭便难以维持最低水平的生活，从而不利于社会稳定。因而政府有必要通过制定价格政策来克服这些副作用。政府常用的价格政策主要有限制价格和支持价格。

(一)限制价格

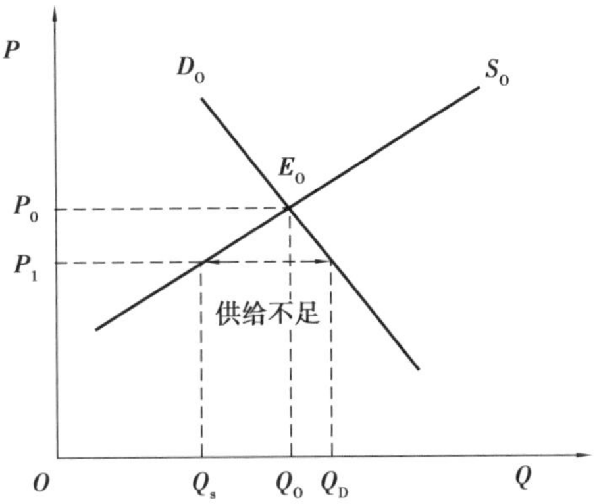

图2-14　限制价格及结果

限制价格是指政府为了限制某些生活必需品的物价上涨而规定的这些商品的最高价格，限制价格低于市场均衡价格。如图2-14所示，某商品由供求关系所决定的均衡价格为P_0，均衡数量为Q_0，但在这一价格水平时，部分生活贫困的人将买不起该商品，因而政府对这一部分商品实行限制价格政策，限制价格为P_1，$P_1<P_0$，此时商品实际供给量为Q_S，需求量为Q_D，供给量小于需求量，产品供不应求，在市场力量的作用下，价格存在上涨的趋势。因而为了维持限制价格，政府就要实行配给制。否则，在超额需求下，市场上会存在抢购、黑市交易等现象，造成市场秩序的混乱。

限制价格一般是在战争或自然灾害等特殊时期使用，但许多国家对某些生活必需品或劳务，长期实行政策。如有些国家对关系到国计民生的煤炭、电力、煤气、交通与邮电服务等实行限制价格，还有一些国家对粮食等生活必需品实行限制政策。

限制价格有利于社会平等的实现，有利于社会的安定。在战争等特殊时期，它可以防止投机者囤积居奇并造成社会动荡和社会分配不公。但这种政策长期实行会引起严重的不利后果，主要表现在：第一，价格水平低打击了生产者积极性，不利于刺激生产，从而会使产品长期存在短缺现象；第二，价格水平低不利于抑制需求，从而会在资源短缺的同时又造成严重的浪费，如低水价政策可能使缺水的城市出现严重浪费水资源的现象；第三，限制价格之下所实行的配给，会引起社会风尚败坏，产生黑市和寻租活动。正是以上原因，一般经济学家都反对长期采用限制价格政策，一般只在战争或自然灾害等特殊时期使用。

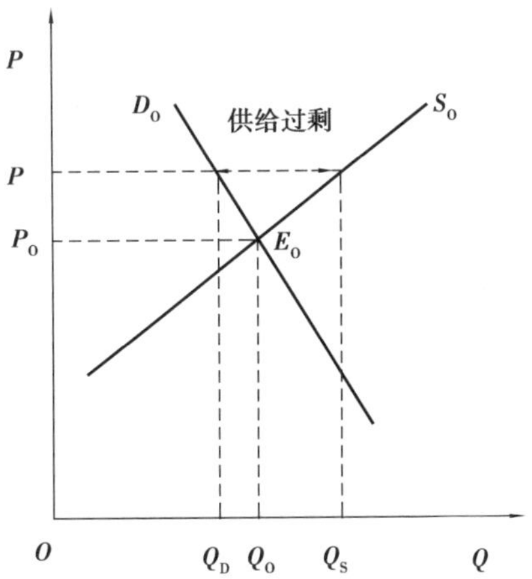

图2-15　支持价格及结果

(二)支持价格

支持价格又称最低限价，是政府为了扶植某一行业的发展而规定的该行业产品的最低价格。支持价格高于市场均衡价格。如图2-15所示，该行业某商品由供求关系所决定的均衡价格为P_0，均衡数量为Q_0，政府为了扶植该行业的发展而制定的支持价格为P_1，$P_1> P_0$，此时供给量为Q_S，需求量为Q_D，供给量大于需求量，产品出现过剩。为了防止价格下跌，政府就要收购剩余产品，因而支持价格政策的实施增加了政府财政支出。

支持价格的作用可以用农产品支持价格为例来说明：许多经济和自然条件较好的国家，由于农产品过剩，为了克服农业危机，往往采取农产品支持价格政策，以调动农民生产积极性，稳定农业生产。农产品支持价格一般采取两种形式：一种是缓冲库存法，即政府或其代理人按照某种平价收购全部农产品，在供大于求时增加库存或出口，在供小于求时减少库存，以平价进行买卖，从而使农产品价格由于政府的支持而稳定在某一水平上；另一种是稳定基金法，即政府按某种平价收购农产品，在供大于求时维持一定的价格水平，供小于求时使价格不至于过高。但不建立库存，不进行存货调节，在这种情况下，收购农产品的价格是稳定的，同样可以起到支持农业生产的作用。

美国根据平价率来确定支持价格。平价率是指农场主销售农产品所得收入与购买工业品支付的价格之间的比率关系。按平价率来调节农产品的支持价格。法国是建立政府、农场主、消费者代表组成的农产品市场管理组织来制定支持价格。欧共体1963年成立欧洲农业指导委员会和保证基金，用于农产品的收购支出和补贴出口。

供大于求的情况下，如果不使用支持价格政策，将导致这样的结果：一是存货调节。当市场供大于求，价格低时，生产者把部分产品作为库存储藏起来，不投入市场，从而不形成供给，这就会使供给减少，价格上升；反之，当市场上供给小于需求，价格高时，生产者把原来的库存投入市场，这就在产量无法增加的情况下增加了供给，从而价格下降。这种自发存货调节，对市场的稳定起到作用，但却为投机倒把提供方便。二是地区套利。在现实中，市场往往是地区性的，这样在总体上供求平衡时，也会出现地区性不平衡。这种地区间供求不平衡所引起的价格差就产生了跨地区套利活动。这种活动就是把供大于求，从而价格低的地区的产品运到供小于求，从而价格高的地区。只要这种价格差大于运输费用，这种投机活动就不会停止。这种投机活动有利于市场机制更好地发挥作用，也有利于经济稳定，市场经济本身的一种“内在稳定器”。

支持价格的运用对于经济发展的稳定和制止投机活动有着极其重要的意义。其作用是：第一，稳定生产，减缓经济危机的冲击；第二，通过对不同产业产品的不同的支持价格，可以调节产业结构，使之适应市场变动；第三，实行对农产品生产的支持价格政策，可以扩大农业投资，促进农业劳动生产率的提高。但支持价格会使财政支出增加，政府背上沉重的包袱，降低政府对宏观经济的调节作用。

不论是限制价格还是支持价格，都是政府利用国家机器的力量对商品供求实行的价格管制，限制价格是低于均衡价格的商品最高价格，支持价格一般是高于均衡价格的最低价格。前者的长期实行会造成商品持续的严重供不应求，后者的长期实行会造成商品的持续的供过于求，二者都会对市场供求关系的正常实现造成不利的影响。政府为了在实行价格管制的条件下，维持社会稳定，就必须对社会商品供求实行管制，由此就导致经济学上一个基本定理的产生与存在：实行价格管制的国家必然导致对商品供求实行数量管制。

【课程思政】

我国商品市场供求调控的制度优势

按照西方经济学的理论，市场的供求变化势必影响商品价格的波动，通过价格的变化调整市场的供给量和需求量，并达到最终的均衡。但是，特定情境下的价格变动实现的供求均衡并不是最优的，甚至在资本、权力等的驱使下，市场供求关系失衡会出现天价商品和黑市交易等，甚至出现严重的市场失灵而使得经济运行陷入混乱，降低社会整体福利水平。

中国特色社会主义制度的优势就在于政府对企业生产、百姓生活和整体经济运行的有效调控。以2020年我国对新冠疫情的防控为例，疫情暴发后，疫情防控物资的需求量猛增，但是当时的市场供给量有限，单纯依靠市场供求调节解决疫情防控物资生产、运输和使用是无法战胜疫情的。各级政府在紧急调配资源、扩大防疫物资生产、保障市场供应的同时，严厉打击个别企业提高售价牟利的不法行为，确保了防疫物资的重点配备和百姓的实际需求。在抗击疫情的特殊形势下，商品的生产、运输、销售等环节并不是完全按照自由市场的经济规律来运行的，而是在政府的统一部署下进行资源的整合与调配，最大程度地提高了疫情防控资源的使用效率。

【拓展阅读】

价格政策的利与弊

支持价格也称最低价格，是指政府对某些商品规定的价格下限，防止价格过低，以示对该商品生产的支持。长期以来，发达国家对农产品实行这种价格，使他们的农业非常发达。以美国为例，2002年5月13日上午，布什总统在白宫正式批准了当月上旬美国国会参众两院的新的农业政策。根据新法案，美国政府在今后6年内为农业和畜牧业提供517亿美元的补贴，每年的补贴幅度在64亿美元。我国现在对农业实行的“保护价敞开收购”实际也是一种支持价格。

支持价格的作用，以农业为例，从长期看支持了农业的发展，调动了农民种田的积极性，使农产品的供给大于需求，对过剩的农产品政府只有大量收购，使政府背上了沉重的债务负担。靠保护成长起来的事物是缺乏生命力的，加入WTO(世界贸易组织)后我们还有几年的减缓期，如果仍用这种支持价格，就不能从根本上改变我国农业的落后状况。另外，政府解决收购过剩的农产品方法之一就是扩大出口。这就引起国家与国家之间为争夺世界农产品市场而进行贸易战。

限制价格也称最高价格，是指政府对某些商品规定最高上限，防止价格过高，控制通货膨胀。我国在计划经济时期，很多生活必需品都实现限制价格，小到柴米油盐，大到住房，都有补贴。限制价格有利于社会平等，但从长期看，价格低不利于抑制需求，也不利于刺激供给，使本来就短缺的商品更加短缺。为了弥补供给不足部分，政府往往会采取配给制。例如，我国住房长期以来实行配给制和低房租，这种政策固然使低收入者可以有房住，但使房屋更加短缺，几十年住房问题解决不了。改革开放以来，随着逐步放开公产房的房租和住房分配政策的不断改变，商品房的价格由市场调节，调动了开发商建房的积极性，解决了多少年来住房需求的短缺局面。

限制价格是一项不符合经济规律的失败的制度安排，经济学家不主张利用限制价格，因此，最终被设计者放弃也就是不可避免的。事实证明，改革开放以来，我国取消大量的限制价格政策，无论是商品市场还是要素市场，由过去的卖方市场到今天的买方市场，商品由过去的短缺到今天的过剩。

第四节 弹性分析

一、弹性的含义

弹性是指两个有函数关系的变量之间，自变量的相对变动所引起的因变量相对变动的程度，或者弹性表示因变量对自变量变化的反应的灵敏度。弹性一般可用公式表示为：

$$\text{弹性系数} = \frac{\text{因变量变动的百分比}}{\text{自变量变动的百分比}} \tag{2-5}$$

设两个经济变量之间的函数关系为$Y=F(X)$，弹性系数的大小可用下列公式计算：

$$E = \frac{\frac{\Delta Y}{Y}}{\frac{\Delta X}{X}} = \frac{\Delta Y}{\Delta X} \cdot \frac{X}{Y} \tag{2-6}$$

式中，E为弹性系数；ΔY、ΔX分别为变量X、Y的变动量。

【拓展阅读】

“旧帽换新帽一律八折”

在市场上各商家之间“挥泪大甩卖”“赔本跳楼价”的价格大战从未仔细考虑过究竟是为什么，只是觉得很开心，因为可以节省大量金钱。前几天路过一家安全帽专卖店，看到它打出这样的广告——“旧帽换新帽一律八折”。店家的意思是，如果你买安全帽时交一顶旧安全帽的话，当场退二成的价格；如果直接买新帽，只能按原定价格买。这一种促销方式让人觉得好奇，是不是店家加入了什么基金会或是店家和供帽厂家有什么协定，回收旧安全帽可以让店家回收一些成本，因此拿旧帽来才有二折的优惠呢？如果大家是这么想的，那可就猜错了，但凡这种以旧换新的促销活动主要是针对不同消费者的需求弹性而采取的区别定价方法，即：给定一定的价格变动比例，购买者需求数量变动较大称为需求弹性较大，变动较小称为弹性较小。对需求弹性较小的购买者制定较高价格，对需求弹性较大的顾客收取较低价格。而这家安全帽专卖店的促销做法正是这个理论的实际应用，实际上,店家拿到你那顶脏脏旧旧的安全帽,并没有什么好处,常常是在你走后往垃圾桶一丢了事。既然没好处,店家为何还要多此一举呢? 答案是——店家以顾客是否拿旧安全帽,来区别顾客的需求弹性。简单地说,没拿旧安全帽来的顾客说明他没有安全帽,由于法令规定:驾驶摩托车必须要戴安全帽,故而无论价格高低,购买摩托车的人一定要买顶安全帽,因此这种顾客的需求曲线较陡,弹性较小。相对地,拿旧安全帽来抵二折价款的顾客表明他本来就有一顶安全帽,如果安全帽的价格便宜他有以旧换新的需求,而价格太贵他也可以以后再买,因为他已有一顶安全帽,对该商品的需求没有迫切性。因此,这类顾客的需求曲线较平坦,弹性较大。

综上所述不难看出,该安全帽专卖店采用这种"旧帽换新帽八折"的促销活动,针对不同消费者的需求定价的方法,不仅不会使其减少营业收入,反而会吸引那些本不想购买新帽的消费者前来购买,增加了收益。因此,认真研究消费者心理,了解市场需求,针对本行业的特点,制定出适合自己的价格策略,一定会给单位、公司带来丰厚的利润。

二、需求弹性

(一)需求的价格弹性

1.需求价格弹性的定义

需求价格弹性(Elasticity of Demand)是指商品价格变动所引起的需求量变动的比率,它反映了商品需求量变动对其价格变动反应的敏感程度。不同商品需求量变动对价格变动反应的敏感程度不同,需求价格弹性就不同,一般用需求价格弹性系数来表示其弹性的大小,以E_d来表示,Q代表需求量,ΔQ代表需求量的变动量,P代表价格,ΔP代表价格的变动量,则需求价格弹性系数可用下列公式表示:

$$E_d=\frac{\text{需求量变动的百分比}}{\text{价格变动的百分比}}=\frac{\Delta Q/Q}{\Delta P/P}=\frac{\Delta Q}{\Delta P}\cdot\frac{P}{Q} \tag{2-7}$$

由于商品需求量与其价格之间呈反方向变动,因而需求价格弹性系数为负值,在实际运用中,为方便起见,一般取其绝对值,即$E_d=\left|\frac{\Delta Q}{\Delta P}\cdot\frac{P}{Q}\right|$。如$E_d=1.8$,其含义是价格每上升1%,会引起需求量下降1.8%,或是价格每下降1%,会引起需求量上升1.8%。

需求价格弹性的计算,一般包括点弹性(Point Elasticity)和弧弹性(Arc Elasticity)两种。需求点弹性是指某商品需求曲线上某一点的需求价格弹性,它衡量在需求曲线某一点上的需求量的无穷小的变动率对于价格的无穷小的变动率的反应程度。

例如,某商品价格从1000元降至999元,需求量从10000增加到10003,即$P_1=1000$,$P_2=999$,$Q_1=10000$,$Q_2=10003$,则该商品的需求价格弹性为:

$$E_d=\left|\frac{\Delta Q}{\Delta P}\cdot\frac{P}{Q}\right|=\left|-\frac{10003-10000}{999-1000}\times\frac{1000}{10000}\right|=0.3$$

如果知道了需求曲线的函数形式,可以用微分法来计算点弹性,同样对E_d取绝对值,以下弧弹性类同。公式为:

$$E_d = \left| \lim_{\Delta P \to 0} \frac{\Delta Q}{\Delta P} \cdot \frac{P}{Q} \right| = \left| \frac{dQ}{dP} \cdot \frac{P}{Q} \right| \tag{2-8}$$

例如，某商品的需求函数为$Q=18-2P$，导出点弹性的表达式，并计算价格为3和4时的点弹性。

根据上述公式，可得需求点弹性表达式如下：

$$E_d = \left| \frac{dQ}{dP} \times \frac{P}{Q} \right| = \left| (-2) \times \frac{P}{Q} \right| = \frac{-2P}{Q}$$

当$P=3$时，$Q=18-2\times3=12$，$E_d=2\times(3/12)=0.5$

当$P=4$时，$Q=18-2\times4=10$，$E_d=2\times(4/10)=0.8$

从此例可以看出，当商品价格从3上涨到4时与价格从4下降到3时，需求价格点弹性系数并不相同，为了避免这种情况，价格和需求量可以采用平均值，即用弧弹性计算方式。需求弧弹性是指商品需求曲线上两个价格/数量点之间所具有的平均弹性。其公式如下：

$$E_d = \frac{\text{需求量变动的百分比}}{\text{价格变动的百分比}} = \frac{\Delta Q/Q}{\Delta P/P} = \frac{\Delta Q}{\Delta P} \cdot \frac{P_1 + P_2}{Q_1 + Q_2} \tag{2-9}$$

应用此公式，上例商品的需求价格弹性计算如下：

价格从3上涨到4时，$P_1=3$，$P_2=4$，$Q_1=12$，$Q_2=10$

$$|E_d| = \left| \frac{\Delta Q}{\Delta P} \cdot \frac{P_1+P_2}{Q_1+Q_2} \right| = \left| \frac{10-12}{4-3} \cdot \frac{3+4}{12+10} \right| \approx 0.64$$

价格从4下降到3时，$P_1=4$，$P_2=3$，$Q_1=10$，$Q_2=12$

$$|E_d| = \left| \frac{\Delta Q}{\Delta P} \cdot \frac{P_1+P_2}{Q_1+Q_2} \right| = \left| \frac{12-10}{3-4} \cdot \frac{4+3}{10+12} \right| \approx 0.64$$

应用弧弹性计算公式，消除了价格上升与下降时所计算的弹性系数的差别。

2. 需求的价格弹性的类型

根据需求价格弹性的大小，可将其分为五类，每类商品需求量随价格变动的反应情况如表2-4所示。

（1）需求完全无弹性

需求完全无弹性的商品，$|E_d|=0$。需求曲线是一条与横轴垂直的线，表示无论价格如何变动，需求量都不改变。例如，一些特殊的药品如胰岛素，对一些糖尿病人至关重要，无论价格如何上升或下降，他们都不会改变购买量。

（2）需求缺乏弹性

需求缺乏弹性的商品，$|E_d|<1$。需求曲线是一条比较陡峭的线，表示需求量变化幅度小于价格变化幅度。例如，米、面粉、食盐等生活必需品。

（3）需求单位弹性

需求单位弹性的商品，$|E_d|=1$。需求曲线是一条正双曲线，表示需求量变化幅度等于价格变化幅度。例如，报纸。

（4）需求富有弹性

需求富有弹性的商品，$|E_d|>1$。需求曲线是一条比较平坦的线，表示需求量变化幅度

大于价格变化幅度。例如，空调、汽车等高档生活用品，旅游和专业服务等。

(5)需求有无限弹性

需求有无限弹性的商品，$E_d \to \infty$。需求曲线是一条与横轴平行的线，表示价格既定时，需求量是无限的，或者说对于价格的微小变动，需求量出现了无限大的反应。例如，两台相邻饮料机中的同种同质软饮料，在价格相同的情况下，都会拥有一批消费者，而当一台机器中的软饮料价格上涨时，即使量很小，人们也不会购买，而是购买另一机器的饮料。

表 2-4　不同商品需求价格弹性分类表

分　类	含　义	实　例	数　值	图形
完全无弹性	无论价格如何变化，需求量都不变	胰岛素等	$E_d=0$	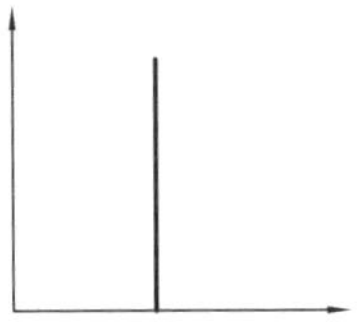
缺乏弹性	需求量变化幅度小于价格变化的幅度	食物、衣服、农产品、住房、饮料等	$E_d<1$	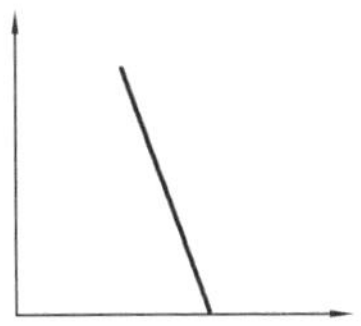
单位弹性	需求量变化幅度等于价格变化的幅度	报纸等	$E_d=1$	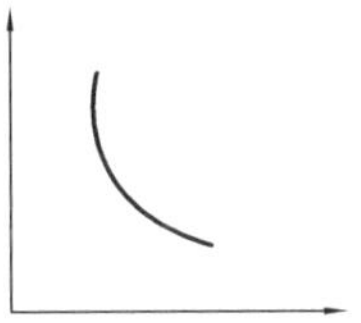
富有弹性	需求量变化幅度大于价格变化的幅度	汽车、旅游、专业服务等	$E_d>1$	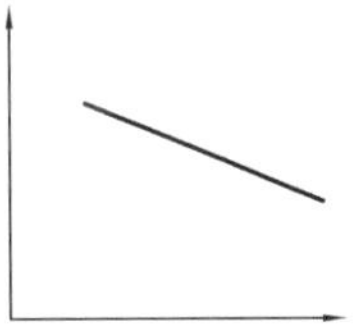
完全有弹性	当价格为既定时，需求量无限	货币等	$E_d \to \infty$	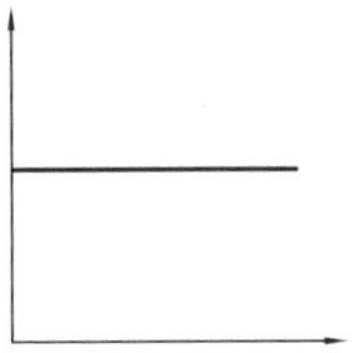

3. 影响需求的价格弹性的因素

不同商品的需求价格弹性不同，造成这种差异的主要是以下几种因素：

第一，消费者对某种商品的需求程度。像粮食、油、盐、酱、醋等生活必需品，需求程度大而稳定，因而需求价格弹性就小；奢侈品、高档消费品的需求价格弹性就较大。

第二，商品的可替代程度。某种商品的可替代品越多，可替代程度越高，需求价格弹性则越大；反之则越小。因为商品价格上升时，消费者会购买其替代品，而价格下降时，消费者会多购买该商品而取代其替代品。

第三，商品消费支出占消费者收入的比重。如果商品消费支出占消费者收入的比重小，商品价格变动对需求的影响就小，需求价格弹性就小，如毛巾、香皂、火柴之类的商品。反之，消费支出占消费者收入比重大的商品，像空调、珠宝之类的商品，价格变动对需求的影响大，其需求弹性也大。

第四，商品本身用途的广泛性。一般来讲，用途比较广的商品，当其价格上涨时，消费者就会只买数量较少的商品用于其最重要的用途上，而当其价格下降时，消费者的购买量就会逐渐增加，将商品越来越多地用于其他用途，因而其需求价格弹性就大；相反，用途较窄的商品，其需求价格弹性就小。

4. 需求价格弹性的应用：需求价格弹性与收益关系的分析

总收益也可以称为总收入，指厂商出售一定量商品所得到的全部收入，也就是销售量与价格的乘积，如果以TR代表总收益，Q为销售量，P为价格，总收益的计算公式为：

$$TR = P \times Q$$

我们假设需求量也就是销售量，不同商品的需求弹性不同，价格变动引起的销售量（需求量）的变动不同，从而总收益的变动也就不同。下面我们主要分析需求富有弹性的商品与需求缺乏弹性的商品需求价格弹性与总收益之间的关系。

（1）需求富有弹性的商品需求价格弹性与总收益之间的关系

①商品价格下降对销售者的总收益变动的影响。如果某种商品的需求是富有弹性的，那么该商品的价格下降时，需求量（销售量）增加的比率大于价格下降的比率，销售者的总收益会增加。

例：假定某种商品的需求是富有弹性的，$E_d=2$。当价格为500元时，销售量为100个，若其价格下降10%，也就是价格降到450元时，会使销售者总收益发生什么样的变化？

解：因为$E_d=2$，当价格下降10%时，销售量增加20%，即$Q_2=120$个。

$$TR_1 = P_1Q_1 = 500 \times 100 = 50000\text{元}$$

$$TR_2 = P_2Q_2 = 450 \times 120 = 54000\text{元}$$

$$TR_2 - TR_1 = 54000 - 50000 = 4000\text{元}$$

这表明，由于这种商品价格下降，总收益增加了。需求富有弹性的商品，商品价格下降导致商品需求量增加，商品需求量增加的比率大于价格下降的比率，价格下降而总收益增加，这就是人们所说的，对于需求富有弹性的商品可以实行“薄利多销”的原因所在。

②商品价格上升对销售者总收益变动的影响。如果某种商品的需求是富有弹性的，那么当该商品的价格上升时，需求量（销售量）减少的比率大于价格上升的比率，销售者的总收益会减少。

如上例中，现假设该种商品的价格上升10%，即$P_2=550$元时，销售者的总收益又将发生什么样的变化？

因为$E_d=2$，当价格上升10%，即价格上升到550元时，销售量将减少20%，即$Q_2=80$个，

此时总收益TR_2为:

$$TR_2 = P_2Q_2 = 550 \times 80 = 44000元$$

$$TR_2 - TR_1 = 44000 - 50000 = -6000元$$

表明需求富有弹性的商品价格上升,总收益反而减少了,说明对于此类商品如果向上调价不当,不但不能增加销售者的总收益,反而会带来损失。具体地说,对于需求富有弹性的商品,厂商在销售时减价会增收,涨价会减收。

(2)需求缺乏弹性的商品需求价格弹性与总收益的关系

①商品价格下降对销售者总收益变动的影响。对需求缺乏弹性的商品,当该商品价格下降时,需求量增加的比率小于价格下降的比率,销售者的总收益会减少。

例:假设某商品缺乏弹性,当E_d=0.5,价格为2.00元时,销售量为100kg,若价格下降10%,即P_2=1.80元时,销售者的总收益将会发生什么样的变化?

解:因为E_d=0.5,当价格下降10%时,需求量增加5%,即

$$Q_2 = Q_1(1 + 5\%) = 105kg$$

因为:

$$TR_1 = P_1Q_1 = 2 \times 100 = 200元$$

$$TR_2 = P_2Q_2 = 1.80 \times 105 = 189元$$

$$TR_2 - TR_1 = 189 - 200 = -11元$$

这表明,由于面粉价格下降,总收益减少了。对于需求缺乏弹性的商品,价格下降会使销售者的总收益减少。中国有句古语叫"谷贱伤农",意思是说,粮食丰收了,由于粮价下跌,农民的收入减少了。其原因在于粮食是人们的生活必需品,需求缺乏弹性。粮食丰收使粮食供给量增加,造成粮价下跌,价格下降导致需求增加并不会使农民的收入同比例增加,从而农民的总收益减少,农民反而受损失。

②商品价格上升对销售者总收益的影响。如果某商品的需求是缺乏弹性的,那么当该商品的价格上升时,需求量减少的比率小于价格上升的比率,销售者的总收益增加。

例:根据上例的资料,若该商品的价格上升10%,即P_2=2.20元,销售者的总收益又将如何变化?

因为价格上升10%,E_d=0.5,则需求量将下降5%,即:

$$Q_2 = Q \times (1 - 5\%) = 95kg$$

$$TR_2 = P_2 \times Q_2 = 2.20 \times 95 = 209元$$

$$TR_2 - TR_1 = 209 - 200 = 9元$$

这表明由于该商品价格上升,总收益增加了。综上所述,对于需求缺乏弹性的商品,销售者减价会减收,涨价会增收。

(二)需求的收入弹性

1.需求收入弹性的定义

需求的收入弹性(Income Elasticity of Demand)简称收入弹性,它表示在一定时期内相对于消费者收入的相对变动,商品需求量的相对变动的反应程度:需求的收入弹性系数=

需求变动百分比/收入变动百分比。

用E_m表示需求的收入弹性系数，M表示收入，ΔM表示收入增减量。则

$$E_m = \frac{\frac{\Delta Q}{Q}}{\frac{\Delta M}{M}} = \frac{\Delta Q}{\Delta M} \times \frac{M}{Q} \tag{2-10}$$

对正常商品而言$E_m>0$，如果$E_m<0$，则表明收入增加，该商品的需求减少，该商品为劣等品。如果$E_m>1$表明需求量增加幅度超过收入增加幅度，该商品为奢侈品。$0<E_m<1$表明需求量增加幅度低于收入增加幅度，该商品为必需品。

2.收入弹性的应用：恩格尔定律

19世纪，德国统计学家恩格尔根据他对德国某些地区消费统计资料的研究，提出一个定理：随着家庭收入的增加，食物开支所占的比例会越来越小，这就是“恩格尔定律”。恩格尔定律也可以用恩格尔系数来表示。恩格尔系数是指食物支出与全部支出之比，公式为：

$$恩格尔系数 = \frac{食物支出}{全部支出}$$

恩格尔系数可以反映一国或一个家庭富裕程度与生活水平。一般来说，恩格尔系数越高，即食物支出在全部支出中的比重越高，那么用于其他方面如医疗、住房、精神享受、奢侈品等的支出较少，所以富裕程度和生活水平越低；同理，恩格尔系数越低，富裕程度和生活水平越高。

（三）需求的交叉弹性

需求的交叉弹性（Cross Elasticity of Demand）表示在一定时期内相关商品价格变动程度对需求量变动程度的影响。需求的交叉弹性系数=需求变动的百分比/相关商品价格变动的百分比。

$$E_C = \frac{\frac{\Delta Q_X}{Q_X}}{\frac{\Delta P_Y}{P_Y}} = \frac{\Delta Q_X}{\Delta P_Y} \cdot \frac{P_Y}{Q_X} \tag{2-11}$$

式中，E_C表示需求交叉弹性系数，ΔQ_X表示X商品需求量的增加或减少量，Q_X表示X商品需求量，ΔP_Y表示Y商品的价格变化量，P_Y表示Y商品价格。

不同的需求交叉弹性，根据其数值的正负分为如下三类：

1.正交叉弹性

正交叉弹性是指商品Y的价格P_Y的增减变化，会使商品X的需求量Q_X发生相同方向的增减变化，这表明商品X与Y的关系是可以彼此替代的。当商品Y的价格上涨时，消费者的消费趋向从原来的商品Y转向商品X。他们的需求交叉弹性$E_C>0$。例如，大米与面粉、猪肉与羊肉、香蕉与苹果、雨衣与雨伞等都是可以彼此替代的商品，因而被称为“替代品”。当大米价格上涨时，就会增加面粉的需求量，反之亦然。

2. 负交叉弹性

负交叉弹性是指商品Y的价格P_Y的增减变化，会使商品X的需求量Q_X发生相反方向的减增变化，这表明商品X与Y的关系是可以彼此互补的。由于商品X与Y必须捆绑在一起按比例使用，所以，当商品Y的价格上涨时，消费者就会自然减少对X商品的需求量，而Y商品的需求量也会受到连带影响，而按比例减少。它们的需求交叉弹性$E_C<0$。例如，照相机与胶卷、汽车与汽油等都是可以互补的商品，因而被称为“互补品”。当胶卷的价格上涨时，就会减少照相机的需求量，反之亦然。

3. 零交叉弹性

零交叉弹性是指商品X与Y之间是无关的，这表明商品X与Y的关系是彼此独立的。例如，石油与食用油、煤炭与面粉、教科书与减肥茶等。当石油价格上涨时，对食用油的需求量不会产生什么影响。

三、供给弹性

在经济学中，供给弹性主要分析供给的价格弹性。

（一）供给价格弹性定义

供给价格弹性(Price Elasticity of Supply)是指商品供给量变动相对数与商品价格变动相对数之比，即商品价格变化百分之一引起商品供给量变化百分之几。它反映商品供给量对其价格变化的敏感程度。即：

$$E_S=供给量变化相对数/价格变化相对数$$

式中，E_S—供给的价格弹性。

$$E_S=\frac{\frac{\Delta Q}{Q}}{\frac{\Delta P}{P}}=\frac{\Delta Q}{\Delta P}\cdot\frac{P}{Q} \tag{2-12}$$

式中，ΔQ为商品供给量的变化量；ΔP为商品价格的变化量；Q为商品的供给量；P为商品的价格。

（二）供给的价格弹性的类型

与需求价格弹性一样，供给价格弹性也可以分为五类，即：

①供给完全无弹性。即不管价格如何变化，供给量都不变，即$E_S=0$，如图2-16(a)所示。

②供给缺乏弹性。即价格变化1%，供给量变化小于1%，即$E_S<1$，如图2-16(b)所示。

③供给单位弹性。即价格变化1%，供给量变化也是1%，即$E_S=1$，如图2-16(c)所示。

④供给富有弹性。即价格变化1%，供给量变化大于1%，即$E_S>1$，如图2-16(d)所示。

⑤供给完全弹性。即在一定价格上供给量无穷大，即$E_S=\infty$，如图2-16(e)所示。

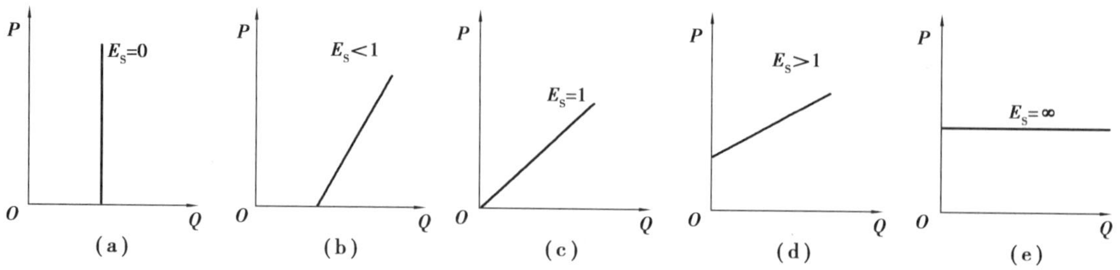

图2-16 供给价格弹性的分类

(三)影响供给价格弹性的主要因素

①生产技术类型，一般而言，生产技术越复杂、越先进，固定资本占用越大，生产周期越长，供给弹性越小，在价格下降时，这类生产要素不能方便地转移。

②生产能力的利用程度，对拥有相同技术的生产者而言，拥有多余生产能力的生产者的供给会更加有弹性，因为它在价格变动时，特别是价格升高时，更容易调整产量。

③生产成本的因素，当产量增加时，成本迅速增大，供给弹性越小；反之，生产扩大成本增长慢，供给弹性就大。

④生产者调整供给量的时间(生产周期)，当商品的价格发生变化，生产者对供给量进行调整需要一定时间，时间越短，生产者越来不及调整供给量。如在一个月内，考察西瓜的供给，它可能缺乏弹性，但如果跨年度考察西瓜供给量的变化，则其供给弹性可能很大。

【思政拓展案例】

"三农"向好 全局主动

一、稳中求进看大势

"清明前后，种瓜点豆。"清明过后，草木华发，正是躬身稼穑的好时节。当前，春管春播由南向北大面积展开，华南、江南、华北的农民已潜心于田间劳作，东北、西北的农户正忙于农资准备和农机整修。不误农时、不负春光，亿万农人在广袤田野辛勤耕耘。一粒粒埋在肥沃土壤的种子，一株株破土而出的嫩苗，蓄积着粮食丰收的希望。

农，天下之本，务莫大焉。习近平总书记指出，应对各种风险挑战，必须着眼国家战略需要，稳住农业基本盘，做好"三农"工作，措施要硬，执行力要强，确保稳产保供，确保农业农村稳定发展。

"三农"向好，全局主动。今年中央一号文件提出"牢牢守住保障国家粮食安全和不发生规模性返贫两条底线""推动乡村振兴取得新进展、农业农村现代化迈出新步伐"，围绕这些内容，把"三农"压舱石夯得实之又实，确保农业稳产增产、农民稳步增收、农村稳定安宁，将为稳定宏观经济大盘提供有力支撑。

二、抢抓农时做好春耕春管

人误地一时，地误人一年。当前，各地都在抢抓农时做好春耕春管。华南，广东恩平牛江镇，千亩早稻田进入集中插秧期；东北，辽宁全省大田整地作业全面铺开……截至2022年4月6日，全国春播粮食已完成意向面积的11.2%，进度同比快0.5个百分点；全国早稻育秧接近尾声，栽插已完成34.8%，进度同比快2个百分点。

亿万农民齐齐在春天里洒下汗水，皆因悠悠万事，吃饭为大。去年，我国粮食产量达13657亿斤，创历史新高，重要农产品供应充足、种类丰富，肉蛋菜果鱼等产量稳居世界第一，从当年4亿人吃不饱到今天14亿多人吃得好，有力回答了“谁来养活中国”的问题。但完全有能力端牢自己的饭碗，并不意味着在粮食问题上就可以高枕无忧。在消费结构不断升级、粮食需求仍呈刚性增长态势、结构性矛盾不断凸显、资源环境约束加剧的背景下，粮食安全这根弦丝毫不能松。

习近平总书记强调，保障好初级产品供给是一个重大战略性问题，中国人的饭碗任何时候都要牢牢端在自己手中，饭碗主要装中国粮。

2022年，我们着力稳面积产量——全面落实粮食安全党政同责，严格粮食安全责任制考核，确保主产区不断提高粮食综合生产能力，主销区稳定和提高粮食自给率，产销平衡区粮食基本自给；大力实施大豆和油料产能提升工程，加强储备调节，保持供需平衡。

着力稳基础支撑——抓住种子和耕地两个要害，打好政策组合拳，抓好种业振兴行动落实落地，严守18亿亩耕地红线，提高耕地质量。2022年我国建设1亿亩高标准农田，累计建成高效节水灌溉面积4亿亩，加大中低产田改造力度，提升耕地的地力等级；深入推进国家黑土地保护工程，实施黑土地保护性耕作8000万亩；加强耕地占补平衡全程监管，确保补充耕地可以长期稳定利用。

着力稳收益预期——针对农资价格上涨造成农民种粮投入增加，中央财政安排下拨200亿元实际种粮农民一次性补贴；小麦最低收购价每斤提高两分钱；大力发展农业社会化服务，带动小农户提高种粮综合效益。

三、强化监测帮扶让脱贫基础更牢固

现行标准下9899万农村贫困人口全部脱贫，完成消除绝对贫困的艰巨任务，中华民族摆脱贫困的千年夙愿终于梦圆。这一彪炳史册的人间奇迹，无论何时回看，都让人心潮澎湃。

在脱贫攻坚的阳光照耀下，无数人的命运就此改变。这也意味着，稳住“三农”压舱石，必须巩固和拓展脱贫攻坚成果，牢牢守住不发生规模性返贫的底线。习近平总书记指出，乡村振兴的前提是巩固脱贫攻坚成果，要持续抓紧抓好，让脱贫群众生活更上一层楼。要持续推动同乡村振兴战略有机衔接，确保不发生规模性返贫，切实维护和巩固脱贫攻坚战的伟大成就。

过去一年，我国全面建立防止返贫动态监测帮扶机制，近70%的监测对象已消除风险，其余人员均已落实帮扶措施；出台33项衔接政策，确定160个国家乡村振兴重点帮扶县并出台14个方面倾斜支持政策，深化东西部协作、定点帮扶和易地搬迁后续扶持；中央衔接推进乡村振兴补助资金投入1561亿元，比上年增加100亿元；832个脱贫县每个县都形成了2至3个优势突出、带动力强的特色主导产业，脱贫人口人均实现产业增收2200元以上；帮扶脱贫劳动力实现务工就业3145万人，比2021年增加126万人，脱贫人口人均纯收入达12550元，比2021年增长16.9%，守住了不发生规模性返贫的底线。

四、聚焦产业促进乡村发展

过去一年，全国上下坚持把打造产业链、拓展农业多种功能和乡村多元价值作为重点，持续发力、加快发展，创建了50个国家现代农业产业园、50个优势特色产业集群、298个农业产业强镇。

2022年的中央一号文件对聚焦产业促进乡村发展提出要求，明确着力推进农村一、二、三产业融合发展，在做优做强种养业的基础上，重点发展农产品加工、乡村休闲旅游、农村电商等乡村产业。打造农业的全产业链，推动产业向后端延伸，向下游拓展，由卖“原字号”向卖品牌产品转变，推动产品增值、产业增效。促进农业与休闲、旅游、康养、生态、文化、养老等产业深度融合，提升乡村经济价值，带动农民就业增收。

此外，在乡村建设方面，2022年重点加强普惠性、基础性、兜底性民生建设，健全实施机制。乡村治理方面，重点加强农村基层组织建设，创新农村精神文明建设有效平台载体，维护农村社会平安稳定。

在希望的田野上，仓廪殷实的家底正在孕育，乡村振兴的崭新篇章正在绘就，大国“三农”正踔厉奋发、笃行不怠向未来。

（资料来源：《光明日报》，2022年4月11日，有修改）

思政引导：在宏观经济平稳运行的背景下，我国农业农村改革发展取得显著成效，农业作为经济社会发展压舱石的作用日益显著。在中国共产党的英明领导下，中国已经基本实现了全面小康，而实现全面小康的工作主要在农村、重点在农村、难点在农村，标志也在农村。农民不富裕，怎能说人民富裕？农村不小康，怎能说国家小康？全面建成小康社会是中国共产党的百年梦想，是中国农村的历史性进步，是包括农村在内的整个中华民族从站起来到富起来的伟大飞跃。

思考与练习

一、单项选择题

1.在其他条件不变的情况下，当汽油的价格上升时，对小汽车的需求将（　　）。

A.减少　　B.不变　　C.增加　　D.难以确定

2.在其他条件不变的情况下，当咖啡的价格急剧升高时，对茶叶的需求将（　　）。

A.减少　　B.不变　　C.增加　　D.没有影响

3.消费者预期某种物品的价格将来会上升，则对该物品当前的需求会（　　）。

A.减少　　B.增加　　C.不变　　D.难以确定

4.需求定理意味着，在其他条件不变的情况下（　　）。

A.随着汽车价格上升，汽车需求量将增加

B.随着汽车价格上升，汽车需求量将减少

C.随着汽车价格上升，汽车需求量仍保持不变

D.随着汽车价格上升,汽车需求量可能增加,可能减少,也可能不变

5.供给定理说明( )。

A.生产技术的提高会使商品的供给量增加

B.某种商品的价格上升将导致对该商品的供给量增加

C.政府采取措施鼓励某种商品的生产,使得该种商品的供给量增加

D.消费者喜欢消费某种商品,使该商品的供给量增加

6.引起供给曲线向右移动的原因是( )。

A.该商品价格上升　　B.劳动者的工资增加了

C.生产该商品的技术进步了　　D.该商品价格下降了

7.一种投入生产的要素的价格上升,一般会导致( )。

A.供给曲线向左移动　　B.供给曲线向右移动

C.供给量沿着供给曲线减少　　D.供给量沿着供给曲线增加

8.如果某种商品的市场是均衡的,那么( )。

A.生产者在现行价格时会增加生产

B.消费者在现行价格时会增加购买

C.不存在过剩与短缺

D.生产者与消费者不愿意按现行价格进行交易

9.如果在现有价格水平,供给量超过需求量( )。

A.该种商品的价格趋于上升　　B.该种商品的价格趋于下降

C.需求量增加,供给量不变　　D.供给量增加,需求量不变

10.如果一种商品的需求缺乏弹性,商品价格上升5%将使( )。

A.需求量的增加超过5%　　B.需求量的增加小于5%

C.需求量的减少超过5%　　D.需求量的减少小于5%

二、判断题

1.当咖啡的价格上升时,茶叶的需求就会增加。( )

2.世界石油价格下降有助于增加购买汽车的需求。( )

3.在任何情况下,商品的价格与需求量都是反方向变动的。( )

4.在人们收入增加的情况下,某种商品价格上升,需求量必然减少。( )

5.一场台风摧毁了某地区的荔枝树,市场上的荔枝少了,这称为供给量减少。( )

6.生产技术提高所引起的某种商品产量的增加称为供给的增加。( )

7.在其他条件不变的情况下,当人们收入增加时,休闲类书籍的价格会上升,需求量会增加。( )

8.当某种产品的价格上升8%,而需求量减少7%时,该产品是需求富有弹性的。( )

9.某种物品越是易于被替代,其需求也就越缺乏弹性。( )

10.各种药品(包括营养补品)的需求弹性都是相同的。( )

三、简答题

1.影响需求的因素有哪些?

2. 需求量的变动与需求变动有何区别？

3. 影响供给的因素有哪些？

4. 供给量的变动与供给的变动有何区别？

5. 政府的最高限价对社会会产生怎样的影响？

6. 均衡价格是怎样形成的？

7. 试用经济学分析“谷贱伤农”成语的含义。

8. 分析化妆品可以薄利多销而药品却不行的原因。

四、计算题

1. 设某商品的市场需求函数为$D=12-2P$，供给函数为$S=2P$，求：

(1)均衡价格和均衡产量各是多少？

(2)如市场需求曲线向右移动2个单位，新的均衡价格和均衡产量各是多少？

(3)如市场供给曲线向右移动4个单位，新的均衡价格和均衡产量各是多少？

2. 某商品的需求弹性系数为1.5，当它降价8%时，需求量增加多少？

3. 某商品原先的价格为10元，需求量为150件，后降至8元，降价后的需求量为180件，该商品的需求弹性系数为多少？属于哪一类需求弹性？

技能训练项目

项目2-1　分析禁毒是增加还是减少了与毒品相关的犯罪

【技能目标】

培养学生应用供给与需求的变动分析相关政府政策的能力。

【内容与要求】

教师设置以下案例情景，提出两个问题，学生分组进行分析讨论，自由发言。

我们社会一个长期面临的问题是毒品的使用，比如海洛因、可卡因和大麻。毒品的使用一方面会毁坏吸毒者及其家庭的生活。另外，吸毒上瘾也会使社会增加暴力犯罪和其他包括艾滋病在内的疾病的传播。所以，政府每年花大力气禁毒。现在我们用需求和供给工具来考察政府的禁毒政策。

试分析：1. 假设政府增加了打击毒品的工作人员数量和打击力度。其效果如何？

2. 政府通过禁毒教育的手段来努力减少毒品的需求。其效果如何？

【成果与考核】

教师根据学生讨论及发言情况评估打分。

项目2-2　海产品上市后的价格变动

【技能目标】

培养学生运用均衡价格理论解释价格变动原因及分析价格走势。

【内容与要求】

教师设置以下案例情景，提出问题，学生分组进行分析讨论，自由发言。

今年浙江沿海海产品市场的发展出现了一些新动向。首先,人类的不断开发,生产中产生的大量有害物质流入海洋,使近年来沿海海域频频出现赤潮警报,且今年的赤潮危害面积加大,出现次数更频繁。严重的赤潮危害使大量海产品遭受摧残。其次,由于政府调整,石油产品价格使今年的柴油价格一路上扬,不少渔民纷纷抱怨出海捕鱼的成本大大提高。随着禁渔期的临近,浙东沿海地区海水产品极为紧张。进入禁渔期后,人们所预想的海产品价格奇高的现象并没有出现。淡水养殖业的不断孕育和壮大,使较往年多的淡水产品大量进入市场,从而抑制了海产品价格的上扬劲头。居民在市场上的购买选择最终决定了海产品市场的物价长期来看还是稳定的。

任务:分析今年海产品市场的价格走势并加以说明。

【成果与考核】

教师根据学生讨论及发言情况评估打分。

第三章　消费者行为分析

【知识培养目标】

◆ 理解效用、基数效用论、序数效用论的基本观点和分析工具。

◆ 掌握总效用与边际效用的关系。

◆ 掌握边际效用递减规律和边际替代率递减规律。

◆ 掌握无差异曲线和预算线。

【技能培养目标】

◆ 能运用边际效用递减规律分析现实社会中的消费者行为。

◆ 能运用无差异曲线分析法分析现实社会中的消费者行为。

◆ 能熟练对消费者均衡进行分析。

【思政育人目标】

◆ 在案例探究过程中让学生体验用经济理论分析解决现实问题，感受生活中的经济学，树立“经济理论源于生活，又服务于生活”的经济理论应用意识。

◆ 引导学生树立理性消费观。

【思维导图】

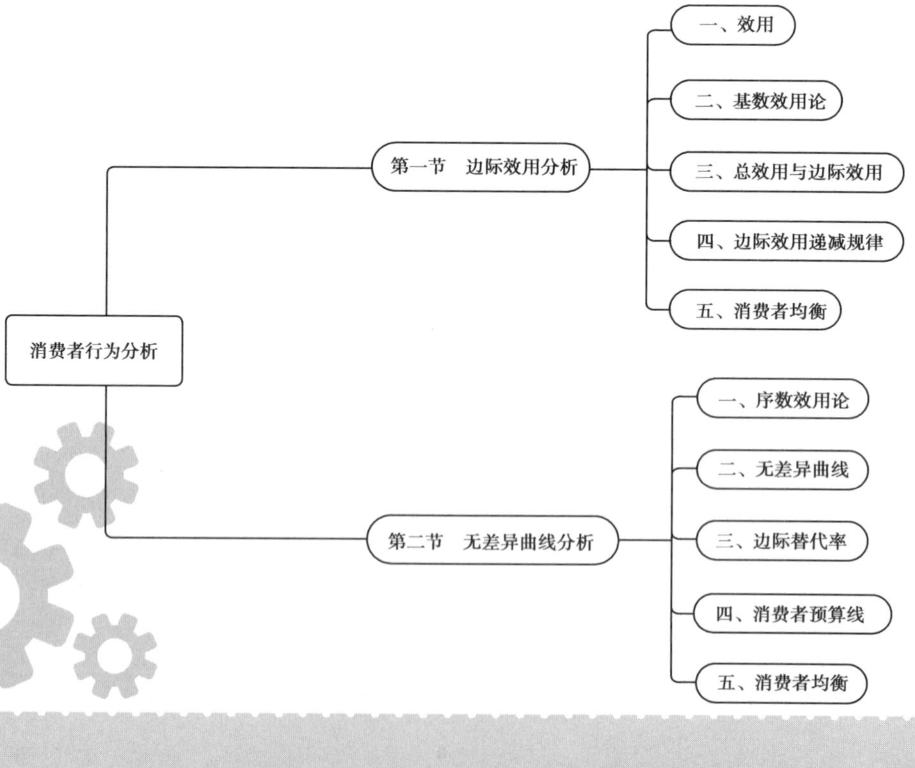

【引导案例】

幸福=效用／欲望

经济学所研究的实际是在限制条件下的最大化问题。这就是说，社会和每个人都面临稀缺性，所作出选择的目标是实现利益最大化，这适用于各种决策，也同样适用于家庭。

家庭或者个人所追求的是自己的最大幸福。这就是说，人要使自己这一生过得尽可能幸福。对于幸福，不同的人有不同的理解：哲学家把实现个人自由作为幸福，文学家把浪漫情调作为幸福，政治家把实现自己的理想抱负作为幸福，企业家把商业成功作为幸福，而凡夫俗子往往觉得“平平淡淡就是幸福”。那么，经济学家怎样理解幸福呢？

经济学家无法用一个客观标准来衡量幸福。为了把幸福作为一个经济问题来研究，美国经济学家萨缪尔森提出了一个幸福方程式：幸福=效用／欲望。这就是说，幸福等于效用与欲望之比。从这个公式来看，幸福取决于两个因素：效用与欲望。当欲望既定时，效用越大，越幸福；当效用既定时，欲望越小，越幸福。效用与幸福同比例变动，欲望与幸福反比例变动。但是，如果我们把欲望作为无限的，这个公式就没有意义了。因为无论效用有多大，只要它是一个既定的量，与无限欲望相比，幸福都是零。因此，从经济学的角度研究幸福时，我们假定欲望是既定的，这种假定与现实也并不矛盾。因为尽管从发展的角度看，欲望是无限的，但在某一个阶段内欲望可以看作是既定的。欲望的无限性表现为一个欲望满足之后又会产生新的欲望，在一个欲望未满足前，我们可以把这个欲望作为既定的。当欲望为既定时，人的幸福就取决于效用，因此，我们简单地把追求幸福最大化等同于追求效用最大化。

（资料来源：梁小民，《经济学是什么》，北京大学出版社，2001年，第36页）

第一节　边际效用分析

一、效用

效用是消费者从消费某种物品中得到的满足程度，或者说是商品满足人的欲望和需要的能力和强度。如果消费者消费某种物品获得的满足程度高则效用就大；反之，满足程度低则效用就小。效用具有主观性和相对性。

效用具有主观性，即效用是一种心理感觉，是一种主观感受，某种物品效用的大小没有客观标准，完全取决于消费者对消费某种物品时的主观判断。对不同的人而言，同样物品所带来的效用是不同的。如一支香烟对吸烟者有很大的效用，但对不吸烟者则可能毫无效用，甚至还存在负效用。

【经济学小故事】

最好吃的东西

兔子和猫争论，世界上什么东西最好吃。兔子说："世界上萝卜最好吃。萝卜又甜又脆又解渴，我一想起萝卜就要流口水。"

猫不同意，说："世界上最好吃的东西是老鼠。老鼠的肉非常嫩，嚼起来又酥又松，味道美极了！"

兔子和猫争论不休、相持不下，跑去请猴子评理。

猴子听了，不由得大笑起来："瞧你们这两个傻瓜蛋，连这点儿常识都不懂！世界上最好吃的东西是什么？是桃子！桃子真是美味可口，我每天做梦都梦见吃桃子。"

兔子和猫听了，全都直摇头。那么，世界上到底什么东西最好吃？

效用完全是自身的心理感觉，不同的偏好决定了对同一种商品效用大小的不同评价。

效用也存在相对性，对同一个人而言，同一物品在不同的时间、不同的地点，效用也是不同的。如同样一件棉衣在冬天的效用很大，在夏天则存在负效用。

【经济学小故事】

傻子地主

从前，某地闹起了水灾，洪水吞没了土地和房屋。人们纷纷爬上山顶和大树，想要逃离这场灾难。

在一棵大树上，地主和长工聚集到一起。地主紧紧地抱着一盒金子，警惕地注视着长工的一举一动，害怕长工会趁机把金子抢走。长工则提着一篮玉米面饼，呆呆地看着滔滔大水。除了这篮面饼，长工已一无所有了。

几天过去了，四处仍旧是白茫茫一片。长工饿了就吃几口饼，地主饿了却只有看着金子发呆。地主舍不得用金子去换饼，长工也不愿白白地把饼送给地主。

又几天过去了，大水悄悄退走了。长工高兴地爬到树下，地主却永远留在大树上了。

二、基数效用论

基数效用(Cardinal Utility)理论是19世纪和20世纪初期西方经济学普遍使用的概念。其基本观点是：效用是可以计量并可以加总求和的，表示效用大小的计量单位被称为效用单位(Utility Unit)。因此，效用的大小可以用基数(1、2、3…)来表示，正如长度单位可以用米来表示一样，效用的大小能用数字表示出来并且可以进行计算和比较。基数效用论采用的是边际效用分析法。

三、总效用与边际效用

在运用边际效用分析方法研究消费者均衡的实现时，我们首先要了解两个重要的概念。

(一)总效用

总效用(Total Utility,TU)是指一个人从消费一定量的某种物品或劳务中所得到的总的满足程度。它的大小取决于个人的消费水平,即消费的物品与劳务数量越多,总效用越大。例如,某人吃第一块蛋糕的效用为10,吃第二块蛋糕的效用为8,吃第三块蛋糕的效用为6,这三块蛋糕给消费者带来的总效用是24。因而,总效用是商品消费量的函数。总效用函数为:

$$TU=f(Q) \tag{3-1}$$

(二)边际效用

边际效用(Marginal Utility,MU)是指消费者增加一单位商品的消费所增加的满足程度。边际的含义是增量,指自变量增加所引起的因变量增加量。边际效用是商品消费量(自变量)的增加所引起的总效用(因变量)的增量。边际效用函数为:

$$MU=\frac{\Delta TU}{\Delta Q} \tag{3-2}$$

(三)总效用与边际效用的关系

可以用表格来说明总效用、边际效用及其相互关系。例如,一个消费者在不断喝水的过程中获得了一系列的总效用和边际效用,如表3-1所示。

表3-1 喝水的总效用和边际效用

水消费量/杯	总效用/效用单位	边际效用/效用单位
0	0	—
1	30	30
2	50	20
3	60	10
4	60	0
5	50	-10

由表3-1可知,消费者在没有喝水的时候,当然也就没有获得效用。当他喝了第1杯以后,对这杯水的效用评价是30个效用单位,因而这杯水的总效用和边际效用都是30单位。当他喝了第2杯水以后,总效用继续增加,达到50个效用单位。第2杯水的边际效用是总效用由30增加到50,即增加了20个效用单位。以此类推,第3杯水的边际效用是10个效用单位。当消费者喝完第4杯水的时候,他感到满足程度没有继续增加,喝4杯水的总效用与喝3杯水的总效用是相同的,都是60。这是由于消费者已经不想喝水了,因而总效用也达到了最大值。相应地,第4杯水的边际效用即总效用的增量就是0。如果消费者又喝了第5杯水,第5杯水给消费者带来的是不适的感觉,因而总效用不但不增加,反而由60下降到50,即第5杯水的边际效用成了负数。

根据表3-1,可以作出表示总效用和边际效用的图,如图3-1所示。

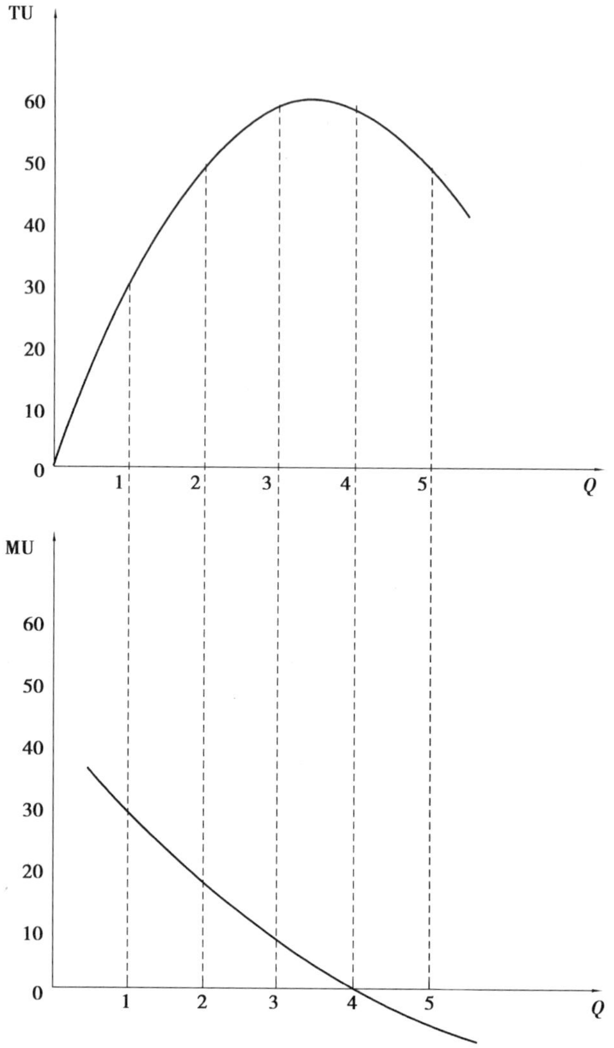

图 3-1　总效用与边际效用曲线图

在图 3-1 中,上图横轴表示水的消费量,纵轴表示总效用。总效用曲线 TU 是一条从原点出发,向右上方渐升,当达到最高点后,又向右下方倾斜的曲线。它表示:随着某商品消费量的不断增加,在合理的消费阶段消费者的满足程度会不断增加,但当消费量达到饱和以后,即消费者对该商品的消费欲望得到完全满足以后,如果继续增加消费,总的满足程度不但不再增加,反而可能减少。

在图 3-1 中,下图横轴表示水的消费量,纵轴表示边际效用。边际效用曲线 MU 是一条向右下方倾斜的曲线。它表示:随着某商品消费量的不断增加,消费者所不断增加的欲望满足程度是递减的;当消费者的满足程度达到饱和,即总效用达到最大值时,边际效用为零;过了这点如继续增加消费,总效用开始下降,即总效用的增量,边际效用就成了负值。

由以上分析可以看出总效用和边际效用的关系为:总效用增加,边际效用是正值;总效用达到最大时，边际效用为零；总效用下降，边际效用为负值。

四、边际效用递减规律

边际效用递减规律是指在一定时间内，在其他商品的消费数量保持不变的条件下，随着消费者对某种商品消费量的增加，消费者从该商品连续增加的每一消费单位中所得到的效用增量即边际效用是递减的。

边际效用递减的原因在于以下两点；

第一，生理或心理的原因。随着相同消费品的连续增加，从人的生理和心理的角度讲每一单位消费品中所感受到的满足程度和对重复刺激的反应程度是递减的。

第二，物品本身用途的多样性。一种物品具有多种用途，当它数量有限时，消费者会先把它用于最重要的用途，而后用于次要的用途，这样前者的边际效用就大于后者的。

【课程思政】

唯有坚持 方能成事

按照边际效用递减规律，当我们在学习和生活中重复地坚持做一件事情的时候，所获得的享受和满足感会逐渐减少，以至于喜新厌旧、习惯性放弃成为某种意义上的“本能”，常常使得事业和学业的发展在中途荒废，很难坚持到底。

柏拉图说“自制是一种秩序，一种对于快乐与欲望的控制”。有规律的自制就是自律和坚持，长期的坚持需要毅力，就是要对一个长远目标保持持久的热情和活力。趁着年轻，我们需要逼着自己做一些“痛苦”的事，在痛苦的体验和坚持中，让自己真正地成长，因为唯有坚持，方能成事。

【拓展阅读】

网络经济边际效用递增

在网络经济中，情况恰好相反，消费者对某种商品使用得越多，增加该商品消费量的欲望就越强，出现了边际效用递增规律。之所以如此，是由于网络经济有着与传统经济大相径庭的发展规律。具体说来，主要原因如下：

（1）锁定

顾客锁定是网络经济的规律：因为信息是在一个由多种硬件和软件组成的系统中存储、控制和流通的，还因为使用特定的系统需要专门的训练。从苹果转移到英特尔计算机不但牵涉到新硬件，还牵涉到新软件。不仅如此，为了能使用软件和硬件而建立的知识也需要更新。更新计算机系统的转移成本可能会是天文数字。微软公司的用户一旦使用了该公司的产品，就会对其具有越来越大的依赖性。这是由于软件用户已被锁定在某一个文字处理系统或排版系统上。他们不愿学习使用新系统，于是不断购买原系统的新版本。根据美国学者申农的定义，“信息是不确定性的消除量”，他认为信息具有使不确定性减少的能力，信息量就是不确定性减少的程度。不被受体理解的信息没有使不确定性减少，也就不称其为信息。而要想理解这些信息,用户需要花费时间和金钱进行再学习。因此,软件用户被其最熟悉的微软件视窗锁定。

(2)增值

现代信息技术的普及,使网络经济成了以信息为主导的经济。互联网与旧传媒共同组成庞大的信息网络,为交换和市场活动提供了广阔的信息平台。在这种经济中,对信息与知识的获取、创造、传递、运用和管理成了社会的中心工作。这意味着,知识存量的多少,将决定一个社会经济效率的高低、交易成本的大小,以及一个企业或一个国家是否具有竞争力。知识含量的高低,将决定一种产品或技术有没有生命力,以及一个企业经营模式的成功或失败。

五、消费者均衡

由于边际效用递减,因而物品边际效用的大小,同物品数量有着密切的关系。在既定的收入和价格水平下,消费者对某种物品的消费并不是越多越好,而是有一个限度的问题。那么,消费者如何将自己有限的货币收入花费在各种不同商品的购买上以求得最大的满足,实现效用最大化呢?这就是消费者均衡研究的问题。消费者均衡问题就是要解决消费者如何把一定的收入分配到不同的物品上,每一种物品各分配多少。从另一个角度来看,实际上就是解决消费者对每一种物品的需求是如何决定的。均衡在这里是指消费者实现最大效用时,既不想再增加,也不想再减少任何商品购买数量的一种相对静止的状态。

为了说明消费者均衡,首先必须作下述假定:①消费者的偏好是既定的,消费者对各种物品的效用和边际效用的评价不会发生变化;②消费者的收入是既定的且全部用于购买物品,货币的边际效用不变;③消费者购买的物品价格是既定的。

在运用边际效用分析法来说明消费者均衡时,消费者均衡的条件是:消费者用全部收入所购买的各种物品所带来的边际效用与价格之比相等。或者说,消费者花费在购买各种物品上的最后一元钱所带来的边际效用相等。

为了分析的方便,假定消费者的收入为M,在市场上只购买X和Y两种物品,X和Y的价格分别为P_X、P_Y,数量分别为Q_X、Q_Y,X和Y所带来的边际效用分别为MU_X、MU_Y,每一单位货币的边际效用为MU_M。这样,可以把消费者均衡的条件用数学公式写为:

$$P_X Q_X + P_Y Q_Y = M \tag{3-3}$$

$$\frac{MU_X}{P_X} = \frac{MU_Y}{P_Y} = MU_M \tag{3-4}$$

式(3-3)表明,消费者要把全部收入用完,如果超过收入,购买行为无法发生;小于收入,不能得到最大满足。式(3-4)表明,每一元钱的花费都货真价实,每一元钱用在不同商品上的边际效用相等。

事实上,如果$\frac{MU_X}{P_X} > \frac{MU_Y}{P_Y}$,就表示用每一元钱购买X物品的边际效用大于Y物品,因此,就要增加X物品的购买,随着X物品的增加,X物品的边际效用减少,最终会达到

$\frac{MU_X}{P_X}=\frac{MU_Y}{P_Y}$。这时，不再增加X物品的购买，也不减少Y物品的购买。相反，$\frac{MU_X}{P_X}<\frac{MU_Y}{P_Y}$时，就要增加Y物品的购买，仍会达到$\frac{MU_X}{P_X}=\frac{MU_Y}{P_Y}$。

需要注意的是，花在每种商品上的每一单位货币所带来的边际效用相等，并不是指消费者在各种商品上花费相同数额的钱，而是消费者购买商品时使商品的边际效用和价格成比例。另外，消费者获得了最大效用并不是指消费者的欲望得到完全满足，而是指在货币收入和物品价格既定的条件下得到了能够得到的最大效用，即在约束条件下达到效用的最大化。效用最大化原则可以表述为，收入既定的情况下，消费者应使自己花费在各种商品上的最后一元钱所带来的边际效用相等，且等于货币的边际效用。虽然现实生活中几乎没有人在购物时想到如何比较所购买的各种物品的边际效用与价格的比例，但消费者均衡的确是对消费者无意识行为背后决定因素的说明。

下面用一个例子来说明消费者均衡的条件。

设某消费者的收入M=20元，购买苹果和梨，苹果价格P_X=2元／斤，梨价格P_Y=4元／斤，苹果和梨的边际效用如表3-2所示。

表3-2 苹果、梨的边际效用

苹果的数量 Q_X	苹果的边际效用 MU_X	梨的数量 Q_Y	梨的边际效用 MU_Y
0	0	0	0
1	5	1	6
2	4	2	5
3	3	3	4
4	2	4	3
5	1	5	2
6	0	6	0

满足$P_XQ_X+P_YQ_Y=M$的条件，即$20=2Q_X$十$4Q_Y$时，苹果、梨的数量组合方式有Q_X=0，Q_Y=5；Q_X=2，Q_Y=4；Q_X=4，Q_Y=3；Q_X=6，Q_Y=2四种。根据四种组合方式，得到表3-3。

表3-3 苹果、梨的总效用

组合方式	$\frac{MU_X}{P_X}$	$\frac{MU_Y}{P_Y}$	总效用TU
Q_X=0，Q_Y=5	0/2	2/4	20
Q_X=2，Q_Y=4	4/2	3/4	27
Q_X=4，Q_Y=3	2/2	4/4	29
Q_X=6，Q_Y=2	0/2	5/4	26

根据表3-3，只有在$Q_X=4$，$Q_Y=3$时，才能满足$\frac{MU_X}{P_X}=\frac{MU_Y}{P_Y}$的条件，这时，实现了苹果、梨所带来的总效用最大（29效用单位）。

以$Q_X=2$，$Q_Y=4$组合为例，第2斤苹果所带来的边际效用为4，总效用为9（第1斤加第2斤的边际效用之和为9），$\frac{MU_X}{P_X}=\frac{4}{2}=2$；第4斤梨所带来的边际效用为3，总效用为18（第1斤加第2、第3、第4斤的边际效用之和为18），$\frac{MU_Y}{P_Y}=\frac{3}{4}=0.75$。苹果、梨所带来的总效用为27（=9+18）并不是最大。此时，$\frac{MU_X}{P_X}\neq\frac{MU_Y}{P_Y}$。

在$Q_X=4$，$Q_Y=3$组合时，第4斤苹果所带来的边际效用为2，效用为14（=5+4+3+2），$\frac{MU_X}{P_X}=\frac{2}{2}=1$；第3斤梨所带来的边际效用为4，效用为15（=6+5+4），$\frac{MU_Y}{P_Y}=\frac{4}{4}=1$。苹果、梨所带来的总效用29（=14+15）最大。因为$\frac{MU_X}{P_X}=\frac{MU_Y}{P_Y}$。

所以只有满足$\frac{MU_X}{P_X}=\frac{MU_Y}{P_Y}$的组合才能带来最大效用。

第二节　无差异曲线分析

一、序数效用论

序数效用论（Theory of Ordinal Utility）是为了弥补基数效用论的缺点而提出来的另一种研究消费者行为的理论。其基本观点是：效用作为一种心理现象无法计量，也不能加总求和，只能表示出满足程度的高低与顺序，因此，效用只能用序数（第一、第二、第三……）来表示。例如，消费者消费了巧克力与唱片，他从中得到的效用是无法衡量，也无法加总求和的，更不能用基数来表示，但他可以比较从消费这两种物品中所得到的效用。如果他认为消费一块巧克力所带来的效用大于消费唱片所带来的效用，那么就叫一块巧克力的效用是第一，唱片的效用是第二。序数效用论采用的是无差异曲线分析法。

二、无差异曲线

（一）无差异曲线的概念

无差异曲线是用来表示两种商品的不同数量的组合给消费者所带来的效用完全相同的一条曲线。在这一概念中，无差异的含义就是对消费者来说效用是相同的，满足程度是无差别的。

假如，某消费者在购买X、Y两种物品时，有如表3-4所示的四种组合，并且每种组合给消费者带来的效用是相同的。

根据表3-4，可以作出图3-2。在图3-2中，横轴表示X物品的数量，纵轴表示Y物品的数量，曲线I任一点X物品和Y物品的数量组合给消费者带来的总效用是相等的，曲线I就是一条无差异曲线。

表 3-4　无差异的商品组合

组合方式	物品 X	物品 Y
A	1	10
B	2	6
C	3	4
D	4	2.5

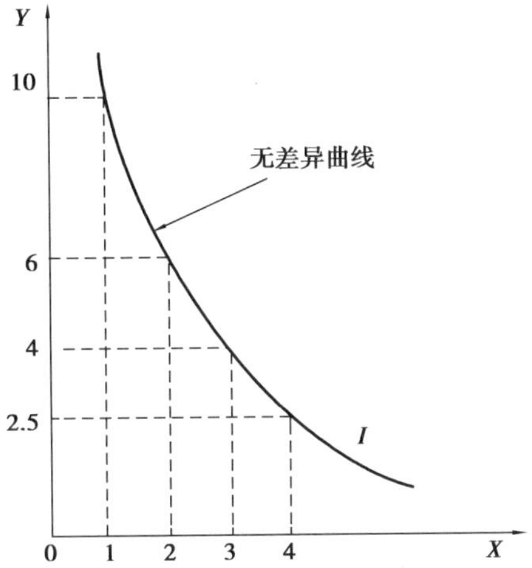

图 3-2　无差异曲线

(二)无差异曲线的特征

1. 无差异曲线是一条向右下方倾斜的曲线,其斜率为负值

这就表明,在收入与价格既定的条件下,消费者为了得到相同的总效用,在增加一种商品的消费时,必须减少另一种商品的消费。两种商品不能同时增加或减少。

2. 在同一平面图上可以有无数条无差异曲线

同一条无差异曲线代表相同的效用,不同的无差异曲线代表不同的效用。离原点越远的无差异曲线,所代表的效用越大;离原点越近的无差异曲线,所代表的效用越小,如图 3-3 所示。在图 3-3 中,I_1、I_2、I_3代表三条不同的无差异曲线,$I_1<I_2<I_3$。

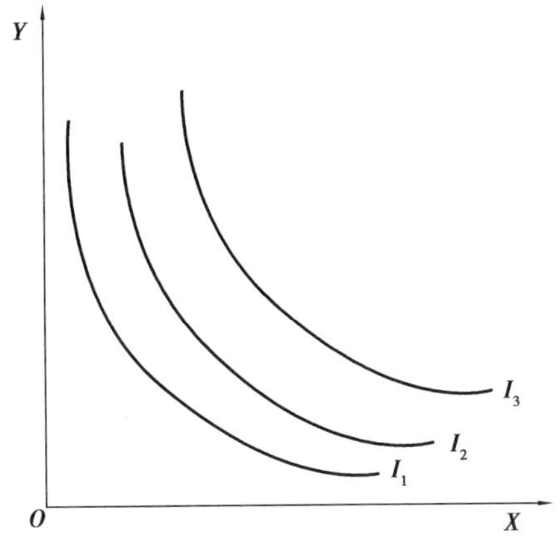

图 3-3　无差异曲线图

3. 在同一平面图上,任意两条无差异曲线不能相交

在消费者偏好既定的条件下,同一种消

费组合只能给消费者带来同一种效用水平。如果两条无差异曲线有交点，则说明在交点上两条无差异曲线具有了相同的效用。这显然与无差异曲线的第二个特征相矛盾。

4.无差异曲线是一条凸向原点的线，这是由边际替代率递减所决定的

【拓展阅读】

无差异曲线在旅游消费行为中的作用

社会越发达，人们就越注重消费过程中的心理感受。

消费者一旦受到了“心理伤害”，是很难靠金钱等物质赔偿手段来进行弥补的。因此，消费心理决定了消费行为，为了能更加有效地满足自身的消费心理，旅游者的消费行为通常是由无差异曲线和预算线来决定的，其中，无差异曲线是由旅游者的旅游动机、偏好、性格、家庭角色等一系列自然的和社会的属性共同作用而形成的。例如，对于黄山和泰山两种类似的休闲观光旅游产品的不同组合而言，科学考察和休闲度假两种类型的旅游者就会产生不同的旅游心理，休闲度假型旅游者的无差异曲线比科考型旅游者的无差异曲线要更远离原点，效用更大，满意度更高。进而，在同等条件下，度假型旅游者选择此组合的可能性就更大。

三、边际替代率

(一)边际替代率的概念

边际替代率(Marginal Rate of Substitution，MRS)是指消费者在保持相同的满足程度或维持效用不变的情况下，增加一单位某种商品的消费数量时所需要放弃的另一种商品的消费数量。边际替代率的值是减少的一种商品消费量与增加的另一种商品消费量之比。

以MRS代表商品的边际替代率，ΔX和ΔY分别是商品X和商品Y的消费变化量，则商品X对商品Y的边际替代率的公式为：

$$\mathrm{MRS}_{XY}=-\frac{\Delta Y}{\Delta X} \tag{3-5}$$

当商品数量的变化趋于无穷小时，则商品的边际替代率公式为：

$$\mathrm{MRS}_{XY}=\lim_{\Delta X\to 0}\left(-\frac{\Delta Y}{\Delta X}\right)=-\frac{\mathrm{d}Y}{\mathrm{d}X} \tag{3-6}$$

显然，无差异曲线上某一点的边际替代率就是无差异曲线在该点的斜率的绝对值。

由于在保持效用水平不变的前提下，消费者增加一种商品的数量所带来的效用增加量和相应减少的另一种商品数量所带来的效用减少量必定是相等的，即有：

$$|\mathrm{MU}_X\cdot\Delta X|=|\mathrm{MU}_Y\cdot\Delta Y| \tag{3-7}$$

上式可以写为：

$$\mathrm{MRS}_{XY}=\lim_{\Delta X\to 0}\left(-\frac{\Delta Y}{\Delta X}\right)=\frac{\mathrm{MU}_X}{\mathrm{MU}_Y} \tag{3-8}$$

或 $$\mathrm{MRS}_{XY}=\frac{\mathrm{MU}_X}{\mathrm{MU}_Y} \tag{3-9}$$

这表明两种商品的边际替代率等于两种商品的边际效用之比。

(二)边际替代率递减规律

结合表3-5来研究边际替代率的相关规律。在表3-5中,ΔX是X商品的增加量,ΔY是Y商品的减少量,X商品代替Y商品的边际替代率MRS_{XY}从4下降到2,再到1.5,呈现下降的趋势。

表3-5 物品的边际替代率

组合方式	物品X	物品Y	变动情况	ΔX	ΔY	MRS_{XY}
A	1	10				
B	2	6	A—B	1	−4	4
C	3	4	B—C	1	−2	2
D	4	2.5	C—D	1	−1.5	1.5

基于上面的分析,序数效用论者在分析消费者行为时提出了物品的边际替代率递减规律。边际替代率递减规律是指,在维持效用水平不变的前提下,随着一种商品消费数量的连续增加,消费者为得到每一单位的这种商品所需要放弃的另一种商品的消费数量是递减的。

边际替代率递减的原因在于:根据边际效用递减规律,随着X物品消费数量的增加,其边际效用在递减;随着Y物品的减少,其边际效用在递增。这样,每增加一定数量的X物品,所能替代的Y物品的数量越来越少,或者说,消费者为了多获得一单位的X物品,所愿意放弃的Y物品的数量越来越少。

边际替代率是沿无差异曲线作微量移动时的变化率,实际上是无差异曲线的斜率。从几何意义上讲,边际替代率递减表示无差异曲线的斜率的绝对值是递减的。边际替代率递减规律决定了无差异曲线的形状凸向原点。

四、消费者预算线

无差异曲线描述了消费者为保持一定的总效用水平购买两种物品的不同数量组合,是消费者的主观评价。在消费者实际消费时,还要受到商品的价格和消费者的收入水平这些客观条件的约束。

(一)预算线的含义

预算线又称消费可能线、等支出线或价格线。它是一条表明在消费者收入与商品价格既定的条件下,消费者用全部收入所能购买到的两种商品不同数量的各种组合的线。

假如某个消费者的收入是2000元,他需要购买X和Y两种物品,物品X的价格为100元,物品Y的价格为200元。如果消费者将其全部收入购买商品X,可得20单位的X商品,如全部收入购买商品Y,可得10单位的Y商品,如图3-4中B、A两点。将A、B两点连接成线,便可得到预算线AB。

预算线表明了消费者消费行为的限制条件，实际上就是基数效用理论中分析消费者均衡的限制条件。假定消费者的收入为M，在市场上消费X和Y两种物品，X和Y的价格分别为P_X、P_Y，数量分别为Q_X、Q_Y，限制条件的数学表达式为：

$$P_XQ_X + P_YQ_Y = M \tag{3-10}$$

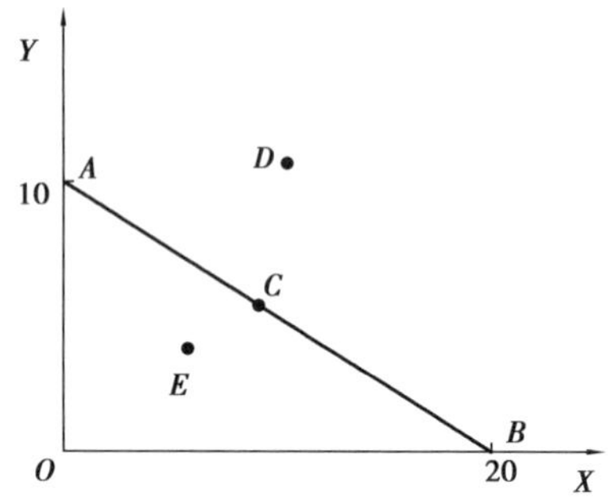

图3-4 消费者预算线

该表达式和基数效用理论中消费者均衡的限制条件完全一致。结合图3-4分析，在线AB内的任意一点（如E点），消费者的收入完全可以购买两种物品的组合，但消费者的收入没有用完，不是物品数量的最大组合，不能实现效用最大化；在线AB外的任意一点（如D点），虽然此时效用很高，但消费者的收入无法实现购买两种物品的组合；只有在线AB上的任意一点（如C点），消费者将收入全部用完，所购买的物品组合可以实现。

（二）预算线的变动

从图3-4可知，预算线的斜率$k=-\frac{P_X}{P_Y}$，X轴上的截距为$\frac{M}{P_X}$，Y轴上的截距为$\frac{M}{P_Y}$，可以推断，如果消费者的收入M，物品X、Y的价格P_X、P_Y三个量中的任何一个发生变动也即消费者的收入或物品价格发生变动，原有预算线就会相应发生变动。预算线的变动可以归纳为以下四种情况。

1.两种物品的价格不变，消费者收入变动

在这种情况下，预算线的斜率$k=-\frac{P_X}{P_Y}$不变，预算线在X轴、Y轴上的截距发生变化，所以，收入的变化将导致预算线发生平行移动。如果收入减少，消费者购买物品的数量将减少，预算线向左下方平行移动；如果收入增加，消费者购买物品的数量将增加，预算线向右上方平行移动，如图3-5所示。

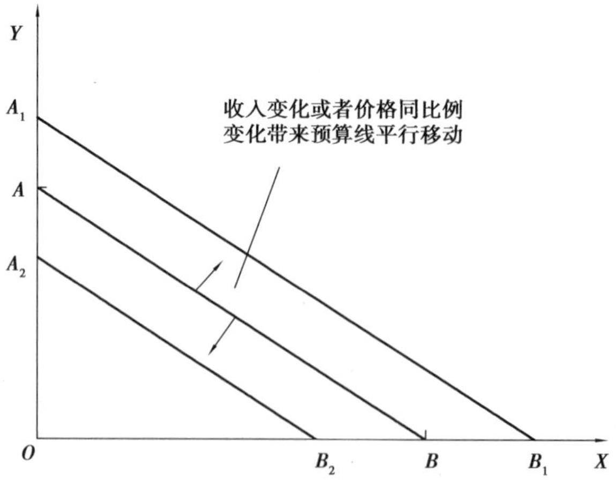

图3-5 收入变化或者价格同比例变化对预算线的影响

2.消费者收入不变，两种物品的价格按相同的比例上升或下降

在这种情况下，预算线的斜率$k=-\frac{P_X}{P_Y}$不变，预算线在X轴、Y轴上的截距发生变化，所以，实际收入的变化将导致预算线发生平行移动。如果两种物品的价格同比例上升，消费者购买物品的数量将减少，预算线向左下方平行移动；如果两种物品的价格同比例下降，消费者购买物品的数量将增加，预算线向右上方平行移动，如图3-5所示。

3.消费者收入与两种物品的价格同比例同方向发生变动

在这种情况下，预算线的斜率$k=-\frac{P_X}{P_Y}$不变，预算线在X轴、Y轴上的截距不发生变化，所以，预算线不发生变动。

4.消费者收入和一种物品价格不变，另一种物品价格发生变动

假定消费者收入和Y物品的价格不变，X物品的价格上升或下降，此时，预算线的斜率$k=-\frac{P_X}{P_Y}$发生变化，预算线在Y轴上的截距$\frac{M}{P_Y}$不变，在X轴上的截距$\frac{M}{P_X}$发生变化。当X物品的价格上升时，消费者购买X物品的数量将减少，预算线向下方旋转；当X物品的价格下降时，消费者购买X物品的数量将增加，预算线向上方旋转，如图3-6(a)所示。假定消费者收入和X物品的价格不变，Y物品的价格上升或下降，预算线的变动如图3-6(b)所示。

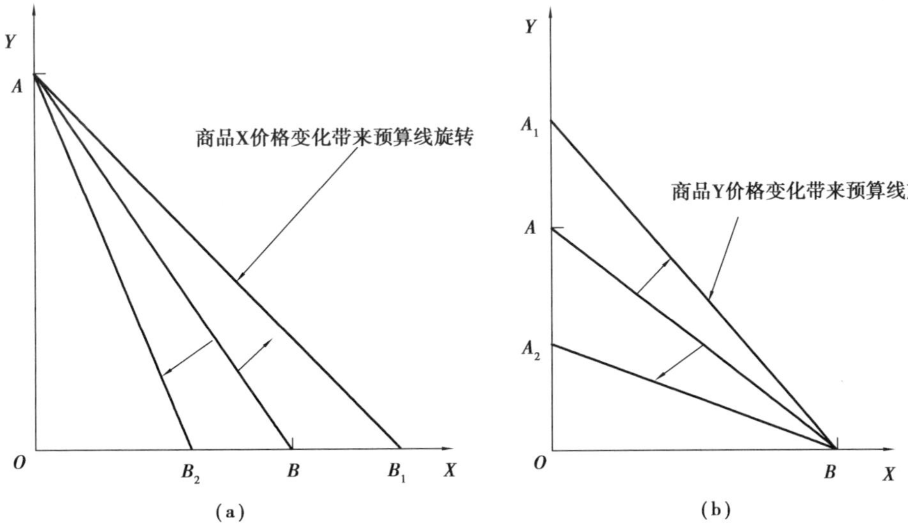

图3-6　商品价格变化对预算线的影响

【拓展阅读】

百钱百鸡

“百钱百鸡”问题是我国古代数学家张丘建所编的题，见于他所著的《算经》，原文是：“今有鸡翁一，值钱五；鸡母一，值钱三；鸡雏三，值钱一。凡百钱买鸡百只，问鸡翁母雏各几何？”我们可以运用边际替代率、规划优化等经济学概念，将其非常巧妙地解答出来。古人设题，通常只附有非常简明的解法，具体他是如何想的，后人难以知道。比如张丘建自己所拟的解答是：“术曰：鸡翁每增四。鸡母每减七，鸡雏每益三，即得。答曰：鸡翁四，值钱二十；鸡母十八，值钱五十四；鸡雏七十八，值钱二十六；又答：鸡翁八，值钱四十；鸡母十一，值钱三十三；鸡雏八十一，值钱二十七；又答：鸡翁十二，值钱六十；鸡母四，值钱十二；鸡雏八十四。值钱二十八。”

这个案例中主要使用两个经济学概念，一是边际替代率，另一个是约束条件下的决策优化问题。

首先，因为预算约束是已知的，一共就100元钱，为了能使满意度更高，尽量多买大鸡，当然是把钱全花掉。这是约束条件下的决策优化问题。其次，如果没有要求买100只鸡的话，这是一个幼儿园小朋友都会算的问题，就买20只公鸡得了，正好100元。但如果要求买100只鸡，怎么办呢？我们可以这样想，100元可以买20只公鸡，但是公鸡5元一只。母鸡3元一只，小鸡3只1元，母鸡和小鸡便宜一些。按照价值相等的原理，把其中的部分公鸡换成母鸡和小鸡，这样鸡的数量会增加，就可能凑成100只鸡。这就是边际替代的原理，其中需要使用边际替代率的概念。

由于公鸡5元一只，母鸡3元一只，小鸡3只1元，可以得知，公鸡对小鸡的边际替代率是15，母鸡对小鸡的边际替代率是9。换言之，把一只公鸡换成小鸡，可换15只；把一只母鸡换成小鸡，可换9只。所以在把一只公鸡换成15只小鸡时，买鸡的钱没增加，但鸡的数量增加了14只；而把一只母鸡换成9只小鸡时，买鸡的钱数同样也保持不变，但鸡的数量增加了8只。把公鸡换成母鸡的话，鸡的数量也同样有增加，由于公鸡对母鸡的边际替代率是5/3，所以可以用3只公鸡换5只小鸡，这时买鸡的总钱数同样也没有变化，但鸡的数量增加了2只。需要注意的是，我们这里的边际替代率都是常数。

我们在满足“100元钱”这个约束条件下，思考如何满足“100只鸡”的问题。我们从先买20只公鸡出发，通过把部分公鸡换成母鸡和小鸡来凑成100只鸡。由于100元钱是买20只公鸡。鸡的数量离要求的100只还差80只。让鸡的数量增长最快的办法是把公鸡换成小鸡。一只公鸡换成小鸡的话可以增加14只鸡。所以先把5只公鸡换成75只小鸡，这时公鸡15只，小鸡75只，鸡的数量增加70只，达到90只，还应该增加10只。

接下来，让鸡的数量增长次快的办法，是把母鸡换成小鸡。一只母鸡换9只小鸡，鸡的数量增加8只。还差2只，把3只公鸡换成5只母鸡，正好增加2只。这样就凑成100只鸡。当然合理的说法是，先把3只公鸡换成5只母鸡，这时鸡增加2只，再把1只母鸡换成小鸡。再增加8只，凑成100只。此时公鸡12只，母鸡4只，小鸡84只。

此外，请同学们思考还可以怎样替换。

五、消费者均衡

无差异曲线反映了消费者的偏好，而预算线反映了消费者面对的约束，即二者反映了消费者的意愿和支付能力，也即反映了消费者的需求。序数效用论者把无差异曲线和预算线结合起来，研究消费者如何使有限的收入得到最大的效用，即消费者均衡问题。

如果把无差异曲线和预算线放在一个平面图中，那么，无差异曲线和预算线的关系必定会出现如图3-7所示的三种情况。

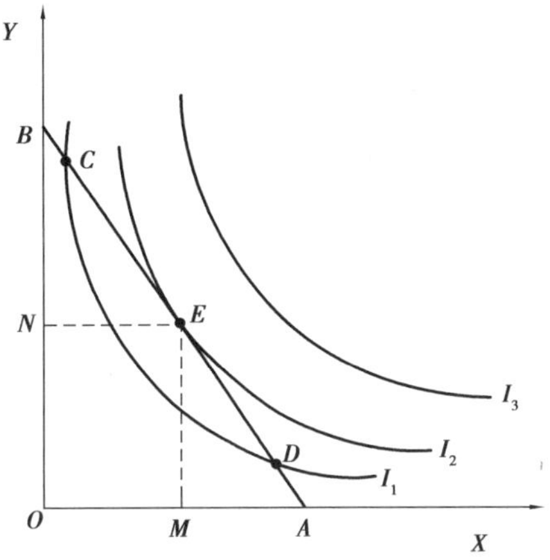

图3-7　消费者均衡

①预算线AB与无差异曲线I_1相交于C、D两点。在这两点，消费者所购买的X物品和Y物品数量虽然是收入和价格既定的条件下的最大组合，但它们并没有达到消费者支出允许的范围内所获取的最大的效用水平。因预算线AB上的E点的效用I_2大于C、D点的效用I_1，所以，此时，消费者没有实现效用最大化。

②预算线AB与无差异曲线I_3既不相交，也不相切。虽然此时效用较高，但对消费者来说达到I_3效用水平的X物品和Y物品的数量组合超出了其收入水平，因而是无法实现的。

③预算线AB与无差异曲线I_2相切于E点。E点同时在预算线AB及无差异曲线I_2上，意味着它所代表的X物品和Y物品组合是消费者用现有的收入可以实现的，同时也能给消费者带来最高水平的效用。显然，只要E点沿着预算线偏离原来的位置，它所带来的效用都将低于I_2水平。因此，切点E是在收入为一定条件下给消费者带来最大效用的物品组合。无差异曲线与预算线的切点即为消费者均衡点，此时预算线的斜率等于无差异曲线的斜率。

由前面分析可知，预算线的斜率是两种物品的价格比(P_X / P_Y)，无差异曲线的斜率是物品的边际替代率。因此，消费者均衡的条件是，两种物品的边际替代率之比等于两种商品的价格之比，即：

$$\mathrm{MRS}_{XY} = \frac{\Delta Y}{\Delta X} = \frac{P_X}{P_Y} \tag{3-11}$$

结合公式(3-8)，得：

$$\mathrm{MRS}_{XY} = \frac{\Delta Y}{\Delta X} = \frac{P_X}{P_Y} = \frac{\mathrm{MU}_X}{\mathrm{MU}_Y} \tag{3-12}$$

$$或\quad \frac{\mathrm{MU}_X}{P_X} = \frac{\mathrm{MU}_Y}{P_Y} \tag{3-13}$$

由此可见，虽然基数效用论者和序数效用论者在不同的假设条件下以不同的方法来分析消费者行为，然而，二者由各自分析所得出的消费者效用最大化的均衡条件的结论是完全相同的。

【思政拓展案例】

树立量入为出理性消费观

中国银保监会消费者权益保护局发布2020年第六期风险提示提醒广大消费者：要树立理性消费观，合理使用借贷产品，选择正规机构、正规渠道获取金融服务，警惕过度借贷营销背后隐藏的风险或陷阱。

中国银保监会消费者权益保护局表示，一些机构或网络平台在宣传时，片面强调日息低、有免息期、可零息分期等优厚条件。然而，所谓“零利息”并不等于零成本，往往还有“服务费”“手续费”“逾期计费”等，此类产品息费的实际综合年化利率水平可能很高。部分营销故意模糊借贷实际成本的行为，侵害了消费者知情权，容易让人产生错误理解或认识。

与此同时，一些机构在各种消费场景中过度宣扬借贷消费、超前享受观念。这种对贷款产品过度营销、过度包装的行为容易诱导无节制消费，尤其易对金融知识薄弱人群、没有稳定收入来源的青少年等产生误导。

具体来看，应从三方面提高认识：

一是理性消费，量入为出。要认真看清借贷产品内容，某些营销过度宣扬的“借贷消费”“超前享受”“借贷追星”行为不值得提倡，不值得效仿。对自身的经济承受能力要有正确评估，杜绝不计后果盲目借贷、盲目消费行为。过度借贷往往导致资金断流，最终会使消费者个人甚至家庭陷入困境。

二是合理使用借贷产品，切勿“以贷养贷”“多头借贷”。天下没有免费的午餐。消费者应了解网络平台贷款、类信用卡透支及分期等借贷产品，知悉借贷息费价格、期限、还款方式等与自身权益密切相关的重要信息，警惕一些机构或平台所谓“免息”“零利息”的片面宣传。合理发挥借贷产品作用，树立负责任的借贷意识，不要过度依赖借贷消费，更不要“以贷养贷”“多头借贷”。

三是选择正规机构、正规渠道借贷。要选择正规机构、正规渠道获取金融服务，注意查验相关机构是否具备经营资质，防范非法金融活动侵害。对不明的电话、链接、邮件推销行为保持警惕，不随意点击不明链接，不在可疑网站提供个人重要信息，增强个人信息保护意识，防范诈骗风险和个人信息泄露风险。

中国银保监会消费者权益保护局提醒广大消费者：要坚持从实际需求出发，树立量入为出的理性消费观，远离过度借贷消费营销陷阱。

思政引导：我们要树立正确的消费观和生活观，摒弃攀比心理，自觉纠正超前消费、过度消费和从众消费等错误观念。在日常消费过程中，消费水平要在个人承受范围之内。合理安排生活支出，做到量入为出、适度消费，避免盲目跟风，对自己负责，对家庭和社会负责。自觉抵制不良网贷和不理性的超前消费，发扬艰苦奋斗、勤俭节约的优良传统，做理性消费的文明市民。

思考与练习

一、单项选择题

1. 以下(　　)项指的是边际效用。

A. 张某吃了第二个面包，满足程度从10个效用单位增加到了15个效用单位，增加了5个效用单位

B. 张某吃了2个面包，共获得满足15个效用单位

C. 张某吃了4个面包后再不想吃了

D. 张某吃了2个面包，平均每个面包带给张某的满足程度为7.5个效用单位

2. 若某消费者消费了2个单位某物品之后，得知边际效用为零，则此时(　　)。

A. 消费者获得了最大平均效用

B. 消费者获得的总效用最大

C. 消费者获得的总效用最小

D. 消费者所获得的总效用为负

3. 若消费者张某只准备买两种商品X和Y，X的价格为10，Y的价格为2。若张某买了7个单位X和3个单位Y，所获得的边际效用值分别为30个单位和20个单位，则(　　)。

A. 张某获得了最大效用

B. 张某应当增加X的购买，减少Y的购买

C. 张某应当增加Y的购买，减少X的购买

D. 张某想要获得最大效用，需要借钱

4. 某消费者消费更多的某种商品时，则(　　)。

A. 消费者获得的总效用递增

B. 消费者获得的总效用递减

C. 消费者获得的边际效用递增

D. 消费者获得的边际效用递减

5. 总效用达到最大时，(　　)。

A. 边际效用为零　　B. 边际效用最大

C. 边际效用为负　　D. 边际效用为正

6. 如果消费者消费的X、Y商品的价格之比是1.25，它们的边际效用之比是2，为达到效用最大化，消费者应(　　)。

A. 增购X和减少购买Y　　B. 增购Y和减少购买X

C. 同时增购X和Y　　D. 同时减少X和Y的购买量

7. 如果消费者的预算收入为50美元，商品X和Y的价格分别为5美元和4美元，消费者打算购买6单位X和5单位Y，商品X、Y的边际效用分别为25和20，那么，要达到效用

最大化，他应该(　　)。

A.按原计划购买　　B.减少X和Y的购买量

C.增加X和Y的购买量　　D.增购X的同时减少Y的购买量

8.无差异曲线的形状取决于(　　)。

A.消费者偏好　　B.消费者收入

C.所购商品价格　　D.商品效用水平的大小

9.同一条无差异曲线上的不同点表示(　　)。

A.效用水平相同，两种商品的数量组合也相同

B.效用水平相同，但两种商品的数量组合不同

C.效用水平不同，但两种商品的数量组合相同

D.效用水平不同，两种商品的数量组合也不同

10.预算线的位置和斜率取决于(　　)。

A.消费者的收入

B.消费者的收入和商品的价格

C.消费者的偏好、收入和商品价格

D.以上三者都不是

二、计算题

1.已知某消费者每月用于商品X和商品Y的支出为540元，两种商品的价格分别为商品X 20元，商品Y 30元，该消费者的效用函数为$U=3XY^2$，计算：

(1)该消费者每月购买这两种商品的数量是多少？

(2)每月从中获得的总效用是多少？

2.假定某人的总效用函数为$U=XY$(X、Y分别为商品X和商品Y的消费量，U为总效用)，该人每月收入120元，$P_X=2$元，$P_Y=4$元。求：

(1)为获得最大效用的商品X、商品Y的组合；

(2)最大的总效用水平；

(3)假定商品X的价格提高44%，商品Y的价格不变，为保持原有的总效用水平，收入必须增加多少？

3.假设消费者的均衡如图3-8所示。其中，横轴OX_1和纵轴OX_2分别表示商品1和商品2的数量，线段AB为消费者的预算线，曲线U为消费者的无差异曲线，E点为效用最大化的均衡点。已知商品1的价格$P_1=2$元。求：

(1)消费者的收入；

(2)求商品2的价格P_2；

(3)写出预算线方程；

(4)求预算线的斜率；

(5)求E点的MRS_{12}的值。

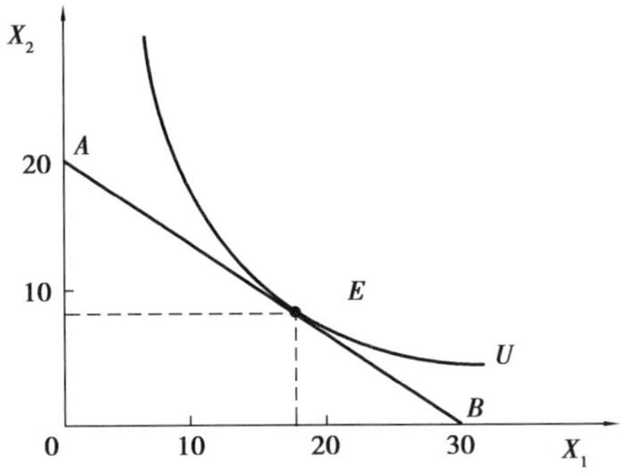

图3-8　消费者的均衡

三、简答题

1. 什么是边际效用递减规律？引起边际效用递减规律的原因有哪些？

2. 钻石对人的用途很有限而价格昂贵，生命必不可少的水却很便宜。请运用所学经济学原理解释这一价值悖论。

3. 无差异曲线的特征是什么？

4. 用无差异曲线和消费预算线说明如何实现消费者均衡。

四、案例分析

吃三个面包的感觉

美国总统罗斯福连任三届后，曾有记者问他有何感想，总统一言不发，只是拿出一块三明治面包让记者吃，这位记者不明白总统的用意，又不便问，只好吃了。接着总统拿出第二块，记者还是勉强吃了。紧接着总统拿出第三块，记者为了不撑破肚皮，赶紧婉言谢绝。这时罗斯福总统微微一笑："现在你知道我连任三届总统的滋味了吧。"

请用经济学原理解释这个故事。

技能训练项目

自助餐背后的经济学问题

【技能目标】

结合实际运用效用理论分析消费者均衡，能运用边际效用递减理论分析现实中的问题。

【内容与要求】

学生自愿组成学习小组，每组5~6人，结合个人以往吃自助餐的历史，以及当前某个自助餐厅的具体价格情况，以小组为单位分析讨论理性的消费者是如何作出消费决策的。研讨过程中自由发言，围绕以下几个问题进行：

1. 分组讨论，吃自助餐时达到消费者均衡状态的约束条件发生了什么变化？

2.利用基数效用论理论，讨论出最爱的4类菜式，按偏好的大小构建出边际效用。完成下表。

菜名	边际效用							总效用
	1	2	3	4	5	6	7	

3.设定你的胃口有限，只能吃10个单位，根据小组讨论出的边际效用表，你会如何吃？

4.假如不是自助餐，你会如何吃？两者之间的差别是什么？

根据研讨情况，总结归纳，形成一份“关于×××自助餐厅的消费建议”，并做好交流发言的准备。

【成果与考核】

1.小组提交一份修改完善后的“关于×××自助餐厅的消费建议”。

2.由教师与全班同学共同根据各组报告、班级交流发言以及提问答辩情况对每组进行评估打分，综合评定各组本次活动的成绩。

第四章　生产者行为分析

【知识培养目标】

◆ 了解厂商生产目的假设的意义。

◆ 熟悉生产要素最优组合的条件，熟悉等产量线的特征。

◆ 掌握生产函数的含义和边际报酬递减规律，掌握厂商实现短期均衡的必要条件。

【技能培养目标】

◆ 能分析总产量、平均产量和边际产量之间的关系。

◆ 运用边际报酬递减规律分析企业生产要素组合决策问题。

【思政育人目标】

◆ 引导学生深刻理解社会主义核心价值观在企业生产目的中的引领作用。

◆ 引导学生理解四类生产要素在生产中的作用，深刻领会国家强调技术创新、管理创新是第一驱动力的核心思想。

【思维导图】

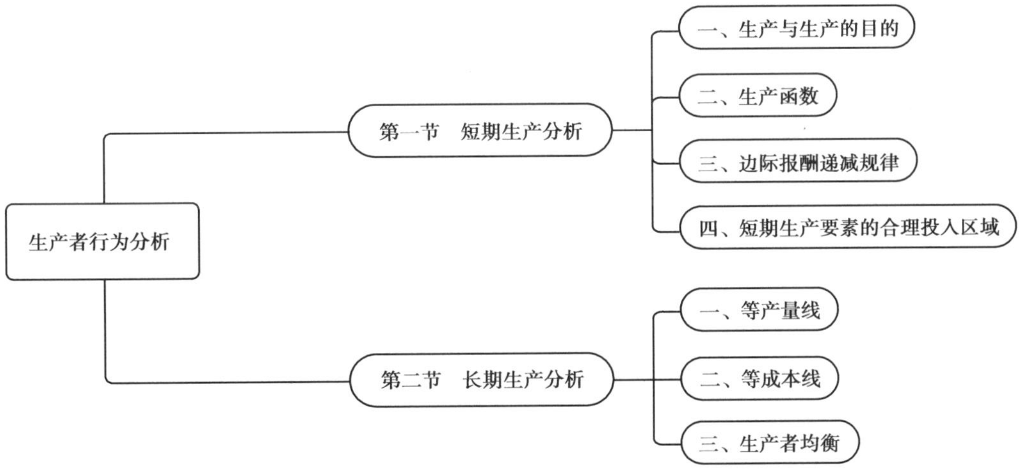

【引导案例】

边际收益递减与城市化

边际收益递减规律表明，生产中只要有一种投入不足，其他要素就会出现边际收益递减的现象。以农业为例，在土地面积固定的情况下，劳动和资本的边际收益都会递减。一方面，固定土地上的劳动力不断增加，需要养活越来越多的人口；另一方面，边际收益递减规律作用下，固定土地上的边际产出越来越少。两方面共同作用导致人均产出减少，人们的生活水平不断下降。这往往被用于解释许多发展中国家贫困的原因。

我国是世界上人与地关系最紧张、农业劳动集约度最高的国家之一。务农人数多，农业的产出很低，是我国穷的根本原因。改革开放之后，一方面随着人口增加土地边际收益递减规律仍然发生作用，另一方面经济建设的发展使耕地面积减少，因而有限土地上的就业压力进一步增加。

如果把固定土地上增加一个劳动力所增加的收益接近于零的那些劳动力称之为剩余劳动力，那么家庭联产承包责任制在极大地提高农业效率的同时，也释放出大量的农村剩余劳动力。如何解决土地上释放出来的大量的农村剩余劳动力呢？主要通过剩余劳动力的转移来实现。

20世纪80年代，农业剩余劳动力的转移主要以发展乡镇企业为载体，采取了“离土不离乡，进厂不进城”的内部就地转移方式。据统计，1978—1992年，乡镇企业共吸收7500多万农村劳动力。然而，进入90年代以后，乡镇企业由于技术进步加快，资本密集程度迅速提高，吸纳剩余劳动力的能力明显下降。

在农村内部就业潜力有限的情况下，农业剩余劳动力必然会离开土地，告别家乡，加入流动大军的行列。可以说，90年代以来“农民工”向城市的大流动，不过是未来相当长的一个时期内，农村剩余劳动力跨地区转移的序曲。有人估计中国农业剩余劳动力的转移要到2050年才能最终完成。

随着农村剩余劳动力向城市的转移，城市人口不断增加。以城市人口占总人口的比例表示城市化水平，那么城市化水平将不断提高。然而，过去20年，我国的城市化进程缓慢，2000年我国城市化水平为36%，低于发展中国家45%的平均水平。2020年后，我国城市化开始加速，2002—2011年，中国城镇化率以平均每年1.35%的速度快速增长。其中，2011年中国城镇化率首次突破50%，城镇人口比重达到51.27%。2012—2021年，中国城镇化率平均每年增长速度为1.16%，2021年中国常住人口的城镇化率已经达到64.7%，预计到2035年，中国的城镇化率约为74.4%，接近发达国家水平。城市化具有巨大的经济效益，又不要求很大空间和传统要素投入。因此，加快城市化进程是伴随我国经济发展的必然选择。

（资料来源：根据网络资料和数据整理而得）

由于农村土地的边际收益递减和城市土地收益较高，因此，农民进城，成为提升农民收入和促进经济发展的必然选择。然而，需要值得思考的是，随着我国城镇化率的不断提升，城市土地也同样存在边际收益递减的问题，因此，党的十八大提出我国要走“中国特色新型城镇化道路”，全面提高城镇化质量。

第一节 短期生产分析

一、生产与生产的目的

生产就是把投入品转化成为产品的过程。在经济学中，生产的含义比较广泛，不仅制造一台彩电、制作一套衣服是生产，而且其他各种各样的经济活动，如经营一家小卖店、律师为人打官司、剧团演出、医生诊疗、咨询公司为其他企业提供咨询服务也都是生产。所以在经济学中的生产并不仅仅限于物质产品的生产，还包括金融、贸易等各类服务性活动。一般来说，创造价值的活动都是生产。

任何生产都是一个生产的过程。生产的过程实质是厂商通过一定的技术手段把投入的各种生产要素进行组合以制成产品的行为。生产要素是指厂商在生产中所使用的各种生产资源，是从事生产经营活动的必备条件，在现实生产活动中所使用的生产要素种类繁多，经济学家在分析经济问题时，为了分析的方便，习惯把众多的生产要素归纳为劳动、土地、资本与企业家才能四大类。

（一）劳动

劳动是指劳动力所提供的服务，可以分为脑力劳动与体力劳动。体力劳动通常被认为是简单劳动，脑力劳动通常被认为是复杂劳动。从生产成果来看，在相同时间内，一定量的复杂劳动要等于多倍的简单劳动。不过在许多场合中，较多的简单劳动并不一定能替代少量的复杂劳动。为了研究的方便，在微观经济学中，通常不区分简单劳动与复杂劳动，而是将体力劳动和脑力劳动还原成复杂程度相等的劳动能力。

（二）土地

土地是指生产中所使用的各种自然资源。如农业生产需要土地，工业生产或其他类型的生产活动也需要土地盖厂房或者办公大楼。事实上所有的自然资源无不和一定量的土地相联系。如水力资源、自然状态的矿藏、森林等，都是和一定的土地结合在一起的，否则无法加以开发利用。因此经济学中所说的土地，不仅指一般意义上的土地，还应该理解为生产活动中所使用的各种自然资源。

（三）资本

资本是指生产中所使用的资金，它有两种形态：无形的人力资本与有形的物质资本。前者指体现在劳动者身上的体力、文化、技术状态，后者指厂房、设备、原料等资本品。本书所指的资本是后一种物质形态的资本。

(四)企业家才能

企业家才能是指企业家对整个生产过程的组织与管理工作的能力。利用企业家才能可以把劳动、土地、资本组织起来,使之成为产品或劳务性服务,并通过商品交换提供给社会为企业创造财富和利润。

市场上的商品是由厂商供给的。厂商是为达到一定目的而从事生产的一个经济决策单位,它可以是一个个体生产者,也可以是一家规模巨大的企业集团。在传统的经济学中,通常假设厂商都是具有完全理性的经济人,他们生产的目的是实现利润最大化,即一个厂商如果面对着多个可供选择的决策方案时,往往预期厂商会采取利润最大化的方案。

现实中,厂商的生产往往同时具有多重生产目的,除了利润最大化之外,还可能追求市场份额最大化、股东权益最大化、企业成长速度最大化等各类生产目的。但尽管生产目的的多元化比较符合经济现实,在理论分析中仍大多采用利润最大化这一单一生产目的的假设,这不仅因为单一目的有利于分析的简化,同时也因为在厂商的多个生产目的中,一般来说总有一个最为核心的占主导地位的目的。在适者生存的市场竞争中,利润是对厂商最为有力的刺激。追求利润最大化作为厂商生产的主要动力,这种简化是合理的,而且经济学家在使用利润最大化假设来预言厂商的产出和价格行为方面也获得了相当大的成功,这也说明这种假设是有益的。因此,在经济学的研究中,通常假定,厂商进行生产的目的是利润最大化。

二、生产函数

生产一定数量的产品或劳务都必须要有一定量的各种生产要素。生产要素的数量与其组合和它所能生产出来的产量之间存在着一定的依存关系,经济学中通常用生产函数来描述这种关系。

生产函数是指在给定的生产技术水平条件下,在一定时期内生产要素的投入的数量组合和它所能生产出来的最大产量之间数量的依存关系。如果我们用Q、L、K、N和E分别表示总产量、劳动、资本、土地和企业家才能的投入量,则生产函数的一般形式为:

$$Q = f(L, K, N, E) \tag{4-1}$$

在分析生产要素与产量之间的数量关系时,一般把土地作为固定的要素,而企业家才能因为难以估算,为方便对问题的分析,常把生产函数简化为:

$$Q = f(L, K) \tag{4-2}$$

这一函数式表明,在一定技术水平时,生产产品产量为Q,需要一定数量劳动与资本的组合。同样,生产函数也表明,在劳动与资本的数量与组合为已知时,也就可以推算出最大的产量。在实际生产活动中,生产函数可以通过表格、图示、数学模型等形式进行表示。

企业从事不同的生产项目,投入的生产要素种类不同,要素之间配合比例也不同。为生产一定量某种产品所需要投入的各种生产要素的配合比例称为生产技术系数。比如,生产1单位某种产品需要劳动工时1个,甲原料5g,2单位产品劳动工时2个,需要甲原料

10g，生产该种产品的劳动工时与甲原料之间的生产技术系数为1:5。

生产技术系数根据生产的技术要求不同，可分为固定的技术系数和可变的技术系数。如果生产某种产品所需要的各种生产要素的配合比例是不能改变的，这种技术系数称为固定技术系数。这种固定技术系数的生产函数称为固定配合比例生产函数。比如，成衣业工人和缝纫机的配合比例是1:1，10台缝纫机和10个工人配合，才能使工人和机器都得到充分的利用，如果工人超过10人，那么工人则存在过剩现象，劳动力这种生产要素没有得到充分的利用，反之亦然。但一般而言，技术系数是可变的。例如在工业生产中可以多用机器，少用人工进行机械化经营，也可以少用机器、多用人工进行手工经营。前者称为资本密集型技术系数，后者称为劳动密集型技术系数。

(一)短期与长期

为了能够更加明确地分析在生产过程中的要素投入与产品产出之间的数量变动关系，经济学把生产周期分为短期和长期两种类型。经济学上说的短期与长期并不是指一个具体的时间跨度，而是根据厂商是否来得及调整全部生产要素的投入来划分的时期。

短期是指不能根据所要达到的生产规模调整全部生产要素的时期。在短期内，投入的生产要素分为可变要素和固定要素两大类，可以对投入量进行调整的生产要素称为可变要素，如制造产品的原材料等；不能对投入量进行调整的生产要素称为固定要素，如厂房、机器、设备等。一般来说，固定要素费用是一个相对固定的常量，我们在这里侧重分析的是在短期内可变要素投入变动对企业经济效益变动的影响。

长期是指厂商能够根据产品产量目标调整全部生产要素的时期。例如企业根据它要达到的产量，可以扩大或缩小生产规模，也可以进入或者退出一个行业的生产。由于在长期内所有的生产要素都是可变的，因而也就没有可变要素和固定要素投入之分。

显然，短期和长期的划分是以企业能否变动全部生产要素的投入量为标准的。不同的行业，短期和长期的时间长度是不同的。例如，对一个食品厂来说，长期可能仅为1年左右，而对大型钢铁厂，长期则可能长达10年。

因此短期生产函数就是指，在固定生产要素给定的条件下，最大产量与可变投入之间的数量关系。一般，在短期内，假定资本K是不变投入，其给定的数量为K_0，则生产函数为$Q=f(L,K_0)$，或简单表示为$Q=f(L)$，以此表示产量同劳动之间的数量关系。

(二)总产量、平均产量、边际产量

为了分析方便，需要引进总产量、平均产量和边际产量几个基本概念。

1.总产量(Total Product，TP)

总产量是指一定量的某种可变的生产要素所生产出来的最大产量。

2.平均产量(Average Product，AP)

平均产量是指平均每单位某种可变的生产要素所生产出来的产量。它等于总产量除以用于生产的要素投放量，即$AP=\frac{TP}{L}$。

3.边际产量(Marginal Product,MP)

边际产量是指每增加一个单位的可变要素投入所带来的总产量的增加量,即产品增量与生产要素增量的比值。

$$MP = \frac{\Delta TP}{\Delta L} \tag{4-3}$$

边际产量的微分形式为:

$$MP = \frac{dTP}{dL} \tag{4-4}$$

假设生产某种产品时所用的生产要素是资本与劳动。其中资本是固定要素,劳动是可变要素。总产量、平均产量和边际产量的变动规律可以根据表4-1、图4-1和图4-2中的资料来加以说明。

表4-1　总产量、平均产量和边际产量变动示意表

资本量 K	劳动量 L	劳动增量 ⊿L	总产量 TP	平均产量 AP	边际产量 MP
10	0	0	0	0	0
10	1	1	6	6	6
10	2	1	17	8.5	11
10	3	1	31	10.3	14
10	4	1	46	11.5	15
10	5	1	60	12	14
10	6	1	72	12	12
10	7	1	81	11.5	9
10	8	1	86	10.8	5
10	9	1	86	9.6	0
10	10	1	80	8	-6

在图4-1和图4-2中,横轴OL代表劳动投放量,纵轴TP、AP、MP分别代表总产量、平均产量和边际产量。

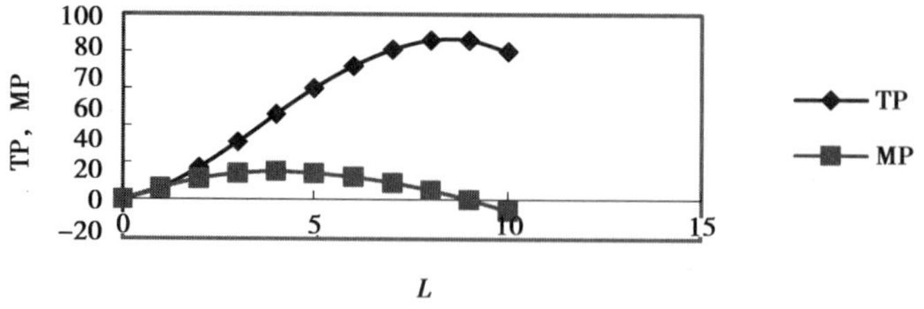

图4-1　总产量与边际产量关系示意图

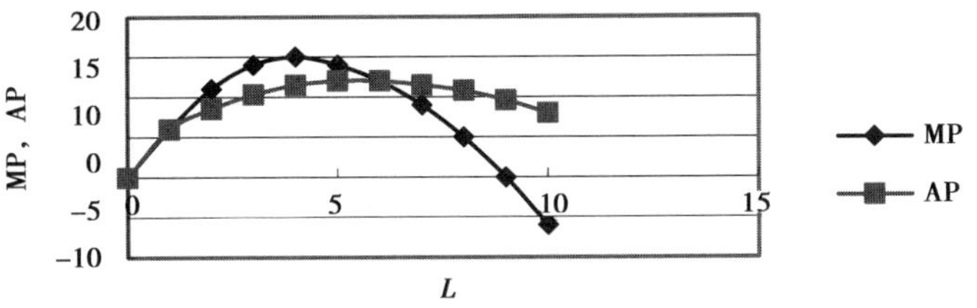

图4-2　边际产量和平均产量关系示意图

从图4-1可以看出，总产量曲线先是以较快的速度递增的，接着以较慢的速度递增，到达最高点后，逐渐开始下降。而边际产量曲线也是先增加后减少，最后甚至降为负数。

从图4-2也可以看出，平均产量曲线也是先增加后减少的。

(三)总产量、平均产量、边际产量之间的数量关系

为了更好地讨论总产量、平均产量和边际产量之间的关系，将它们的变化情况汇总到一张图中，如图4-3所示。

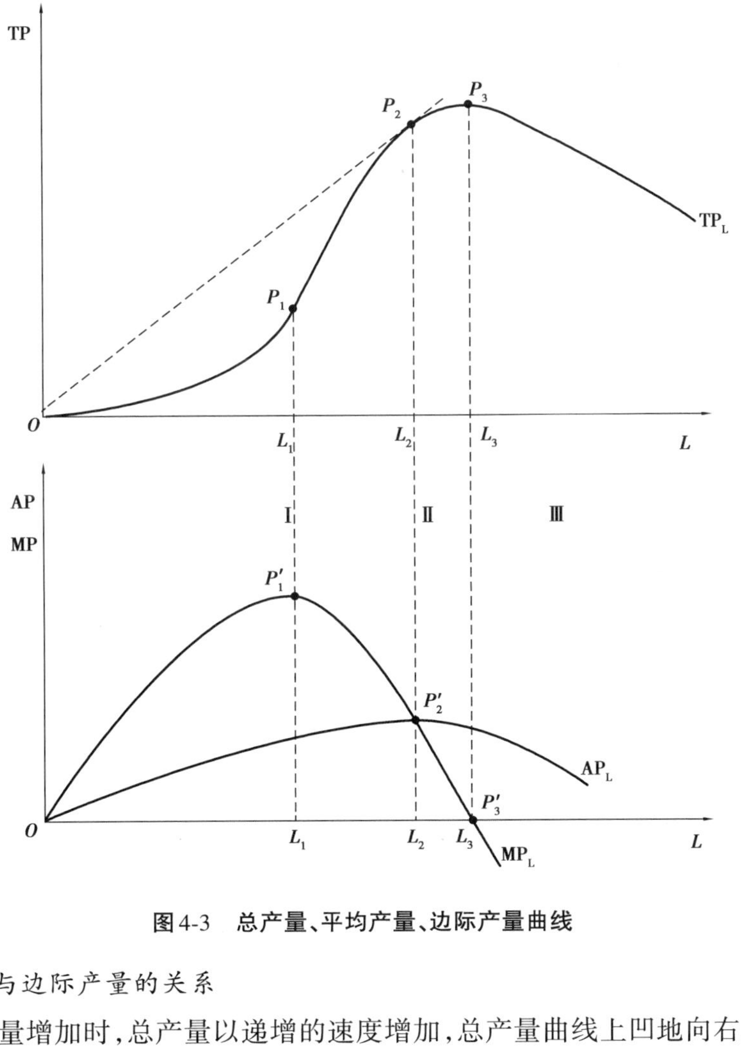

图4-3　总产量、平均产量、边际产量曲线

1.总产量与边际产量的关系

当边际产量增加时，总产量以递增的速度增加，总产量曲线上凹地向右上方伸展；当

边际产量递减且大于零时，总产量以递减的速度增加，总产量曲线下凹地向右上方延伸；边际产量等于零时，总产量达到极大。一旦边际产量小于零，总产量就减少，总产量曲线就开始下降。

从边际产量的计算公式 $MP_L=\frac{dTP}{dL}$ 看，边际产量就是总产量曲线的斜率。由于总产量曲线先上凹后下凹，故在总产量曲线的拐点，斜率最大，即边际产量最大。在此以前，斜率递增，即边际产量递增。此点以后，斜率递减，即边际产量递减。

2.总产量与平均产量之间的关系

因为 $AP_L=\frac{TP}{L}$，所以平均产量就是从原点向总产量曲线所作射线的斜率。由于总产量曲线先上凹后下凹，故从原点向总产量曲线所作的射线正好切于总产量曲线时，射线的斜率最大，即平均产量最大。 在切点以前，射线的斜率递增，即平均产量递增。在切点以后，射线的斜率递减，即平均产量递减。

3.平均产量和边际产量之间的关系

从原点向总产量曲线所作的射线正好切于总产量曲线时，不仅射线的斜率最大，而且射线与总产量曲线的切线重合。射线的斜率就是平均产量，射线的斜率最大，意味着平均产量最大。而切线的斜率就是边际产量。因此平均产量最大时，平均产量正好等于边际产量，即边际产量曲线交于平均产量曲线的最高点。在交点以前，边际产量大于平均产量，边际产量会拉动平均产量增加，使平均产量递增。在交点以后，边际产量小于平均产量，边际产量会拖住平均产量下降，使平均产量递减。例如，篮球队原先有5个人，5人的平均身高为180 cm，现篮球队新加入了一位队员，要重新求6个篮球队员的平均身高，很显然如果新加入的篮球队员身高大于原先的平均身高，如为186 cm，新队员的加入使6人的平均身高升高为181 cm，反之，如果新加入的篮球队员身高低于原先5人的平均身高，假设为174 cm，则会因为新队员的加入，使6人的平均身高下降为179 cm。

三、边际报酬递减规律

由表4-1和图4-3可以看出，在资本投入不变的情况下，随着可变投入劳动量的不断增加，劳动的边际产量一开始是递增的，但当劳动的投入继续增加达到一定阶段后，其边际产量就会递减，甚至小于零。这不是一个偶然现象，而是一个普遍规律，我们称之为边际报酬递减规律。边际报酬递减规律的基本内容是：在技术水平不变的情况下，当把一种可变的生产要素投入一种或几种不变的生产要素中时，最初这种生产要素的增加会使边际产量增加，但当它的增加超过一定限度时边际产量将要递减，最终还会使总产量绝对量减少。在理解边际报酬递减规律时，要注意以下几点：

第一，这一规律发生作用的前提是技术水平不变，如果生产技术在生产要素投入变动同时也发生了变化，这一规律一般就不再适用。这里所说的“技术水平不变”并不是说一点变化都没有，而是指生产中所使用的技术没有发生重大变革。现在，技术进步的速度很快，但并不是每时每刻都有重大的技术突破，技术进步总是间歇式进行的，只有经过一定时期的准备以后，才会有重大的进展。无论在农业还是在工业中，一种技术水平一旦形成，总会有一个相对稳定的时期，技术水平不变这一前提是可以成立的。

第二，它是以其他生产要素投入固定不变，只有一种生产要素的投入变动为前提的。也就是说明生产中使用的生产要素分为可变的与不变的两类，这种情况也是普遍存在的。比如在农业生产中，当土地等生产要素投入不变时，增加施肥量；或在工业生产中，当厂房、设备等生产要素不变时，增加劳动力投入都属于这种情况。

第三，递减是在可变要素投入增加到一定程度之后才出现的，事实上，在可变生产要素增加的初期，边际产量是递增的，只是生产要素的投入超过某一量之后，边际产量才开始递减。

出现边际报酬递减规律的主要原因是，在一种要素的数量固定不变时，随着可变要素不断增加的情况下，两者之间的配合比例会发生变化。当可变要素达到足以使固定要素得到最合理利用后，继续增加可变要素，就超过了现有生产技术的要求，最终导致总产量出现递减。

四、短期生产要素的合理投入区域

由于生产要素边际报酬递减规律的存在，在其他生产要素投入不变的情况下，连续增加某一生产要素的投入量并非越多越好，那么厂商到底应该如何选择某一要素的最佳投入量呢？根据图4-3所示的总产量、平均产量和边际产量的变化规律，我们可以先确定某要素的合理投入区域，在后续的学习中，再进一步确定要素的最佳投入数量。

根据可变生产要素投入量与总产量、平均产量、边际产量的关系，可将生产要素的投入过程划分为三个阶段：

第一阶段（即图4-3中的Ⅰ区域），可变生产要素(L)投入量从0增至L_2。这一区域厂商产量变动的特点是平均产量递增，边际产量大于平均产量。这表明在其他生产要素固定的情况下，只要增加可变生产要素的投入量，就能使厂商的平均产量增加，这说明相对固定要素资本而言，劳动投入量过少，增加劳动的投入可以使得资本得到更充分利用。因此增加劳动量的使用是有利可图的，从而任何理性的厂商都不会把可变要素的投入的使用量限定在这一区域。

第二阶段（即图4-3中的Ⅱ区域），可变要素的投入从L_2增至L_3。这一阶段厂商产量变化的特点是边际产量小于平均产量，但边际产量大于0，且边际产量和平均产量均开始递减。由于边际产量仍大于零，在其他生产要素固定的情况下，只要增加可变要素劳动的投入，就能使厂商的产量继续增加，但由于边际产量开始递减，增加的速度开始放缓。当边际产量降至0时，总产量达到最大值。

第三阶段（即图4-3中的Ⅲ区域），可变生产要素劳动的投入达到L_3以后，即边际产量为负，总产量绝对减少。这表明在该区域，在其他生产要素固定的情况下，每增加一单位的可变要素的投入，不仅不会使得总产量增加，反而使得总产量减少，可变要素的投入量已经显得过剩，这时候减少可变要素的投入方是明智之举，因此，任何理性的厂商也不可能把可变生产要素的投入限定在这一区域。

由上面的分析可以得出，合理的生产区域应该是Ⅱ区域，但具体定在哪个投入量上合适，则需要根据企业目标而定。假如企业不考虑产品的单位成本，而追求的是产量最大化，那么可变要素的投入应该确定在图4-3中总产量达到最大值的L_3点；假如企业主要考虑产品的单位成本，不追求产量最大化，那么可变要素的投入应确定在平均产量最大的L_2点。如企业追求的目标是需要兼顾产量和单位产品成本，那么可变要素的投入应在L_2至L_3之间。

根据生产要素的合理投入区域中的分析可知，可变生产要素的投入数量应在第二阶段为宜，具体应在哪一点上，还要考虑其他因素（如产品的成本、价格等）及生产目标，见本书第五章收益与利润最大化部分。

【课程思政】

企业和企业家的社会责任

边际报酬递减规律广泛存在企业生产中，因此资源要素的投入不是越多越好，需要有一个合适的度，就像我们做人做事讲话都一样要有个度，不能刻意伤害他人，不能做违背法律道德的事情。在企业的生产中，在企业追求利润最大化的过程中，要对自己的员工、社区以及生产环境也承担相应的责任，另外，企业在发展的同时也要回馈社会，要有一定的社会责任感，不能只考虑自身发展。企业应当以义为利、义利并举，以实现社会幸福、推动社会发展为前提。这是中国社会进步的体现、中国文化自信的体现，也是中国新商业文明的体现。

第二节　长期生产分析

从长期看，不仅劳动这种生产要素的投入是可变的，资本和其他生产要素的投入也是可变的，为了便于说明，这里讨论劳动和资本两种生产要素都可变的情形。因此长期的生产者均衡也称生产要素的最佳组合，是指生产者将两种生产要素进行最优化组合以实现利润最大化的目标，在实现生产者均衡后，如果其他条件不变，生产者就不愿意改变两种要素的配合比例。生产均衡可以分为两种情况。一种情况是，总成本给定，利润最大化就等价于收益最大化，而在产品价格作为不变参数的情况下，也就相当于产量最大化；另一种情况是，如果厂商的产量给定，产品价格也是不变参数的情况下，其收益也就给定，此时利润最大化就相当于成本最小化。为了方便对这两种情况进行分析，我们先引入等产量线和等成本线两个概念。

一、等产量线

（一）等产量线的含义和特征

等产量线是指在技术水平不变的情况下，生产同一产量的产品的两种生产要素投入量的不同有效组合的轨迹。或者说是表示某一固定数量的产品，可以用所需要的两种生产要素的不同数量的组合生产出来的一条曲线。

假如，现在用资本与劳动两种生产要素，它们有A、B、C、D四种组合方式，这四种组合方式都可以达到相同的产量，如表4-2所示。

根据表4-2，可作出图4-4。在图4-4中，横轴*OL*代表劳动的投放量，纵轴*OK*代表资本投放量，*Q*为等产量线，在等产量线上任何一点所表示的资本与劳动不同数量的组合，都能生产出相等的产量。

表4-2　两种生产要素配合使用的等产量表

组合方式	资本量（*K*）	劳动量（*L*）	产品产量（*Q*）
A	6	1	100
B	3	2	100
C	2	3	100
D	1	6	100

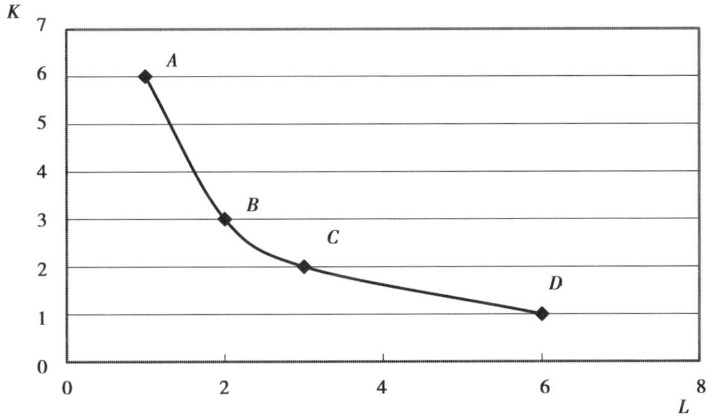

图4-4　等产量曲线图

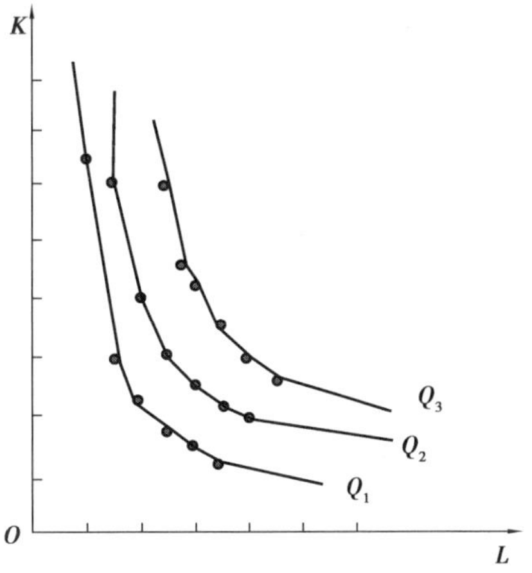

图4-5　等产量曲线组

等产量曲线类似于消费者行为理论中的无差异曲线，但不同的是：无差异曲线表示消费者对两种商品效用大小的主观评价，而等产量曲线则表示生产要素投入量与产量之间的物质技术关系。由图4-4、图4-5及等产量线的含义可看出等产量线具有如下特征：

第一，等产量线是一条向右下方倾斜的线，其斜率为负值。表明在生产者的资源与生产要素价格既定的条件下，为了达到相同的产量，在增加一种生产要素投入时，可以减少另一种生产要素的投入，两种资源之间存在着相互替代的关系。

第二，在同一平面图上，可以有无数条等产量线。不同的等产量线代表不同的产量水平，并且离原点越远的等产量线所代表的产量水平越高，离原点越近的等产量线所代表的产量水平越低，如图4-5中，$Q_1<Q_2<Q_3$。

第三，在同一平面图上，任意两条等产量线不能相交，若相交，在交点上两条等产量线代表相同的产量，与第二特征相矛盾。

第四，等产量线是一条凸向原点的线。这是由资源边际技术替代率递减所决定的。

（二）边际技术替代率

边际技术替代率（Rate of Marginal Technical Substitution，MRTS）是在维持产量水平不变的条件下，两种生产要素相互替代的比率分析，即减少一种生产要素的数量，与必须增加的另一种生产要素的数量之比。如果以ΔL代表劳动的增加量，Y代表产品产量，ΔK代表资本的减少量，$\mathrm{MRTS_{LK}}$代表以劳动代替资本的边际替代率，则有：

$$\mathrm{MRTS_{LK}} = \frac{\Delta K}{\Delta L}$$

或者

$$\mathrm{MRTS_{LK}} = \frac{\mathrm{d}K}{\mathrm{d}L} \tag{4-5}$$

在一般情况下资源边际替代率应该是负值，因为在一项生产中应用两种相互替代的生产要素，一种生产要素的投入量增加，另一种生产要素的投入量就要减少。但为了分析问题方便，一般用其绝对值表示。

我们可用表4-3中的数字资料来说明由表4-2所表示的生产行为中劳动和资本这两种资源的边际技术替代率的计算过程及变动情况。

表4-3　两种生产要素的边际技术替代率计算表

变动情况	ΔK	ΔL	$\Delta K/\Delta L$	$\mathrm{MRTS_{LK}}$
A—B	−3	1	−3	3
B—C	−1	1	−1	1
C—D	−1	3	−0.33	0.33

由表4-3可知，资源边际替代率是递减的。资源边际替代率其实也就是等产量线上各点切线的斜率。等产量线上各点切线的斜率递减决定了它是一条凸向原点的曲线。

二、等成本线

等成本线又叫企业预算线，是一条表明在企业生产成本与生产要素价格既定的条件下，所能购买到的两种生产要素数量的最大组合的线。等成本线表明了企业进行生产的限制条件，即它所购买的生产要素所花的钱既不能大于也不能小于所拥有的货币成本，大于企业拥有的货币无法实现，小于企业所有拥有的货币，则表明还可以购买更多的生产要素，货币未得到充分的利用。因此等成本线也称为企业生产费用预算线，可写为：

$$M = P_L \cdot L + P_K \cdot K \tag{4-6}$$

M为总成本，P_L、P_K、L、K分别为劳动与资本的价格与购买量。上式可写为：

$$K = \frac{M}{P_K} - \frac{P_L}{P_K} \times L$$

也可以把上式看成是斜率为$-P_L/P_K$的直线方程式。其中，M、P_L、P_K为既定常数，那么给出L的值，就可以解出K的值，同理，给出K的值，也可解出L的值，由此可作出表示该方程式的直线。

设M=600元，P_L=2元，P_K=1元。则有$M=2L+K$。在$M=2L+K$中如果令$L=0$，则$K=600$，令$K=0$，则$L=300$，这样可作出图4-6。

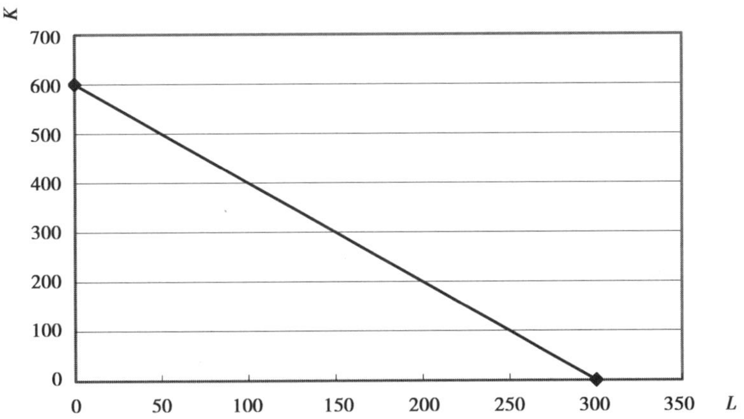

图4-6 等成本线

在图4-6中，如用全部货币购买劳动，可以购买300单位，若全部购买资本，可购买600单位。等成本线上任何一点都是在货币成本与生产要素价格既定条件下所能购买的劳动与资本的最大数量的组合。该线内的任何一点所购买的劳动与资本的组合，是可以实现的，但并不是最大数量的组合，即没有用完货币。该线外的任何一点，所购买的资本与劳动的组合都是无法实现的，因为所需要的货币超过了既定的成本。

由于等成本线是在总成本和生产要素价格一定的条件下作出的，所以如果生产者的货币成本变动或生产要素价格发生变动，则等成本线也要发生变动。如果要素价格不变，总成本增加则等成本线平行右移，反之，等成本线平行左移。如果生产要素的价格变动，等成本线会发生不同的转动。

等成本线具有如下性质：

第一，离原点较远的等成本线代表较高的成本水平；

第二，同一成本曲线图上的任意两条等成本线不能相交；

第三，等成本曲线向右下方倾斜，其斜率为负数；

第四，在要素价格给定的情况下，等成本曲线是一条直线，其斜率是一个常数，等于$-P_L/P_K$。

三、生产者均衡

（一）成本既定条件下产量最大化的生产要素最佳组合分析

当生产者成本既定，两种生产要素价格也给定的情况下，我们可以做出一条确定的等成本线AB。如果将等成本线和无数的等产量线放在同一个坐标图上，那么成本既定条件下的产量最大化就变为等成本线上寻找最大的等产量线，即是寻找与等成本线相切的某条等产量线的那一点，即图4-7中的E点。

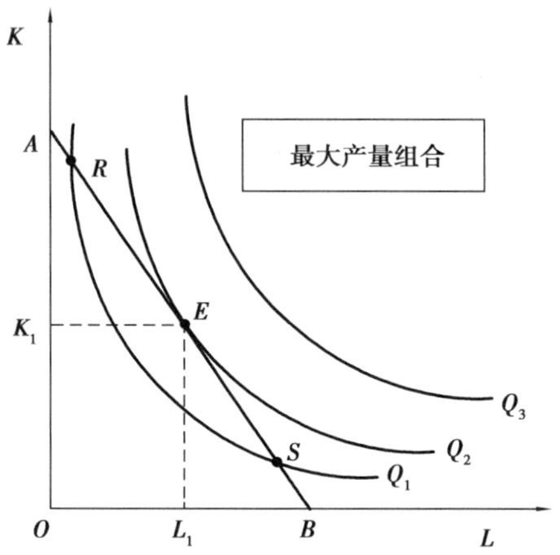

图4-7　成本既定情况下生产者均衡

在图4-7中，AB是一条给定情况下的等成本线，Q_1、Q_2、Q_3是无数条等产量线中的三条等产量线。AB线与Q_2线的切点E就是生产者的均衡点。K_1、L_1就是最佳的资本和劳动的投入水平。

为什么只有在E点才能实现产量最大化呢？在图中R、E、S都在等成本线AB上，表示符合了成本约束，R、S又同在等产量线Q_1上，由于$Q_2>Q_1$，所以E点比R、S更优，而在更高的产量Q_3线与等成本线没有交点，所以虽然产量高，但在既定的成本约束下是无法实现的。由于在同一个图中所有的等产量线是平行的，有且只有一条等产量线和等成本线是相切的，因此E点就是产量最大化的点。

（二）产量既定条件下成本最小化的生产要素最佳组合分析

在产量既定时，可以用同样的方法说明厂商应该选中什么样的投入组合使得成本最小，如图4-8所示。在产量既定的条件下，可以作出一条等产量线与无数条等成本线中的三条放在同一个坐标图中。既定的等产量线必定与其中的某一条等成本线相切，如图4-8中的E点。R、S两点虽然达到与E点一样的产量水平，但是却落在更高的成本线A_1B_1上，带来了更高的成本，而A_2B_2虽然代表的成本更低，但是由于与等产量线无交点，所以无法达到给定的产量水平。由于在要素价格既定的情况下，所有的等成本线是相互平行的，有且只有一条等成本线和等产量线相切，因此与既定的等产量线相切的等成本线的切点就是使成本最小的投入组合。

综上所述，不管是在成本既定条件下的产量最大化的均衡还是在产量既定条件下的成本最小化的生产要素组合，都是寻找等成本线和等产量线的切点，如图4-9所示。

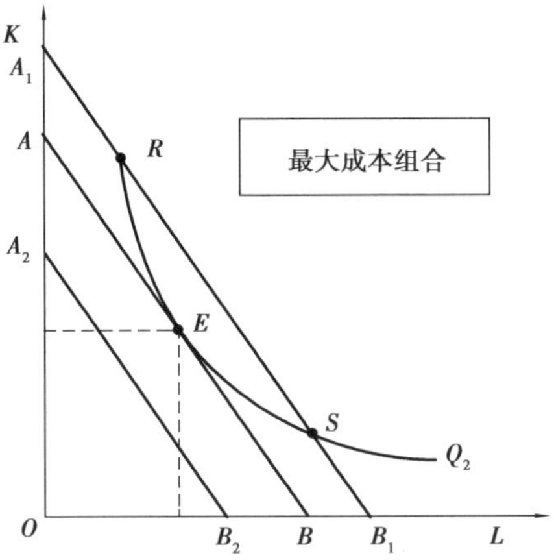

图4-8 产量既定情况下生产者均衡

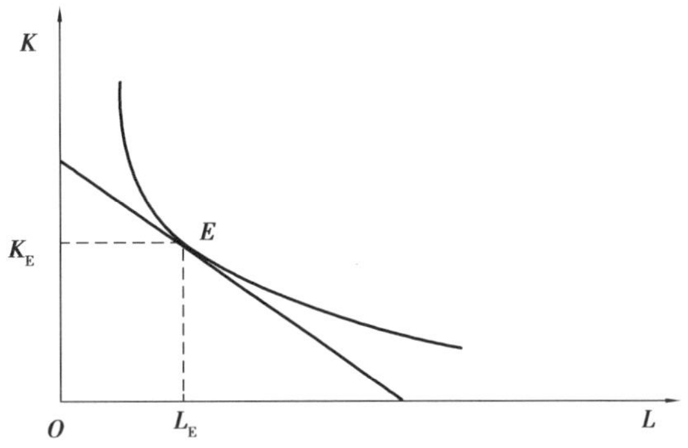

图4-9 生产要素最适组合比例示意图

由此我们可以推出生产者均衡的一般条件。假定生产者所购买的生产要素是资本与劳动。用K代表资本投入量，MP_K代表资本的边际产量，P_K代表资本的价格；用L代表劳动投入量，MP_L代表劳动的边际产量，P_L代表劳动的价格；M代表总成本，则生产要素最适组合条件可写为：

$$P_K \times K + P_L \times L = M \tag{4-7}$$

$$MP_K/P_K = MP_L/P_L \tag{4-8}$$

在上面的公式中，通过式(4-7)和式(4-8)组成的联立方程组可以求得在成本一定的情况下取得最大的产量时的两种生产要素的配合比例。

式(4-7)是实现生产者均衡的限制条件，即企业的货币量是既定的，购买资本与劳动的支出既不能超过这一货币量，也不能小于这一货币量。超过此货币量是无法实现的，而小于此货币量的资源购买量组合也达不到既定资源时的产量最大化。式(4-8)是实现生产者均衡的生产要素最适组合条件，满足这一条件要求的生产要素配合比例是在总成本一定的条件下产量最大的生产要素组合比例。利用生产者均衡条件对生产过程进行分析，求得两种以上生产要素最佳配合比例的分析方法主要有等产量分析法和边际分析法。

【思政拓展案例】

践行企业社会责任推动共同富裕

企业社会责任，是指企业在创造利润、对股东和员工承担法律责任的同时，还要承担起对消费者、社区和环境等更大范围内利益相关者的社会性责任。早期的企业社会责任，主要强调为消费者提供货真价实的产品和服务。但从20世纪后半叶以来，相关内涵已逐步扩展到环保、创新、公益和慈善等多个方面。在浙江高质量发展建设共同富裕示范区的进程中，一些民营企业从切实践行社会责任入手，积极探索走出了一条致力于共同富裕的路子。

第一，这些民营企业以自身一流的经营业绩，在为社会提供优质产品和服务的同时，创造了众多的就业岗位和可靠的劳动收入。企业作为经济组织，首要的还是组织好生产经营活动，创造出人们美好生活所需要的有效供给。这同时也实实在在地为社会“做大蛋糕”、实现“六稳六保”作出了自己的贡献。

第二，这些民营企业以创新和绿色为指引，在实现企业自身快速发展的同时，为推进高质量发展作出了先行示范的行业引领。随着全面建成小康社会，我国开启了全面建设社会主义现代化国家新征程。这一阶段的重要任务之一，是要切实转变发展方式，推动质量变革、效率变革和动力变革。而这些企业，正是实现创新、协调、绿色、开放、共享发展的主力军。

第三，这些民营企业还以推动共同富裕为情怀追求，自觉承担更多社会责任，在合法经营、照章纳税的同时，积极投身以公益慈善为代表的第三次分配。企业作为国民经济的基本核算单位，首先需要在初次分配中确保按劳分配原则的贯彻落实。其次是通过照章纳税，为政府进行包括转移支付、社会保障在内的全社会再次分配，提供强有力的资金来源。如果确有余力而又发自内心，那就可以通过捐助等形式，积极参与第三次分配，为促进更大范围内的共同富裕，作出自己的贡献。

在市场经济的大潮中，企业家是高效配置资源从而为客户创造价值、为社会创造财富的精英人士。对他们来说，提供货真价实的商品、安排数量可观的就业，同时诚信敬业地合法经营、照章纳税，就已经很优秀了。更何况他们为自己的企业确立了“国内领先、国际争先”的发展目标，非一般的企业可以比肩。

在中国的民营企业家中，一批浙商超越了一般企业家的自身定位和内在格局，满怀强烈的为民意识和社会责任感，对自己和所掌管的企业有更高的情怀追求。在走向共同富裕的漫漫长路上，他们正在以自身的认知和践行，提升企业承担社会责任的境界，为全社会树立起学习的榜样。

（资料来源：浙江日报）

思政引导：企业需要利润才能保证企业的持续生存，但利润绝不是企业生产的唯一目的，随着社会文明程度的提升，企业社会责任内涵变得更加宽泛，并被企业作为一种价值导向而实践，要求企业在创造利润、对股东和员工承担法律责任的同时，还要承担对消费者、社区和环境的责任，必须超越把利润作为唯一目标追求的传统理念，强调对人的价值的关注，对环境、消费者、社会的贡献。习近平总书记指出：“企业既有经济责任、法律责任，也有社会责任、道德责任。”企业社会责任包含了共同富裕的部分内容，企业积极履行社会责任是有助于推动共同富裕的。作为建设社会主义现代化重要力量的民营企业必须把推动共同富裕作为积极履行社会责任的战略方向，贯彻企业发展始终。这不仅是民营企业作为市场主体创造物质财富和精神财富的应尽义务，而且是民营企业赢得员工、股东和社会尊重，提高市场竞争力、实现持续健康发展的现实需要。正如习近平总书记所说：“社会是企业家施展才华的舞台。只有真诚回报社会、切实履行社会责任的企业家，才能真正得到社会认可，才是符合时代要求的企业家。”在开启全面建设社会主义现代化国家新征程中，民营企业作为推动共同富裕的重要市场主体，就应该在企业战略、文化、管理、业态、产品、市场、品牌等方面全面体现推动共同富裕的理念，形成符合企业特点的商业逻辑，不仅要依法合规履行提供就业、创造股东和员工利益、上缴税费、保护环境等法定责任，而且要基于自身能力履行公益慈善、社会价值引导等道义责任。

思考与练习

一、单项选择题

1. 当边际产量大于平均产量时（　　）。

A. 平均产量递增　　B. 平均产量递减

C. 平均产量不变　　D. 无法判断

2. 如果连续地增加某种生产要素，在总产量达到最大时，边际产量曲线与（　　）。

A. 平均产量曲线相交　　B. 横轴相交

C. 纵轴相交　　D. 横轴相切

3. 下列说法中哪一种是错误的？（　　）

A. 只要总产量减少，边际产量一定是负数

B. 只要边际产量减少，总产量也一定减少

C. 边际产量曲线一定相交于平均产量曲线的最高点

D. 只要边际产量为零，总产量达到了最大

4. 当生产函数 $Q=F(L、K)$ 的 AP_L 为正且递减时，MP_L 可以是（　　）。

A. 递减且为正　　B. 递减且为负

C. 为零　　D. 上述任何一种情况

5. 关于生产函数 $Q=f(L、K)$ 的生产的第二阶段应该是（　　）。

A. 开始于 AP_L 的最高点，终止于 MP_L 为零处

B. 开始于 MP_L 的最高点，终止于 MP_L 曲线和横轴的相交处

C. 开始于 MP_L 的最高点，终止于 AP_L 的最高点

D. 都不对

6. 等产量曲线上任意两点的产量肯定是（　　）。

A. 相等　　B. 不等

C. 无关　　D. 以上情况都存在

7. 一个企业采用最低成本进行生产，若资本的边际产量为5，单位资本的价格为20元，单位劳动的价格为8元，劳动的边际产量为（　　）。

A.1　　B.2　　C.3　　D.4

8. 关于等产量曲线，下列说法中正确的是（　　）。

A. 同一条等产量曲线代表相同的产量

B. 离原点越近的等产量曲线代表的产量水平越低

C. 同一平面坐标上的任意两条等产量曲线不会相交

D. 等产量曲线凸向原点

9. 理性的生产者选择的生产区域应是(　　)。

A.MP>AP阶段

B.MP下降阶段

C.AP>MP>0阶段

D.MP与AP相交之点起至MP与横轴交点上

10. 下列说法中正确的是(　　)。

A. 只要总产量减少,边际产量一定为负

B. 只要MP减少,总产量一定减少

C.MP曲线必定交于AP曲线的最高点

D. 只要MP减少,AP也一定减少

二、判断题

1. 在一种可变投入生产函数条件下,可变要素合理投入区域应在AP>MP>0的阶段。(　　)

2. 在一种可变投入生产函数条件下,可变要素合理投入区域应在MP>AP的第一阶段。(　　)

3. 生产理论中的短期是指未能调整全部生产要素的时期。(　　)

4.AP曲线与MP曲线交于MP曲线的最高点。(　　)

5. 能提供相同效用的不同商品数量组合的点的连线即为等产量曲线。(　　)

6. 等产量曲线表示的是用同样数量劳动和资本生产不同的产量。(　　)

7. 当劳动的边际产量小于其平均产量时,平均产量肯定是下降的。(　　)

8. 边际产量递减,平均产量也递减。(　　)

9. 在生产的第Ⅱ阶段,AP是递减的。(　　)

10. 边际报酬递减规律决定MP曲线呈现先上升后下降的走势。(　　)

三、计算题

1. 下面是一张一种可变生产要素的短期生产函数的产量表:

可变要素的数量	可变要素的总产量	可变要素的平均产量	可变要素的边际产量
1		2	
2			10
3	24		
4		12	
5	60		
6			6
7	70		
8			0
9	63		

(1)在表中填空。

(2)表现出边际报酬递减？如果是，是从第几个单位的可变要素投入量开始的？

2. 某企业的生产函数为：$Q=100+20X+10Y-XY$，其中，Q为产品产量，X和Y是在生产过程中使用的两种可变资源，请计算：

(1)$P_X=20$元，$P_Y=40$元，$M=3400$元时，企业实现最大利润的生产要素投入组合方案。

(2)满足上述条件下，当$Q=300$时，实现最低总成本的X和Y的资源投入量组合；如果企业的固定成本额是1500元，最低成本总额是多少。

四、案例分析

1."企业的产量越大，利润越多，越能实现利润最大化。"这句话对吗？请用经济学原理进行分析。

2.引进自动分拣机是好事还是坏事？

近年来我国邮政行业实行信件分拣自动化，引进自动分拣机代替工人分拣信件，也就是多用资本而少用劳动。假设某邮局引进一台自动分拣机，只需一人管理，每日可以处理10万封信件。如果用人工分拣，处理10万封信件需要50个工人。在这两种情况下都实现了技术效率。但是否实现了经济效率还涉及价格。处理10万封信件，无论用什么方法，收益是相同的，但成本如何则取决于机器与人工的价格。假设一台分拣机为400万元，使用寿命10年，每年折旧为40万元，再假设利率为每年10%，每年利息为40万元，再加分拣机每年维修费与人工费用5万元。这样使用分拣机的成本为85万元。假设每个工人每年工资1.4万元，50个工人共70万元，使用人工分拣成本为70万元。在这种情况下，使用自动分拣机实现了技术效率，但没有实现经济效率，而使用人工分拣既实现了技术效率，又实现了经济效率。

从上面的例子可以看出，在实现了技术效率时，是否实现了经济效率就取决于生产要素的价格。如果仅仅从企业利润最大化的角度看，可以只考虑技术效率和经济效率。这两种效率的同时实现也就是实现了资源配置效率。当然，如果从社会角度看问题，使用哪种方法还要考虑每种方法对技术进步或就业等问题的影响。

请用经济学原理解释上述现象。

技能训练项目

研讨生活中的边际收益递减现象

【技能目标】

培养学生用边际收益递减原理分析生活中的经济现象。

【内容与要求】

学生自愿组成学习小组，以小组为单位对现实中的边际收益递减现象进行研讨，并分小组进行讨论和展示。

围绕以下几个问题进行：

1.选定生活所发现的边际收益递减的现象，并对现象进行描述。

2. 思考边际收益递减现象出现的原因。

3. 如何应对边际收益递减？

根据研讨情况，总结归纳，形成一份“关于对×××边际收益递减现象的分析报告”，并做好交流发言的准备。

【成果与考核】

1. 小组提交一份修改完善后的“关于对×××边际收益递减现象的分析报告”。

2. 由教师与全班同学共同根据各组报告、班级交流发言以及提问答辩情况对每组进行评估打分，综合评定各组本次活动的成绩。

第五章　成本与收益分析

【知识培养目标】

◆ 了解各种成本的内涵。

◆ 理解短期和长期总成本、平均成本的构成特点及其关系。

◆ 掌握企业成本与收益分析的基本原理与方法。

【技能培养目标】

◆ 能分析企业的各类成本构成及变化情况。

◆ 能初步用成本与收益的关系，分析企业利润实现问题。

【思政育人目标】

◆ 引导学生形成成本意识，养成节约的习惯。

◆ 培养学生树立正确的社会主义市场经济商业伦理观和社会主义核心价值观。

【思维导图】

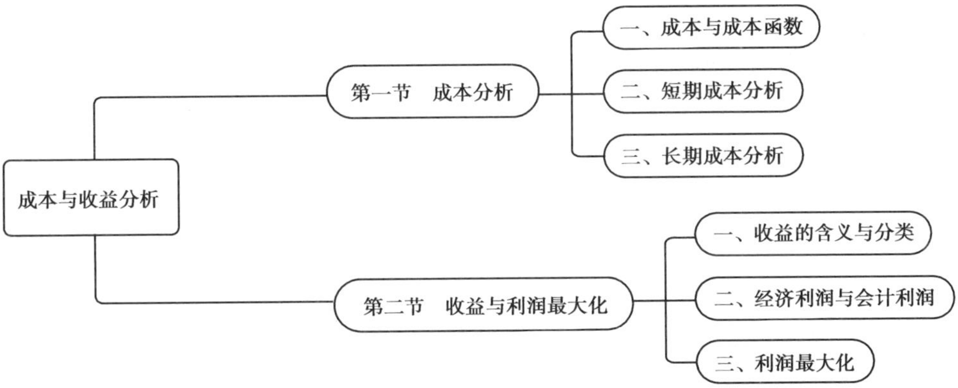

【引导案例】

全球科技巨头竞相布局“无人工厂”，探路工业4.0

空无一人的工厂内，一排排零部件在生产线上，有条不紊地传输运转，高大的机械臂灵活地分拣物资……整个工厂仿佛一个有智慧的机械生物体，即使在关灯状态下也能运转自如。因此，“无人工厂”也被称为“黑灯工厂”。

随着人工智能、物联网、5G、大数据、云计算、边缘计算、机器视觉等科技的进步，越来越多的科技企业相继投入无人工厂的建设，并成为自身产业链转型升级的关键。特别是在当前企业面临招工难、原材料成本持续上涨以及个性化需求日益凸显的背景下，降低对工人的需求，提升生产线的柔性化和自动化生产能力，已经成为推动工厂无人化发展的内在驱动力。

1. 小米、华为加快智能工厂布局脚步

2022年5月11日，小米CEO（首席执行官）雷军在社交平台发文表示，小米智能工厂二期预计在2023年年底开始投入生产，将成为一个年产1000万部高端手机的大规模智能工厂。目前，该项目正在地上主体结构大规模施工阶段。小米智能工厂二期于2021年7月开工建设，与北京亦庄工厂一期相比，二期产能增加了10倍。据了解，项目位于北京市昌平区史各庄街道，总建筑面积约14.11万㎡，东侧地块1号楼为智能手机工厂，用于建设智能手机整机生产线及配套设施；西侧地块2号楼是实验室，用于MI各类产品研发、验证。

2021年，央视新闻曾报道过小米智能工厂一期的场景。据介绍，该智能工厂一期每天可生产智能手机数千部，在生产管理、机械加工、包装储运等过程中，绝大部分的工作都是由智能机器自主完成的，效率比目前最先进的人工生产线高出25%。

雷军表示，该智能工厂是一个实验室级别的工厂，其中绝大部分的设备和系统都是小米及其投资公司自研的。一部手机从无到有要经过200多道工序，小米工厂大部分工序可实现自动化，成本相比过去也下降20%。

不仅小米，华为也在加快智能工厂布局脚步。据2022年4月的消息，华为在匈牙利Pest县的Páty完成其未来工厂的建造，通过部署基于5G技术的自动化解决方案，其生产基地的物流效率大幅提高。该工厂也是华为在中国以外的最大工厂，自2009年以来一直在运作，从不同地点向50多个国家供应华为产品。在货物流动方面，每月处理5万~6万件物品。匈牙利华为技术公司高管称，自从引入技术升级后，Páty工厂的效率平均提高了30%，部分流程提高了40%，现在投资已经完成，这一数字可能会大幅上升。

2. 人力短缺，三星电子计划2030年引入“无人工厂”

三星电子考虑引进无人工厂的主要原因，是该公司认为未来人力短缺问题将会非常严重。据韩媒2022年8月1日的消息，韩国三星电子公司7月组成了推进引进无人工厂的特别工作组，目标是最快在2030年实现主要全球生产基地的无人化。

三星电子相关人士表示，韩国国内劳动年龄人口在急剧减少，如果工厂一直以当前系统运营，可能会出现生产岗位人力不足的问题。

韩国统计厅发布的《2021年人口住宅总调查结果》显示，以2020年11月1日为基准，劳动年龄人口为3694.4万人，比一年前减少34.4万人(0.9%)。据推算，劳动年龄人口占总人口的比例预计将从2020年的71.6%下降到2037年的60%(59.7%)以下。

“为了成本效益，我们需要减少对生产工人的依赖，”三星的另一位高管表示，“我们计划只用机器或机器人来运营工厂。”

自2018年以来，三星每年都在减少其全球员工人数。2021年，它在全球拥有26.6万名员工，低于2020年的26.7万人、2019年的28.7万人、2018年的30.9万人。

韩国《经济日报》称，为了利用第四次产业革命技术提高生产效率，应对“人口悬崖”导致的“招聘难”问题，预计将有越来越多以制造业为基础的韩国大企业将考虑引进无人工厂。三星、现代、LG电子等韩国主要企业也以较少的员工获得了巨额利润。

近期，三星刚刚公布了创纪录营收，第二季度实现营收77.2万亿韩元(约合617.6亿美元)，同比增长21.3%。

3.生产狂魔，特斯拉“超级工厂”将再下一城

“10年前，特斯拉只生产了约3000辆汽车；10年后的今天，这一数字已突破300万辆。”特斯拉于北京时间2022年8月5日举办了2022年股东大会。会上，特斯拉CEO马斯克重点介绍了公司一年来在产能扩张、推动能源转型、提升产品安全等方面的成果。

生产一台Model Y车身仅需45秒！可以说，特斯拉正在以创纪录的时间生产汽车。而实现这一切的背后，是特斯拉发起的制造革命。

目前，特斯拉在全球坐拥六座超级工厂，横跨亚洲、欧洲、北美三大洲。其中加州、上海、柏林以及德州工厂负责整车制造，内华达及纽约工厂分别负责电池组、充电桩及太阳能屋顶的生产。

2021年，特斯拉两款主销产品Model 3和Model Y分别取得了全球新能源乘用车年销量冠军和亚军。而作为特斯拉第一大工厂，上海超级工厂2021年的交付量占特斯拉总交付量的51.7%，超过了加州弗里蒙特工厂。

财报显示，特斯拉2022年第二季度总收入达到169亿美元，同比增长42%，营业利润率实现14.6%。同时，上海超级工厂实现年产量超过75万辆，成为特斯拉全球产能最高的超级工厂，超过加利福尼亚工厂。

特斯拉上海超级工厂项目(一期)第二阶段C阶段已在2022年6月30日竣工，并在7月22日开始调试。

马斯克表示，2022年年底前，特斯拉会宣布其下一个工厂的位置。产能的恢复和扩充，让特斯拉有了冲击更高产销目标的决心。

(资料来源：根据网上报道整理)

人口红利在逐渐消失，人工成本不断上升，机器的红利却慢慢到来。从自动化工厂到智能工厂，已成为引领智能制造发展的新趋势。现在全球的主要制造业发达国家，都在以工业4.0为指导推动智能工厂的建设。然而智能工厂虽然效率优秀，但也受到不少质疑，

尤其是对数量众多的小企业来说，还不是发展的良方。首先，智能工厂前期投入的成本太高，小企业没有经济实力去做这个事情。其次，智能工厂中的产线无人化基因奠定了其制造品类的单一，只能生产一种核心部件或者是产品，对于柔性化生产以及个性化需求比较强的中小企业来说不友好。再次，智能工厂对企业的运营和管理能力要求高。最后，机器装备对劳动者的挤压，将导致工人失业，可能造成社会问题，如何将落后于科技发展的人员提素，是同样需要予以重视的问题，企业的降本增效，同时也需考虑企业的社会责任。

第一节　成本分析

一、成本与成本函数

我们通常所理解的成本是从会计学的角度看的，即成本是指厂商对购买和耗费的生产要素的货币支出。厂商要生产某种商品或提供某种服务，必须投入一定的生产要素，必须花费一定的成本。成本是厂商在生产经营活动中必须考虑的一个核心问题。然而，仅仅从这样的角度来考察成本及其变动规律是不够的。因为在经济学家看来，有理性的厂商在进行生产经营决策时，不仅要看赚了多少钱，而且要看因为这个决策所放弃的机会中可能赚到的钱。也就是说，有理性的厂商在进行生产经营决策时，一定要考虑机会成本的概念。当把机会成本的概念引入成本分析之中时，就会发现会计学意义上的成本与经济学意义上的成本是有比较大区别的。

（一）显性成本和隐性成本

显性成本也称为“外在成本”或“外露成本”，是指厂商从事一项经济活动时所花费的货币支出，通常包括购买原材料的费用、工资费用、租金等。这些支出是比较显而易见的，并能够在厂商的会计账户中反映出来，所以也叫“会计成本”。

隐性成本也称为“内在成本”或“内隐成本”，是指厂商使用自有资源所应支付的费用。例如，厂商在生产过程中使用自己的自有资金、自有设备、自己参加经营管理活动等。看起来企业使用的是自己的生产要素不用花钱，即不发生货币费用支出。但从另一个角度来看，企业如果把自己的资金借给别人可以获得利息，把设备租给别人可以获得租赁收入，自己到别的企业工作也可以获得报酬，这些是企业使用自有要素的机会成本。企业使用自己的生产要素也是需要成本的，这些成本一般不计入会计账户，相对来说没有那么显而易见，所以称为隐性成本。

（二）机会成本

机会成本是指生产者为了生产一定数量的产品所放弃的使用相同的生产要素在其他生产用途中所能得到的最高收入。例如，小张有10万元资金，可供选择的投资及其收益情况如下：开商店，每年可获利2万元；开饭馆，每年可获利3万元；炒股，每年可获利4万元；投资房地产，每年可获利5万元。如果他最后选择投资房地产，而放弃了其他投资机会，那么用10万元投资房地产的机会成本就是用于炒股票的可获利的4万元。

（三）成本函数

经济学从资源的有效配置出发，不但考虑显性成本，而且考虑隐性成本，计算这些资源所放弃的各种机会的价值，以考察资源是否达到了有效配置。因此，经济学中讲的成本既包括会计成本，也包括机会成本，称为经济成本。

经济成本=机会成本+会计成本

一定量的成本总是和一定量的产品相联系的，如表5-1所示。

表5-1 成本与产量的关系

总产量/件	10	20	30	40	50	60	70
总成本/元	90	105	126	146	162	185	206

这种产品数量和对应成本之间的函数关系，我们称为成本函数，表示为：

$$C=F(Q) \tag{5-1}$$

式(5-1)中，C为成本，Q为产量。

1.总成本、平均成本和边际成本

总成本（Total Cost，TC）是在一定时期内生产一定量产品所需要的成本总和。

平均成本（Average Cost，AC）是每单位产品的成本，它等于总成本TC除以产量Q所得之商，即AC=TC/Q。

边际成本（Marginal Cost，MC），是指厂商每增加一单位产量所增加的成本（ΔTC /ΔQ），也就是MC=ΔTC/ΔQ。

2.总成本、平均成本和边际成本的变动规律

一般来说，成本是产品产量的函数，随着产品产量的变动而变动。当然，在短期内，有一部分成本并不随产量的变动而变动，而是固定不变的。在这里，为了说明成本变动的一般规律，暂不考虑固定成本问题，只举例分析随产量的变化而变化的可变成本部分的总成本、平均成本和边际成本之间的数量关系，进而分析和说明总成本、平均成本与边际成本的变动规律。

设某企业的一项生产的成本函数为：$TC=f(Q)=Q^3-12Q^2+60Q$

在这个成本函数中，$AC=TC/Q=(Q^3-12Q^2+60Q)/Q=Q^2-12Q+60$

$$MC=\Delta TC/\Delta Q$$

当产量Q发生变化时，TC、AC、MC将相应地随之发生变化，如表5-2所示。

表5-2 总成本、平均成本与边际成本关系分析表

产量 Q	总成本 TC	平均成本 AC=TC/Q	边际成本 MC=ΔTC/ΔQ
0	0	-	-
1	49	49	49

续表

产量 Q	总成本 TC	平均成本 AC=TC/Q	边际成本 MC=ΔTC/ΔQ
2	80	40	31
3	99	33	19
4	112	28	13
5	125	25	13
6	144	24	19
7	175	25	31
8	224	28	49
9	297	33	73

根据表5-2中的资料,我们可以作出成本曲线,如图5-1所示。

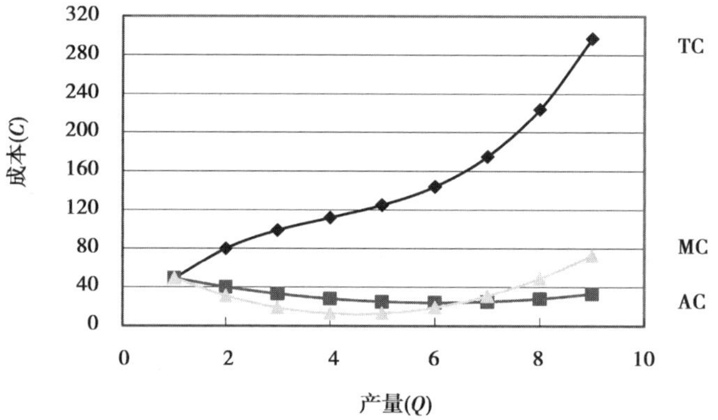

图5-1　总成本、平均成本与边际成本曲线图

①总成本与平均成本的变动规律。在图5-1中,总成本(TC)是产量的函数,由于没有考虑固定成本这一因素,总成本曲线从原点出发,表明产品产量为零时,TC为零,随着产量的增加,总成本也相应增加,总成本曲线的形状主要决定于投入要素的边际生产率,也就是边际成本率。当产量在0— 4单位区间时,边际成本递减,因此,总成本虽然增加,但渐趋缓慢,产品产量超过5单位以后,边际成本递增,因此,总成本增加渐趋加快。

平均成本(AC)是每单位产品的成本,等于总成本与产品产量的比值。也就是:AC=TC/Q=f(Q)/Q。在几何意义上,AC是TC曲线上的任一点与原点O的连线的斜率。AC曲线形状为U形,表明平均可变成本随产量增加先递减后递增,其成U形的原因也是投入要素的边际成本先递减后递增的结果。在图中,AC曲线的最低点与6单位的产量水平相对应。

②边际成本的变动规律。一般来说,边际成本的变动规律是:最初在产量开始增加时由于各种生产要素的效率未得到充分发挥,因此,边际成本随产量的增加而递增,以后,随着产量的增加,各种生产要素的效率得到充分发挥,边际成本随产量的增加而减少。最

后，当产量增加到一定程度时，由于边际成本递增规律的作用，边际成本又随产量的增加而增加。如果不考虑最初的短暂情况，那么，它的变动规律主要表现就是：边际成本先是随产量增加而减少，当产量增加到一定程度时，就随产量增加而增加，因此，如图5-1所示，边际成本曲线也是一条先下降而后上升的U形曲线。

$$MC = dTC/dQ = f'(Q) \tag{5-2}$$

每一产量水平的MC都是同一产量水平时TC曲线的斜率，MC曲线也是U形，与MC曲线最低点相对应的产量水平为4~5单位，这一最低点也是TC曲线上的拐点。拐点在数学上的含义是总成本函数的二阶导数为零的那一点，它是曲线斜率递减和递增的分界点，在拐点的左侧，TC曲线斜率递减，与之对应的MC曲线下降，在拐点的右侧，情况正好相反，于是拐点正好对应于MC曲线的最小值点。

3.边际成本和平均成本的关系

MC曲线和AC曲线都是U形的，造成这种形状的原因是投入要素的边际成本的递减或递增，但这两种成本的经济含义和几何含义不同，MC曲线反映的是TC曲线上的各点切线的斜率。而AC曲线则是TC曲线上各点与原点连线的斜率。所以MC曲线比AC曲线更早到达最低点。MC曲线与AC曲线相交于AC曲线的最低点上。在这一点上，MC=AC，就是边际成本等于平均成本。在这一点之左，AC在MC之上，AC一直递减，AC>MC，就是边际成本小于平均成本。在这一点之右，AC在MC之下，AC一直递增，AC<MC，即边际成本大于平均成本。AC是随MC的变动而变动的，当MC下降到一个更低点时，相应的AC也要跟着下降，但它同前面较高水平计算平均值，因此就必定大于MC，以至当MC到达最低点以后转而递增，在其未达到平均值时，AC仍在MC之上，并且AC仍继续递减，直到与递增的MC相交，AC才到达最低点，而后转向递增。而过这一点之后，情况相反，AC还是随MC的变动而变动，当MC上升到一个更高点时，相应的AC也要跟着上升，但它同前面较低水平计算平均，因此就必定小于MC，即边际成本大于平均成本。

4.短期成本和长期成本

在短期内，厂商不能根据所要达到的产量来调整其全部生产要素，其中不能在短期内调整的生产要素的费用，称为固定成本(Fixed Cost，FC)。如厂房和设备的折旧、管理人员的工资等。固定成本不随产量的变动而变动。在短期内可以调整的生产要素的费用，如原料、燃料的支出和工人工资，称为可变成本(Variable Cost，VC)。变动成本随产量的变动而变动。总成本(TC)等于固定成本与变动成本的总和。

在长期中，厂商可以根据所要达到的产量来调整其全部生产要素，因此一切成本都是可变的，不存在固定成本和可变成本的区别。由此可见，无论短期还是长期，对总成本、平均成本和边际成本关系的分析都是其中的基本部分。

二、短期成本分析

(一)短期成本的构成

短期成本分为固定成本和可变成本，相应地，也就有平均固定成本、平均可变成本和平均成本的区别。为说明短期各种成本之间的关系，我们仍采用前面的例子，只是再加上固定成本FC（假定为40），于是就有：$TC=f(Q)=Q^3-12Q^2+60Q+40$

$$TC=VC+FC$$
$$AFC=FC/Q$$
$$AC=TC/Q=AFC+AVC$$

根据表5-1、表5-2中的资料可以计算得出表5-3。

表5-3　各类短期成本与其变动规律分析表

Q	VC	FC	TC	AFC	AVC	AC	MC_1	MC_2
0	0	40	40	—	—	—	0	0
1	49	40	89	40	49	89	49	39
2	80	40	120	20	40	60	31	24
3	99	40	139	13	33	46	19	15
4	112	40	152	10	28	38	13	12
5	125	40	165	8	25	33	13	15
6	144	40	184	7	24	31	19	24
7	175	40	215	6	25	31	31	39
8	224	40	264	5	28	33	49	60
9	297	40	337	4	33	37	73	87

根据表5-3中的资料，我们可以做出相应的短期总成本曲线、可变成本曲线、固定成本曲线（图5-2），并对它们与边际成本的关系做进一步的分析。

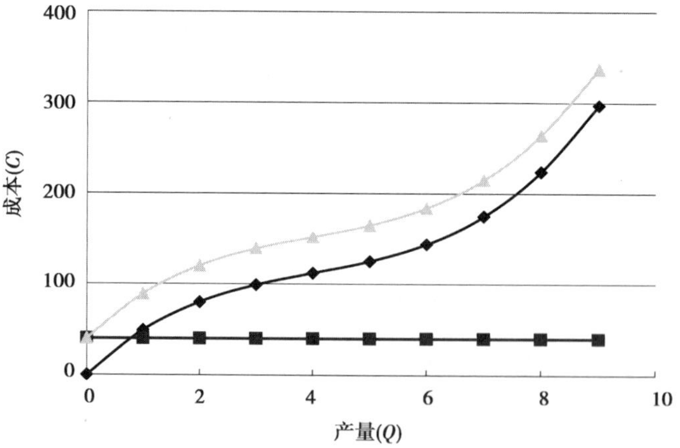

图5-2　短期总成本、固定成本与可变成本曲线图

（二）短期总成本及其变动规律

短期总成本（TC）=固定成本（FC）+可变成本（VC），所以在短期内，总成本由固定成本

和可变成本两部分构成，是固定成本与可变成本的总和，其形状与可变成本曲线一样，它只不过是可变成本曲线向上平行移动一段相当于FC大小的距离，总成本曲线与可变成本曲线在任一产量水平上的垂直距离等于固定成本FC，但FC不影响总成本曲线的斜率，因此固定成本的大小与总成本曲线的形状无关，而只与总成本曲线的位置有关。总成本曲线也是产量的函数，这一点与可变成本曲线是一致的，总成本的变动规律与可变成本相同。固定成本曲线FC是一条水平线，表明固定成本是一个既定的数量(表5-3的例子中固定成本为40)，它不随产量的增减而改变。

可变成本VC是产品产量的函数，它是从原点出发，随着产品产量的增加也相应增加，其形状主要决定于边际成本率。

(三)短期平均成本及其变动规律

平均成本(AC)是每单位产品的成本，它等于总成本TC除以产量所得之商，也等于平均固定成本与平均可变成本之和，也就是AC=TC/Q 或AC=AFC+AVC

所以，AC曲线也是一条二次曲线，可从TC曲线推导得出。TC曲线上任一点与原点之连线的斜率即为该产量水平的平均成本。但也可由平均固定成本(AFC)和平均可变成本(AVC)相加而得到。

平均固定成本(AFC)是每单位产品的固定成本，等于固定成本除以产量所得之商。即AFC=FC/Q，在上例中，AFC=40/Q，由此形成的AFC曲线(图5-3)是一条等轴双曲线，每一端无限趋近于纵轴或横轴。随着产量的增加，AFC逐渐变小，即产量越大，分摊到单位产品上的固定成本额越少。平均可变成本(AVC)是每单位产品的可变成本，它等于可变成本除以产量所得之商，即AVC=VC/Q。

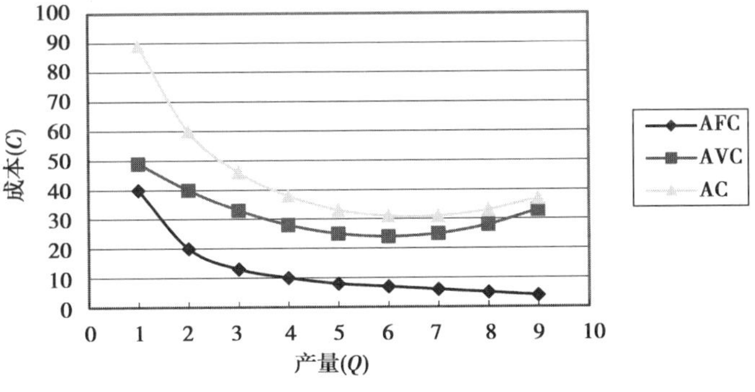

图5-3 平均成本、平均固定成本、平均可变成本曲线图

上例中AVC =VC(Q)/Q =(Q^3-12Q^2+60Q)/Q =Q^2-12Q^2+60。

由于平均成本(AC)是直接由平均固定成本(AFC)和平均可变成本(AVC)相加而形成的，因而短期平均成本的变动规律也是由平均固定成本与平均可变成本的变动特点决定的。AC曲线开始的决定因素与AVC曲线相同。AC曲线的位置在AVC曲线之上，两条曲线之间的垂直距离即为平均固定成本AFC。由于AFC随产量增大而递减，因此，AC曲线与AVC曲线垂直距离也随产量增大而渐趋缩小。AC曲线的最低点与AVC曲线的最低点不在同一条垂直线上，前者在后者之后，上例中前者对应的是在产量为6单位和7单位之间的某一水平上，后者对应的产量为6，这是因为AC=AVC+AFC，AFC是单调递减的，AVC从最低点转而上升，当其增量小于AFC的减少量时，AC仍是呈下降趋势，只有当产量等于6和7之间某一水平时，AVC的增量正好等于AFC的减少量，这时AC才达到最低点。

（四）短期边际成本和总成本、平均成本、平均可变成本的数量关系

在短期内，边际成本是厂商每增加一单位产品产量所增加的总成本量，也就是总成本函数对产量的导数或总成本曲线的斜率，在前面所举的例子中：$MC=dTC/dQ=d(Q^3-12Q^2+60Q+40)/dQ=3Q^2-24Q+60$。由于短期中的固定成本并不随产量的变动而变动，所以边际成本的变动实际上是只与可变成本有关。边际成本的变动取决于可变成本，因为所增加的成本只是可变成本MC曲线也是U形曲线，在上例中，与MC曲线最低点相对应的产量为4-5单位，这一点也是TC曲线上的拐点。

由于边际成本递增规律的作用，因此MC曲线和AVC曲线、AC曲线都是U形的，开始，AVC随着MC的下降而下降，AVC在MC之上，AVC>MC，且相距越来越远。而后MC的由下降转而上升，但仍未到平均成本，AVC仍在MC之上，仍然是AVC>MC，只是相距开始缩小。随着AVC的继续下降和MC的继续上升，AVC和MC相交，MC=AVC，即短期边际成本等于平均可变成本。在此点之后，AVC也由下降转而上升，同时，AVC转而在MC之下，AVC一直递增，AVC<MC，也就是边际成本大于平均可变成本。

既然MC曲线与AVC曲线的交点在AVC曲线的最低点上，那么也可以看出，MC曲线与AC曲线的交点也必定位于AC曲线最低点上。因为AC曲线形状的决定因素与AVC曲线相同，AC曲线只是在AVC曲线上加上平均固定成本AFC。因此短期内，边际成本与平均成本的数量关系可以概括为，边际成本小于平均成本，平均成本递减；边际成本大于平均成本，平均成本递增；边际成本等于平均成本，平均成本最小。

为了能够更加清楚说明这个问题，可以绘出图5-4。图5-4表明：短期边际成本曲线SMC与平均可变成本曲线AVC相交于AVC的最低点*N*。在*N*点上，SMC=AVC，就是短期边际成本等于平均可变成本。在*N*点左侧，AVC曲线在SMC曲线之上，AVC一直递减，AVC>SMC，即短期边际成本小于平均可变成本。在*N*点右侧，AVC曲线在SMC曲线之下，AVC一直递增，且AVC<SMC，也就是短期边际成本大于平均可变成本。

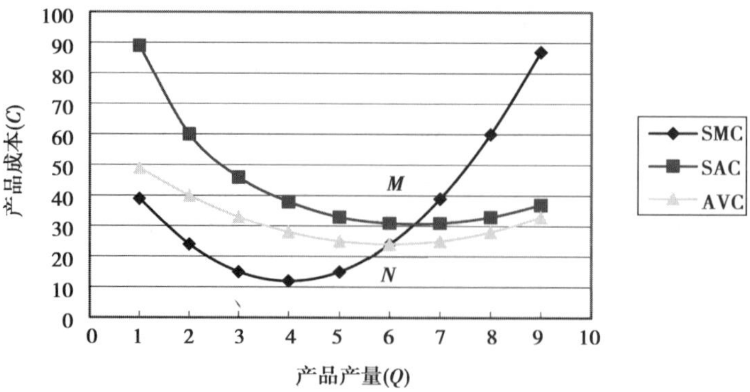

图5-4　短期边际成本、平均成本、平均可变成本关系示意图

同样，短期边际成本曲线SMC与短期平均成本曲线SAC相交于SAC曲线的最低点*M*。在*M*点上，SMC = SAC，就是短期边际成本等于平均成本。在*M*点之左，SAC曲线在SMC曲线之上，SAC一直递减，且SAC>SMC，即短期边际成本小于平均成本。在*M*点之右，SAC曲线在SMC曲线之下，SAC一直递增，且SAC<SMC，就是短期边际成本大于平均成本。

根据边际分析的基本原理，企业确定资源投入最合适水平时，应该使产品价格不能小于其边际成本。因此，边际成本可以看作是生产临界点的产品价格。在经济学分析中，SMC曲线与SAC曲线的交点*M*，称为收支相抵点。平均成本等于边际成本，也就是产品价格等于平均成本，即：*P*=SMC=SAC，生产者的成本（包括正常利润在内）与收益相等，实现收支相抵。产品产量超过这一生产规模，企业可以盈利，小于这一生产规模，企业亏损。

SMC曲线与AVC曲线的交点*N*，称为停止营业点。即在这一点上，价格只能弥补平均可变成本，这时所损失的是不生产也要支付的平均固定成本。如低于这一点，不能弥补可变成本，则生产者无论如何也不能维持生产了。

三、长期成本分析

厂商的生产是一个长期的持续不断更新的过程。我们在进行了短期成本分析后，还要进一步考察和分析长期成本，并讨论短期成本曲线与长期成本曲线的关系。

（一）长期总成本

前面已经讲过，所谓长期是指厂商能够根据所要达到的产量来调整其全部生产要素的时期。因此，在长期中没有固定成本与可变成本之分，一切成本都是可变的。在长期中只有可变成本，没有固定成本。

长期总成本是长期中生产一定量产品所需要的成本总和。长期总成本随产量的变动而变动。没有产量时，总成本为零。随着产量的增加，总成本也增加。在开始生产时，要投入大量生产要素，而产量比较小时，这些生产要素无法得到充分利用，因此成本增加的比率大于产量增加的比率，总成本增加的速度比较快。当产量增加到一定程度后，生产要素开始得到充分利用，这时成本增加的比率小于产量增加的比率，总成本增加的速度变缓，这也是规模收益递增的结果。最后，由于规模收益递减，成本的增加比率又大于产量增加的比率，总成本增加的速度又开始加快。长期变动的趋势如图5-5所示。

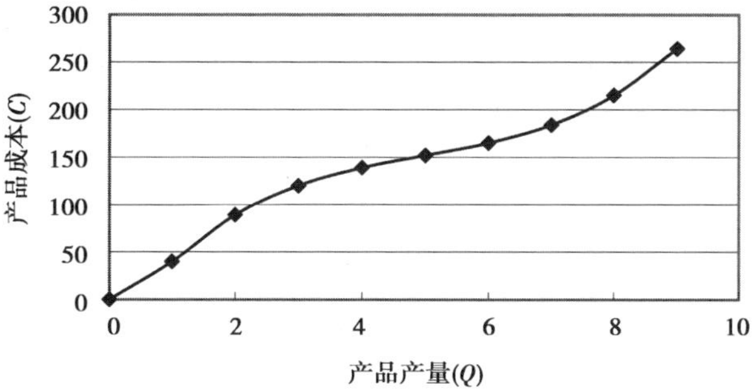

图5-5 长期成本曲线图

由于在长期生产中，只有可变成本，没有固定成本，因此长期总成本曲线LTC与可变成本曲线VC的形状是一致的。不同的是，在长期中，由于所有投入要素都是可变的，所分析的不是要素边际收益率变化问题，而是要素规模报酬优化问题，LTC曲线的形状是由规模报酬先递增后递减决定的。

（二）长期平均成本

1. 长期平均成本曲线的构成

长期平均成本是长期中平均每生产一单位产品的成本。它等于长期总成本LTC与产量Q之商，即：LAC=LTC/Q。长期是由无数个短期所构成的，长期平均成本曲线是各个短期平均成本曲线的包络线，长期平均成本曲线的构成和特点我们可以通过图5-6加以说明。

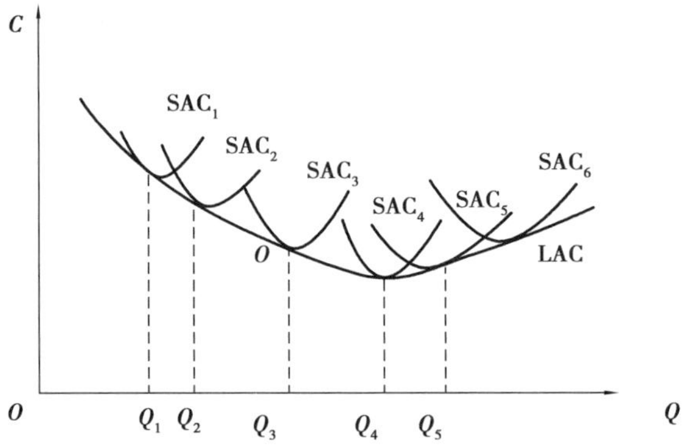

图5-6 长期平均成本与短期平均成本关系图

在图5-6中，在被长期平均成本曲线所包络的无数条短期平均成本曲线中任选6条，分别为SAC_1、SAC_2、SAC_3、SAC_4、SAC_5和SAC_6。用其中的SAC_5与LAC的关系，来说明短期平均成本曲线与长期平均成本曲线的关系。SAC_5所对应的产量水平是Q_5，与这一产量水平相对应的短期总成本是$SAC_5 \cdot Q_5$，这是当$Q=Q_5$时SAC与Q的乘积。在这一产量水平时的长期总成本是LAC与Q_5的乘积。可以看到，在$Q=Q_5$时，STC曲线在这一点上切线的斜率为SAC_5，LTC曲线在这一点上切线的斜率也是SAC_5，二者相等，表示在同一产量水平时，长期平均成本与短期平均成本相同，其原因是AC=TC/Q。这一结论也同样适用于SAC_1、SAC_2、SAC_3、SAC_4和SAC_6等其他各条短期平均成本曲线与长期平均成本曲线的关系。

由于这6条短期平均成本曲线分别表示不同生产规模上平均成本的变化情况，越是往右，代表生产规模越大，每条SAC与LAC不相交但相切，并且只有一个切点，从而形成一条包络曲线。之所以这样，是因为在长期中一切生产要素都是可以调整的，厂商为了降低成本可以进行生产规模优化的结果。生产者要根据产量的大小来决定生产规模，其目标是使平均成本达到最低。在长期中，厂商按这条曲线确定生产规模，确定生产计划。因此，长期平均成本曲线又称为厂商的生产计划曲线。

2. 长期平均成本曲线的特征

从图5-6中可以看出，长期平均成本曲线LAC也是一条先下降而后上升的U形曲线。这就说明，长期成本变动的规律也是随着产量的增加，先减少而后增加，这是由于生产开始阶段，随着产量的增加，规模收益递增，平均成本减少；此后，随着产量的增加，出现规模收益递减，平均成本增加。这种变动规律与短期平均成本变动的规律相同。

但长期平均成本曲线与短期平均成本曲线也有区别，长期平均成本曲线无论在下降时还是上升时变化都比较平坦，也就是无论是减少还是增加都变动比较缓慢。这是由于在长期中全部生产要素可以随时调整，从规模收益递增到规模收益递减有一个较长的规模收益不变阶段，而在短期中，规模收益不变的变动阶段很短，甚至没有。

（三）长期边际成本

长期边际成本LMC是长期中增加每一单位产品所增加的成本。长期边际成本也是随产量的增加先减少而后增加的，因此，长期边际成本曲线也是一条先下降而后上升的U形曲线，但它也比短期边际成本曲线要平坦很多。

长期边际成本与长期平均成本的关系和短期边际成本与短期平均成本的关系一样，即在长期平均成本下降时，长期边际成本小于长期平均成本，在长期平均成本上升时，长期边际成本大于长期平均成本，在长期平均成本的最低点，长期边际成本等于长期平均成本。这一点可用图5-7来说明。

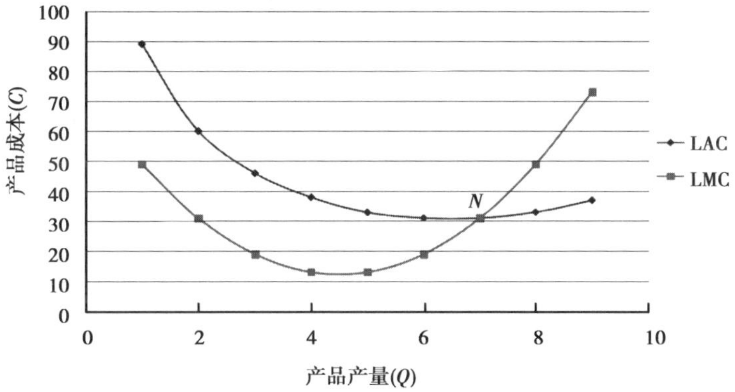

图5-7 长期生产中平均成本与边际成本关系示意图

在图5-7中，LMC为长期边际成本曲线，与长期平均成本曲线LAC相交于LAC的最低点N。在N点，LMC=LAC，即长期边际成本等于长期平均成本。在这一点的左侧，LAC曲线在LMC曲线之上，LAC一直递减，LAC>LMC，即长期边际成本小于长期平均成本。在这一点右侧，LAC曲线在LMC曲线之下，LAC一直递增，LAC<LMC，也就是短期边际成本大于平均成本。根据短期成本分析的结果，我们可以推论出在长期中，按照利润最大化的原则，如果LMC≥LAC，厂商经营有利，否则厂商经营不利。

第二节　收益与利润最大化

一、收益的含义与分类

收益是厂商销售产品所得到的全部收入，是产品销售价格和销售量的乘积，包括成本和利润。收益分为总收益、平均收益和边际收益。

总收益是厂商销售一定量产品所得到的全部收入，平均收益是厂商销售每一单位产品所得到的平均收入。边际收益是厂商每增加销售一单位产品所增加的收入。

如果以TR代表总收益，当商品销售价格不变时，总收益为：$TR=P \cdot Q$。如果以AR代表平均收益，则平均收益为总收益和销售量的比值，也就是$AR=TR/Q$。如果以MR代表边际收益，有$MR=\Delta TR/\Delta Q$。

由于收益是销售量与价格的乘积，因此，收益的大小与变动趋势取决于价格的变化。根据价格是否可变，可以把收益分为价格不变条件下的收益和价格可变条件下的收益两种。在价格不变的条件下，不论销售量如何增加，单位产品价格都固定不变，因此价格等于平均收益，也等于边际收益。平均收益和边际收益不随销售量变动而变动，总收益随销售量的增加，而且按同比例增加。在价格可变的情况下，特别是在商品价格随销售量增加而递减时，总收益随销售量的增加而呈递减的比例增加。平均收益随着价格的下降而逐渐降低。

如果在产品销售过程中，不考虑价格因素，那么收益的变动规律就是产品产量的变动规律，总收益、平均收益和边际收益之间的数量变动关系与总产量、平均产量和边际产量之间的数量变动关系相同。

二、经济利润与会计利润

利润是收益与成本的差额，根据计算的方法不同，利润有不同的表现形式，主要可以分为经济利润和会计利润。

利润=收益-成本

会计成本=显性成本

经济成本=显性成本+隐性成本

根据经济成本和会计成本的含义，可以计算出经济利润和会计利润：

会计利润=收益-会计成本

经济利润=收益-经济成本

计算隐性成本是一件比较复杂的事，在实际经济活动中我们只能进行粗略的估算。假设市场利息率为10%，该店主从事其他职业所能获得的收入是20000元，则该店主的隐性成本是24000元（20000+40000×10%）。将该店主的显性成本和隐性成本全部计算在内，该店主不仅没有赚钱，反倒赔了钱。我们也可以说该店主获得的会计利润10000元，但是获得的经济利润是负的14000元(50000-64000)。会计利润以会计成本的计算为基础。企业在生产过程中不仅要衡量会计成本的高低,还要考虑隐性成本的数量。企业在生产中耗费的会计成本和隐性成本的总和称为经济成本。经济利润是总收益与经济成本的差额。表5-4中的资料有助于我们进一步理解会计成本、隐性成本以及经济利润之间的数量关系。

表5-4 经济利润的计算 单位:万元

计算指标	金额
1.销售总收益	100
减:直接成本(原料、劳动、电力等)	65
2.毛利(企业一般管理费用的贡献)	35
减:间接成本(折旧、一般管理费用、管理薪金等)	14
3.所得税前的“净利润”	21
减:自有资金估算费用、业主从事他业的薪金等(即隐性成本)	10
4.所得税前的“经济利润”	11
减:应支付的所得税	3.63
5.所得税后的经济利润	7.37

三、利润最大化

一般来说,企业的一个重要目标是利润最大化,那么如何才能实现利润最大化呢?假设利润用π表示,收益用R表示,产量用Q表示,产品价格用P表示,成本为C,即有

$$R = P \times Q \tag{5-3}$$

$$\pi = R - C \tag{5-4}$$

厂商的目标函数为:

$$\max \pi = R - C \tag{5-5}$$

在没有特定约束的情况下,要实现利润最大化,就必须满足以下条件:

$$\frac{d\pi}{dQ} = \frac{dR}{dQ} - \frac{dC}{dQ} = 0 \tag{5-6}$$

也就是

$$\frac{dR}{dQ} = \frac{dC}{dQ} \tag{5-7}$$

即边际收益等于边际成本

$$MR = MC \tag{5-8}$$

其中,边际收益是产品增量的价值,边际成本是资源增量的价值。边际收益等于边际成本是说增加一单位收益应和取得该单位收益所增加的成本相等,或者说增投一单位可变资源的成本应与相对应的产品增值量相等,否则就会得不偿失。这一原理称为边际平衡原理。

厂商利润最大化的条件是边际收益等于边际成本，也就是MR=MC。无论边际收益大于还是小于边际成本，厂商都不能实现利润最大化，厂商都会对产品规模作出调整。

如果边际收益大于边际成本，表明厂商每多生产一单位产品所增加的收益大于生产这一单位产品所增加的成本，这时对该厂商来说，在生产过程中还有潜在的增加盈利的能力，增加生产还有利可图。

如果边际收益小于边际成本，表明厂商每多生产一单位产品所增加的收益小于生产这一单位产品所增加的成本，这时对该厂商来说，多增加这一单位产品的生产，会得不偿失，使盈利减少，厂商就不会增加这一单位产品的生产。

为了实现利润最大化，在厂商作出生产决策时，为了简便对问题的分析，可以假定在既定产量条件下如何实现生产成本最小化，或在既定成本条件下如何使产量最大化，这两种分析方法都是厂商在配置生产资源过程中常用的方法。

【思政拓展案例】

诚信经营方能行稳致远

任何时候，依法诚信经营都是企业安身立命之本。“诚招天下客，誉从信中来”，以诚信擦亮品牌，企业才能立得住、行得稳。

纳斯达克上市公司瑞幸咖啡自曝财务造假事件引起市场关注。2020年4月2日，瑞幸咖啡发布声明称，董事会成立特别委员会调查发现，公司虚报2019年第二季度至第四季度销售额约22亿元人民币。消息一出，瑞幸咖啡当日股价暴跌约八成，市值大幅蒸发。从成立仅10多个月即在美国上市，到上市不到一年就曝出财务造假事件，瑞幸咖啡由风光无限到跌入谷底的历程，让人有颇多感慨，也给人以启示。

对于企业来说，应当扎扎实实做好主业，盲目追求快速扩张这条路往往走不远。近年来，有的初创企业被包装成“蓝海”中的“珍珠”，在获取资金热捧后，短时间内靠“烧钱”铺店面，靠低价推产品，快速抢占市场份额。然而，无论其产品还是盈利模式都尚未成熟，更多依靠低价营销吸引眼球，光鲜背后往往埋下了风险隐患。

显然，不管企业采取什么样的商业模式，产品精、服务优才是兴业的不二选择。企业只有拿出品质优良、产销对路的产品和服务，才能真正赢得消费者青睐，实现长期稳健的发展。可以说，会给资本“画大饼”的企业不算真英雄，用心做出色香味俱佳的真大饼、好大饼，赢得市场认可，这样的企业才能有长远发展。归根结底，企业要提升核心竞争力和稳定盈利能力，才能行稳致远、基业长青。

当经营状况不甚理想时，采取造假的方式谎报业绩，就更不可取。“人无信不立”，对企业而言亦是如此，任何时候，依法诚信经营都是企业安身立命之本。作为上市公司，更应当严格遵守相关市场的法律和规则，真实准确完整地履行信息披露义务，这既是对市场、股东负责，也是对自己负责。“诚招天下客，誉从信中来”，以诚信擦亮品牌，企业才能立得住、行得稳。

（资料来源：《人民日报》，2020年4月13日）

思政引导：瑞幸咖啡的财务造假案的一个重要原因就是公司管理层德不配位的问题，为了财务数据，丧失基本诚信原则，因此为防止类似事件，所有公司管理层都应不断学习证券法、刑法等法律法规，重视公司信息披露的法律风险，增强诚信意识和风险防范意识，提升管理层道德意识水平，并确保管理层之间互相监督制衡。同时，对公司员工从入职前、入职后两个角度提升公司员工的道德素质：在入职前，要严格公司准入机制，将道德品质纳入考核标准，选拔高素质人员加入公司；入职后定期对员工进行职业道德培训，同时建立监督检举制度，确保员工之间相互监督，同学们在平时的学习和生活中也应该养成诚信的良好品德。

思考与练习

一、单项选择题

1.从原点出发的射线在与TC曲线相切的产量上，必有（　　）。

A.AVC最小　　B.MC=ATC　　C.ATC最小　　D.MC最小

2.某厂商每年从企业的总收入中取出一部分作为自己管理企业的报酬，这部分报酬属（　　）。

A.显性成本　　B.隐性成本　　C.经济利润　　D.正常利润

3.企业购买生产要素所引起的成本为（　　）。

A.显性成本　　B.隐性成本　　C.固定成本　　D.机会成本

4.MC曲线达到最低时（　　）。

A.MP最大　　B.AVC最小　　C.TC最大　　D.AC最小

5.以下说法中不正确的有（　　）。

A.MP>AP时，AP上升　B.MP<AP时，AP达极大值

C.MC<AC时，AC上升　D.MC=AC时，MC达极大值

6.企业在生产中采用了最低的成本生产技术，劳动对资本边际替代率为0.4，资本的边际产量为5，则劳动的边际产量为（　　）。

A.2　　B.1　　C.3　　D.5

7.下列可称为可变成本的是（　　）。

A.管理人员的工资　　B.生产工人的工资

C.厂房和机器设备的折旧　　D.都不对

8.经济学分析中所说的长期是（　　）。

A.1年以上

B.根据产量调整部分生产要素的时期

C.全部生产要素均可随产量进行调整的时期

D.根据具体情况而确定的时期

9.老农王某在自家地里种了一亩白菜，肥料、种子等费用共花去300元。对王某来

说，他也可以选择种烤烟，预期总收益3000元，则他种植白菜的机会成本为(　　)。

A.300元　　B.2700元　　C.1100元　　D.3000元

10.如果某厂商的总收益为65000元，其中劳动成本为23000元，原材料成本为16500元，若该厂商为其他人工作可赚取14300元。则对于一个经济学家而言，利润等于(　　)；对于会计而言，利润等于(　　)。

A.23000元，16500元　　B.42000元，25500元

C.25500元，14300元　　D.11200元，25500元

二、判断题

1.平均收益就是单位商品的价格。(　　)

2.边际成本等于边际收益时，厂商的正常利润为零。(　　)

3.只要总收益小于总成本，厂商就会停止生产。(　　)

4.已知产量为8个单位时，平均成本为10元，当产量增加到9个单位时，平均成本为11元，此时边际成本为1元。(　　)

5.正常利润是显性成本的一部分。(　　)

6.短期内，随着产量的增加，AFC会变得越来越小，于是，AC曲线和AVC曲线之间的垂直距离越来越小，但决不会相交。(　　)

7.在长期中无所谓固定成本与可变成本之分。(　　)

8.长期平均成本实际上就是平均可变成本。(　　)

9.规模收益递减意味着长期平均成本下降。(　　)

10.平均固定成本在所有产量上都是不变的。(　　)

三、计算题

某种产品的产量和劳动投入量之间的生产函数关系为：$Y=300+40L-0.5L^2$，单位劳动时间的工资为40元，单位产品售价为30元，请问取得最大纯收益的劳动投放量应为多少？

四、案例分析

老伯赚钱了吗？

一次回家，同家里人聊起市场上这么多小店也不知道是怎么维持下去的。这时一个邻居老伯[利用自家的门头房以及2万元现金(如果出租每月租金是300元)在批发市场附近开了一家杂货店]答曰："虽说这几年生意难做，但收入尚可，一年下来，销售收入除去各种进货成本以及税费尚有一万多元剩余。"显然他对每月近千元的进账，很是知足。老伯说："不要听那些开小店的个个叫苦，其实人人都赚钱，生意人哪个没有一本外人所不知的真经。"

老伯赚钱了吗？为什么？

技能训练项目

上大学值得吗

【技能目标】

培养学生用成本与收益原理分析现实生活中的经济现象。

【内容与要求】

学生自愿组成学习小组，对上大学是否值得进行讨论，围绕以下几个问题进行：

1. 上大学成本包括哪些？

2. 上大学的收益包括哪些？

3. 从成本与收益角度，上大学是否值得，如果从整个社会发展的角度看呢？

根据研讨情况，总结归纳，形成一份“从经济角度看上大学值得吗”的分析报告，并做好交流发言的准备。

【成果与考核】

1. 小组提交一份修改完善后的“从经济角度看上大学值得吗”的分析报告。

2. 由教师与全班同学共同根据各组报告、班级交流发言以及提问答辩情况对每组进行评估打分，综合评定各组本次活动的成绩。

第六章　市场结构分析

【知识培养目标】

◆ 了解四种不同类型市场结构的特征和区分方法。

◆ 掌握不同类型市场结构中厂商的均衡条件。

【技能培养目标】

◆ 能运用利润最大化原则确定完全竞争厂商的均衡产量和均衡价格。

◆ 掌握厂商实现利润最大化的方法。

◆ 初步掌握不同类型市场结构中厂商的经营策略。

【思政育人目标】

◆ 引导学生运用《中华人民共和国反垄断法》维护自身合法权益。

◆ 引导学生认识到垄断对社会资源配置的负面影响。

【思维导图】

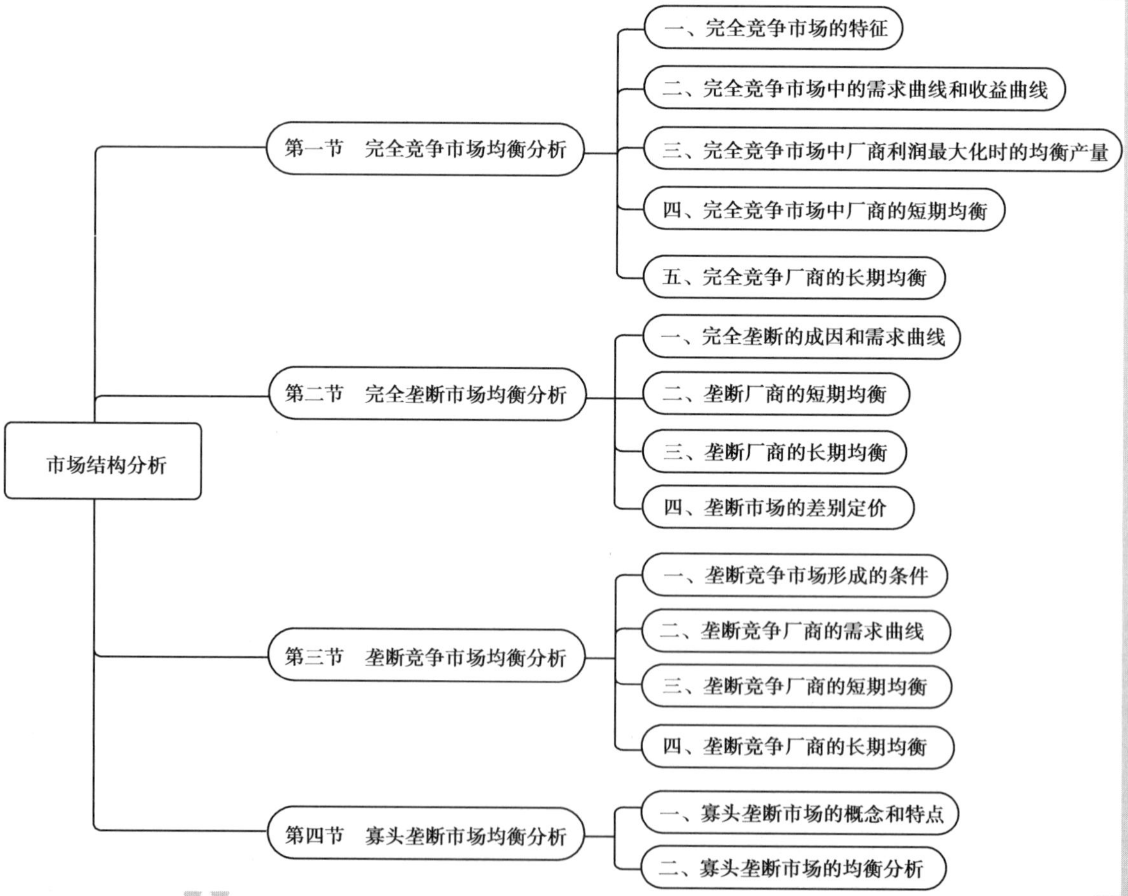

【引导案例】

修拉链聋哑人

在郑州当地有一个聋哑人,他可以跟别人简单地沟通,但是听不到对方说话,所以他从小就选择了一个非常简单的行业——修拉链。他修拉链修到今天为止已经将近40年了,这么多年来一直在重复做这样一件简单的事情,他早就掌握了修拉链的技巧,并且对拉链品质的判断基本上是超越于其他人的。

引起我震撼的是这个聋哑人,通过30多年的努力赚到的财富包括:4栋楼房和3个小孩。他到底采用了什么样的方式,让他在没有优势的情况下,能够做到这样的高度呢?是专注!

专注让他获得了财富

他成功垄断了当地修拉链的市场,其中有三个原因:

第一,手艺没他高。他修了多年的拉链,所以在当地没有人敢去跟他竞争。

第二,他童叟无欺,就收一块钱,价钱非常公道,所以也没人跟他竞争。

第三,从他这里买的拉链都免费修。其他地方买的拉链没有这个保证,就他的有这个保证,所以当地的拉链被他一个人垄断了。

聋哑人通过这种零风险的服务,垄断了客源。因为垄断了客源,其他修拉链的仅仅靠修拉链就赚不到钱了。他把修拉链的手艺,变成了服务的优势,所以才让更多的客源流向了他。当地卖拉链的不敢做,修拉链的也不敢做,那么整个修拉链市场就被他一个人垄断了。因此,创造商业奇迹也并不像你想象中那么困难。他没有办法去垄断拉链的生意,但是他垄断了客源。

第一节 完全竞争市场均衡分析

根据商品买者和卖者的数量、商品的同质性、市场进入与退出的自由程度和信息的完全性,理论上可以将市场结构分为四种类型,即完全竞争市场、垄断市场、垄断竞争市场和寡头垄断市场。

完全竞争(Perfect Competition),亦称纯粹竞争(Pure Competition),指的是一种不存在丝毫垄断因素,竞争可以充分展开,市场机制在资源配置方面的作用不受任何阻碍和干扰的市场结构。

一、完全竞争市场的特征

在一般人心目中,竞争总让人想起商场上你死我活的斗争,每家厂商作出决策时,都要考虑自己的行为会如何引起竞争对手的反应和对策。然而,在经济学模型中,完全竞争的定义却与通常意义上的竞争相去甚远。在一个完全竞争的行业中,每家厂商都失去了

"个性",并且不必考虑自己的行为对整个市场带来什么样的影响,因为每一家厂商在市场中所占的份额都是微不足道的。更确切地说,经济学意义上的完全竞争市场必须符合以下四个条件:

一是有大量的买者和卖者。在市场的买方和卖方两边都必须有大量的参与者,从而任何一名买者和卖者都不会在市场上占显著的份额,都无法通过自己的买、卖行为来影响总产量或市场价格。也就是说,完全竞争市场上每个人都是价格接受者,即厂商将市场看作是与自己的产量无关的既定产量,所以每个厂商都面临一条纵截距为市场价格P的水平需求曲线。事实上,完全竞争并不一定要求数目庞大的厂商队伍,只要厂商数目较多,且行为相互独立,价格接受者的假设是基本成立的。

二是资源完全自由流动。当外部条件(如产品价格)发生变化时,行业发生相应的调整往往会带来部分资源自由进入或退出该行业。当行业扩张时,新的劳动力、土地、能源、资金等会流入该行业;而当行业收缩时,原行业内的部分资源又会流出该行业而另觅出路。一个完全竞争的市场要求资源进入或退出该行业时没有人为和自然的壁垒。人为的壁垒包括政府要求的进入某一行业的执照和特许、某种产品或生产工艺的专利或技术诀窍,以及劳工工会等;自然壁垒则包括行业的规模经济因素、自然条件等。

三是产品同质。在完全竞争市场中,所有厂商都生产品质完全相同的产品,在消费者眼中,不管购买哪家厂商的产品都是没有任何差异的。所以,整个行业的总产量就等于单个厂商产品量的相加。产品的同质性(Homogeneity)是市场统一价格的前提。例如,在同一个市场里,如果甲生产的面粉与乙生产的面粉被认为是完全同质、可充分替代的,那么甲不可能定价比乙高,否则他会一袋面粉也卖不出去。

四是生产者和消费者都拥有充分信息。在完全竞争市场上,所有与该产品有关的信息都是完全公开的,生产者和消费者可据此作出正确的决策。对生产者来说,有关信息包括产品的生产方法(生产函数)、投入要素的价格以及产品的价格等;对消费者来说,有关信息则包括他们自己的偏好、收入以及产品的价格等;此外,消费者同时也是生产要素的提供者,他们必须知道自己提供的要素会得到多少报酬。

上面四个假设看上去十分苛刻严格,可能没有一个行业完全满足这些条件(只有一些标准化产品市场,如初级产品、农产品比较接近完全竞争),但完全竞争模型仍不失为经济理论中最关键的部分。即使许多现实情况多多少少偏离了完全竞争的假设前提,但对完全竞争模型的有效解释性和预测性并没有太大的影响。

二、完全竞争市场中的需求曲线和收益曲线

厂商的短期均衡与厂商面对的需求曲线有直接的关系。按照完全竞争市场的假定,市场买卖双方有大量的参与者。因此,市场的需求曲线与供给曲线应该反映众多的消费者和众多的供给者的行为,如图6-1(a)所示。图6-1(a)中某种商品的需求曲线向右下倾斜,供给曲线向右上倾斜,符合前面所讨论的需求规律和供给规律,市场价格为P_e,由两条曲线的交点E决定。但是,单个厂商所面对的需求曲线与市场需求曲线不同。作为行业中的一家厂商,在某一价格下,它可以卖出的产品数量应该等于行业总供给减去别的厂商

的供给量。由于完全竞争市场中有大量相同的厂商,因此每一个厂商所卖出的产品数量在行业总需求中只占极小部分。由于单个厂商的产量在总产量中的比重极其微小,不足以影响市场价格,因此它所面对的需求曲线是一条水平线,如图6-1(b)所示。图6-1(b)中厂商面对的需求曲线的高度就是市场价格P_e的高度,需求曲线与横轴平行,表明单个厂商产量Q的变动不会对市场价格造成影响,也就是说,完全竞争厂商是价格的接受者。

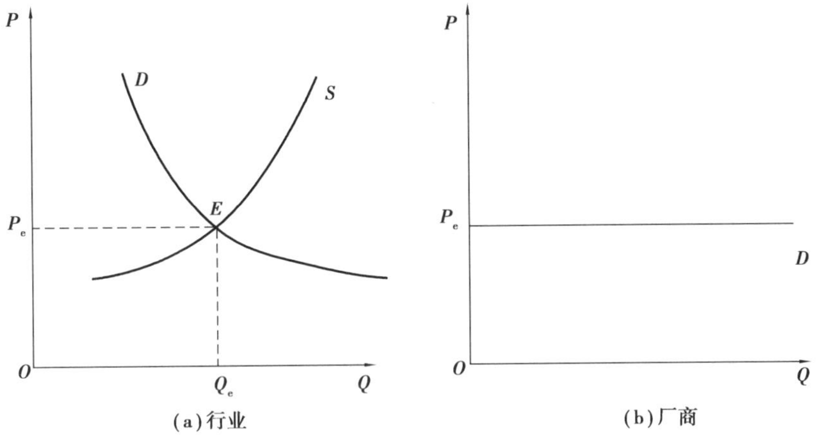

图6-1　完全竞争市场中行业和厂商的需求曲线

在完全竞争市场下,生产厂商按既定的市场价格出售产品,每单位产品的售价也就是每单位产品的平均收益,所以价格等于平均收益。

在完全竞争的条件下,个别厂商销售量的变动,并不能影响市场价格。这就是说,厂商每增加一单位产品的销售,市场价格仍然不变,从而增加一单位产品的销售的边际收益也不会变动。所以,平均收益与边际收益相等。

设总收益为价格与产量的乘积。即:

$$\mathrm{TR}=P\cdot Q \tag{6-1}$$

平均收益是总收益与销售量的商,即:

$$\mathrm{AR}=\mathrm{TR}/Q=P\cdot Q/Q=P \tag{6-2}$$

边际收益是增加一单位销售量所得到的收益,因为对任何一个单一的厂商来说,无论销售量是多少,市场价格P总是不变的,所以:

$$\mathrm{MR}=\mathrm{d}(\mathrm{TR})/\mathrm{d}Q=\mathrm{d}(P\cdot Q)/\mathrm{d}Q=P \tag{6-3}$$

其实,在各种类型的市场上,平均收益与价格都是相等的,因为每单位产品的售价就是其平均收益。但只有在完全竞争市场上,对个别厂商来说,平均收益、边际收益与价格才相等,即在完全竞争市场:AR=MR=P。

三、完全竞争市场中厂商利润最大化时的均衡产量

对于这种情况,厂商的短期均衡产量应该是多少?要解决这个问题,首先强调的是厂商的目标是利润最大化。厂商的利润(π)在数值上等于总收益(R)减去总成本(C),即:

$$\pi=R(Q)-C(Q) \tag{6-4}$$

由于总收益和总成本都是产量的函数,所以,利润也是产量Q的函数。利润最大化的

必要条件是利润函数的一阶导数为零,即:

$$d\pi/dQ=dR/dQ-dC/dQ=0 \tag{6-5}$$

其中dR/dQ为边际收益MR,dC/dQ为边际成本MC,也就是:

$$MR=MC \tag{6-6}$$

由此可见,为使利润(π)最大,厂商应把产量调整到边际收益等于边际成本。这就是厂商达到利润最大化的原则,并且这一原则适用于所有市场结构类型中的厂商,但在完全竞争条件下又有不同的表现形式。

由于完全竞争厂商是价格P的接受者(P为一常数),总收益为$R=P\cdot Q$,因此其边际收益MR为:

$$\mathrm{MR}=dR/dQ=P \tag{6-7}$$

厂商的边际收益等于市场价格,表明产量的变动与价格无关。而价格P是单位产品为厂商带来的收益,所以价格(P)也是平均收益(AR),即$\mathrm{AR}=P\cdot Q/Q=P$。因此应有:

$$\mathrm{MR}=\mathrm{AR}=P \tag{6-8}$$

边际收益等于平均收益(市场价格)是完全竞争市场的一个特例,也是完全竞争市场的一大特征。综合公式(6-6)和公式(6-8),即厂商利润最大化的条件为:

$$\mathrm{MR}=\mathrm{MC}=\mathrm{AR}=P \tag{6-9}$$

也就是说,厂商利润最大化的产量应该出现在$\mathrm{MR}=\mathrm{MC}=\mathrm{AR}=P$的时候,如图6-2所示。图中的$E$点代表$\mathrm{MR}=\mathrm{MC}=\mathrm{AR}=P$,由此决定的利润最大化的产量为$Q_e$。当产量小于$Q_e$时,MR>MC,说明增加下一个单位产量带来的收益大于成本,企业应该扩大产量;而当产量大于Q_e时,MR<MC,说明增加下一个单位产量得不偿失,此时应该收缩产量,所以厂商短期均衡产量为Q_e。

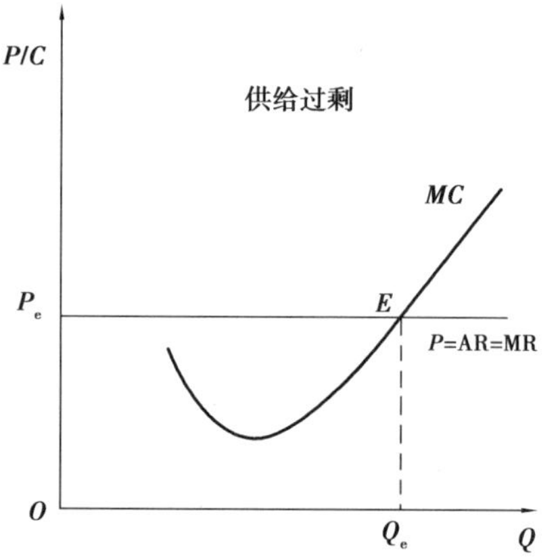

图6-2 完全竞争厂商的短期利润最大化

四、完全竞争市场中厂商的短期均衡

在短期内,对完全竞争市场中的厂商来说,市场价格是给定的(P=AR=MR),并且在短期内生产要素的投入量无法改变,即生产规模无法改变,厂商只能通过调整产量来实现MR=MC的利润最大化均衡条件。但这并不意味着厂商的利润总是大于零,按照利润最大化原则,完全竞争厂商通过调整可变要素和产销量,实现利润最大或亏损最小。

厂商按照MR=MC的利润最大化原则决定其产量,厂商的短期均衡分三种情况:

①行业供给小于市场需求,厂商盈利。如图6-3所示,市场价格为P_0,对个别厂商来说,需求曲线D是从P_0引出的一条平行线。这条需求曲线同时也是平均收益曲线AR与边际收益曲线MR。MC为短期边际成本曲线,AC为短期平均成本曲线。

厂商为了实现利润最大化就要使边际收益等于边际成本。因此,边际收益曲线与边际成本曲线的交点E就决定了产量为Q_0。这时，厂商的总收益为平均收益乘以产量，即图6-3中的OP_0EQ_0，总成本为图中的$OGKQ_0$。从图6-3上看，总收益大于总成本，即$OP_0EQ_0 > OGKQ_0$，所以存在超额利润，超额利润就是图中的GP_0EK，如图6-3的阴影所示。

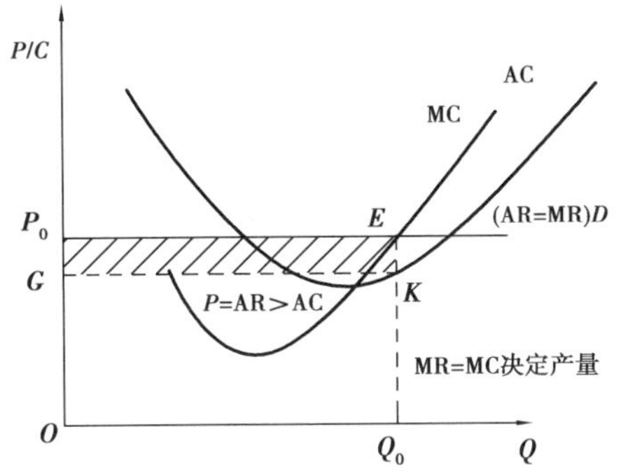

图6-3 盈利状态

②当行业供给大于市场需求时，在价格水平低的情况下，厂商亏损，如图6-4(a)所示。那么厂商还会生产吗？在图6-4(b)中，市场价格P_1低于均衡价格P_0，厂商有亏损。这时，厂商是否生产取决于平均可变成本AVC的状况。价格P_1所决定的需求曲线D与AVC相交于E_1，E_1就是停止营业点。这就是说，当价格为P_1时，所得到的收益正好补偿平均可变成本。但如果价格低于P_1，厂商连可变成本也无法弥补，它就无论如何不生产了。停止营业点是平均可变成本与价格水平决定的，在这一点上平均可变成本(AVC)等于价格水平(P)。

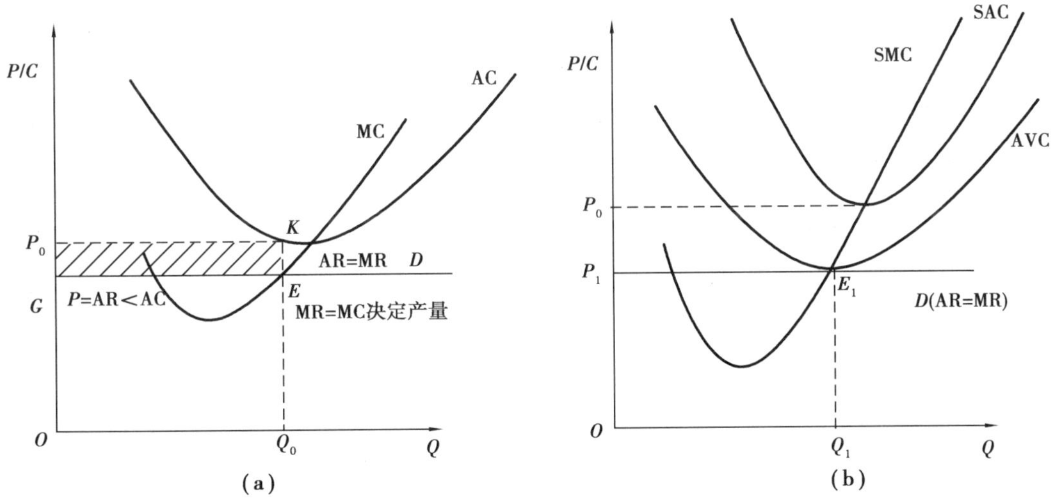

图6-4 亏损及停产状态

③当行业供给等于市场需求时，厂商收支相抵，如图6-5所示。收支平衡点又称零利润点，此时，价格(P)等于平均成本(AC)。

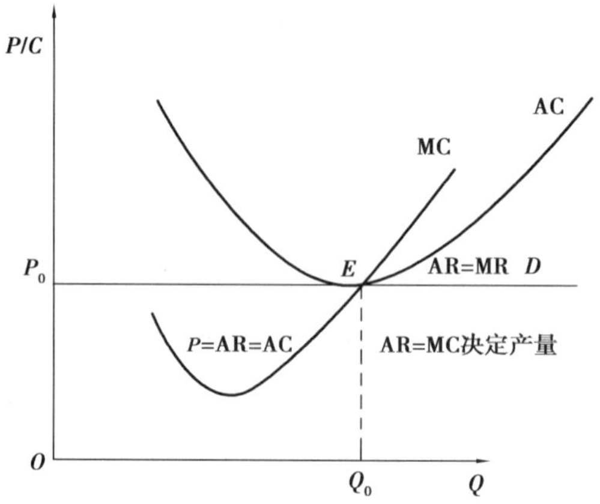

图6-5 收支相抵状态

【拓展阅读】

春联市场的竞争类型分析

每年临近春节,中国各地的春联市场异常火爆,对某村农贸市场的春联销售情况进行了调查。该农贸市场主要供应周围7个村5000余农户的日用品需求。贴春联是中国民间的一大传统,春节临近,春联市场红红火火,而在农村,此种风味更浓。

在该春联市场中,需求者有5000多农户,供给者为70多家零售商,市场中存在许多买者和卖者;供应商的进货渠道大致相同,且产品的差异性很小,产品具有高度同质性(春联所用纸张、制作工艺相同,区别仅在于春联所书写的内容不同);供给者进入退出没有限制;农民购买春联时的习惯是逐个询价,最终决定购买,信息充分;供应商的零售价格水平相近,提价基本上销售量为零,降价会引起利润损失。原来,我国有着丰富文化内涵的春联,其销售市场结构竟是一个高度近似的完全竞争市场。

五、完全竞争厂商的长期均衡

经济学中的长期,是指在这段时期内,各厂商能够调整它的生产规模,厂商能够进入或退出某一行业。因此,长期分析既要考虑厂商生产规模的变动,又要考虑厂商数目的变动。

在长期中,由于所有生产要素都可以调整,因此,只有当市场价格(P)≥平均成本(AC)时,厂商才会进行生产。

(一)厂商生产规模的调整对长期均衡的影响

图6-6表示一个厂商在长期中生产规模的调整过程。假设市场价格为P_1,以短期平均成本代表的工厂规模为SAC_1,边际成本曲线为SMC_1。由于在短期内厂商只能在现有生产规模下进行生产,它将根据MR=MC的原则把产量确定在Q_1。显然,这时$P_1 \leq SAC_1$,厂商存在亏损。而在长期内,厂商有时间建立一个更大规模而平均成本较低的工厂。它可以建立与图6-6中任一短期成本曲线相对应的工厂规模。例如,它可以建立与短期平均成

本曲线SAC_2和边际成本曲线SMC_2相对应的较大规模的工厂，生产Q_2的产量。也可以建立与SAC_3和SMC_3相对应的更大规模的工厂，生产Q_3的产量。在这两种情况下，由于价格（平均收益）都大于平均成本，厂商能够获得相当的超额利润。

一般来说，完全竞争厂商在长期内实现利润最大的条件是长期边际成本与价格相等，同时，厂商的短期边际成本也与价格相等。显然，据图6-6，只有SAC_3和SMC_3相对应的工厂规模并在产量为Q_3的水平上才能实现。在这一产量水平上，厂商的长期边际成本（LMC）等于价格。同时，厂商的短期边际成本（SMC）也与价格相等，即SMC_3=LMC=P。

如果行业内所有厂商都以上述方式调整生产规模并建立最佳规模的工厂，这时，由于P_1高于产量Q_3时的平均成本，所有厂商都将获得超额利润，这种盈利情况将会吸引新的厂商进入该行业，当新厂商进入时，调整过程会继续下去。

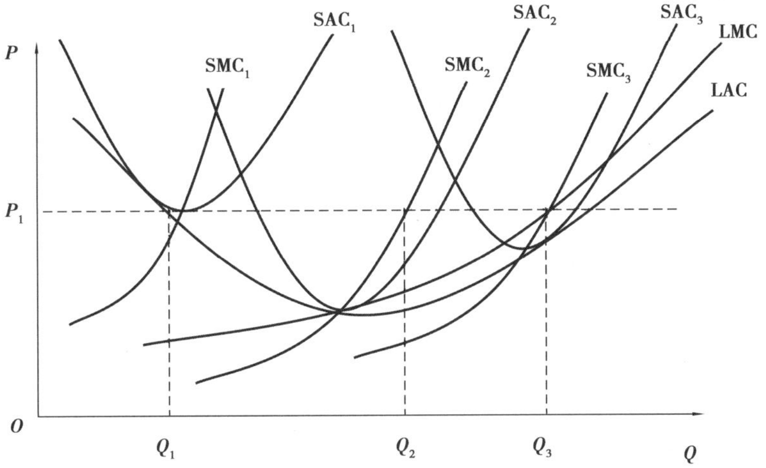

图6-6 完全竞争厂商的长期调整

（二）厂商的进入与退出对长期均衡的影响

假如某行业的厂商都向最佳规模扩张产量，同时，其他厂商看到这个行业有利可图，也纷纷进入该行业，使产量进一步扩张，这就会使供给增加，导致供给曲线向右移动。如图6-7所示，如果行业供给曲线由S_1移动到S_2，则价格会由P_1下降到P_2，行业产量则由Q_1增加到Q_2。虽然新厂商的进入使行业总产量增加了，但每个厂商的产量则比以前减少了。这也可以用图6-6来说明，当价格下降为P_2时，最佳的生产规模成为与SAC_2和SMC_2相对应的工厂规模，最佳产量为Q_2，因为这时符合长期最大利润的条件SMC_2=LMC=P。这时已建立起来的与SAC_3和SMC_3相对应的生产规模的厂商都会出现亏损。

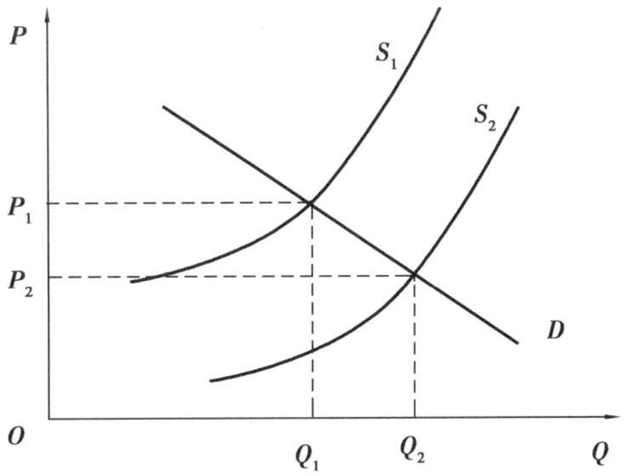

图6-7 长期中厂商的供给曲线的移动

长期的调整过程一直持续到有足够的厂商离开该行业，从而消除了亏损，同时厂商又不存在超额利润时就告结束。这时，所有的厂商既无扩大或缩小生产规模的诱因，又无进入或退出该行业的诱因，厂商达到均衡。厂商的长期均衡是在其长期平均总成本与价格（即平均收益）相等的那一点上实现的。之所以在这一点达到均衡，原因就在于如果价格超过了任一厂商的平均总成本，该厂商就会得到超额利润，这将吸引新厂商进入该行业，如果价格低于任一厂商的平均总成本，有的厂商将最终退出该行业。

换言之，厂商在达到长期均衡时，价格必须等于最低的长期平均总成本，或者说，厂商必须在其长期平均总成本曲线的最低点进行生产。前面已指出，MC曲线总是在AC曲线的最低点与其相交，所以，根据MR=MC的利润最大化原则，厂商还必须在价格等于长期边际成本的那一点（也就是LAC曲线的最低点）进行生产。只有在这一点上，LMC才与LAC相等。因此，长期平均成本曲线的最低点一定是厂商的长期均衡点。

上述调整过程的结束，可以用图6-8来说明。在图6-8中，市场价格为P_e，需求曲线D与MR曲线和AR曲线重合，都呈水平状。此时厂商的均衡产量为Q_e，与其生产规模相对应的短期平均成本和边际成本曲线分别为SAC和SMC，在这一生产规模和产量水平上，LMC=SMC=P_e，这保证厂商能够实现利润最大化。另一方面，在同一产量水平上，LAC=SAC=P_e，这又使得厂商的超额利润为零，所以，完全竞争厂商长期均衡的条件为：

$$P_e(AR)=LMC=SMC \tag{6-10}$$

$$P_e(AR)=LAC=SAC \tag{6-11}$$

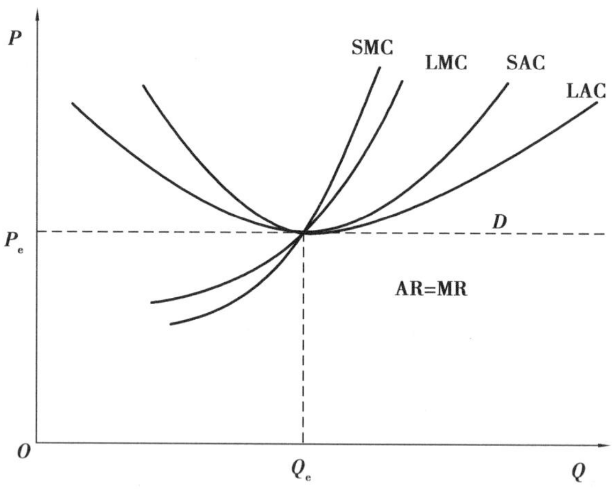

图6-8　完全竞争厂商的长期均衡

第二节　完全垄断市场均衡分析

完全垄断（Perfect Monopoly）又称纯粹垄断（Pure Monopoly），指一家厂商控制某种产品全部市场供给的市场结构，即市场中只有唯一一个供应者，并且没有相近的替代品。在完全垄断市场上竞争被垄断所取代，资源的流动难以自由进行，市场机制在资源配置方面的作用受到垄断的阻碍而难以发挥。

一、完全垄断的成因和需求曲线

(一)产生垄断的原因

垄断厂商之所以能够成为某种产品唯一的供给者,一定有某种原因使其他厂商不能进入该市场并生产同种产品。这种控制产品供给的力量,即垄断权力的基础。

导致完全垄断一般有以下几个方面:

①控制了原料来源。如果一个厂商控制了用于生产某种产品的基本原料来源,该厂商就可能成为一个垄断者。

②规模经济。如果某种产品需要大量固定设备投资,大规模生产可以使成本大大降低,那么,一个大厂商就可能成为该行业的唯一生产者。由一个大厂商供给全部市场需求时平均成本最低,两个或两个以上厂商在该市场上经营就难以获得利润。在这种情况下,该厂商就形成自然垄断。这在一些公用事业,如供水、地铁中最为普遍。

③专利权。为促进新的创造发明,发展新产品和新技术,法律以专利的形式赋予某厂商使用某种生产技术或生产一定产品的唯一权利而成为垄断者。

④政府赋予某种市场特权。在某种条件下,政府可以对某些行为和经营活动进行调节,个别厂商可以得到政府所给予的在一定地区生产某种物品或提供某种劳务的特权,从而该厂商成为这一行业的垄断者。

【拓展阅读】

戴比尔斯公司为什么要做广告?

戴比尔斯(DeBeers)是南非的钻石公司,它的广告词"钻石恒久远,一颗永流传"为许多人熟知,也使许多人怦然心动。戴比尔斯控制了世界钻石生产的80%左右,成为世界钻石市场的垄断者。当它在英国伦敦舰队街的一座小楼上举行每年的钻石交易会时,不许买主有讨价还价的权力,谁要不接受它的一口价,下次就不许参加交易会。这样霸道的垄断者为什么还要做广告呢?

垄断是某种产品唯一的供给者,这种市场上没有竞争,当然也就不需要作为竞争手段的广告了。戴比尔斯尽管没有控制世界上100%的钻石生产,但80%的市场份额已使它可以像垄断者一样行事了。戴比尔斯之所以做广告并不是由于它的垄断地位受到本行业来自俄罗斯和斯里兰卡(它们主要控制另外20%的钻石供给)的威胁,而在于它是一种无保障的垄断。也就是说,它们的垄断地位随时可能被打破。这些无保障垄断者在感到自己的地位受到威胁时,就要为未来可能的竞争,或阻止潜在竞争者进入而未雨绸缪,采取一些预防式竞争手段。

戴比尔斯公司正处于无保障垄断者的地位,它可能的竞争对手不是来自潜在进入者(因为现在还看不出哪个地方能发现南非这么多的钻石,已知的钻石资源难以对它形成威胁),而是来自相近的替代品。与钻石类似的装饰品有翡翠、红宝石和蓝宝石等。这些宝石能否替代钻石取决于人们的评价。如果人们认为,钻石和其他宝石都有类似的装饰作用,可以满足自己炫耀性消费的欲望,或足以代表自己的身份,其他宝石就是钻石的相近替代品,戴比尔斯的垄断地位就被打破了。这时,戴比尔斯对钻石收取高价或采用不许讨价还价的霸道做法,就会使人们转向其他宝石。

但是,如果人们认为钻石有其他宝石所不能代替的独特之处,例如,只有钻石才能象征爱情的永恒,作为结婚或定情信物只能送钻戒,戴比尔斯就可以保持钻石的高价,并在那座小楼里霸道下去。因此,戴比尔斯做广告的目的就是要把钻石与其他宝石分开,让消费者接受钻石不可替代的观念,以确保自己的垄断地位。从现在戴比尔斯在舰队街那座小楼里的霸道来看,这个广告是成功的。

戴比尔斯的事例告诉我们两个重要道理:一是打破垄断的一个重要方法是扶植替代产品竞争者或潜在竞争者。当垄断者的地位受到威胁时,它会以提高自己的效率来未雨绸缪。例如,现在中国电信仍具有垄断地位,但在联通日益强大,而且我国要开放电信市场时,它不也在努力降价或改善服务吗?二是垄断者自己要善于发现替代产品的出现和潜在竞争者,千万别在已有的垄断地位上做平安梦。例如,过去被称为"铁老大"的铁路运输在长途运输上曾有不可替代的垄断地位。但正由于它没有看到民航与公路运输(尤其是高速公路)对它的潜在威胁,才在竞争中蒙受打击,客货运量减少,并出现亏损。这个教训值得许多现在仍有垄断地位的企业警惕。

市场瞬息万变,不可能有永恒的垄断者,现在美国连传统上作为自然垄断的电力行业也开始竞争了。企业的成功要依靠自己的竞争力,千万别迷恋垄断地位。居安思危适用于包括垄断者在内的任何一个企业。

(资料来源:梁小民,《微观经济学纵横谈》,三联书店,2000年,有删改)

(二)垄断厂商的需求曲线和收益曲线

在完全垄断条件下,某个厂商控制了某种产品的市场供给,厂商和行业合二为一。因此,垄断厂商所面对的需求曲线就是该产品的市场需求曲线。

垄断厂商的需求曲线向右下方倾斜,斜率为负,销售量与价格按照相反的方向变化,价格随销售量的增加而下降。完全垄断厂商是价格的制定者,它可以制定其想要索取的任何价格。这一点与完全竞争厂商有很大的差别。

一般来说,厂商的卖价即平均收益都被假定为等于消费者的买价,平均收益曲线在任何情况下都与需求曲线重合。因此,完全垄断厂商的需求曲线也就是它的平均收益曲线。由于垄断厂商的平均收益和边际收益都随销售量的变化而变化,而且边际收益下降比平均收益下降得更快,边际收益曲线必然位于平均收益曲线的下方。

图6-9描述了垄断厂商的需求曲线、边际收益曲线和总收益曲线。其中图(a)表示需求曲线及与之相联系的边际收益曲线。图(b)表示总收益曲线。需求曲线和平均收益曲线向右下方倾斜,而且重合。MR为边际收益曲线,向右下方倾斜,位于平均收益曲线的下方,而且比平均收益曲线陡峭。边际收益曲线可以从一条既定的需求曲线推出,也可以表示为总收益曲线上与任何产量水平相对应的点的斜率。

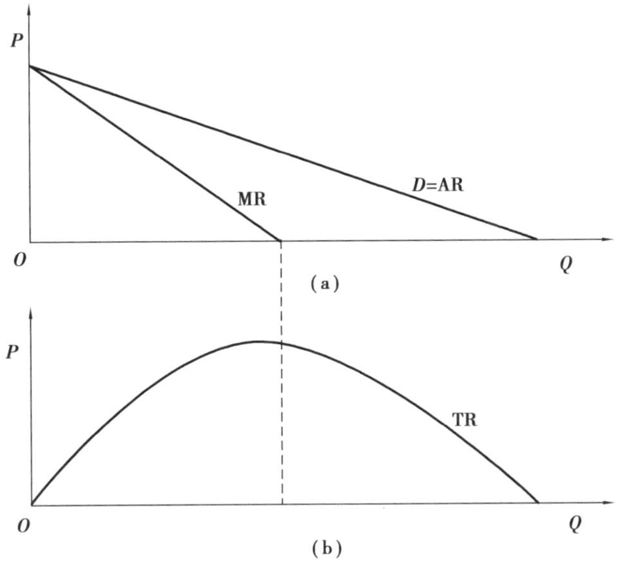

图6-9　完全垄断厂商的需求曲线和收益曲线

完全垄断厂商的收益曲线有以下特征：

第一，垄断厂商的平均收益AR曲线与需求曲线D重叠，它们是同一条由左上方向右下方倾斜的曲线。这表明，在每一个销售量上厂商的平均收益都等于商品的价格。

第二，厂商的边际收益MR曲线也向右下方倾斜，而且位于平均收益AR曲线的下方。这表明在每一个销售量上厂商的边际收益都小于平均收益。若厂商面临一条线性需求曲线，需求函数为：$P=a-bQ$，则有$TR=PQ=aQ-bQ^2$，$AR=a-bQ$，$MR=a-2bQ$。

第三，厂商的总收益TR曲线的斜率先上升，在达到最高点后下降。由于在每一个销售量上的MR值都是相应的TR曲线的斜率，所以当MR为正值时，TR曲线的斜率为正（即TR曲线是上升的）；当MR值为零时，TR曲线的斜率同样为零（即TR曲线达到最大值）；当MR为负值时，TR曲线的斜率为负（即TR曲线是下降的）。

第四，销售量（即需求量）与总收益的关系还可以用弹性理论来说明：如果需求是有弹性的（$E_d>1$），厂商的边际收益大于零。此时厂商的总收益与销售量呈同方向变动，即销售量增加和价格下降将导致总收益增加；如果需求是缺乏弹性的（$E_d<1$），厂商的边际收益小于零。此时厂商的总收益与销售量呈反方向变动，即销售量增加和价格下降将导致总收益减少。

二、垄断厂商的短期均衡

垄断厂商可以通过调整产量和价格来实现利润最大化。与完全竞争厂商一样，垄断厂商最有利可图的产量是由需求状况和成本状况共同决定的。其利润最大化的原则为MR=MC，这也是垄断厂商的短期均衡条件。垄断厂商虽然可能通过控制产量和价格获得利润，但并不一定总能获得利润。和完全竞争厂商一样，在短期内垄断厂商可能获得超额利润，也可能只获得正常利润，还可能蒙受亏损。

（一）获得超额利润时的短期均衡

当垄断厂商的价格或平均收益大于平均总成本时，厂商获得超额利润。在图6-10(b)

中，垄断厂商根据边际收益等于边际成本的原则，把产量确定在Q_1点，从这一产量在需求曲线D上的对应点A可以确定价格为P_1。从平均成本曲线AC上的对应点B可以确定成本轴上平均成本为C_1。显然，由于平均收益（即价格）高于平均成本，厂商获得超额利润。从图6-10(b)可以看出，厂商的总收益为OP_1AQ_1，总成本为OC_1BQ_1，超额利润为$OP_1AQ_1-OC_1BQ_1=C_1P_1AB$，或者说，垄断厂商的超额利润为$(O_1P-OC_1)\times OQ_1$。

图6-10(a)是以总收益曲线TR和总成本曲线TC来表示厂商的均衡，在Q_1的产量水平上，TR的切线的斜率等于TC曲线的切线的斜率，这意味着MR=MC，这时，TR与TC之间的垂直距离最大，或者说总收益以最大的可能超过总成本。所以，Q_1是使垄断厂商利润最大化的均衡产量。

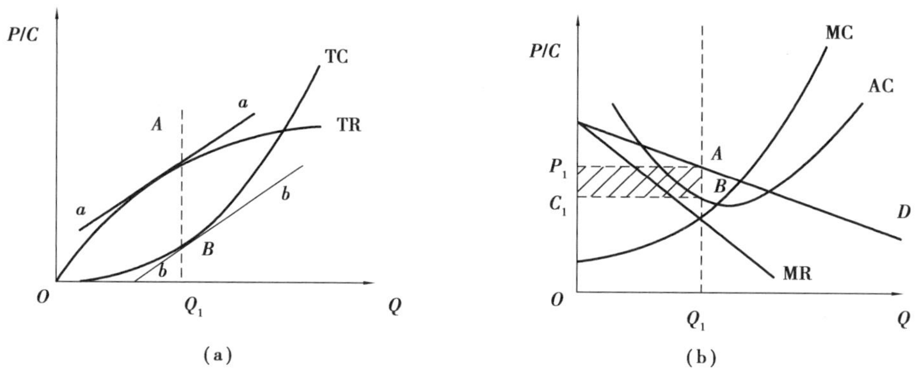

图6-10　垄断厂商获得超额利润

（二）获得正常利润时的短期均衡

当价格（平均收益）等于平均成本时，厂商获得正常利润，如图6-11(b)所示。需求曲线D与平均成本曲线AC相切，垄断厂商根据MR=MC的原则把产量确定在Q_2点上，从这一产量在需求曲线D上的对应点A可以确定价格为P_2，而这时A点同时又是这一产量在平均总成本曲线上的对应点，即平均收益等于平均成本，因而垄断厂商的总收益等于总成本TC，没有超额利润，厂商处于收支相抵点，只能获得正常利润。从图6-11(a)中可发现，当产量为Q_2时，TR与TC相切，这时MR=MC，AR=AC，TR=TC，所以Q_2是使正常利润最大化的产量。

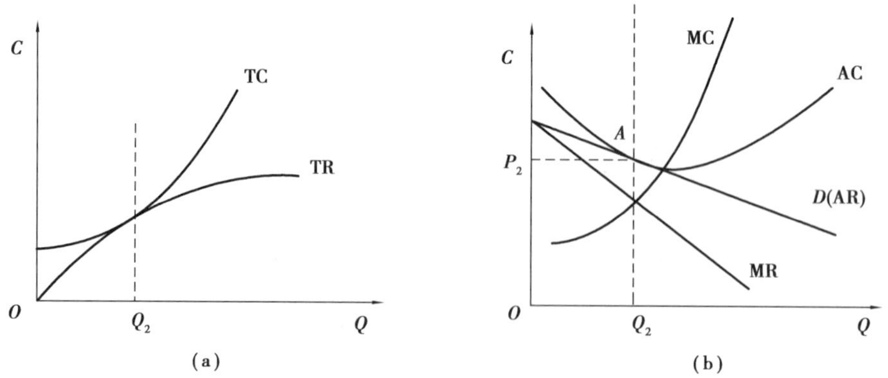

图6-11　垄断厂商获得正常利润

（三）垄断厂商亏损时的短期均衡

当价格（即平均收益）小于平均总成本AC，但大于平均可变成本AVC时，垄断厂商会蒙受亏损。如图6-12（b）所示，为使亏损降到最低限度，垄断厂商仍根据MR=MC的原则，把产量定在Q_3的水平上。从这一产量在需求曲线D上的对应点A可以确定价格轴上的价格为P_3，从这一产量在平均总成本曲线AC的对应点B可以确定平均成本为C_3，平均成本AC大于平均收益AR，厂商蒙受亏损。亏损额为P_3C_3BA，它是厂商的总收益OP_3AQ_3与总成本OC_3BQ_3之差。显然，当产量小于Q_3时，MR>MC，每增加一单位销售量使总收益的增加大于总成本的增加，从而使亏损减少；而当产量大于Q_3时，MR<MC，每减少一单位销售量可使总成本减少大于总收益的减少。所以，只有当产量为Q_3时，即MR=MC时亏损额最小。图6-12（a）同样以TC与TR曲线说明了厂商在亏损状态下的短期均衡：当产量为Q_3时，总收益曲线TR与总可变成本曲线TVC之间的垂直距离最大，即TR最大可能地超过TVC，而图中TC曲线与TVC曲线之间的垂直距离即为总固定成本（TFC），这意味着与Q_3产量相对应的总收益不仅补偿了全部可变成本，而且最大限度地补偿了部分固定成本，使固定成本损失减少到最低限度，所以，Q_3是使亏损最小的均衡产量。

如果价格太低，以致使TR<TVC，垄断者将停止生产。总之，垄断厂商为了使利润最大或亏损最小，必须按照MR=MC的原则进行生产。

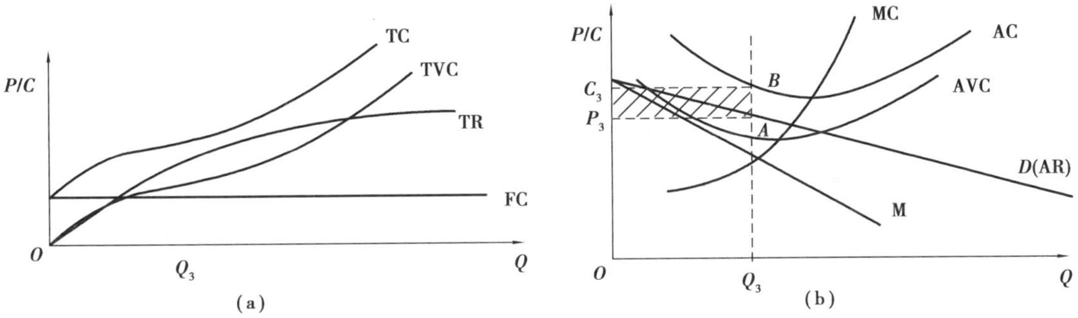

图6-12　垄断厂商存在亏损

三、垄断厂商的长期均衡

在完全垄断条件下，在长期中不会有新厂商进入垄断市场，垄断厂商在长期中可以通过调整生产规模来获取利润，垄断市场不存在厂商数目的调整。垄断行业的长期均衡并不以经济利润的消失为标志。只要需求状况不发生变化，它在长期内仍然能获得超额利润。

图6-13说明了垄断厂商的长期均衡。假定垄断厂商与目前生产规模相对的短期平均成本和短期边际成本曲线分别为SAC_1和SMC_1。$MR=SMC_1$决定产量为Q_1，从这一产量在需求曲线上的对应点可以确定价格为P_1，由于短期平均成本为OC_1，所以厂商的短期超额利润是$(OP_1-OC_1)\times OQ_1$。

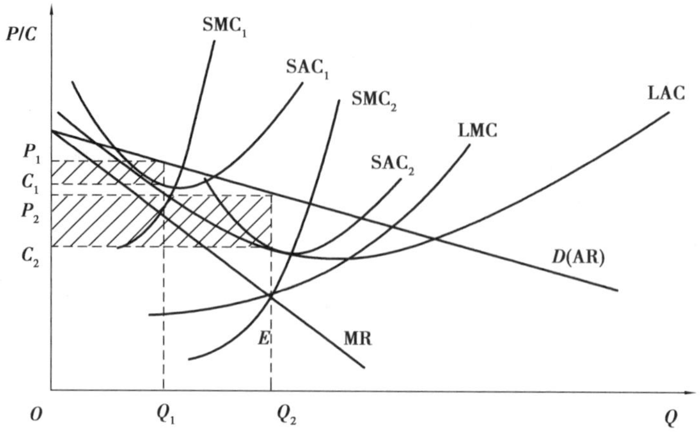

图6-13 垄断厂商的长期均衡

但是，从长期看，这并不是最优的生产规模，厂商可以调整其生产规模获得大于$(OP_1-OC_1)\times OQ_1$的利润。追求利润最大化的厂商会将生产规模扩大到边际收益不仅等于短期边际成本，而且等于长期边际成本的那一点。长期中，垄断厂商仍根据MR=MC的原则决定产量。边际收益曲线和长期边际成本曲线LMC的交点决定的均衡产量为Q_2，从这一产量在需求曲线D上的对应点可以确定价格为P_2，与此相对应的长期平均成本为OC_2，这时的超额利润将是$(OP_2-OC_2)\times OQ_2$，这是垄断厂商在长期内所能获得的最大利润。

从图6-13中可以看出，E点既是边际收益曲线MR和长期边际成本曲线LMC的交点，又是其和短期边际成本曲线SMC_2的交点。这表明垄断厂商利润最大化的条件MR=MC，不仅在短期内得到满足，而且在长期内也应该得到满足，即：MR=SMC=LMC。

这就是垄断厂商长期均衡的条件。当这一条件得到满足时，短期平均成本必等于长期平均成本。在图形中，与SMC_2和LMC的交点相对应的LAC上的点，同时也就是相应的SAC_2和LAC的切点。

以上是厂商在短期内存在超额利润时的情况。如果垄断厂商在短期内只能获得正常利润，在长期内，它可以通过调整生产规模以获取超额利润，也可能继续处在收支相抵点，这取决于它面对的需求曲线的位置和形状。如果垄断厂商在短期内蒙受亏损，那么，在长期内，假如能够通过调整生产规模消除亏损或取得利润，它将继续留在这一行业内进行长期调整，假如无论怎样调整其生产规模都不能避免亏损的话，垄断厂商将会考虑把资源转移到其他有利可图的行业上去。

四、垄断市场的差别定价(Discrimination Price)

上述分析假定垄断厂商根据市场需求状况和自身的成本状况确定销售的数量和价格，并对所有的购买者索取相应的价格。然而，在实际生活中，垄断厂商往往实行差别价格，也称歧视价格，即同一厂商在同一时间对同一产品向不同的购买者索取两种或两种以上不同的价格，或者对销售给不同购买者的同一种产品在成本不同时索取相同的价格。

(一)实行差别价格的市场条件

垄断厂商实行差别价格的目的是它比单一价格能获得更高的利润。但实行差别价格必须具备一定的市场条件。

①市场存在不完全性。如市场的各部分被运输成本、信息闭塞或各种壁垒所阻隔时,卖者能对各个市场分别地实行某种控制,从而对不同的买者索取不同的价格。

②商品在被分割开的不同市场上的需求弹性必须是不同的。只有在这种情况下,垄断者根据不同的需求弹性对同一商品索取不同的价格,才能获得比价格相同时更多的利润。一般来说,在需求弹性较高的市场上索取较低的价格,而在需求价格弹性较低的市场上索取较高的价格,可以使销售者获得更大的收益。

③垄断厂商能够有效地把不同市场或相同市场的不同部分分割开来。例如,在电力行业中只有把工业用电网和民用电网分隔开,才能实施不同的价格。

(二)差别价格的种类

通常根据价格差别的程度可以把差别价格分成一级差别价格、二级差别价格和三级差别价格三类。

一级差别价格又称完全差别价格。假定垄断厂商了解每个消费者为购进每一单位产品所愿意付出的最高价格,并据此来确定每一单位产品的价格,就可以实施完全差别价格。完全差别价格就是每一单位产品都有不同的价格。例如,一个医术高明的医生对每一个患者收取不同的医疗费就是属于完全差别价格。在这种情况下,消费者剩余就将全部转变为垄断厂商的超额利润。

二级差别价格就是垄断厂商根据消费者不同的消费量来确定不同的价格。例如,电力部门对一定量电力(比如说1~100度)实行一种价格,再对增加的电力用量(超过100度部分)实行另一种价格。在这种情况下,垄断厂商可以把一部分消费者剩余转变为超额利润。

三级差别价格是指垄断厂商对不同市场的不同消费者收取不同的价格。例如,电力部门对工业用电(比如1.1元/度)与民用电(0.64元/度)实行不同的价格。在这种情况下,垄断厂商就可以在实行高价的市场上获得垄断利润,即把这个市场上的消费者剩余转变为超额利润。

【相关链接】

麦当劳连锁店的折扣券

麦当劳连锁店一直采取向消费者发放折扣券的促销策略。它们对来麦当劳就餐的顾客发放麦当劳产品的宣传品,并在宣传品上印制折扣券。为什么麦当劳不直接将产品的价格降低?回答是:折扣券使麦当劳公司成功地实行了不完全价格歧视,从而获得了超额利润。麦当劳公司知道并不是所有的顾客都愿意花时间将折扣券剪下来保存,并在下次就餐时带来。此外,剪折扣券的意愿与顾客对物品支付意愿和他们对价格的敏感相关。

富裕而繁忙的高收入阶层到麦当劳用餐弹性低,对折扣券的价格优惠不敏感,不可能花时间剪下折扣券并随时带在身上,以备下次就餐时用,而且用折扣券所省下的钱他也不在乎。但低收入家庭到麦当劳用餐弹性大,他们更可能剪下折扣券,因为他的支付意愿低,对折扣券的价格优惠比较敏感。

麦当劳连锁店通过只对这些剪下折扣券的顾客收取较低价格,吸引了一部分低收入家庭到麦当劳用餐,成功地实行了价格歧视,并从中赚了钱。如果直接将产品价格降低,从不带折扣券的高收入阶层的高意愿消费而多得的收入就会流失。

(资料来源:张淑云,《经济学——从理论到实践》,化学工业出版社,2004年)

第三节　垄断竞争市场均衡分析

垄断竞争(Monopolistic Competition)市场是一种垄断和竞争并存的市场结构。在实际经济生活中,大量的市场结构是垄断与竞争混合并存的市场。

一、垄断竞争市场形成的条件

第一,众多的厂商生产有差别的产品,这些产品是同类的可以相互替代的产品。产品差别包括产品实际差别和消费者心理所产生的主观感受差别,产品差别是导致垄断的直接原因,一般来说,产品差别越大,生产该产品的厂商的垄断程度也就越高。另一方面,由于有差别的产品之间可以互相替代,而且生产厂商的数量很多,每一种产品都面对其他类似的同类产品的竞争,这种竞争有时是非常激烈的。

第二,资源流动比较自由,厂商进入或退出某个行业不受限制,不存在严重的进入或退出壁垒。

第三,同一行业中的厂商数目较多,以至于每个厂商都相信自己的行为不会产生广泛的影响,竞争对手也不会对此作出反应或采取相应行动,因而每个厂商都预期其行为不会受到对手的制裁或报复。

第四,垄断竞争理论假定行业内所有厂商的成本曲线和需求曲线都具有相同的形状,并以代表性厂商的分析来概括对行业的分析。事实上,由于同一行业内各个厂商生产的同种产品是有差别的,厂商之间的成本曲线和需求曲线不一定是完全相同的。所以,这个假定只有方法的意义。一般认为,零售业、服务业和一些轻工产业最具有垄断竞争的特点。

二、垄断竞争厂商的需求曲线

垄断竞争市场中垄断与竞争并存的基本特征决定和影响该市场中厂商的需求曲线的形状。首先,由于垄断竞争凭借产品差别所形成的垄断地位,可以在一定程度上控制其产品的价格,所以,与完全垄断条件下厂商的需求曲线类似,垄断竞争厂商所面对的需求曲线也是向右下方倾斜的。其次,由于垄断竞争厂商所生产的产品是可以相互替代的,产品的需求弹性又是比较大的，表现为垄断竞争厂商所面对的需求曲线是一条向右下方倾斜、斜率为负的具有较大弹性的曲线。

根据对垄断竞争厂商行为的有关假定，垄断竞争厂商所面对的需求曲线有两种，如图6-14所示。图中，需求曲线d表示某个厂商改变产品价格，而其他厂商的产品价格都保持不变时，该厂商的产品价格与销售量之间的关系。假定图6-14中的E点为某厂商目前的均衡点，均衡价格为P_1，均衡销量为Q_1。如果该厂商想通过降价来增加其产品销售数量，在其他厂商不采取相同行动时，该厂商预期降价不仅会增加其产品的销售量，而且会把一部分其他厂商的顾客吸引过来。假定该厂商将价格由P_1降到P_2，该厂商的销售量则由Q_1增至Q_2。反之，如果该厂商将价格由P_1提高到P_3，而其他厂商价格保持不变，那么该厂商由于提价将损失掉一部分顾客，其销售量将由Q_1减少至Q_3。在垄断竞争条件下，如果行业内的每一个厂商都预期其行为不会引起其他厂商的注意，那么每个厂商都确信他所面对的需求曲线都是富有弹性的，这就是需求曲线d比较平坦的原因。

图6-14中的需求曲线D表示另外一种情况，它表示当某个厂商改变其产品价格时，其他厂商也会采取相同的行动，按照与该厂商相同的幅度调整他们的价格，需求曲线D反映的就是这种情况下率先变动价格的垄断厂商的价格与销售量之间的关系。如图中所示，当某垄断竞争厂商将价格由P_1降到P_2时，其他厂商也将价格由P_1降到P_2，于是，率先降价厂商的实际销售量是需求曲线D上的Q_4，而不是该厂商预期的Q_2。同样道理，如果该厂商将价格从P_1提高到P_3，其他厂商也将价格作同样幅度的提高，结果，该厂商的实际销售量是需求曲线上的Q_5，而不是该厂商预期的需求曲线d上的Q_3。由此可见，需求曲线D是一条弹性较小的曲线，因此它比需求曲线d陡峭。需求曲线D表示垄断竞争条件下单个厂商在每一市场价格水平下的实际销售量，而需求曲线d表示单个垄断竞争厂商单独改变价格时所预期的销售量。所以，需求曲线D与需求曲线d的交点意味着垄断竞争市场供求相等状态。

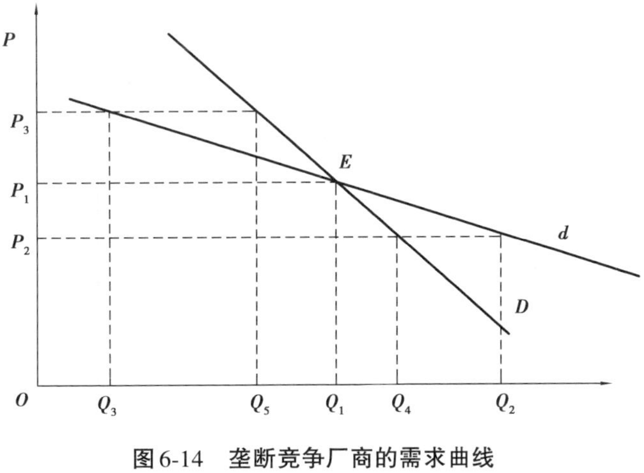

图6-14 垄断竞争厂商的需求曲线

三、垄断竞争厂商的短期均衡

在垄断竞争条件下，厂商既可以通过调整产品价格、增加销售量来实现最大利润，也可以通过扩大产品差异或加强广告宣传的办法来增加垄断,实现利润最大化目标。这里主要分析短期内垄断竞争厂商如何根据MR=MC的原则来确定其均衡价格和均衡产量。

在图6-15中,代表性厂商的生产规模由SAC和SMC曲线来表示,d_1和D分别表示该厂商的两种需求曲线。如图6-15所示,现在假设代表性厂商最初在需求曲线d_1和需求曲线D的交点A处进行生产。与此相对应的价格为P_0,产量为Q_0,显然这个产量不能实现利润最大化的目标。按照MR=MC的原则,实现利润最大化的产量应该是Q_1。于是,该厂商决定将产量由A点调整到H点,与此同时,该厂商将价格由P_0降到P_1。如果同一行业内其他厂商对此不作出反应,那么该厂商的利润将会因此而增加。但是,由于同一行业内所有厂商所面临的情况都是相同的,每个厂商都会在假定自己改变价格而其他厂商不会作出反应的条件下采取一样的行动,即把价格也由P_0降到P_1,都计划生产Q_1的产量。这样一来,每个厂商所面对的需求曲线都不是d_1而是D,也就是说在P_1价格下,每个厂商的销售量是Q_2而不是Q_1。所以,首次降价的结果使代表性厂商的经营位置由图6-15中的A点沿需求曲线D移到B点。

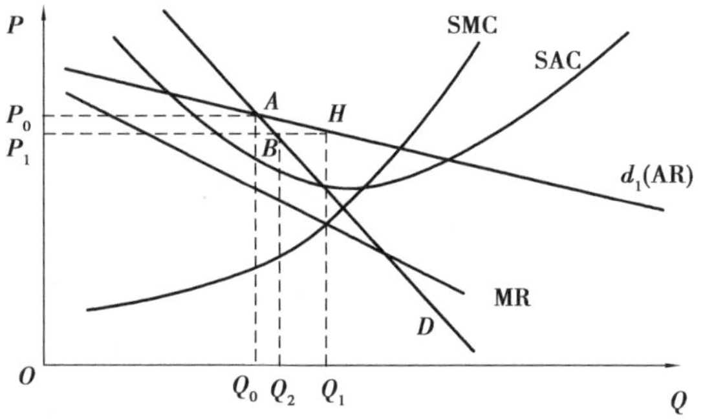

图6-15　垄断竞争厂商的短期均衡

【拓展阅读】

广告是垄断竞争厂商获取利润的重要手段

要了解垄断竞争市场的厂商为何做广告,首先必须了解垄断竞争市场的特征:

①由于存在行业进出的自由,在高度竞争的市场上有大量的卖者——类似于完全竞争。

②有许多小的买者。

③产品略有差异,一家企业的产品是其他企业的相当接近的替代品——产品差异并不是根本性的,但有别的企业所不具备的优势,所以每个企业在市场上都具有一种有限的垄断势力。两种特点结合:既垄断又竞争。

产品差异化是垄断竞争市场的重要特性

例如牙膏、肥皂、洗发水这些领域,消费者没有必要只购买一个品牌的牙膏、洗发水。市场上总有许多类似但有差异的产品可供选择。厂商在产品差异方面做得越成功,垄断权力也就越大。但是,同类产品很多,也就是说每个不同的差异产品都有大量的近似替代品。这显然会影响单个厂商的需求价格弹性。在其他情况相同的条件下，替代品的数目越多，需求价格弹性越大。换言之，如果存在大量的几乎相同的替代可供选择，那么，即使该产品的价格只上涨了一点点，消费者也会转向某一种替代品。

所以，垄断竞争市场厂商做广告，与需求曲线有关，怎么让消费者知道厂商的产品差异呢？这就需要用广告这一传媒，向消费者传递产品差异化。广告的期望效果之一是将需求曲线向右移动。厂商期望广告能带来超过广告费用的较大的交易量。

四、垄断竞争厂商的长期均衡

在长期内，垄断竞争厂商不仅可以缩小或扩大生产规模，还可以加入或退出该行业。特别是垄断竞争厂商在长期内达到均衡时其超额利润必定为零。这意味着在垄断竞争厂商的长期均衡点上，需求曲线d一定是与长期平均成本曲线相切的，这是垄断竞争厂商追逐利润进行竞争的结果。这同完全竞争厂商的长期均衡时的情况很相似，但由于垄断因素的存在，又使垄断竞争市场具有一些与完全竞争市场不同的特点，其中垄断竞争厂商所面对的两条斜率不同的需求曲线决定了其长期均衡的实现过程不同于完全竞争厂商，具有一些自身的特点。下面我们通过需求曲线d沿着需求曲线D的移动来分析垄断竞争厂商的长期均衡的实现过程。

在长期中，垄断竞争厂商之所以扩大生产或加入某一行业内的竞争，无疑是因为其追求最大利润的内在动机。如图6-16(a)所示，假定代表性厂商在M点取得短期均衡，其均衡价格为P_1，均衡产量为Q_1。由于该厂商的均衡价格高于其平均成本，所以有超额利润存在，这时行业内其他厂商也获得利润(根据行业内所有厂商所面临的情况都是相同的假定)。在长期内，行业内存在着超额利润必定吸引新厂商加入该行业。在市场需求规模不变的条件下，随着厂商数量的增加，每个厂商所占的市场份额减少，表现为图6-16(a)中代表性厂商的需求曲线按箭头所示方向向左下方平移，从而打破原来的均衡状态。为实现新的均衡，代表性厂商会降低价格，这时需求曲线d也沿着需求曲线D向左下方平移。随着调整不断进行，行业内每个厂商的利润在不断减少，到利润为零时，不再有新厂商进入，于是实现垄断竞争厂商的长期均衡。

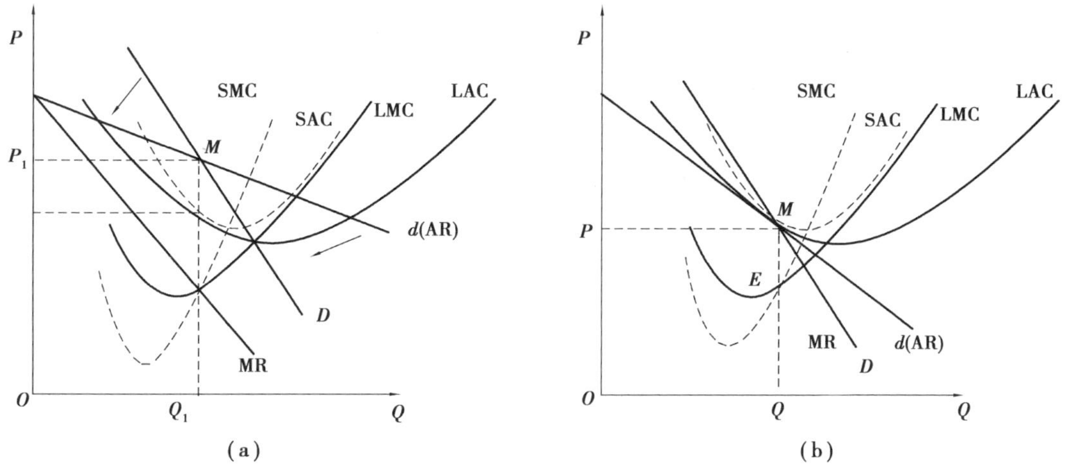

图6-16　垄断竞争厂商的长期均衡

如图6-16(b)所示，当需求曲线d与长期平均成本曲线相切，而切点同时也是需求曲线D与需求曲线d的交点时(如图中M点所示)，垄断竞争厂商便达到了长期均衡，均衡价格为P，均衡产量为Q。概括起来，垄断竞争厂商的长期均衡条件为；

$$MR=SMC=LMC, AR=SAC=LAC \quad (6\text{-}11)$$

在长期均衡产量上，垄断竞争厂商的超额利润为零，而且除了需求曲线d与长期平均成本曲线的切点M外，需求曲线(平均收益曲线)d在任何产量水平上都低于长期平均成本曲线，所以，现有的垄断竞争厂商失去了通过改变价格和产量而增加利润的动力，他们将不再改变自己的行为。

第四节　寡头垄断市场均衡分析

一、寡头垄断市场的概念和特点

寡头垄断市场是指这样一种市场，即一个市场(行业)的产品供给的全部或绝大部分由少数几家大的厂商所控制，这几家大厂商势均力敌。这种大的厂商被称为寡头厂商，它们相互之间既互为依存，又存在着激烈的竞争。与垄断竞争市场相比，寡头垄断市场包含着垄断和竞争两种因素，但相对而言，寡头垄断市场更接近于完全垄断市场。

寡头垄断市场中，寡头厂商的产品可以是同质的，也可以是有差别的。前者有时候被称为纯粹寡头垄断，后者则被称为是有差别的寡头垄断。寡头垄断市场中的价格决定，不完全是由市场供给和市场需求两股力量来决定的，而是由同行业中的寡头厂商通过有形或无形的协定、默契等来共同决定的。在西方国家一般有立法反对垄断厂商之间的勾结，因此，寡头厂商之间在价格上的勾结行为多是暗中进行的。在没有协定的情况下，厂商在决定自己的产量和价格时，必须首先推测其他厂商的产量和价格，然后根据最大利润原则来决定自己的产量和价格。寡头厂商意识到它们之间存在着某种依存性，一般情况下不适宜开展价格竞争，因为整个市场仅由少数几家寡头厂商所控制，如果一家厂商希望通过降价来扩大自己的市场份额，那么其他几家厂商为了维护自己的利益，势必也会降价竞争，结果是率先降价的厂商并没有从降价中扩大自己的市场份额。这种价格竞争的结果只能是两败俱伤，所以寡头厂商会尽量避免价格战。

另一方面，寡头垄断市场存在着较高的进入壁垒，这是少数厂商能够占据绝大部分市场份额的必要条件，也是寡头垄断市场结构存在的原因。寡头市场中厂商数目少，它们可以充分利用规模经济的效果，并形成自己强大的研究和发展能力以及在科学技术上的优势，这就使新进入的厂商很难和它们匹敌。此外，从寡头厂商的利益出发，它们也需要排斥新来者，而且在寡头垄断市场，因为厂商数量少，厂商之间的串通就比较容易，厂商联合起来构筑较高的市场壁垒较为容易。

【相关链接】

欧佩克和世界石油市场

欧佩克即世界石油输出国组织(OPEC),是由世界主要产油国自愿结成的一个政府间组织。在1960年最初成立时,欧佩克包括伊朗、伊拉克、科威特、沙特阿拉伯和委内瑞拉。到1973年,又有其他8个国家加入:卡塔尔、印度尼西亚、利比亚、阿联酋、阿尔及利亚、尼日利亚、厄瓜多尔和加蓬。这些国家控制了世界石油储藏量的四分之三。和其他卡特尔一样,欧佩克力图对其成员国的石油政策进行协调,以通过控制产量来维持石油价格的稳定,从而保证各成员国在任何情况下都能获得稳定的石油收入。为此,欧佩克对石油生产实行配额制。如果石油需求上升,或某些产油国石油产量减少,欧佩克将增加其石油产量,以阻止石油价格飙升。石油价格下滑,欧佩克根据市场形势减少石油产量。

然而,欧佩克并不能完全控制国际石油市场。首先,自实行原油生产配额制以来,欧佩克从未有效杜绝过其成员国的超产行为。欧佩克的成员国受到增加生产可得到更大利润份额的诱惑,他们常常就减少产量达成协议,然后又私下违背协议。为限制成员国超产,欧佩克不得不一再调低生产限额,因此形成了一个"超产—限产—再超产—再限产"的怪圈。其次,欧佩克成员国的财政预算绝大部分依赖以美元结算的财政收入,在美元汇率持续下滑的情况下,虽然欧佩克毅然决定按期履行减产承诺,但为减少美元汇率下跌造成的巨大损失,并非每个欧佩克成员国都愿意买单。

现在,欧佩克依然每两年开一次会,但作为一个各怀想法的利益聚合体,欧佩克很难再通过达成或实施协议来控制产量和价格了。其成员国基本上是独立地作出生产决策。世界石油市场具有相当大的竞争性。在稳定世界石油市场价格方面,欧佩克已不再能起到任何实质性的作用。

二、寡头垄断市场的均衡分析

寡头垄断市场的这种特性使得寡头垄断的理论分析具有较大的难度,特别是对其均衡价格和均衡产量的决定很难得出确定的结论。在现代经济分析中,对寡头垄断者之间的竞争,是运用博弈论来进行的。

下面以法国经济学家古诺的双头垄断模型来说明寡头垄断的市场均衡情形:

古诺的双头垄断模型假定:第一,市场上只存在两个厂商;第二,两个厂商提供的产品是同质的;第三,两个厂商面临共同的市场需求曲线;第四,每个厂商都认为自己的行为不会影响其他厂商;第五,两家厂商的成本为零。在以上假设下,古诺认为两个厂商都会根据利润最大化原则不断调整自己的产量,直到各自的产销量正好等于市场份额的$\frac{1}{3}$时,两家厂商均获得最大利润。

寡头垄断厂商的价格和产量的决定可以借助图6-17来解释。在图中,D曲线(或P_0Q_0曲线)为两个厂商共同面临的线性市场需求曲线。A厂商首先进入该市场,由于生产成本为零,所以,利润就等于总收益。A厂商为使利润达到最大,必然将产量确定为市场总容量的$\frac{1}{2}$，即产量为$OQ_1=\frac{1}{2}OQ_0$，价格为OP_1，从而获得相当于图中矩形OP_1EQ_1面积的利润。此后B厂商进入市场，B厂商为使利润达到最大，必然将产量确定为剩余市场容量的$\frac{1}{2}$，即产量为$Q_1Q_2=\frac{1}{4}OQ_1$，价格为OP_2，从而获得相当于图中矩形Q_1FGQ_2面积的利润。

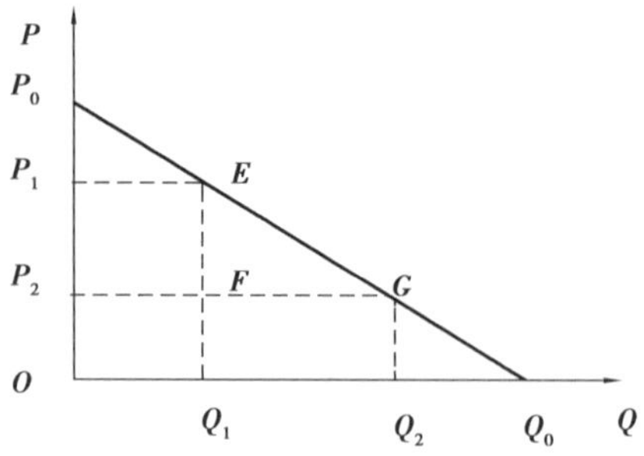

图6-17　古诺模型：寡头垄断厂商的均衡

B厂商的进入导致市场价格下降，以致A厂商利润下降为矩形OP_2FQ_1。A厂商将重新作出价格和产量决策。由于B厂商已占有市场份额的$\frac{1}{4}$，因此A厂商将产量确定为剩余份额的$\frac{3}{4}$的一半，即$\frac{3}{8}OQ_0$。与第一次决策相比，A厂商的产量减少了$\frac{1}{8}OQ_0$。由于A厂商产量的减少，市场价格将回升，B厂商将重新作出价格和产量决策。B厂商再次将产量确定为剩余市场容量$\frac{5}{8}OQ_0$的一半，即$\frac{5}{16}OQ_0$。与第一次决策相比，B厂商的产量增加了$\frac{1}{16}OQ_0$。

在轮复一轮的博弈过程中，A厂商的产量会逐渐减少，B厂商的产量会逐渐增加，最后达到A、B两个厂商的产量都相等的均衡状态。在均衡状态中，每个厂商的产量为市场总容量的$\frac{1}{3}$，即：

$$Q_A=\left(\frac{1}{2}-\frac{1}{8}-\frac{1}{32}-\frac{1}{64}-\cdots\right)=\frac{1}{3}OQ_0 \tag{6-12}$$

$$Q_B=\left(\frac{1}{4}+\frac{1}{16}+\frac{1}{32}+\frac{1}{64}+\cdots\right)=\frac{1}{3}OQ_0 \tag{6-13}$$

该行业的均衡产量为：

$$Q_A+Q_B=\frac{1}{3}OQ_0+\frac{1}{3}OQ_0=\frac{2}{3}OQ_0 \tag{6-14}$$

【拓展阅读】

“智猪博弈”

在博弈论经济学中，“智猪博弈”是一个著名纳什均衡例子。假设猪圈里有一头大猪、一头小猪。猪圈的一头有猪食槽，另一头安装着控制猪食供应的按钮，按一下按钮会有10个单位的猪食进槽，但是谁按按钮就会首先付出2个单位成本，若大猪先到槽边，大小猪吃到食物的收益比是9:1；同时到槽边，收益比是7:3；小猪先到槽边，收益比是6:4；那么，在两头猪都有智慧的前提下，最终结果是小猪选择等待。

实际上小猪选择等待，让大猪去按控制按钮，而自己选择“坐船”(或称为搭便车)的原因很简单：在大猪选择行动的前提下，小猪也行动的话，小猪可得到1个单位的纯收益(吃到3个单位的食品,同时也耗费2个单位的成本,以下纯收益计算相同),而小猪等待的话,则可以获得4个单位的纯收益,等待优于行动;在大猪选择等待的前提下,小猪如果行动的话,小猪的收入将不抵成本,纯收益为-1个单位,如果小猪也选择等待的话,那么小猪的收益为零,成本也为零,总之,等待还是要优于行动。

在小企业经营中,学会如何"搭便车"是一个精明的职业经理人最为基本的素质。在某些时候,如果能够注意等待,让其他大的企业首先开发市场,是一种明智的选择,这时候有所不为才能有所为!

比如,在某种新产品刚上市,其性能和功用还不为人所熟知的情况下,如果进行新产品生产的不仅仅是一家小企业,而且还有其他生产能力和销售能力更强的企业,那么,小企业完全没有必要首先去投入大量广告做产品宣传,以达到和其他企业品牌竞争并取得优势地位的目的。一个精明的经理人首先应该进行细致的核算:在品牌领先的预期收益和将品牌竞争的费用用于产品扩大再生产,而坐等大企业将市场开发成熟所能取得的收益之间,进行比较以确认哪种方案更有利于企业。

"搭便车"实际上是提供给职业经理人面对每一项花费的另一种选择,对它的留意和研究可以给企业养活很多不必要的费用,从而使企业的管理和发展走上一个新台阶。这种现象在经济生活中非常常见,却很少为小企业的经理人所熟知。

【思政拓展案例】

完全垄断企业:中国兵器工业集团公司

中国兵器工业集团公司是国家授权投资的机构和国有资产经营主体,享有投资决策权、资产收益权、外事审批权、进出口权和工程承包权,实行产品经营与资本经营相结合。

中国兵器工业集团公司是中国最大的武器装备制造集团,面向陆、海、空三军及各军兵种研制、发展精确打击、两栖突击、远程压制、防空反导、信息夜视、高效毁伤等高新技术武器装备,在中国的国防现代化建设中发挥着基础性的战略地位和作用。

中国兵器工业集团公司始终坚持军民结合的方针,积极致力于军工高技术转民用,充分利用军品技术和资源优势,成功培育开发了一批具有军工高技术背景的支柱民品,为国民经济现代化建设做出了重要贡献。

思政引导:中国兵器工业集团公司是中央直接管理的特大型国有重要骨干企业,是国家应对挑战和危机的战略性团队,利用体制垄断优势,集中了中国兵器工业的骨干研制和生产能力,代表着中国兵器工业的发展方向和水平。

思考与练习

一、单项选择题

1.下列行业中最接近于完全竞争模式的是(　　)。

A.飞机　B.卷烟　C.农产品　D.汽车

2.对一个完全竞争市场中企业实现利润最大化的必要条件是(　　)。

A.平均成本最低　B.总收益最大

C.边际收益大于边际成本　D.边际成本等于市场价格

3.完全竞争市场的厂商短期供给曲线是指(　　)。

A.AVC大于SMC中的那部分AVC曲线

B.AC大于SMC中的那部分AC曲线

C.SMC小于或等于AVC中的那部分SMC曲线

D.SMC大于或等于AC中的那部分SMC曲线

4.完全垄断市场上,厂商的需求曲线是一条(　　)。

A.向右下方倾斜的曲线　B.与横轴平行的线

C.与横轴垂直的线　D.与MR重叠的线

5.垄断厂商的均衡如下图所示,在Q_1点厂商(　　)。

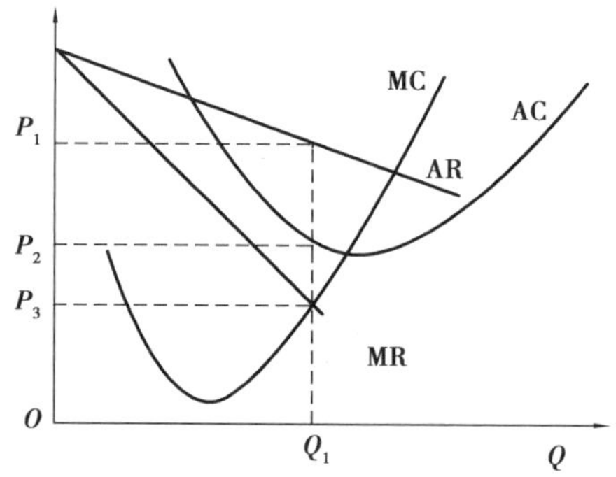

A.获得最大利润　B.价格确定在P_1

C.利润等于$(P_1-P_2)\times Q_1$　D.以上说法都正确

6.实施价格歧视的基本条件不包括(　　)。

A.卖方具有垄断地位

B.企业生产的商品或服务具有耐用品性质

C.消费者之间存在不同的需求价格弹性

D.不同消费者所在的市场能被隔离开

7.垄断厂商面临的需求曲线是(　　)。

A.向右下方倾斜的　B.向右上方倾斜的　C.垂直的　D.水平的

8.最需要进行广告宣传的市场是(　　)。

A.完全竞争市场　B.完全垄断市场　C.垄断竞争市场　D.寡头市场

9.按照古诺模型,下列说法不正确的是(　　)。

A.双头垄断者没有认识到他们的相互依赖性

B.每个双头垄断厂商都假定对方保持产量不变

C.每个双头垄断者假定对方价格保持不变

D.均衡的结果是稳定的

10.寡头垄断市场和完全垄断市场的主要区别是(　　)。

A.企业数目不同　　B.竞争策略不同

C.成本结构不同　　D.从事开发和研究的力度不同

二、判断题

1.某厂商产量达到5万时,MR=65元,MC=55元(其他条件一定),该厂商应继续扩大产量。(　　)

2.在完全竞争条件下,产品价格等于平均收益并等于边际收益。(　　)

3.完全竞争厂商实现短期均衡时,SMC曲线和AVC曲线的交点被称为停止营业点。(　　)

4.在完全竞争市场上,SMC曲线和SAC曲线的交点,被称为停止营业点。(　　)

5.在厂商短期均衡产量上,AR<SAC,但AR>AVC,则厂商亏损,但应继续生产。(　　)

6.当一个完全竞争行业实现长期均衡时,每个企业都实现了正常利润,且经济利润都为零。(　　)

7.完全竞争厂商实现短期均衡时,可获得经济利润。(　　)

8.市场竞争程度的强弱是微观经济学划分市场类型的一个重要标准。(　　)

9.对于任何厂商来说,在长期均衡中都必然实现TR>TC。(　　)

10.生产者的行为目标是产量最大化原则。(　　)

三、问答题

1.利润最大化条件是什么?

2.差别价格产生的原因是什么?差别价格的种类有哪些?

3.古诺模型有哪些假设条件?

技能训练项目

分析研讨垄断企业行为

【技能目标】

培养学生运用所学经济学知识分析垄断企业行为的特征。

【内容与要求】

学生自愿组成学习小组,每组5~6人,以组为单位完成以下任务:

1.组织学习《中华人民共和国反垄断法》,并以垄断企业对市场的危害为主题,列举一个企业案例,进行一场学习讨论,组员交流意见并形成小组讨论报告。

2.组织班级交流讨论,每组派代表发言并围绕观点进行交流讨论。

【成果与考核】

根据各个小组上交的总结报告,教师综合评定各组本次活动的成绩。

第七章　收入与分配

【知识培养目标】

◆ 了解生产要素收入分配的原理。

◆ 熟悉工资、地租、利息、利润的决定。

◆ 掌握洛伦斯曲线与基尼系数。

◆ 理解效率与公平。

【技能培养目标】

◆ 能运用收入分配原理解释生活中的经济现象。

◆ 能在生产生活中协调好公平与效率的关系。

【思政育人目标】

◆ 在发展中处理好效率和公平的关系，是检验我们党执政智慧的重要体现；

◆ 在统筹效率和公平中推进共同富裕是一个全局性的问题。

【思维导图】

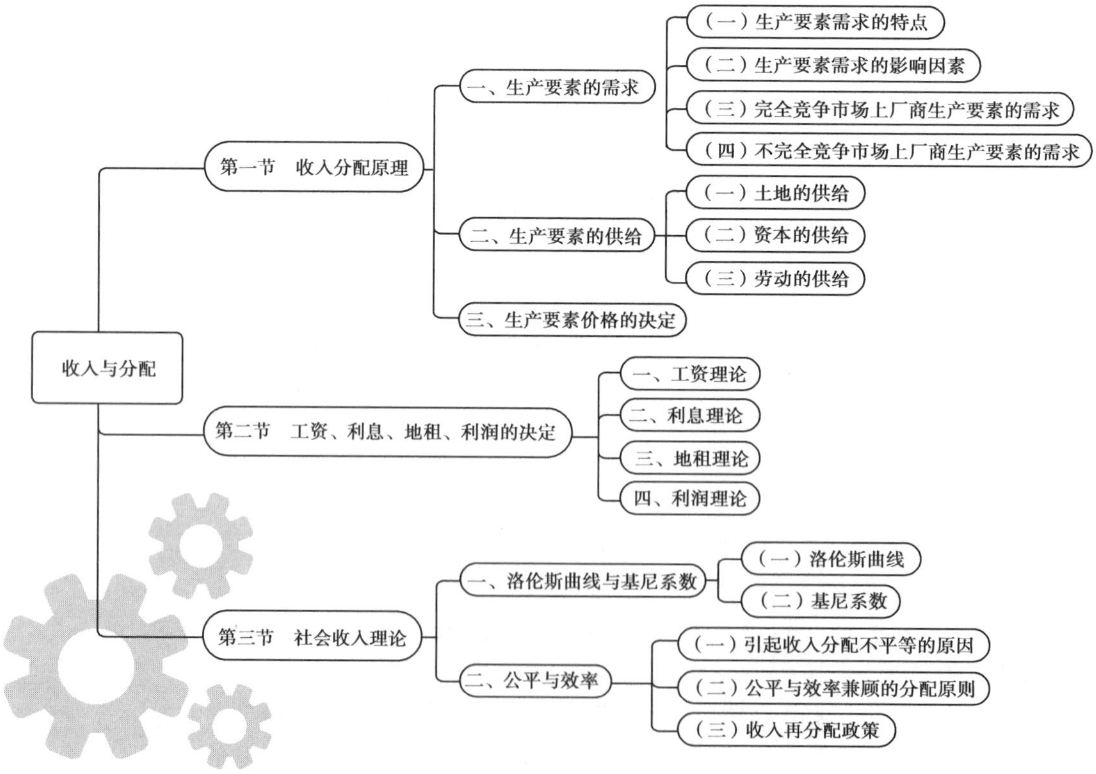

【引导案例】

明星经济学与网红经济学现象

无论在国外还是国内，影视明星和体育明星的收入都是天文数字。在美国，像篮球明星勒布朗·詹姆斯和脱口秀演员奥普拉、查理·辛这样的明星年收入达上亿美元并不令人惊奇。在国内，名气冲天的演员们的年收入也不下亿元。

网络直播可以在同一时间通过网络系统在不同的交流平台观看影片。影片主要分为实时直播游戏、电影、电视剧等。2016年，网络直播这一新兴的传播模式呈井喷之势，大家都称2016年为网络直播元年。如今，网络直播风头日盛，已经发展出秀场直播平台、游戏直播平台、移动直播平台和带货直播平台等多种商业直播平台，并催生了一大批网络红人。部分超人气网络主播通过流量变现、观众打赏、直播带货、线下活动和公司分红等方式赚取了超高收入，年收入百万元、千万元的消息不断出现，吸引了大量年轻人进入网络直播间。名气越大，流量越多的网络红人广告应接不暇。

明星的收入比普通人高很多是由供求决定的。明星职业的门槛高，要求有天赋。因此，此行业的供给稀缺，尤其是天赋俱佳的明星更是稀少，而对明星的需求量又很大（单个明星可能同时为数亿人服务）。尤其是网络社会，对明星的关注与热捧更是与日俱增。近几年流行的网红与明星相似，门槛可能稍低，但是并不是像网上宣传的那样，可以迅速暴富。网红的收入直接与粉丝数量挂钩（即与市场需求量挂钩），这些出名的网红都是需要包装和投入大量时间进行技能训练的，她们并不像普通人想象的那样轻松。因此，网红和明星的收入都没有违背西方经济学的供求原理。明星们的这种高收入合理不合理，或者用经济学的语言说，明星们的天赋才能这种资源的"服务价格"公平不公平，有没有效率呢？他（她）们的高收入是否违背了价值规律呢？

（资料来源：申泽培，《关于网络直播经济的探讨》，《新媒体研究》2017年第21期第73-74页，有修改）

在市场经济中，生产要素所有者是根据他们在生产中作出的贡献来得到收入的，这就是按贡献进行分配。问题在于如何衡量各个生产要素所有者在生产中的贡献。社会的最终产品和劳务往往是许多人共同协作努力的结果，要真正衡量出个人在生产中的贡献实际上极为困难，在更多情况下甚至是不可能的。这正如我们过去讲按劳分配，实际上劳动也是无法衡量的，并不能认为按劳分配就必定合理。

要按贡献进行分配，必须有一种客观标准衡量贡献，贡献难以直接衡量，但有一个间接衡量标准，这就是生产要素的价格，某种生产要素价格高说明它在生产中作出的贡献大；反之亦反之。生产要素的价格也与其他物品的价格一样是由其供求关系决定的。所以，在市场经济中，每种生产要素所有者所得到的收入，是由供求关系决定的该生产要素价格，以及提供的生产要素数量来决定，在市场经济中，用这种方法决定的收入分配就是合理的。

明星的高收入是由供求关系决定的，需求来自公众和企业。公众希望看高水平的体育或影视表演，看勒布朗·詹姆斯打篮球，欣赏奥普拉、查理·辛的脱口秀，和草根主播们一起分享生活，且社会公众作为需求者愿意为得到这种享受而出高价。企业希望这些公众影响力大的明星为它们做广告，因为这样会扩大它们产品的销路，带来利润。他们愿意为网红明星付高价是因为由此得到的收益大于所付出的成本。

第一节 收入分配原理

一个家庭的收入大概分为劳动收入、财产收入和转移支付收入三大类。劳动收入即工资，是居民提供自己的劳动而获得的报酬；居民也可能因为贷出自己的闲置资金获得利息收入，或者出租自己拥有的土地或房屋而获得租金收入，这是居民所获得的财产收入；所谓转移支付收入是指政府通过养老金、失业救济金、医疗补助金等形式，把一部分收入转移给居民而形成的居民收入的一部分。

从市场经济的表面现象看，每一种收入都是生产要素投入生产经营过程的结果。生产要素被分为劳动、资本、土地和企业家才能四类。经济学家认为，分配问题就是生产成果在社会成员之间的分配，它和社会各成员提供的生产要素有密切的关系。各种生产要素所获得的报酬就是生产要素的价格，所以分配理论是要解决生产要素的价格决定问题。生产要素的需求与供给决定了生产要素的价格。

【知识小链接】

分配理论的研究与发展

西方经济学有关分配理论的研究主要有以下几个方面：一是由20世纪初美国经济学家克拉克提出的边际生产力理论，二是马歇尔提出的以均衡价格论为基础的分配理论。前者主要考虑了生产要素的需求，而后者综合考虑了生产要素的需求与供给两个方面。此外，收入分配理论还有凯恩斯的收入分配理论、萨缪尔森的收入分配理论和福利经济学的收入分配理论。

一、生产要素的需求

（一）生产要素需求的特点

生产要素需求是一种派生需求。生产要素的价格由生产要素的供求决定，这一点与其他商品的价格决定是没有区别的。所不同的是，在产品市场上，需求来自消费者，消费者为了直接满足自己的某种需要而购买商品，因此，对商品的需求是“直接”需求。而在生产要素上，需求不是来自消费者，而是来自生产者，即厂商。厂商购买生产要素不是为了自己的直接需求，而是为了生产和出售产品以获得利益。例如，消费者对住房的需求增加，房地产开发商才对土地、建筑材料等产生需求。由此可见，厂商对生产要素的需求是从消费者对产品的直接需求中间接派生出来的。

生产要素需求是一种联合需求。对生产要素的需求还有一个特点,即对生产要素的需求是共同的、相互依赖的需求。这个特点是由于技术上的原因,即生产要素往往不是单独发生作用的。开发商根据消费者对住房的需求增加来投资建设商品房,不仅需要资金,还需要土地和建筑工人等,这些生产要素之间是互补关系。因此,对生产要素的需求不仅是间接的需求,还是共同的、联合的、互相依赖的需求。

(二)生产要素需求的影响因素

生产要素需求的分析,比对产品需求分析更复杂,所以其影响因素也比较特殊。

1. 产品的价格

产品的价格影响着产品的生产与厂商的利润,从而也就影响着生产要素需求。一般而言,市场对某种产品的需求越大,该产品的价格越高,则生产这种产品的各种生产要素的需求也就越大。相反,厂商就要缩小生产规模,其结果会减少对要素的需求。

2. 生产技术状况

生产的技术决定了对某种生产要素需求的大小。如果技术是以资本密集型为基础,则对资本的需求大;如果技术是以劳动密集型为基础,则对劳动的需求大。

3. 生产要素的价格

各种生产要素之间有一定程度的替代性,且某种生产要素的需求,不仅取决于该生产要素的价格,也取决于其他生产要素的价格。厂商一般要用价格低的生产要素替代价格高的生产要素,从而生产要素的价格本身对其需求就有重要影响。

(三)完全竞争市场上厂商生产要素的需求

完全竞争厂商的生产要素需求量取决于要素的边际收益与边际成本,为了实现利润最大化,他必须使购买最后一单位生产要素所支出的边际成本与其所带来的边际收益相等。在完全竞争市场上,边际收益等于平均收益,等于价格。因此,厂商对生产要素的需求就是要实现边际收益、边际成本与价格相等,即:$MR=MC=P$

在完全竞争市场上,对一家厂商来说,价格是不变的。所以,厂商对生产要素的需求取决于生产要素的边际收益。

(四)不完全竞争市场上厂商生产要素的需求

在不完全竞争条件下,单个厂商具有控制市场的力量,其所面临的是一条向右下方倾斜的需求曲线。这时,厂商要出售增加的产品,其价格必须低于以前单位产品价格,因此,售出每一追加单位产出所获得的边际收益就会降低,这就使得不完全竞争厂商的边际收益曲线与完全竞争厂商的边际收益曲线不尽相同。尽管两条曲线都是向右下方倾斜,但两条曲线下降的原因不同,在完全竞争条件下,生产要素的边际收益曲线由于生产要素的边际物质产品曲线下降而下降,即由生产要素的边际生产力递减而下降;而在不完全竞争条件下,边际收益曲线除了取决于生产要素的边际生产力,还取决于价格水平。因此,不完全竞争市场上厂商的边际收益曲线要比完全竞争厂商的边际收益曲线更加陡峭一些。一般而言,同一个价格是完全竞争市场上的生产要素需求量大于不完全竞争市场的生产要素需求量。

不完全竞争市场上厂商生产要素的需求量仍取决于MR = MC 。

二、生产要素的供给

（一）土地的供给

经济学上的土地，泛指一切自然资源，其特点被描述为“原始的和不可毁灭的”。说它是原始的，是因为它一般不能生产出来；说它不可毁灭，因为它在数量上不会减少。因而，一般都认为土地的供给是固定不变的，供给曲线是一条垂直的直线。

如图7-1所示，横轴表示土地的数量N，纵轴表示地租R，垂直的直线S是土地的供给曲线。

（二）资本的供给

资本分为资本品和货币资本。资本品作为生产要素，其本身又是产出，即生产过程的产物，它包括机器、设备、原材料等。资本品的供给曲线与一般最终产品的供给曲线一样，是向右上方倾斜的，它取决于资本品的生产成本。货币资本不是生产出来的，其供给主要取决于借贷资本的供给，也取决于与一定利息率相关的储蓄的大小。在利息率一定时，收入越高，储蓄就越多；在收入一定时，利息率越高，一定收入中用于储蓄的部分也就越多，储蓄越多就意味着货币资本的供给越多。把借贷资本的供给量看作是利息率的函数，利息率就越高，意味着持有货币的机会成本越高，要使用货币资本就要向其所有者支付更高的报酬。因此，货币资本的供给曲线同资本品的供给曲线一样，是向右上方倾斜的曲线。

如图7-2所示，横轴表示资本的数量K，纵轴表示利息率i，向右上方倾斜的曲线S就是资本的供给曲线。

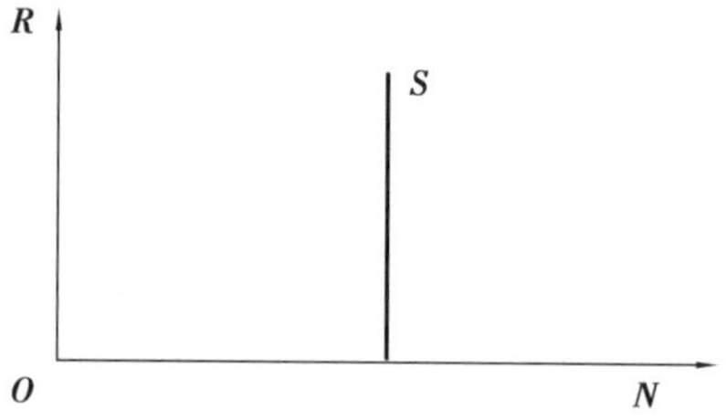

图7-1　土地的供给曲线

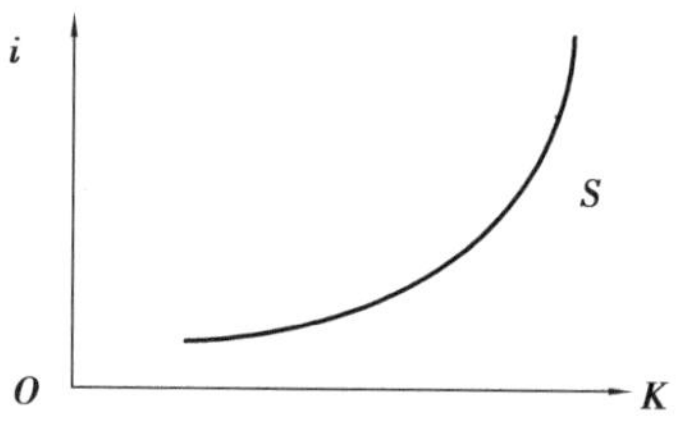

图7-2　资本的供给曲线

（三）劳动的供给

劳动的供给主要取决于劳动的成本。劳动的成本包括：一为实际成本，即维持劳动者及其家属生活必需的生活资料的费用，以及培养教育劳动者的费用；二为心理成本，劳动是以牺牲闲暇的享受为代价的，劳动会给劳动者心理带来负效应，补偿劳动者这种心理负效应的费用就是劳动的心理成本。

劳动的供给有自己的特殊规律。一般来说，当工资增加时劳动会增加，但工资增加到一定程度后，如果再持续增加，劳动不但不会增加，反而会减少。这是因为货币工资增加到一定程度后，货币的边际效用递减，不足以抵消劳动的负效用，从而劳动减少。

如图7-3所示，横轴表示劳动的供给量L，纵轴便是工资水平W，向后弯曲的曲线S就是劳动的供给曲线。

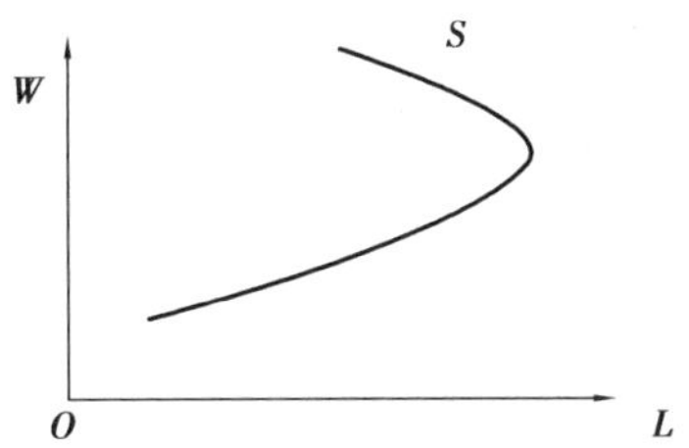

图7-3　劳动的供给曲线

但也有一些西方经济学家认为，从短期来看，劳动供给曲线会向后弯曲。但从长期来看，由于青年人逐渐加入劳动者行列，以及较低工资的工人总是愿意调整职业，用同样的劳动时间得到更高的工资，所以劳动的市场供给曲线是向右上方倾斜的。向后弯曲的劳动供给曲线只适用于高度发达和高度富裕国家。在低收入工人占多数的国家不会出现向后弯曲的劳动供给曲线。

三、生产要素价格的决定

生产要素价格与物品的价格一样，在完全竞争市场上是由生产要素的供求所决定的。根据以上对生产要素供求的分析，一般而言，生产要素的需求曲线向右下方倾斜，供给曲线向右上方倾斜，这样就可以用图7-4说明生产要素价格的决定。

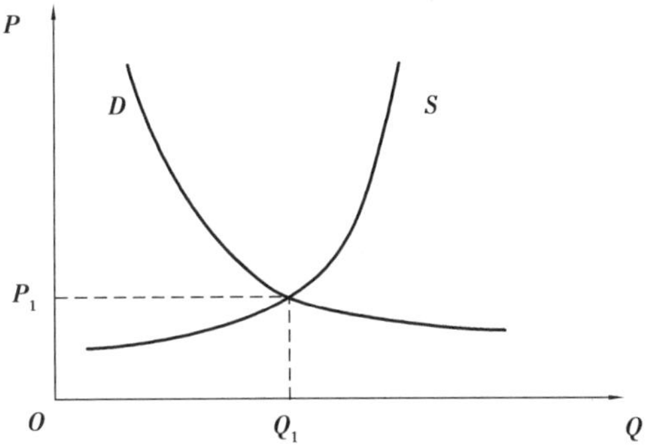

图7-4　生产要素价格的决定

在图7-4中，生产要素的需求曲线D与供给曲线S相交，决定了生产要素的价格是P_1，数量是Q_1。这与物品价格和数量的决定完全一样。

各种生产要素有不同的需求与供给特征，也有不同的市场结构。因此，各种生产要素价格与收入的决定亦有不同。

【课程思政】

严厉打击明星、网红偷税漏税行为

明星、网红偷逃税款案件屡见不鲜，手段与方式也五花八门。从2020年8月至今，经国家税务总局查明的明星、网红偷逃税的总金额数已超过12亿元。范某、徐某、孙某等人未依法办理纳税申报，少缴个人所得税3572万元；邓某、徐某、朱某、林某等人通过虚构业务转换收入性质进行虚假申报，偷逃个人所得税共计1.6亿元；郑某等人利用一些城市针对企业的税收优惠政策，借助中间公司或相关工作室隐匿个人收入，虚假申报，偷逃个人所得税共计7.1亿元。这些明星、网红偷税漏税数额巨大，影响恶劣，给国家造成了巨大的税收损失。

俗话说：多行不义必自毙。2020年8月以来，各地税务部门依托税收大数据分析，对存在涉税风险的文娱领域进行整顿，对部分影视明星和超人气网红，按照“提示提醒、督促整改、约谈警示、立案稽查、公开曝光”进行处置，大部分演艺人员已经整改、补缴相关税款。这也告诉我们：依法纳税是每个公民应尽的义务，切莫心存侥幸，以身试法。

第二节 工资、利息、地租、利润的决定

一、工资理论

工资是在一定时期内，给予提供劳动的劳动者的报酬，也是劳动作为生产要素的价格。工资水平的高低一般用单位时间的工资来衡量，如时薪、周薪、月薪和年薪等。工资高低取决于劳动的需求与供给。

劳动的需求取决于劳动的边际生产力。劳动的边际生产力是指在其他条件不变的情况下，增加以单位劳动所带来的产量的增加。根据边际报酬递减规律，劳动的边际生产力也是递减的，所以劳动的需求曲线是向右下方倾斜的，表明劳动的需求量与工资水平呈反方向变动。将劳动的需求曲线和劳动的供给曲线结合起来，即可得到均衡的工资水平及均衡的劳动数量。

如图7-5所示，劳动的需求曲线D和劳动的供给曲线S相交于均衡点E，形成均衡的工资水平为W_0，均衡的劳动数量为L_0。劳动的需求或供给任何一个发生变化都会使均衡工资水平发生变化，工资水平的升降也可以调节劳动市场的供求，使劳动的供求实现平衡。

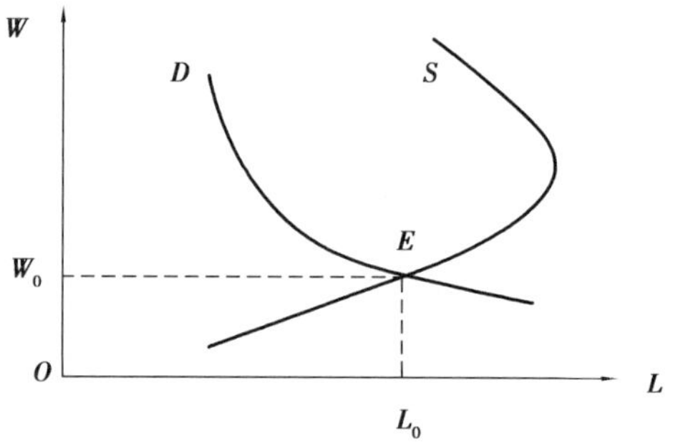

图7-5 工资的决定

（一）完全竞争市场上工资的决定

在完全竞争的劳动市场中，作为劳动需求者的厂商数量很多，任何个别厂商所雇佣的劳动在市场对劳动的总需求中占有的比重很小；而作为劳动供给方面的劳动者，则在没有工会作用的情况下可以自由地参加工作。下面用图7-6来说明完全竞争市场上工资水平的决定。

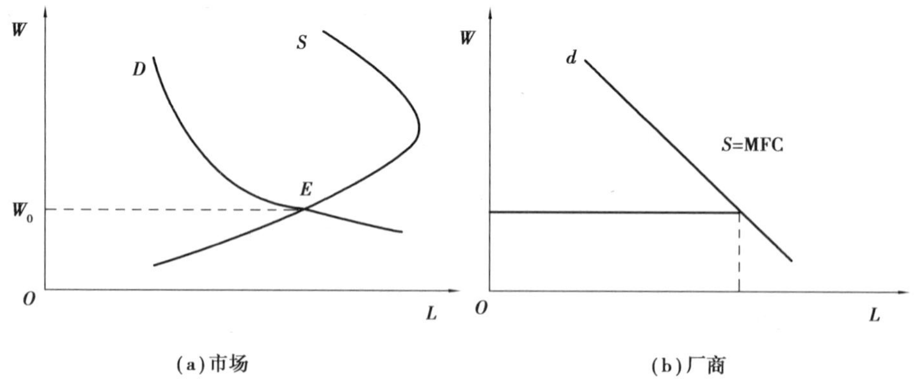

图7-6 完全竞争市场上工资的决定

如图7-6所示，曲线D为劳动的市场需求曲线，曲线S为市场的劳动供给曲线，两条曲线相交于均衡点E，形成了劳动的市场均衡，均衡的工资水平为W_0，均衡的劳动数量为L_0。由于是完全竞争的劳动市场，所有的劳动需求者和劳动供给者都只能被动地接受劳动的市场均衡价格，即所有的厂商都面临相同的需求曲线即d曲线。由于没有工会的存在，单个厂商的d曲线、MRP曲线和VMP曲线重合在一起。

（二）不完全竞争市场上工资的决定

不完全竞争是指劳动市场存在不同程度的垄断，主要有两种不同的情况：一种是买方垄断市场，劳动的供给是由众多相互竞争的劳动者提供的劳动所形成，而购买劳动的厂商只有一家，即对劳动的需求是买方垄断的情况；另一种是卖方垄断市场，对劳动的需求是由众多相互竞争的厂商购买形成的，而劳动者却由工会组织在一起，成为生产要素市场的卖方垄断者。在这种不完全竞争的劳动市场上，工会对工资的决定通常起着重大的作用。

工人通过工会组织在一起，集体出售他们的劳动。工会组织会尽量采取措施以提高工人的工资，具体方法有以下几种。

第一，减少劳动的供给。限制移民、学徒期限延长、种族和性别的限制、拒绝接纳新会员加入工会或不让非工会会员参加工作，这些都是曾经使用过的限制劳动供给的方法。在需求不变的情况下，通过减少劳动的供给，可以提高工资，但会使就业人数减少。

如图7-7所示，劳动的需求曲线D和原来的劳动的供给曲线S_0的交点E_0决定了工资为W_0，就业人数为L_0。由于劳动供给的减少，供给曲线从S_0左移到S_1，其与需求曲线D的交点E_1，决定了工资水平上涨到W_1，而就业人数相应地却从L_0减少到L_1。

第二，增加劳动的需求。通过支持保护关税、广告竞争等办法，增加对厂商产品需求，以提高对劳动的需求，增加对厂商产品的需求，以提高对劳动的需求。在供给不变的情况下，通过增加对劳动的需求的方法，可以提高工资，同时还可以增加就业人数。

如图7-8所示，劳动的供给曲线S与原来的劳动需求曲线D_0相交于E_0，决定了工资水平为W_0，就业人数为L_0。由于劳动需求的增加，劳动需求曲线从D_0移动到D_1，它与供给曲线相交于E_1，决定了工资水平上涨到W_1，同时就业人数也从L_0增加到L_1。

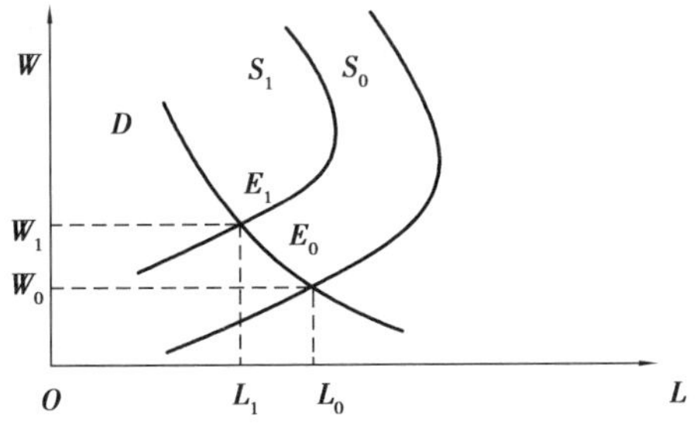

图7-7　减少劳动供给提高工资

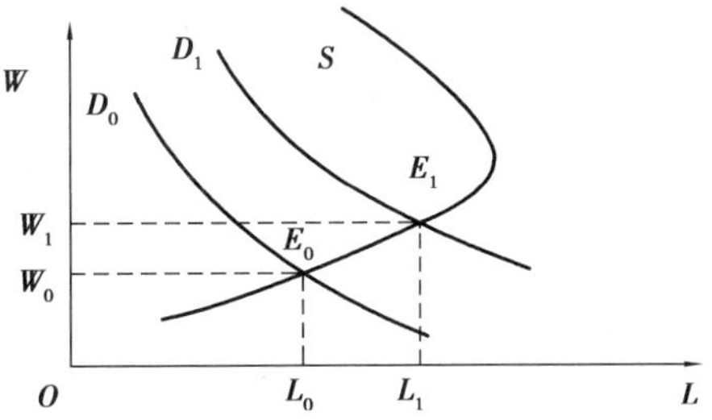

图7-8　增加劳动需求提高工资

第三，最低工资法。工会迫使政府通过立法规定最低工资，这样，在劳动的供给大于需求时也可以使工资维持在一定的水平上，但这种方法可能会带来一定的失业人口。如图7-9所示，劳动的需求曲线D与劳动的供给曲线S相交于E_0，决定的工资水平为W_0，就业人数为L_0。而规定的最低工资水平为W_1，高于均衡工资水平，即$W_1>W_0$。在高水平的工资上，劳动的需求量为L_D，而劳动的供给量为L_S，明显$L_S>L_D$，就会出现一定的失业人口。

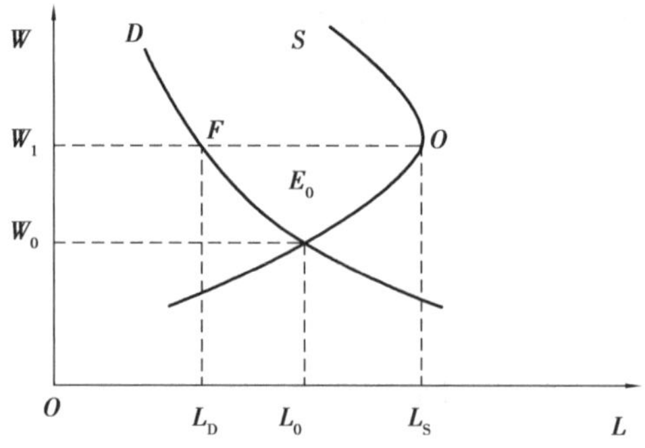

图7-9 最低工资

二、利息理论

（一）利息与利息率

利息是资本的价格，也就是货币资本使用者向资本提供者支付的报酬。但利息与工资、地租的计算方法不同，它不是用货币的绝对量来表示的，而是通过利息率表现出来。利息率是利息在每一单位时间内(通常为一年)在货币资本中所占的比例。

为什么资本可以带来利息？经济学家用以下理由说明了利息的合理性。

第一，消费的时间偏好。人们往往有一种时间偏好，即在当期消费和未来消费中，偏好当期消费。由于对未来难以预测，人们认为，现在多增加一单位消费所带来的边际效用要大于将来多增加这一单位消费所带来的边际效用。例如，现在购买一辆汽车和几年以后购买同样一辆汽车给消费者带来的效用是不一样的，消费者会认为几年以后拥有汽车的人很多，不如现在给他带来的满足程度大。所以，很多人总是喜欢当期消费，可对于放弃当期消费把货币作为资本的人理应得到利息作为报酬。

第二，迂回生产。迂回生产就是先生产生产资料，然后由这些生产资料去生产消费品。很明显，迂回生产提高了生产效率，而且迂回生产的过程越长，生产效率越高。现代生产的特点就在于迂回生产。但迂回生产如何能实现呢？这就必须要有资本。资本能使迂回生产成为可能，从而提高了生产效率。这种由于资本而提高的生产效率就是资本的净生产力。资本净生产力是资本能带来利息的根源。

第三，节欲论。以西尼耳为代表的学者认为，贷款者把自己的资金借出，就是牺牲了当前的消费。而人们在牺牲当前的消费时，就等于牺牲了当前欲望的满足。欲望不能得到满足，则必有痛苦。利息则是对节制欲望所产生的痛苦的补偿。节欲过程中所产生的痛苦越大，利息越高，反之则越低。但是，也有些西方经济学家认为，有钱能借给别人使用的人，其收入必然较高，当这些人把钱出借时，不会忍受欲望不能满足的痛苦。因为当这些人出借钱时，即准备等待将来能够得到其应有的报酬。因而持这种观点的人把"等待"看成是经济活动中的重要因素，即利息是等待的报酬。

(二)利息的决定

利息率取决于资本的需求与供给。资本的需求主要是厂商投资的需求,因此,可以用投资来代表资本的需求。资本的供给主要是储蓄,因此,可以用储蓄来代表资本的供给。这样就可以用投资与储蓄来说明利息率的决定。

企业借入资本进行投资,是为了实现利润最大化,这样投资就取决于预期利润率与利息率之间的差额。预期利润率与利息率的差额越大,即预期利润率越是高于利息率,纯利润就越大,企业也就越愿意投资。反之,预期利润率与利息率的差额越小,即预期利润率越接近利息率,纯利润就越小,企业也就越不愿意投资。这样,在预期利润率既定的条件下,利息率就与投资呈反方向变动,从而资本的需求曲线是一条向右下方倾斜的曲线。

人们进行储蓄,放弃现期消费是为了获得利息。利息率越高,人们越愿意增加储蓄,利息率越低,人们就越要减少储蓄。这样,利息率与储蓄呈同方向变动,从而资本的供给曲线是一条向右上方倾斜的曲线。利息率是由资本的需求与供给双方共同决定的。可用图7-9来说明利息率的决定。

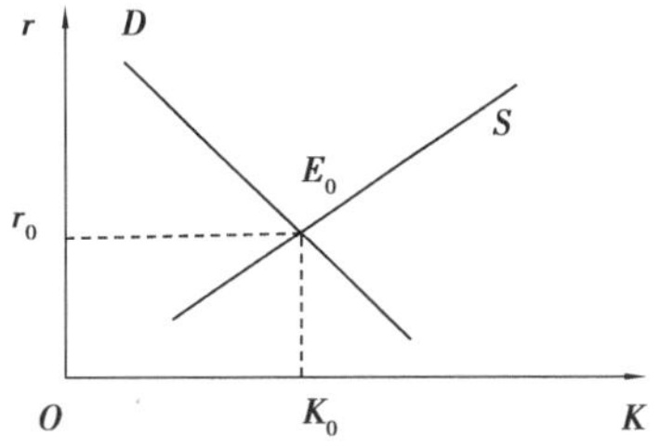

图7-10 利息率的决定

如图7-10所示,横轴表示资本的数量K,纵轴表示利息率r,资本的需求曲线D与供给曲线S的交点E决定了利息率水平为r_0。

三、地租理论

(一)地租性质

经济学中的土地,泛指地上、地下、空中和海洋中的一切自然资源,具有永久性、固定性和不变形的特点。

地租是土地这种生产要素的价格,是土地所有者凭借土地使用权而收取的报酬,也可以理解为使用自然资源的租金。土地对任何厂商来讲都是最基本的生产要素,不同于其他生产要素的一个显著特征,就是它的总供给是由非经济力量所决定的,土地的数量不会随着价格的上升而增加,也不会随价格的降低而减少。所以,我们认为土地的完全固定性是它的本质属性,因而,古典经济学家把土地称为“原始的和不可耗尽的天然馈赠”,它的总供给具有固定的完全的非弹性。

(二)地租决定

地租是由土地的需求和供给决定的。与此同时,土地的需求曲线是向右下方倾斜的。这是因为,地租取决于土地的边际生产力,土地的需求价格决定于它的边际生产力,也就是土地的边际收益。随着土地使用量的增加,在其他要素投入不变的情况下,土地的边际生产力不断下降,土地的边际收益不断递减,故土地的需求曲线是向右下方倾斜的。土地的供给曲线前面已经讲过了,是一条与横轴垂直的直线,把土地的需求曲线和供给曲线结合在一起,则可以得出均衡的地租水平。

如图7-11所示，横轴表示土地的数量N，纵轴表示地租R，土地的需求曲线D与供给曲线S的交点E决定了地租水平为R_0。

土地的供给是固定的，随着经济的发展，对土地的需求量不断增加，导致了地租的不断攀升。如图7-12所示，由于对土地需求的增加，土地的需求曲线从D_0向上移动到D_1，地租随之从R_0上涨到R_1。

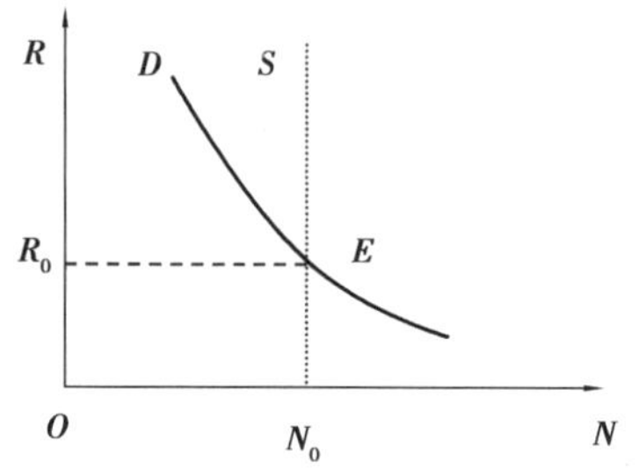

图7-11　地租的决定

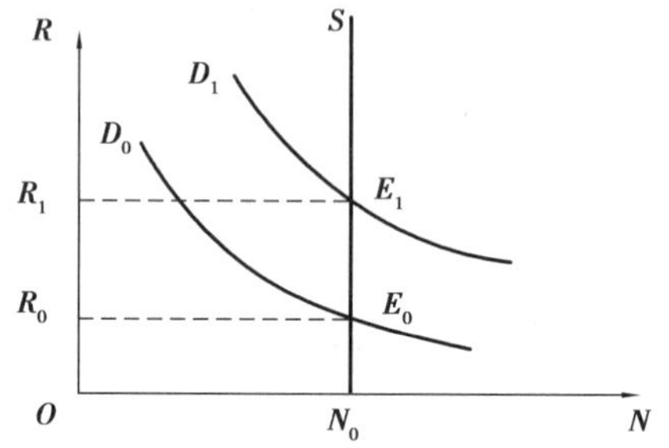

图7-12　地租的变化

四、利润理论

利润是经营管理企业的厂商或者企业主的收入。在分配理论中，西方经济学家把利润分为正常利润与超额利润。

（一）正常利润

正常利润是企业家才能的报酬，被包括在成本之中。在长期中，如果企业家得不到正常利润，就会退出生产。正常利润的决定与工资类似，取决于企业家才能的供求关系。企业家在生产过程中起着很重要的作用，对企业家才能的需求量很大，又由于企业家才能是经过特殊训练和培养才获得的，成本很高，所以企业家才能供求曲线的交点所决定的正常利润会远远高于一般劳动者的工资。可以说，正常利润是一种特殊的工资，其特殊性就在于其数额远远高于一般劳动所得到的工资。

（二）超额利润

超额利润是超过正常利润的那部分利润。在完全竞争条件下，在静态社会里，不会有这种利润产生。只有在动态社会中和不完全竞争条件下，才会产生这种利润。动态社会涉及创新和风险，不完全竞争则存在垄断。

超额利润主要有三个来源。

第一，来源于创新。这里所说的创新包括引进一种新产品，引进一种新技术，开辟新市场，获得某种新原料或新能源，生产组织方法的某种新发明及其应用。上述五个方面的任何一个方面都可以使企业获得更高的劳动生产率，从而带来经济利润，可以把“创新的利润”看成是创新者或企业家的暂时经济利润。

第二，来源于承担风险。风险是指投资者面临亏损的可能性。企业家进行某种有可能失败的生产活动时，他面临着遭到失败而导致经济损失的可能性。在社会经济发展过程中，总需要有人去承担风险。由于承担风险而获得的经济利润，不过是社会为冒险活动所支付的保险费用。

第三,来源于垄断。垄断可使厂商抬高出售产品的价格或压低购买生产要素的价格,从而使厂商获得垄断利润。西方一些经济学家认为,在垄断情况下所获得的经济利润是一种剥削。

西方经济学家认为创新和承担风险带来的利润是合理的,垄断所得的利润是不合理的。

【课程思政】

冷库的利润有多高

在某市第三届农博会上,一串串晶莹润泽的红提让人眼前一亮。冬天也能吃上葡萄,吃水果的市民在寒冷之季有了这样的口福。这批由该市紫金港湾专业合作社经保鲜冷藏了2个月、重磅推出的美国红提大放异彩,每斤价格20元,比2个月前的收购价高出三倍,购买的人依然络绎不绝。在这背后,合作社专门新建的葡萄保鲜库发挥了重要作用。

冷库长期保鲜让反季节销售成为可能。紫金港湾专业合作社投资10多万元新建了容量290立方米的冷库,可存放葡萄20吨,保鲜时间可达2~3个月,通过延长保鲜时间,错开了葡萄上市高峰期,提升价格,有效增加了利润。紫金港湾合作社葡萄存量12吨,农博会一过,春节时期的水果市场成了他们的下一个目标。

袁花镇梨园村是南方梨的重要产区,通常果农有"三怕":一怕自然灾害,二怕水果易损变质,三怕市场价格压得太低。梨园村合作社的五间冷库让村民没有了后顾之忧。每间冷库占地50平方米左右,"梅花"台风期间三间冷库就收了10万斤梨子,抢收梨子预防了台风灾害,库内温度维持在2℃,不用担心损害变质,更重要的是,扩充了存储容量,延长了保鲜周期,让漫天压价的小商贩都望而却步,保证了市场价格和果农收益。

通过新建和改造冷库,该市农业专业合作社都收获了超高的利润。

(资料来源:《海宁日报》,2011年12月26日,有修改)

第三节 社会收入理论

一、洛伦斯曲线与基尼系数

(一)洛伦斯曲线

为了研究国民收入在国民之间分配的公平程度,美国统计学家提出了著名的洛伦斯曲线。洛伦斯曲线是用来衡量社会收入分配(或洛伦斯财产分配)平均程度的曲线。

洛伦斯曲线是衡量一个经济社会收入分配和财产分配平等程度的方法,是根据大量的统计资料,通过对经济社会各阶层人的收入占国民收入的份额进行测定而得到的。它首先将一国总人口所得到的收入由低到高排队,然后,考虑收入最低的任意百分比人口所得到的收入百分比。例如,收入最低的20%人口、40%人口等所得到的收入百分比分别是6%、18%等,如表7-1所示。

表7-1 收入分配资料

等级	人口百分比/%	合计	占总收入的百分比/%	合计
1	20	20	6	6
2	20	40	12	18
3	20	60	17	35
4	20	80	24	59
5	20	100	41	100

注：表中的数据为假设的。

将表7-1中人口合计百分比和收入合计百分比的对应关系描绘在图形上即得到洛伦斯曲线。

如图7-13所示,横轴表示人口百分比,纵轴表示收入百分比,曲线*OY*为洛伦斯曲线。由此曲线及表7-1可以看出,在这个国家中,收入最低的20%人口所得到的收入仅占总收入的大约6%;而收入低的前4个等级80%的人口所得到的收入占总收入的59%。

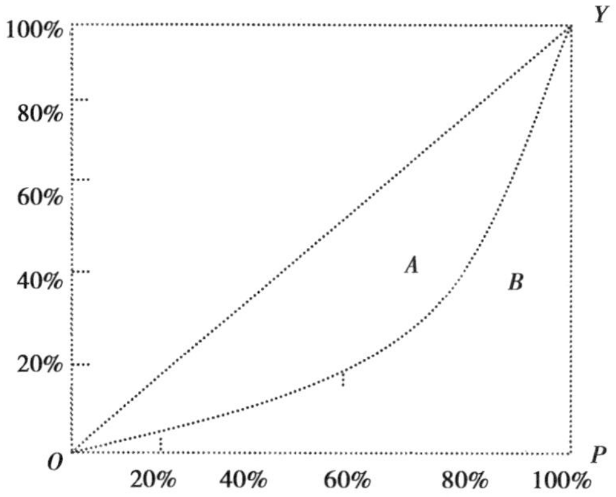

图7-13 洛伦斯曲线(横轴表示人口百分比,纵轴表示收入百分比)

显而易见,洛伦斯曲线的弯曲程度具有十分重要的意义。一般来说,它反映了收入分配的不平等程度。弯曲的程度越小,收入分配越平等。特别是,如果收入都集中某一个人手中,而其余人口一无所获时,收入分配达到绝对不平等,洛伦斯曲线为折线*OPY*;另一方面,如果任一国人口百分比均等于其收入百分比,从而人口合计百分比等于收入合计百分比,则收入分配就是绝对平均的,洛伦斯曲线为对角线*OY*。

一般来说,一个国家的收入分配,既不是绝对不平等,也不是绝对平等,而是介于两者之间。洛伦斯曲线介于对角线*OY*和折线*OPY*之间。

(二)基尼系数

如图7-13所示,把洛伦斯曲线与对角线*OY*之间的面积用*A*表示,洛伦斯曲线与折线*OPY*之间的面积用*B*表示,则基尼系数为

$$基尼系数=A/(A+B)$$

基尼系数是衡量一个国家贫富差距的标准。

当基尼系数等于零时，表示该国收入分配绝对平等，当基尼系数等于1时，表示该国收入分配绝对不平等。实际的基尼系数总是大于0而小于1的。基尼系数越接近0，表示收入分配越平等；基尼系数越接近1，表示收入分配越不平等。

按国际通用的标准，基尼系数小于0.2，表示收入分配绝对平等；0.2~0.3，表示收入分配比较平等；0.3~0.4，表示收入分配基本合理；0.4~0.5，表示收入分配差距较大；0.5以上表示收入分配差距悬殊。我国改革开放以后收入的不平等程度逐渐加大，在1978—1990年，城镇个人收入的基尼系数从0.185提高到0.23，农村个人收入的基尼系数从0.212提高到0.31，到2007年我国的基尼系数已超过0.4。这说明自从改革开放以后，我国改变了过去收入平均分配的格局，收入分配的不平等正在加剧。

二、公平与效率

经济学家认为，收入分配有三种标准：第一个是贡献标准，即按社会成员的贡献分配国民收入。这也就是我们在分配理论中介绍过的，按生产要素的价格进行分配。这种分配标准能保证经济效益，但由于各成员能力、机遇的差别，又会引起收入分配的不平等。第二个是需要标准，即按社会成员对生活必需品的需要分配国民收入。第三个是平等标准，即按公平的准则来分配国民收入。后两个标准有利于收入分配的平等化，但不利于经济效益的提高。由此可见，无论哪一种收入分配方法，都存在有利于经济效益的提高则会不利于平等，有利于平等则会有损于经济效益的提高，这就是经济学中所说的平等与效率的矛盾。

（一）引起收入分配不平等的原因

在任何一个社会都存在程度不同的收入分配不平等，在市场经济社会中这一问题更加突出。引起收入分配不平等的原因既有共同之处，又有不同之处。研究引起收入分配不平等的原因，对解决这一问题是十分必要的。

首先，收入分配不平等的状况与一个社会的经济发展状况相关。根据美国经济学家库兹涅茨的研究，一个社会收入分配状况变动的一般规律是，在经济开始发展时，收入分配才会随经济发展而较为平等。

应当指出的是，当今在由计划经济转向市场经济的各国中，无论经济发展状况如何，都出现了较为严重的收入不平等，甚至是两极分化。俄罗斯等国在转型过程中，经济发展并不快，曾出现过较长时期的停滞，甚至负增长，但收入分配不平等却极为严重。中国在转型过程中，经济发展相当迅速，与此同时也出现了收入分配不平等加剧的现象。不同的学者对这种现象有不同的解释。其中有打破计划经济下平均主义分配的进步，对经济发展有促进作用。

其次，各国收入分配不平等也与制度上存在的问题相关。例如，一些国家存在的户籍制度、受教育权利的不平等。由于制度或社会习俗，一部分人对另一部分人有歧视。许多国家普遍存在对妇女的歧视、对有色人种的歧视等。在发达国家，工会制度的存在也是引起不平等的原因，工会会员受工会保护获得较高工资，而非工会会员则无力与雇主抗争，工资较低。在欧洲以及加拿大这类传统上工会力量强大的国家，工会在引起收入分配不平等中起的作用是相当大的。

最后，引起收入分配不平等的原因还有个体差异。例如，每个人在能力、勤奋程度、机遇等方面存在不同。就能力而言，既有先天的才能，也有后天受教育程度的不同。有的人勤奋好学，而有的人则正相反。经济学家认为，人的受教育程度与个人收入之间有强烈的相关性。受教育越多，能力越强，收入水平越高，这已经是一个不争的事实。

此外，不可否认有的人运气好，赶上了好机会，而另一些人没有发挥才能的机会，或者有机会没抓住，这也能引起收入差别。当一个社会经济开始发展时，总有少数能力强、勤奋，又善于抓住机会的人成功了，成为富人。在市场竞争中，能力差、不勤奋又不善于抓住机会的人，会相对穷下去。这就是每一个社会在经济发展初期贫富差距较大的重要原因。

总之，收入分配差距拉大，既有社会原因，又有个人原因。

(二)公平与效率兼顾的分配原则

公平与效率哪一个优先是经济学家们一直争论不休的问题。在市场经济中，分配原则是效率优先。由于市场经济本身没有自发实现平等的机制，因此，收入分配不公问题只能通过政策来解决。收入分配不平等是合理的，但有一定限度，如果收入分配差距过大，甚至出现贫富两极分化，既有损于社会公正，又会成为社会动乱的隐患。因此，各国政府都在一定程度上采用收入再分配政策以纠正收入分配中较为严重的不平等问题。在收入再次分配中，要注意公平与效率的关系。

平等，即社会成员收入的均等化。追求收入分配中的平等，消除贫困是微观经济政策的目标。但是，经济学认为，追求收入分配的平等必然影响社会效率，即社会资源的有效配置，效率也是微观经济政策的目标；而要追求社会效率，就难以做到收入分配的平等。公平与效率之间存在着矛盾，这一矛盾就称为平等与效率的交替。

公平与效率的矛盾或交替关系的存在，是市场经济运行机制本身决定的。资源的有效配置是市场经济的基本功能，按照生产要素的贡献分配则是效率的保障。然而，由于人们持有要素的数量和质量存在差异，人们的收入必然存在差异。如果取消这种差异实现收入均等化，就会伤害人们工作的积极性。由此可见，在市场经济下，取消收入分配的差异不仅是不现实的，也是不可能的。人人平等是人们天赋的权利，人人平等是社会追求的目标，也是市场经济存在的基础。如果社会财富或收入分配差距过大，会影响劳动力的再生产，影响劳动者受教育和培训的机会，甚至造成社会动荡，危及正常的市场经济秩序。因此，公平与效率是微观经济政策的目标，微观经济政策如何协调公平与效率之间的矛盾，成为收入分配问题的核心。经济学认为，公平与效率难以兼得，但要兼顾。

首先，从总体上说，应坚持效率优先兼顾公平的原则。在历史上，只有当效率提高到产生剩余产品时，社会才会产生分配平等与不平等的问题。在效率低下，根本没有剩余产品的情况下谈论收入分配的公平是没有任何意义的。而且收入分配的公平也只有在效率提高过程中才会逐步实现。

其次,要善于抓住公平与效率这对矛盾的主要方面来协调两者的关系。公平与效率在经济发展的不同阶段会交替成为矛盾的主要方面,当公平问题显得更重要时,更多强调公平,当效率问题更重要时,要更重视效率。例如,我国在改革开放后,强调拉开收入分配差距,以增进效率,这是我们取得改革开放巨大成绩的主要原因。而在收入分配差距超过基尼系数的警戒线时,及时调整政策,避免收入差距过大就成为要解决的主要问题。

最后,寻找公平与效率交替的有效途径,以降低效率与公平的替代成本。例如增加教育投入,提高教育质量,一方面可以提高劳动者的市场竞争力,提高社会效率;另一方面劳动者的能力和知识水平的提高有助于缩小收入差距。扩大社会资源的流动性既可以为人们提供"机会均等"的环境,又能鼓励人们积极上进,提高效率。此外,适时调整社会福利措施和税收制度也是兼顾公平与效率的主要途径。

(三)收入再分配政策

1.增加教育费用支出

增加教育费用支出,一方面可以使低收入者拥有赚取较高收入的能力,有助于缩小社会的收入差距,以利于公平的实现;另一方面可以使全社会受益,提高整个社会的劳动生产率,也有利于经济效率的提高。

2.搞好社会福利事业建设

社会福利性措施通常分为两类:一类属于宽容性措施,即对丧失劳动能力的人实行社会救济,这被认为是出于人道主义的考虑,保证每个社会公民都能得到平等的生存权利。另一类是对有劳动能力,但没有工作或收入较低的人的补助。对于后一部分人,社会应根据每个人工作量的多少,按比例提供生活资料补助。

3.实行税收调节政策

实行税收调节政策的目的是通过税收手段来缩小收入差距。实行税收调节政策的主要手段是征收个人所得税。个人所得税是税收的一项重要内容,它通过超额累进所得税率来调节社会成员收入分配的不公平状况。

4.扩大生产资源的流动范围

社会生产资源的流动包括水平流动(地区间的流动)和垂直流动(社会职业等级中的流动)两种方式。在我国,无论资本和劳动力都要允许其在全社会进行流动。只有流动才能为工作者和投资者创造出机会均等的获益条件。其中,重点是动员全社会的力量做好农村剩余劳动力和城镇再就业人口的转移和安置工作,这样既可以为农民和下岗工人创造公平就业的机会,也能鼓励人们奋发向上,还有利于提高社会经济发展效率。

【课程思政】

推进共同富裕要统筹效率和公平

习近平总书记深刻指出,"实现共同富裕不仅是经济问题,而且是关系党的执政基础的重大政治问题”。党的二十大报告指出，“共同富裕是中国特色社会主义的本质要求，也是一个长期的历史过程”“我们坚持把实现人民对美好生活的向往作为现代化建设的出发点和落脚点，着力维护和促进社会公平正义，着力促进全体人民共同富裕，坚决防止两极分化”。效率和公平是社会发展的两大重要目标，实现效率和公平相统一是我国社会主义现代化建设所遵循的重要原则，也是实现共同富裕所要考虑的重要命题。作为马克思主义执政党，我们党始终牢记初心使命，在发展中统筹效率和公平，把实现全体人民共同富裕作为党的重要奋斗目标，取得了举世瞩目的成就。踏上新征程，我们必须深入理解统筹效率和公平的重要意义，把握二者之间的辩证统一关系，促进全体人民共同富裕取得更为明显的实质性进展。

统筹效率和公平的重大战略意义

在发展中处理好效率和公平的关系，是检验我们党执政智慧的重要体现，对于不断解放和发展生产力、扎实推进共同富裕和实现人的全面发展，具有重要的战略意义。

统筹效率和公平是社会主义现代化建设的重要要求。改革开放后，邓小平同志指出：“社会主义的本质，是解放生产力，发展生产力，消灭剥削，消除两极分化，最终达到共同富裕。”中国特色社会主义进入新时代，习近平总书记强调：“我们追求的发展是造福人民的发展，我们追求的富裕是全体人民共同富裕。”消除贫困、改善民生、实现共同富裕是社会主义的本质要求，是我们党的重要使命和矢志不渝的奋斗目标。一方面，贫穷不是社会主义，发展太慢不是社会主义，要提高经济社会发展效率，不断解放和发展生产力；另一方面，社会主义现代化建设的出发点和落脚点是实现人民对美好生活的向往，要着力维护和促进社会公平正义，坚决防止两极分化。可以说，中国式现代化道路内在地蕴含了统筹效率和公平的理论基因。在扎实推进共同富裕、推进中国式现代化的过程中，要正确处理效率和公平的关系，始终体现效率、促进公平。

统筹效率和公平有助于在新发展阶段推动高质量发展。进入新发展阶段，我国发展的内部条件和外部环境正在发生深刻复杂变化，国际国内形势不稳定性和不确定性凸显，这就要求我们努力实现更高质量、更有效率、更加公平、更可持续、更为安全的发展。从一定意义上说，效率和公平都是实现高质量发展的重要目标。坚持统筹效率和公平，有助于在新发展阶段更好地贯彻新发展理念，构建新发展格局，正确处理增长和分配的关系，既把“蛋糕”做大做好，又把“蛋糕”切好分好，推动经济高质量发展。

统筹效率和公平有利于更好满足人民群众对美好生活的需要。新时代，我国社会主要矛盾已经转化为人民日益增长的美好生活需要和不平衡不充分的发展之间的矛盾。人民群众对美好生活的需要呈现多样化多层次多方面的特点，期盼有更好的教育、更稳定的工作、更满意的收入、更可靠的社会保障、更高水平的医疗卫生服务、更舒适的居住条件、更优美的环境、更丰富的精神文化生活。只有科学统筹好效率和公平，把促进全体人民共同富裕作为为人民谋幸福的着力点，持之以恒锻长板、补短板、强弱项，自觉主动解决地区差距、城乡差距、收入差距等问题，才能更好破解发展不平衡不充分问题，让发展成果更多更公平惠及全体人民，不断促进人的全面发展，朝着实现全体人民共同富裕不断迈进。

在统筹效率和公平中推进共同富裕

从人类渴求社会繁荣与发展这个终极目标来看，效率和公平的总目标是一致的，二者是一种辩证统一的关系。可以说，我国社会主义现代化建设实际上就是在科学处理效率和公平的关系中不断前进的。效率和公平犹如“车之双轮、鸟之两翼”，缺一不可。党的二十大报告指出，中国式现代化是全体人民共同富裕的现代化。在全面建设社会主义现代化国家新征程上，要把促进全体人民共同富裕摆在更加重要的位置，统筹效率和公平，在不断做大“蛋糕”的过程中分好“蛋糕”，在高质量发展中促进共同富裕。

一方面，要注重效率，坚持高质量发展，在更高层次上做大“蛋糕”。效率是公平的物质前提。回望人类社会发展历程，经济增长率的提升和社会财富的增加，都是围绕着效率问题展开的。我国仍然处于社会主义初级阶段，仍然是世界上最大的发展中国家，发展仍然是解决中国一切问题的关键。为此，必须毫不动摇地坚持和完善社会主义基本经济制度，坚持以经济建设为中心，坚持以推动高质量发展为主题，着力解决好发展不平衡不充分问题，推进供给侧结构性改革，推动经济实现质的有效提升和量的合理增长。

具体而言，要科学把握新发展阶段的历史方位，完整准确全面贯彻创新、协调、绿色、开放、共享的新发展理念，加快构建新发展格局，推动有效市场和有为政府更好结合，统筹发展和安全，大力提升经济发展的质量和效益。用好财政政策和货币政策，增强金融服务实体经济能力，增强内需对经济增长的拉动力，防范和化解重大风险，保持经济平稳运行；加强科技创新，实施产业基础再造工程和重大技术装备攻关工程，支持新能源、新材料、数字经济等战略性新兴产业和高新技术产业发展，促进产业优化升级，坚决打赢关键核心技术攻坚战；推进改革开放走深走实，深化“放管服”改革，处理好政府和市场关系，充分利用两个市场两种资源，不断激发市场活力，增强发展动力，释放内需潜力。

另一方面，要促进公平，完善分配制度，更高水平地分好“蛋糕”。公平是效率的有力保证，也是马克思主义追求的价值理想。不断增进社会公平，坚持发展为了人民、发展依靠人民、发展成果由人民共享，实现全体人民共同富裕，是中国共产党人的价值追求，是社会主义制度优越性的集中体现。合理的收入分配制度是社会公平的重要体现。必须立足实现全体人民共同富裕的目标，完善分配制度，构建初次分配、再分配、第三次分配协调配套的制度体系，形成人人参与、人人享有的合理分配格局和两头小、中间大的橄榄形分配结构，以促进社会公平。

具体而言，在以市场机制主导的初次分配中，要发挥按劳分配的优势，充分提高劳动报酬在初次分配中的比重，同时健全劳动、资本、土地、知识、技术、管理、数据等生产要素由市场评价贡献、按贡献决定报酬的机制，由此激励和引导全社会创新创业创造热潮。在以政府主导的发挥调节功能的再分配中，要通过加大税收、社保、财政转移支付等调节力度，推动基本公共服务均等化，实现收入分配的相对公平。在以公益慈善方式为主的第三次分配中，要以自愿为原则，努力使慈善捐赠发挥应有的积极作用，鼓励高收入群体更多回报社会。

还要看到，促进全体人民共同富裕是一个全局性的问题，既是经济问题，也是政治、文化、社会、生态文明问题。促进共同富裕的考量不能只有分配一个维度，也不能限于经济一个视角，必须着眼于全局，综合施策，坚持两点论和重点论的统一，从统筹社会生产各方面、协调发展各领域的立场出发，在统筹效率和公平中科学处理好近期任务和远景目标之间的关系，扎实推进全体人民共同富裕。

（资料来源：李春根，《推进共同富裕要统筹效率和公平》，《经济日报》，2022年11月3日）

思政引导：中国政府为深化收入分配体制改革采取了多种举措，取得了良好的社会效应。如加强对劳动力市场规范，完善工资指导线制度，强化对劳动力市场监管，改革工会制度，使中国能真正建立起工资谈判机制；如采取推进税收制度改革，扩大转移支付和社会保障等增加低收入群体收入、缓解贫富差距的手段；如提高和改善低收入人群的人力资本和发展技能，让他们获得持续创富的能力等。缩小贫富差距、实现共同富裕是一个系统、复杂、艰巨而漫长的过程。

思考与练习

一、单项选择题

1. 下列各项中，不属于生产要素的是（　　）。

A. 农民拥有的土地　　B. 企业家管理企业的能力

C. 手机商店出售的产品　　D. 建筑工人付出的劳动

2. 生产要素的需求曲线向右下方倾斜，是因为（　　）。

A. 要素的边际产值递减　　B. 要素生产的产品的边际效用递减

C. 生产的规模报酬递减　　D. 以上均非

3. 要素供给曲线（　　）。

A. 总是向右上方倾斜　　B. 并不是向右上方倾斜的

C. 总是一条垂直线　　D. 总是一条水平线

4. 如果政府大力提倡用先进的机器代替劳动，这将导致（　　）。

A. 劳动的供给曲线向右移动　　B. 劳动的需求曲线向右移动

C. 劳动的供给曲线向左移动　　D. 劳动的需求曲线向左移动

5. 劳动供给决策包括（　　）之间的选择。

A. 工作和睡眠　　B. 收入和消费

C. 消费和睡眠　　D. 收入和闲暇

6. 正常利润属于（　　）。

A. 经济利润的一部分　　B. 经济成本的一部分

C. 隐含成本的一部分　　D. 都对

7. 在以下四种情况中可以作为生产要素的资本是（　　）。

A. 通用汽车公司所拥有的货币　　B. 通用汽车公司的债券

C. 通用汽车公司所拥有的某家汽车厂　　D. 以上各项都是

8. 生产要素的价格等于（ ）。

A. 要素的边际成本　　B. 边际产品收益

C. 边际产值　　D. 依具体情况而定

9. 当要素A供给（价格）弹性为零时，（ ）。

A. 该要素的供应量固定且与该要素的价格无关

B. 该要素的需求曲线单独决定平衡价格

C. 要素A全部支付的都是租金

D. 以上都对

10. 如果市场利息率普遍下跌，那么任何资本要素的现值将（ ）。

A. 下跌，因为较低的利息率表明，在未来任一时期增加的收入量，现值较高

B. 上涨，因为较低的利息率表明，在未来任一时期增加的收入量，现值较低

C. 保持不变，除非相关的成本或收入因素因此而改变

D. 增加，因为较低的利息率表明，在未来任何时期增加的收入量，现值较高

二、多项选择题

1. 社会收入公平理论的研究指标主要有（ ）。

A. 洛伦斯曲线　　B. 摩尔定律　　C. 恩格尔系数　　D. 基尼系数

2. 收入分配有（ ）等标准。

A. 贡献标准　　B. 平等标准　　C. 需要标准　　D. 发展标准

3. 超额利润是超过正常利润的那部分利润，它主要来自（ ）。

A. 创新带来的　　B. 风险的报酬

C. 垄断的后果　　D. 发展的结果

三、判断题

1. 生产要素的价格是由其供给与需求决定的。（ ）

2. 收入分配越是趋向平等，洛伦斯曲线的弧度越大，基尼系数也越小。（ ）

3. 如果仅考虑劳动的替代效应，劳动的供给曲线向右上方倾斜。（ ）

4. 超额利润是对企业家才能这种特殊生产要素的报酬。（ ）

5. 当资本的边际效率大于利息率时，厂商继续借款进行投资仍有利可图。（ ）

6. 改革开放以后，我国的基尼系数越来越大，说明我国的收入分配越来越平等。（ ）

7. 根据微观经济学的观点，集体谈判是指资方联合起来组织工会与劳动者谈判。（ ）

8. 根据微观经济学的观点，收入再分配不会导致社会成本的增加。（ ）

9. 一般认为，效率优先，公平次之。（ ）

10. 工会组织的存在是影响劳动力供给的重要因素。（ ）

四、问答题

1. 生产要素的需求有哪些特点？

2. 收入分配政策的调整方法有哪些？

3. 为什么劳动力的供给曲线会向后弯曲？

4. 如何协调效率与公平？

技能训练项目

研讨我国经济收入分配现状

【技能目标】

培养学生的经济学思维和提高学生对经济收入分配问题的分析能力。

【内容与要求】

学生自愿组成学习小组，每组5~6人，以组为单位，对我国经济收入分配现状进行分析研讨。问题的素材、数据和分析可以通过网络、身边的经济案例来收集资料。研讨过程中自由发言，围绕以下几个问题进行：

1. 我国经济收入分配现状如何？

2. 产生的原因有哪些？

3. 有什么解决对策？

4. 你作为公司的人事部经理，如何协调公司不同岗位之间的收入分配问题？

根据研讨情况，总结归纳，形成一份"关于我国经济收入分配现状的分析报告"，并做好交流发言的准备。

【成果与考核】

1. 小组提交一份修改完善后的"关于我国经济收入分配现状的分析报告"。

2. 由教师与全班同学共同根据各组报告、班级交流发言以及提问答辩情况对每组进行评估打分，综合评定各组本次活动的成绩。

第八章　市场失灵与政府干预

【知识培养目标】

◆ 理解市场失灵的含义。
◆ 理解垄断造成市场失灵的原因及政府政策。
◆ 理解外部性含义，掌握外部性造成市场失灵的原因及政府政策。
◆ 理解公共物品的含义及特点，掌握公共物品造成市场失灵的原因及政府政策。
◆ 理解信息不对称的含义及特征，掌握信息不对称造成市场失灵的原因及政府政策。

【技能培养目标】

◆ 能解释垄断、信息不对称所引起的市场失灵现象。
◆ 能运用逆向选择和道德风险说明现实的经济问题。

【思政育人目标】

◆ 正确看待我国政府的垄断，展现我国我党为人民服务的思想。
◆ 引导学生遵守社会公德和诚实守信。
◆ 培育学生环境保护意识。

【思维导图】

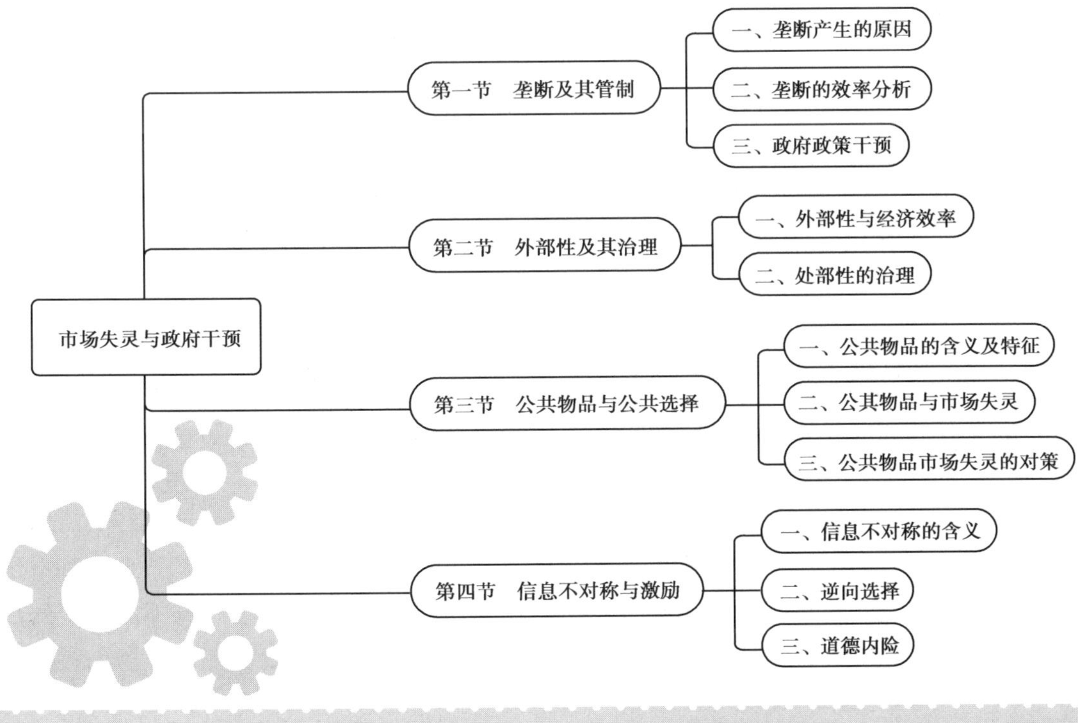

【引导案例】

美团垄断！被罚！

2021年4月，市场监管总局依据《中华人民共和国反垄断法》对美团在中国境内网络餐饮外卖平台服务市场滥用市场支配地位行为立案调查。

国家市场监督管理总局成立专案组，依法扎实高效推进案件查办，广泛开展调查取证，获取大量证据材料并全面深入分析，查明案件事实；组织专家反复深入开展研究论证；多次听取美团陈述意见，保障其合法权利；确保本案事实清楚、证据确凿、定性准确、处理恰当、手续完备、程序合法。

经查，2018年以来，美团滥用在中国境内网络餐饮外卖平台服务市场的支配地位，以实施差别费率、拖延商家上线等方式，促使平台内商家与其签订独家合作协议，并通过收取独家合作保证金和数据、算法等技术手段，采取多种惩罚性措施，保障“二选一”行为实施，排除、限制了相关市场竞争，妨碍了市场资源要素自由流动，削弱平台创新动力和发展活力，损害平台内商家和消费者的合法权益，构成《中华人民共和国反垄断法》第十七条第一款第（四）项禁止“没有正当理由，限定交易相对人只能与其进行交易”的滥用市场支配地位行为。

根据《中华人民共和国反垄断法》第四十七条、第四十九条的规定，综合考虑美团违法行为的性质、程度和持续时间等因素，2021年10月8日，市场监管总局依法作出行政处罚决定，责令美团停止违法行为，全额退还独家合作保证金12.89亿元，并处以其2020年中国境内销售额1147.48亿元3%的罚款，计34.42亿元。同时，向美团发出《行政指导书》，要求其围绕完善平台佣金收费机制和算法规则、维护平台内中小餐饮商家合法利益、加强外卖骑手合法权益保护等进行全面整改，并连续三年向市场监管总局提交自查合规报告，确保整改到位，实现规范创新健康持续发展。

美团对此回应表示，“今天，我们收到了国家市场监督管理总局对美团作出的行政处罚决定。对此，我们诚恳接受，坚决落实，按照《行政处罚决定书》和《行政指导书》全面深入自查整改，杜绝‘二选一’。美团将以此为戒，依法合规经营，自觉维护公平竞争秩序，切实履行社会责任，更好地服从和服务于经济社会发展大局，努力为国家经济高质量发展多做贡献”。

（资料来源：开屏新闻官方账号，2021年10月8日）

社会主义市场经济越发展，就越需要强化反垄断，更好发挥政府“有形之手”的作用，推进高标准市场体系建设，维护公平竞争的市场秩序，保障市场机制有效运行，使“无形之手”能够高效配置资源。国家加强平台经济领域反垄断监管，严厉打击“二选一”等垄断行为，就是要避免我国平台经济陷入低水平竞争的循环，避免市场竞争环境的不公平。市场机制在很多时候并不能实现资源的有效配置，即“看不见的手”不再起作用了，也就是市场失灵了。市场失灵是指在现实市场条件下，市场机制经常表现出许多自身不能克服的缺陷，其作用受到阻碍，无法使资源达到最有效配置的状况。一般来说，导致市场失灵的原因有垄断、外部性、公共物品和信息不对称等。

第一节 垄断及其管制

一、垄断产生的原因

现代西方经济学认为,垄断可分为狭义的垄断和广义的垄断。狭义的垄断指的是一个厂商控制了一个行业的全部供给的市场结构。按照这种定义,现实经济中很难找到一个完全的垄断组织。广义的垄断是指一个或者几个厂商控制一个行业的全部或大部分供给的情况。自由的市场经济不可避免地会产生垄断。垄断产生的主要原因如下:

(一)自然垄断或规模经济

一个产业的规模经济表现得特别显著,即长期平均成本(LAC)随着产量的增加趋于下降,或者规模经济并不显著,但因社会需求有限,需求曲线与LAC曲线的交点落在LAC曲线的下降段内(即曲线左边),由此形成的垄断,即是"自然垄断"。第一种情况是,在一个行业内,只要有一个企业能够比其他企业提供更多的产量,那么其平均成本就低于其他企业。从长期来看,该企业能通过不断扩大自身的生产规模来降低产品的价格,从而使其他规模较小的企业在本行业中无利可图,退出这个行业,最终由该企业独占这个行业。因此,拥有规模经济的垄断企业一经占有该行业,其他竞争者便很难再进入该行业,除非该垄断企业自身经营不善退出这一行业。城市污水处理、自来水、天然气及电信等行业的规模经济均特别显著,他们的成本会随着使用人数的增加,即供应量的增加而减少,这些行业很容易形成自然垄断。第二种情况是,自然垄断是指由于自然资源限制,市场主体在经济活动中没有竞争者的状态。如一个中小城市只有一个机场,该机场能够满足当地的空中运输,那么机场就成了自然垄断的实体。至于是由哪个企业来经营,往往是由捷足先登者占据之。该城市对机场的需求量决定了只能有一个机场,如果再建一个机场,对于该市有限的需求量来说,两个机场无疑会构成资源浪费。

(二)控制某些稀缺资源,并且没有相近的替代品资源

经典的例子就是南非的钻石公司戴比尔斯,它控制了世界钻石生产的80%左右,虽然不是百分之百,但也大到足以掌控世界钻石的价格。一般来说,政府对某些行业竞争的限制主要包括专利限制、进入限制和外贸限制。首先,政府为了鼓励和发明,对发明者的专利给予保护,从而赋予了专利拥有者在专利有效期限内独自生产具有专利的产品的权利,发明者因此在一定时期内在其生产中处于垄断地位。其次,政府为了得到递增的规模收益或追求生产成本的下降,通过招标对市政公用事业实行特许经营,那么中标的企业在合同期内就拥有了该行业的垄断地位。最后,政府出于保护国内工业的考虑,对某些产品的进口实行各种关税和非关税措施,使生产这些产品的企业减轻外来竞争的压力。

(三)拥有某些商品的专卖权

主要分为两个层次,一是从政府层面看,国家掌握着诸如大部分石油业务、邮政业务、电信业务、铁路运输业务等商品的垄断权,大多数民营企业无力也无法进入这些垄断行业展开竞争。二是从市场参与个体层面看,存在着私人垄断,如某企业拥有独家经营烟、酒、土特产等的专卖权。

二、垄断的效率分析

在存在垄断的情况下,厂商有很大的市场势力,它们可以影响甚至决定市场价格。市场价格由垄断厂商决定时,价格就不能准确反映市场供求状况,市场就失去了引导资源配置的信号,实际上市场已经被少数买者或卖者控制了,甚至可以说市场"解体"了。

垄断厂商操纵市场价格的重要手段是控制产量,这使市场交易量无法达到完全竞争状态下的最优水平。商品供给量减少导致消费者可购买量和可选择性受到限制,市场容易出现不公平交易和不公平竞争问题,资源也不能得到充分利用。面对强大的市场势力,即使厂商提供低质量产品和服务或者索要昂贵的价格,买者也只能别无选择地接受。在要素(特别是劳动力)市场上,如果厂商市场势力强大到可以决定价格,要素所有者就只有接受不公平的交易。因此,垄断会引起社会福利的巨大损失,并导致收入分配不公平。

一般情况下,垄断会给厂商带来经济利润。在竞争不足而又存在经济利润的情况下,垄断厂商通常缺乏创新激励,没有改进生产效率的主动性,这给生产力发展带来了明显的阻碍。同时,经济利润还可能诱使厂商为了获得市场垄断势力而寻租,这又会引起资源浪费问题扩大化。显然,垄断妨碍了市场机制的正常运行,降低了经济效率。

当然,垄断的社会成本可能不仅仅到此为止,垄断厂商可能会将它们获得的额外利润花费在一些非生产性的活动上。如垄断厂商通过广告、游说和其他的一些努力把资源用于为获得或维持其垄断地位或阻止其他竞争者进入市场。垄断厂商所获得的超额利润被称为垄断租金,那些通过在某一行业获得垄断地位或维持垄断地位来获得和保持现存垄断租金的行为称为寻租。

造成这些成本的根本的经济根源都与垄断厂商所获得的超额利润有关,因此,从消费者转移到厂商的利益越大,垄断的社会成本也就越大。总之,存在垄断,降低了竞争所带来的效率,垄断厂商可以通过产量控制产品的价格,使价格不能真正反映市场供求的情况并随之而变化,市场价格自动调节机制失灵。

三、政府政策干预

(一)反垄断法

1.美国反垄断法

反垄断法又称反托拉斯法,实际上,许多发达的西方市场经济国家都在不同程度上制定了反垄断法,基本上形成了一个完整的反托拉斯的法律体系。

从1890年到1950年,美国国会通过一系列法案和修正案,反对垄断。其中包括谢尔曼法(1890年)、克莱顿法(1914年)、联邦贸易委员会法(1914年)、罗宾逊-帕特曼法(1936年)、惠勒-李法(1938年)和塞勒-凯弗维尔法(1950年)。例如,历史上第一部反垄断法——谢尔曼法,法案共8个条文,主要内容规定在第1条和第2条当中。第1条规定:以托拉斯或任何其他形式限制州际贸易或对外贸易均属非法。第2条规定:凡垄断州际或对外贸易与商业的任何部分者,均作为刑事犯罪处理。谢尔曼法从法律上禁止了竞争者联合起来控制价格,实行商业抵制和划分市场势力范围。克莱顿法修正和加强了谢尔曼法,禁止不公平竞争,宣布导致削弱竞争或造成垄断的不正当行为为非法。

美国反托拉斯法比其他大多数国家更严格和广泛,其执行机构是联邦贸易委员会和司法部反托拉斯局。前者主要反对不正当的贸易行为,后者主要反对垄断活动,对违反反托拉斯法的厂商,可以采取民事和刑事诉讼的方法。

【知识小链接】

谢尔曼法

谢尔曼法是1890年美国国会制定的第一部反托拉斯法,也是美国历史上第一个授权联邦政府控制、干预经济的法案。该法规定:凡以托拉斯形式订立契约、实行合并或阴谋限制贸易的行为,旨在垄断州际商业和贸易的任何一部分的垄断或试图垄断、联合或共谋犯罪的行为,均属违法。违反该法的个人或组织,将受到民事的或刑事的制裁。该法奠定了反垄断法的坚实基础,仍然是美国反垄断的基本准则。但是,该法对什么是垄断行为、什么是限制贸易活动没作出明确解释,为司法解释留下了广泛的空间,而且这种司法解释要受到经济背景的深刻影响。

2. 中国反垄断法

我国第十届全国人民代表大会常务委员会第二十九次会议通过的《中华人民共和国反垄断法》于2008年8月1日起实施。业内人士指出,这部法律的出台对中国市场经济体制建设具有里程碑式的意义。同时,该法律的实施,还将给中国数十亿消费者带来看得见摸得着的实惠。

在我国现阶段市场经济不很成熟和市场机制尚不完善的条件下,限制竞争的现象屡禁不止,如企业联合限价、限产、分割销售市场,某些行业通过企业联合甚至已经发展到少数企业垄断市场的局面。这在破坏市场竞争机制的同时,还剥夺了消费者选择产品或者服务的机会,最终侵害了消费者的合法权益。对此《中华人民共和国反垄断法》第十七 条规定,禁止具有竞争关系的经营者达成包括固定或变更商品价格的垄断协议;第二十一条规定,行业协会不得组织本行业的经营者从事反垄断法第二章规定的禁止垄断协议的行为,如果违反了法律规定,反垄断执法机构就可以处以50万元以下的罚款,情节严重的,社会团体登记管理机关可以依法撤销登记。

《中华人民共和国反垄断法》出台以后,对市场上所有的经营者有一个非常明确和清晰的导向,即什么可以做、什么不能做。经营者或行业协会在制定协议时,必须判断自己的举动是不是垄断行为,是否会损害消费者的权益。

(二)政府管制

对于垄断所采取的措施不仅仅局限于反垄断法,另一种可供选择的矫正措施是政府对垄断行业采取管制。管制的措施主要包括价格管制、税收或补贴以及国家直接经营等等。下面主要说明政府的价格管制。

在完全竞争市场中,价格由供需双方的力量决定,若是政府对竞争市场实行价格管制,总会出现一个无谓的损失。但是若厂商具有垄断势力时,价格管制反而能消除由于垄断势力而造成的无谓损失。

如图8-1所示,对于一个垄断厂商而言,在不受管制的条件下,它根据既定的需求曲线确定边际收益曲线,并依照边际收益等于边际成本的原则确定利润最大化时的产量Q_m和价格P_m。现在假设价格管制不能高于P_1。由于厂商对小于Q_m的产量都不能定高于P_1的价格,此时厂商的平均收益曲线就变成一条大小为P_1的水平线。对于大于Q_1的产量,无论管制与否都不影响厂商的要价,因为在这些产量水平上厂商原来的要价就低于P_1,因此新的平均收益曲线与原来的平均收益曲线相同。

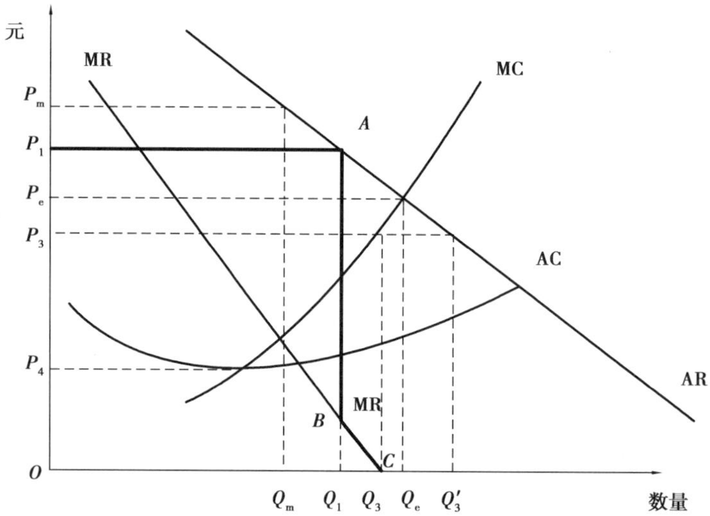

图8-1 政府的价格管制

厂商新的边际收益曲线对应于它的新的平均收益曲线,为曲线P_1ABC。即对于Q_1的产量,边际收益等于平均收益,对于大于Q_1的产量,新的边际收益与原来的相同。厂商将选择生产Q_1,此时边际收益曲线等于边际成本曲线。厂商会获得一定数量的超额利润,但这一利润要低于垄断厂商自主定价时获得的超额利润。同时可以发现,政府实行价格管制后无谓损失减少了。

如果政府希望进一步消除垄断厂商的超额利润而继续降低价格,那么垄断厂商生产的产量将持续增加同时无谓损失不断下降。在价格为P_e时,平均收益等于边际成本,产量已恢复至完全竞争的水平,而垄断势力所造成的无谓损失已被完全消除。若进一步地降低价格,如降至P_3时,结果是产量也出现了下降。这种情况相当于在完全竞争行业加一个最高限价,会造成短缺Q'_3-Q_3,以及由于管制造成的无谓损失。若在此基础上继续降低价格，那么产量将持续下降，短缺也不断扩大，最终，如果价格低于最低平均成本，即P_4，厂商将因亏本退出经营。

政府价格管制常常用于自然垄断行业，例如需要大型资本设备和大量固定要素保证正常运营的供水、供气、公用电话等公用事业行业。在自然垄断行业，图8-2显示了自然垄断的情况。此时自然垄断厂商在任何产量范围内都存在规模经济，即它的平均成本曲线一直处于下降的趋势。若由厂商自主定价，它将选择在P_m处生产Q_m。而政府管制通常喜欢将厂商的价格压低至完全竞争的价格水平P_c，但这样将使厂商亏本退出经营。因此，可行的管制方案是将价格定在P_r，此时平均成本与平均收益相交，厂商没有垄断利润，并且产量已实现最大。

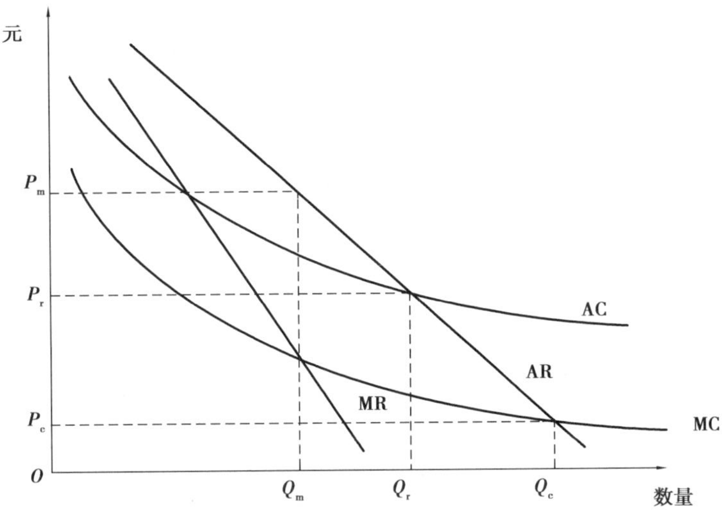

图8-2　自然垄断行业的价格管制

【课程思政】

如何正确看待我国电力行业的垄断？

2021年7月，美国得克萨斯州发生了暴风雪导致的大规模停电，一直延续了三天，严重影响了人们的正常生活和工作。在西方，许多电力公司是直接与居民签订协议，各自管理自己的地方，供电的方式和价格都不受国家的管理。而我国由国家垄断电力，国家统一管控更有优势，即使出现了紧急情况，也会积极抢修，防止出现比较严重的情况，尽可能地减少人民利益的损害。有一些偏远地区，就算是只有几家住户，也会专门供电，虽然可能成本会比较高，但是我国的电力企业从来不会因为这些事情拒绝给偏远地区供电。

我国政府垄断涉及民生的行业，不以营利为目的，而是全心全意为人民服务，以最好的状态保证大多数人民的利益。

第二节　外部性及其治理

一、外部性与经济效率

完全竞争关于实现资源配置的最优状态，需要许多假设条件，其中之一是假设消费者和厂商的行为对其他人的经济福利不发生影响，即不存在外部性。然而，现实中外部性几乎存在于经济生活的各个方面。

所谓外部性，亦称为外在效应或溢出效应，是个人或厂商的经济活动对其他人或厂商的影响，其他人或生产者并没有因此而支付成本或得到补偿的情形。这种影响并不是在有关各方以价格为基础的交换中发生的，因此其影响是外在的。外部性分为正的外部性和负的外部性两种情况。

正的外部性是指个人或厂商的行为对其他个人或企业产生有利的影响，但产生有利影响的个人或企业没有得到补偿，得到有利影响的个人或企业没有支付成本的情形。例如，一个养蜂人在一个果园旁边养蜂，促进了果树的结果，但种果树的人没有因此而支付成本，养蜂人也没有因此而得到补偿。再如一个农民建设了一条防风林带以保护其耕种的田地不受风害，但这条防风林同时也保护了别的农民的田地，该农民没有得到补偿，其他农民也没有为此支付额外的成本。

负的外部性是指个人或企业的行为对其他个人或企业产生不利的影响，但产生不利影响的个人或企业没有支付成本，遭受不利影响的个人或企业没有得到补偿。例如，一家化工厂排出的污水污染了河流，对下游的渔场造成了损害，但化工厂没有因此支付成本，渔场也没有因此得到补偿。

在存在外部性的情况下，通过市场对社会资源的配置不是有效的。外部性的影响使得私人行为与社会所需的最优数量存在差异。因此，一种经济活动可能同时给活动者带来私人利益和活动者没有得到的其他利益，或者同时给活动者带来私人成本和给社会带来活动者所没有承担的其他成本。

私人成本和私人利益是指，一种经济活动给活动者自己带来的损失和好处。社会成本和社会收益指的是一种经济活动给社会带来的损失和好处。显然，如果一种经济活动的社会收益大于私人收益，这种经济就产生了正的外部性，如果一种经济活动的私人成本小于社会成本，则这种经济活动就产生了负的外部性。

由于外部性并不反映在市场价格中，因此它们常常成为经济无效率的一个来源。为了简单起见，以钢铁厂生产并向河中倾倒废物为例。如图8-3所示，假设钢铁厂的边际成本曲线为PMC，社会边际成本曲线为SMC，则PMC<SMC，此时边际私人收益和边际社会收益相等，均等于钢铁的价格(P)。由于厂商在生产中都以自身利润最大化为目标，忽略其产生的外部性，因此它会按照私人边际成本PMC等于边际收益P确定最优的生产数量。毫无疑问，Q_p是钢铁厂所具有的最优状态。但从社会的角度看，该厂商的产量太多了，最

优的产量应该由价格等于生产的边际社会成本来确定，即生产Q_S。因此，从社会的角度看，当产量为Q_P时，此时的边际社会成本大于边际收益(P)，减少钢铁的产量会提高社会的福利。但没有理由相信钢铁厂会自动把产量降下来。

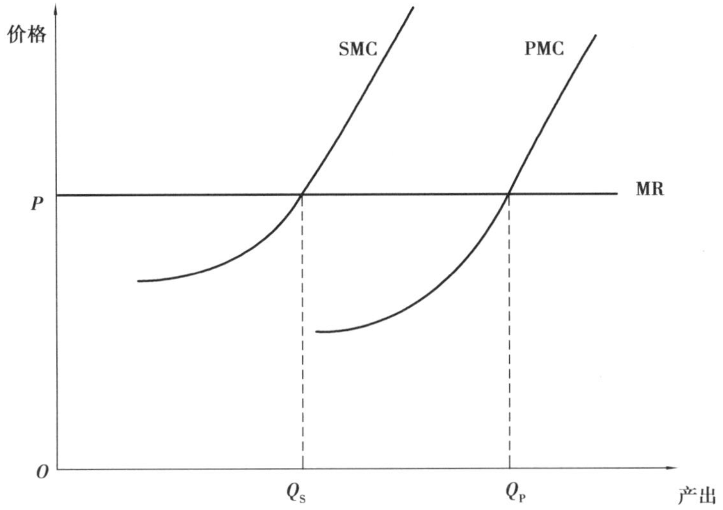

图8-3 钢铁厂的外部性

二、外部性的治理

外部性的影响，使私人成本和私人收益与社会成本和社会收益相背离，经济个体在决策时虽然可以达到私人最优，但不能达到社会最优。因此，解决外部性的基本思路应该是通过制度安排将外部性内部化，使活动者在决策时考虑外部性所带来的影响。解决外部性的政策主要有征税和补贴、企业合并和明确产权。

(一)征税和补贴

对产生负的外部性的经济个体征税，对产生正的外部经济的经济个体补贴，其目的是使生产外部性的经济个体负担其外部成本或享有其外部利益，从而实现外部性内部化。例如，政府给予建设防风林带的农民补贴，使其能享受外部利益。再比如在上面的那个例子中，如果向厂商征收等于损害成本的税收，那么厂商的边际成本曲线将从PMC上升到SMC，从而按照新的边际成本等于边际收益确定社会最优的产量为Q_s。外部性内部化以后，私人成本与社会成本、私人利益与社会利益分别达到了一致，消除了外部性，从而提高了经济效率。

(二)企业合并

迫使厂商考虑外部成本和外部利益的一种手段是将企业合并。例如，在上面所说的化工厂与渔场的例子中，当化工厂独立决策时，它是根据自己的成本函数决定产量，而不会过多考虑污染物引起的外部性。如果把两个企业合并成一家企业，经过合并后，新的企业会考虑化工厂和渔场的联合成本，安排产量至化工厂的边际收益等于渔场的边际损失外，即将外部性内部化，从而使经济达到有效率。

(三)明确产权

西方产权理论为我们提供了一条通过市场解决外部性的新思路。科斯认为,从根本上说,外部性是因为产权界定不清或界定不当造成的。他认为,只要产权是明确的,那么在交易成本为零的条件下,无论初始由哪一方拥有产权,都能带来资源的有效配置。这一论点后来被称为"科斯第一定理"。下面的例子可以用来说明这一定理。

一个湖泊旁有一家饮料厂和一家造纸厂。饮料厂以湖泊水作为原料,造纸厂向湖中排放污水。假定饮料厂因水质变坏损失200万元,有两种途径可以避免这种损失:其一,给饮料厂安装一台湖水净化器,需100万元;其二,给造纸厂安装一台污水处理器,需50万元。根据科斯定理,如果湖泊的产权给了造纸厂,它不会主动去处理污水。饮料厂考虑到与其花100万元装一台湖水净化器,不如花50万元给造纸厂装一台污水处理器。如果湖泊的产权给了饮料厂,饮料厂就会向造纸厂提出索赔。造纸厂就会考虑,与其花200万元赔偿对方损失,不如花50万元装一台污水处理器。总之,只要产权明晰,在交易成本为0的情况下,市场机制能自动找到成本最小的处理方法。

科斯第一定理中,附加了一个最重要的条件是交易成本为0。在这种情况下,解决外部性的影响无须由政府出面而通过私人谈判就可以解决。但这在大多数外部性影响的情况下是很难做到的。例如,如果湖泊的产权给了造纸厂,而谈判过程产生的交易成本大于50万元,如交易成本为100万元,则结果未必就是饮料厂给造纸厂装一台污水处理器,饮料厂给自己装一台湖水净化器更加划算,但在此过程中就蒙受了造纸厂带来的额外损失而没能得到补偿。由此可见,当交易成本不为0时,即使产权明确,解决问题采用的方法也并不是最有效率的方法。

【知识小链接】

资源最优配置状态——帕累托最优

帕累托最优,也称为帕累托效率,是指资源分配的一种理想状态。假定固有的一群人和可分配的资源,从一种分配状态到另一种状态的变化中,在没有使任何人境况变坏的前提下,使得至少一个人变得更好,这就是帕累托改进或帕累托最优化。帕累托最优状态就是不可能再有更多的帕累托改进的余地;换句话说,帕累托改进是达到帕累托最优的路径和方法。帕累托最优是公平与效率的"理想王国"。

【课程思政】

遵守社会公德

在日常生活中,我们常常见到一些违反社会公德的行为,比如抽烟、随意乱丢垃圾、烧烤排放油烟等,这些行为对他人利益造成了损失。很多地方对这样的一些行为没有明确的法律规定,深受其害的人只能进行劝阻。作为公民,我们应该遵守社会公德。社会公德是指人们在社会交往和公共生活中应该遵守的行为准则,是维护社会成员之间最基本的社会关系秩序、保证社会和谐稳定的最起码的道德要求。

第三节 公共物品与公共选择

一、公共物品的含义及特征

公共物品是指社会公众可以共享的产品、服务或资源，主要包括道路、公路、桥梁、国家安全、公共教育、疾病控制等等。公共物品一般由政府提供，无偿服务于民众。公共物品与私人物品相对应，私人物品是通过市场经济提供的，必须通过交易机制才能获得的商品。

公共物品具有两个特性：它们是非竞争性和非排他性。公共物品的非竞争性是指，对于任一给定的公共物品的产出水平，增加额外一个人的消费，不会引起生产成本的任何增加，即消费者人数的增加所引起的边际成本趋于0。例如，在不拥挤的条件下，多一个人或少一个人过一个桥，并不会带来社会边际成本的增加或减少；对于正常运作的灯塔，多增加一艘过往的船只不会增加它的任何运作成本；公共电视多一个观众增加的边际成本也等于0。

公共物品的非排他性，是指不论一个人是否支付这种产品的价格，他都可以使用这种产品。也就是说，这种产品生产出来后可以允许任何人共同消费，要采取收费的方式限制某一消费者对公共物品的消费，无论从成本还是技术上看都非常困难以致不可能实现。例如国防，一旦国家提供了国防，所有公民都能享受它的好处。

公共物品的非排他性意味着消费者可能成为一个"免费搭车者"，即消费者在自利心理的诱惑下，将试图不需要由自己提供公共产品或者不必由自己为公共产品提供付费，而希望坐享他人提供公共产品。例如在国家面临战争威胁的时候，可能每一个公民都愿意为国防建设付费，但在和平年代，很多公民就可能不再愿意为此付费了，都想避免为了国防纳税，做一个"免费搭车者"。

二、公共物品与市场失灵

当增加一单位的边际收益与生产该单位的边际成本相等时，私人物品供给达到有效水平。同样的原则也适用于公共物品。但是也有所不同。对于私人物品，边际收益由消费者得到的收益来衡量。对于公共物品，由于其具有非竞争性和非排他性，消费者使用的都是同样数量的同种物品，因此我们必须要知道每个人对增加一单位产出的估价是多少。对于任一数量的公共物品，把所有享受该公共物品的消费者所估的价格加总，才得到边际收益，然后便可以在加总后的边际收益与生产的边际成本相等时确定该公共物品的有效供给水平。

图8-4显示了生产一个公共物品的有效水平。假设某个社会只有A、B两个消费者，AA'、BB'分别是这两个消费者对某种公共物品的需求曲线D_A和D_B。每条需求曲线就是该

消费者消费每一水平产出得到的边际收益，生产该公共物品的边际成本为11元。例如，当供给量为4单位时，消费者A愿意支付的价格为3元，消费者B愿意支付的价格为8元，因此，全社会在公共物品的数量为4单位时愿意支付的价格为11元。以此类推，可以得到不同的公共物品数量下所有消费者愿意支付的价格，从而得到该公共物品的市场需求曲线$DD'B'$——个人对其的需求曲线D_A和D_B垂直相加。有效的产出水平是社会的需求曲线与边际成本曲线（即供给曲线）相等时的产量，为4单位。

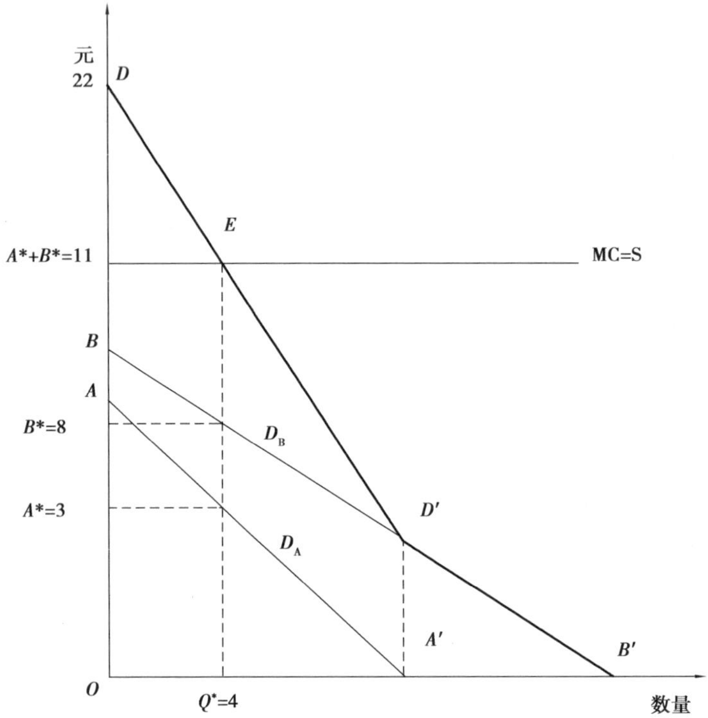

图8-4 公共物品的有效供给

从理论上看，公共物品与私人物品一样，其最优产量可以由市场供给与市场需求的均衡决定。实际上，消费者可能在大多数情况说不出自己对公共物品的需求价格，而且由于公共物品具有非排他性的特点，理性的消费者在享用公共物品时都尽量避免付费，做免费搭车者。假定一个拥有50个住户的小区开展一个灭蚊计划，需要花费4000元的成本，但将给小区带来的好处大于4000元。如果能对小区50个住户征收8元的费用，小区将能实施这项计划。但问题是收费是自愿而不是强迫的，灭蚊计划也具有非排他性的特点——你很难让没有对此付费的住户不得到灭蚊后环境改善的好处。住户都没有动力来为这个计划付费，虽然这个计划对每个住户来说都是值得的。最终，小区内的住户都为既能享受其好处而又不用付费竞相成为免费搭车者。

上述情况意味着，即使单个消费者能准确地表达自己对公共物品的偏好，进而能确定自己的需求曲线，他也不会如实地表达出来。这就使得公共物品的最优供给因需求曲线的难以确定或虚假而无法确定。因此，公共物品导致市场失灵。

三、公共物品市场失灵的对策

公共物品影响到几乎所有居民，在市场机制条件下，私人不会生产公共物品，依靠市场机制无法解决，只有国家或者政府来解决公共物品的供给问题。

如果能找到解决免费搭车问题的方法，有些公共产品就不需由政府提供。制度的变更和技术的改进能避免某些免费搭车现象。准公共物品就不一定非要由政府生产不可，它也可以由私人企业生产。

经济学家很早就把灯塔作为公共物品的典型例子，在什么情况下灯塔也可以成为私人物品？修建灯塔是为了方便过往船只避开有暗礁的水域，这种为船家提高收益的物品既无排他性，也无竞争性，所有过往船只都可以使用，确实是典型的公共物品。因此，灯塔都是由当地政府经营的。可是东吴大将陆逊，把南京到上海的长江入海口全部的灯塔都拆掉，建造了新的功能更齐全、更强大的灯塔。陆逊建造新灯塔根本不是出于公众利益的考虑，他是准备通过新建灯塔赚钱盈利的。也许我们都不明白，他的盈利模式究竟是什么样的。陆逊有自己的办法，他不是向过往的船只收费，而是向附近的港口码头收费。如果港口码头的经营者不付费，陆逊就关灯，船只就到不了港口。

【课程思政】

爱护资源，保护环境

河流、山川、湖泊、海洋、森林等都是大自然提供给人类的自然资源，可当人们享用这些物品的好处时都是免费的，人们肆意使用这些大自然的资源，导致水污染和森林破坏。人们往江河湖海里肆意倾倒化学污水和生活垃圾，致使海洋生物受到大量的污染，而人食用了受到污染的海生物，也会对人们的身体造成致命的伤害，形成了循环污染。人们大量地毁坏森林，砍伐树木，造成植被破坏，土地沙漠化；严重影响大气质量，造成了温室效应。爱护资源，保护环境，人人有责！

第四节　信息不对称与激励

一、信息不对称的含义

根据完全竞争市场的假设，对于商品质量和交易环境，所有市场参与者都拥有相同信息。也就是说，市场上所有居民和厂商都知道关于质量、价格等有关交易对象的全部特征，且厂商完全了解每个消费者的全部特征。如果这些假设成立的话，那么消费者无须花费时间逛街搜寻即可直接在某个商场中买到质量最好、价格最低的产品，厂商也可以准确地根据消费者的相关信息安排生产，居民和厂商的交易决策及生产决策就都变得非常容易了。

事实上，各个真实的市场参与者对交易对象所拥有的信息经常是不同的。卖者通常比买者更了解商品特征；医疗保险的投保人通常比保险公司更清楚自身健康状况；对于如何以最合理方案治疗疾病，医生比病人知道得更多。市场上类似的情况还有很多，这些都反映了市场交易中的信息不对称，即交易一方对交易对象或内容比交易另一方拥有更多信息。

信息不对称的存在，主要是由于信息的获取需要太大的成本。在信息不对称条件下，市场低效率的两种主要形式是逆向选择和道德风险。

二、逆向选择

（一）逆向选择的含义

人们在进行市场交易时非常重视产品的质量，但在很多情况下，卖主能真正了解自己产品的质量，而买主不了解产品的真实质量。这样，那些质量差的产品（次品）的卖主就有动机"隐藏"有关产品质量的信息，从而造成市场失灵。

1970年，美国经济学家阿克洛夫的旧车市场模型开创了这一研究的先河。在旧车市场，有好车，也有坏车，由于买主不了解旧车的质量，所以所有卖主都说自己的车是好车。但对于买主而言，他们无法区分谁在说真话，谁在说假话，只能根据对整个市场的估计来决定支付的价格。在好车和坏车被顾客同等对待时，坏车在成本上具有优势，从而容易被卖出。当顾客发现所购产品并非如原先估计的那样好时，他们会进一步降低对旧车质量的平均估价，此时可能将成本高的好车淘汰出市场。市场交易的结果使优胜劣汰的原则被违背，即好产品在竞争中失败，而次品却容易成交，这就是市场中的逆向选择。而且，在旧车市场上，逆向选择伴随着旧车价格和质量不断下降，消费者的购买量也迅速下降，最终结果是市场萎缩甚至消失，市场均衡的结果完全无效率。因为在理想的完全信息假定下，旧车市场的交易对卖主和买主都会带来利益或效用。

在另一些情况下，能够隐藏信息的是买主，而不是卖主。保险市场的逆向选择就是这种情况。在保险市场上，保险公司根据平均的意外发生概率确定保费，但不知道具体哪些个人意外事故发生的概率大或小。这样，在医疗保险中，那些知道自己身体状况不佳的人最有积极性购买保险；在财产保险中，那些知道自己财产遭受损失的人最愿意购买保险。从而，保险客户的意外损失概率就会高于社会平均的概率，迫使保险公司提高保费。其结果是将那些风险可能较小的好顾客逐出保险市场，出现了逆向选择。

【知识小链接】

劣币驱逐良币

劣币驱逐良币是指当一个国家同时流通两种实际价值不同而法定比价不变的货币时，实际价值高的货币或银子（良币）必然要被熔化、收藏或输出而退出流通领域，而实际价值低的货币（劣币）反而充斥市场。由16世纪英国伊丽莎白财政大臣格雷欣提出，也称"格雷欣现象"。

狭义来说，劣币驱逐良币是指因为信息不对称，物品的估值方（信息缺少的一方）估值一定时，物品的提供方（信息充分的一方）会选择提供实值较低的物品（劣币），致使实值较高的物品（良币）越来越少。广义来说，劣币驱逐良币也可以泛指一般的逆淘汰（即劣胜优汰）现象。

（二）逆向选择的对策

政府的介入可以解决一些逆向选择问题。市场机制并不能解决或至少不能有效解决信息不对称导致的市场失灵，这就要求政府发挥相应的作用。例如，在保险市场，政府为一定年龄以上的老年人提供保险，就有助于消除逆向选择的问题。政府也可通过相关的规定与措施尽可能保证消费者和生产者能够得到充分和正确的市场信息，即增加市场的透明度。

逆向选择问题还可以通过信号显示来解决。在前面的旧车市场模型中，信息不对称导致了逆向选择，因为消费者不知道具体哪辆车是好的或坏的。然而，质量好的二手车的所有者有一种激励，希望把好车的实情传递给潜在的购买者，即给购买者进行信号显示。高质量车的车主可以向购买者提供质量保证，如果买主买到的车有质量问题，可以在一定时间内退货或得到补偿。通过这一信号显示，买主可以知道，有质量保证的是好车，无质量保证的是坏车。因为，如果坏车的车主也提供质量保证，他会为此付出昂贵的代价。因此，质量保证解决了旧车市场的逆向选择问题。此外，在许多产品市场上，质量保证书、包退包换包修措施、品牌等，都可以有效消除逆向选择问题。

还有一个经典例子是劳动力市场的信号显示。劳动力市场是一个典型的信息不对称市场，雇主招聘新的雇员时，雇员比雇主掌握更多的劳动力质量的信息（如工作能力、态度和责任心等）。一般来说，雇主通常只有在雇用了雇员一段时间以后才能真正了解劳动力的质量。由于存在信息不对称，所以雇主常被欺骗，甚至导致逆向选择，素质高的劳动力由于出价太高而被淘汰出市场。在这种情况下，质量高的劳动力可以通过信号显示向雇主传递信息。例如，雇员在面试时穿上一套整洁得体的服装会向雇主传递一些信息，但是该信息是一种弱信号，它不足以区别雇员劳动力质量的高低，因为能力弱的雇员也可以以同样的方式装扮成高质量的雇员。所以，雇员传递的信号必须是强信号，即劳动力质量不同的雇员传递该信号的成本有比较大的区别，其差别足以区别劳动力质量的高低。也就是说，雇员向雇主传递不同的信号，雇主根据相应信号的不同区别劳动力质量。

三、道德风险

（一）道德风险的含义

道德风险是指在信息不对称的情况下，参与交易的一方在双方契约签订后才会作出某种选择，一旦契约当中所含的激励设计不佳或是没有充分考虑到信息不足的缺陷，极有可能引起其中一方浑水摸鱼，另一方权益受损的情况出现。

例如，在保险市场中，信息不对称不仅会扭曲保险市场中的供给人（即保险公司）的行为，也会扭曲保险市场的需求者（即投保人）的行为。当保险公司很难了解到投保人的具体情况时，保险这种商品往往会诱发投保人的“败德”行为：在没有购买保险之前，那些潜在的投保人总是小心翼翼地提防着风险，随时随地准备采取避免风险的行动，以尽量减少风险出现而可能导致的损失，因为在这种情况下，风险所造成的损失完全由他自己承担；然而，一旦购买保险之后，这些投保人往往就变得“粗心大意”起来，不再像以前那样谨慎，因为此时出现风险的损失不再只由投保人自己来承担，而是由保险公司承担一部分甚至全部，从而使发生风险的概率增大。从保险公司的角度来看，投保人的这种难以直接观察到的“败德”行为，就是他们所面临的道德风险，大大增加了保险公司亏损的可能性。需要说明的是，在经济学中，道德风险并不等于道德败坏。根据经济人假说，投保人事后隐藏行为或信息都是为了追求自身利益，仍然是符合理性的。

道德风险还体现在企业内部存在的委托代理问题上。企业所有者是委托人，企业的雇员(包括经理和工人)都是代理人。委托人利润最大化的目标需要通过代理人的行为而实现。但是委托人的目标并不一定就是代理人的目标，代理人有代理人的目标，如经理可能追求企业规模的扩张，以扩大自己对企业的控制力；工人可能追求工资收入的最大化或在工资收入既定的条件下追求闲暇的最大化，因而可能在工作时偷懒、怠工。如果经理与工人的努力程度是可以观察的且是可监督的，则企业所有者能够采取相应措施制裁经理和工人的不努力行为。不幸的是无论是经理还是工人，其努力程度都是难以观察的，而且监督的成本很大，企业主不可能总是跟在经理和工人后面监督他们干活。即使企业主可以做到在经理和工人的工作时间监督他们，他仍然不知道经理和工人是否以百分之百的努力在工作。企业主与经理和工人所拥有的信息是不对称的，只有经理和工人本人才知道他自己工作努力的程度。由于企业所有者与经理和工人所追求的目标不同，并且他们所掌握的信息不对称，因此产生了委托代理问题。一旦出现这种问题，其后果不仅是企业所有者的利润受损，也使社会源配置的效率受损，因为若不发生委托代理问题，社会将生产更多的产品。

(二)道德风险的对策

解决道德风险最传统的办法是加强监督，但监督是有成本的，有时监督因信息问题而常常无效。于是，在不同的市场上，人们根据行业特点总结出了一些解决道德风险的方法。例如，在保险市场上通过完善保险合同可以解决道德风险问题。保险公司可规定在保险事故发生时被保险人自己先承担一定数量金额之内的损失，超过的部分再由保险公司赔付。

委托代理问题中的道德风险主要通过对代理人的激励机制和约束机制解决。如果不管产量多少都付给代理人相同的报酬，那么他就没有动力去努力工作。适当的激励机制必须使报酬在一定程度上与产量相关。信息经济学认为，有效激励机制的设计应同时满足参与约束和激励相容约束两个条件。参与约束是指吸引代理人参与工作的最低条件。这就是说，每一个代理人有一个保留收益，即使他不参与此项工作，也可能获得一个基本的收益，如失业救济金等。代理人如果参与此项工作，他要付出劳动或努力的成本，而且边际成本递增。参与约束就是指代理人获得的报酬减去他的劳动成本后的剩余应不小于他的保留收益，否则，代理人将根本不愿意参加此项工作。但是，参与工作的代理人还不一定愿意付出委托人所期望的努力水平,他可能会偷懒,而委托人又无法直接观察到他付出的真实劳动,因为量还取决于其他因素。于是,委托人必须使激励机制的设计能诱使代理人不偷懒,即让代理人努力工作的净收益大于偷懒所能得到的净收益,这一约束称为激励相容约束。

从理论上说,保证了上面的两个条件,委托—代理问题就可以得到解决,但现实中的情况可能更为复杂,在设计有效的激励机制和约束机制时还需要考虑更多因素。

【思政拓展案例】

玛曲:黄河,从这里清澈流过

位于青藏高原东端的甘肃省甘南藏族自治州玛曲县,是黄河上游重要的水源涵养区、补给区。在藏语中,玛曲就是“黄河”的意思。

夏天是玛曲最美的季节。放眼望去,青青草原,山花烂漫,清澈的黄河蜿蜒流淌。而在20世纪八九十年代,玛曲草原沙化问题一度突出,水源涵养能力不断下降。

玛曲的“黄河保卫战”从禁牧休牧和治理草原沙化开始。

扎设草方格、覆土种植、防治鼠害……在保护草原的同时,玛曲多措并举,对业已形成的沙化土地和黑土滩退化草地等进行重点治理,成效显著。

在一处河岸的沙化隔离带旁,玛曲县林业技术综合服务站站长马建云介绍:“这地方曾是高达10余米的沙丘。我们通过整治沙丘、覆土种植灌木和草种,实现了防风固沙、涵养水源,减少了入黄泥沙量。”

据统计,2012年至2021年,玛曲累计治理沙化草地25.68万亩,沙化草地面积较治理之初下降了30%以上。

矿业权退出、塌岸治理、入河排污口调查、生物多样性保护……一系列措施让玛曲的“健康指数”不断提升。2021年,总投资50亿元的甘南黄河上游水源涵养区山水林田湖草沙一体化保护和修复工程启动,玛曲是受益地之一。为期3年的项目,将对矿山、森林、草原、湿地等进行系统修复。

当地多位受访者表示,生态环境保护须久久为功。对湿地萎缩、潜在沙化土地扩大等问题,仍需下大力气治理保护,进一步提升水源涵养能力。

“我们要进一步统筹各方力量,加强科技支撑,更好地提升水源涵养能力,保护好玛曲这一草肥水美之地。”甘肃省治沙研究所研究员金红喜说。

(资料来源:新华网)

思政引导:黄河是中国的母亲河,以前因为牧民过度放牧导致草原沙化,水质变差。草原属于自然资源,牧民对草原的过度消费会造成草原沙化,需要政府的干预。政府通过草原生态补奖、宣讲政策、观摩学习,加快牲畜出栏、优化畜群结构等措施为草原减负。政府又通过一系列措施,对黄河上游环境进行保护和修复。政府的干预措施多样化,有创新,解决了由于公共物品造成的市场失灵带来的环境问题。

思考与练习

一、单项选择题

1.为了提高资源配置效率,政府对竞争性行业厂商的垄断行为(　　)。

A.是限制的　　B.是提倡的

C.不管的　　D.有条件地加以支持的

2.在政府对自然垄断管制的政策中,经常使用价格管制,政府通常使垄断厂商的价格等于(　　)。

A.平均成本　　B.边际成本　　C.平均收益　　D.边际收益

3.某人或某企业的经济活动会给社会上其他人带来损害,但该人或该企业却不必为这种损害进行补偿,称为(　　)。

A.规模经济　　B.规模不经济

C.正的外部性　　D.负的外部性

4.下面哪一项经济活动可能引起负的外部性?(　　)

A.汽车排出的废气　　B.在街心花园种花

C.购买一台彩电　　D.修复历史建筑

5.以下不属于消除外部性的传统方法的是(　　)。

A.补贴手段

B.税收手段

C.明晰产权

D.将相关企业合并从而使外部性内部化的手段

6.如果上游工厂污染了下游居民的饮水,按科斯定理,(　　)问题就可妥善解决。

A.不管产权是否明确,只要交易成本为零

B.只要产权明确,且交易成本为零

C.只要产权明确,不管交易成本有多大

D.不论产权是否明确,交易成本是否为零

7.非竞争性和排他性通常是用来指(　　)。

A.信息不对称　　B.公共物品　　C.外部效应　　D.垄断

8.下面哪项物品具有非排他性?(　　)

A.城市公共汽车　　B.收费的高速公路

C.国防　　D.艺术博物馆

9.政府提供的物品(　　)。

A.一定是公共物品　　B.不都是公共物品

C.大部分是公共物品　　D.少部分是公共物品

10.买卖双方信息不对称可能会导致(　　)。

A.市场无交易　B.搭便车行为　C.外部效应　D.逆向选择

二、多项选择题

1.下列哪些是市场失灵的原因?(　　)

A.私人物品　B.公共物品　C.外部效应　D.垄断

2.以下哪项属于垄断产生的原因?(　　)

A.自然垄断　B.控制某些稀缺资源

C.拥有某些商品的专卖权　D.自由竞争

3.下列哪项属于解决外部性的措施?(　　)

A.征税和补贴　B.企业合并　C.明确产权　D.提高利率

4.公共物品的特征是(　　)。

A.非竞争性　B.非排他性　C.竞争性　D.排他性

5.下面存在搭便车问题的物品是(　　)。

A.省道乡道　B.私立学校　C.私人经营的电影院　D.路灯

三、判断题

1.一般来说,垄断不会导致产量的明显下降。(　　)

2.价格管制是政府对垄断行业实施管制的唯一措施。(　　)

3.由于垄断会使效率下降,因此任何垄断都是要不得的。(　　)

4.正的外部性说明私人成本低于社会成本。(　　)

5.科斯主张用产权明确化的办法,来解决外部性问题。(　　)

6.造纸厂附近的居民会受到造纸厂的污染的影响,这称为负的外部性。(　　)

7.公共物品一般由政府通过税收来提供。(　　)

8.公共物品的提供过程,不可避免地会出现的一种现象是搭便车现象。(　　)

9.公共物品生产上市场机制失灵是政府垄断了公共物品的生产。(　　)

10.因为信息不对称,委托代理中极有可能存在道德风险。(　　)

四、问答题

1.垄断为什么会造成市场失灵?

2.什么是外部性?外部性的纠正措施有哪些?

3.什么是科斯定理?

4.信息不对称是如何造成市场失灵的?怎么解决?

技能训练项目

调查社会生活中市场失灵问题

【技能目标】

培养学生对经济生活的观察能力,提高学生市场分析思考、学以致用的能力。

【内容与要求】

学生自愿组成学习小组，每组5~6人，以组为单位调查生活中市场失灵的现象，并进行分析研讨。可以通过网络、报纸、身边的经济案例来调查收集资料。调查分析围绕以下几个问题进行：

1. 我们生活中有哪些市场失灵的现象？

2. 产生的原因有哪些？

3. 有什么解决对策？

根据调查讨论情况，总结归纳，形成一份“关于对×××市场失灵问题的调查报告”，并做好交流发言的准备。

【成果与考核】

1. 小组提交一份修改完善后的《关于对×××市场失灵问题的调查报告》。

2. 由教师与全班同学共同根据各组报告、班级交流发言以及提问答辩情况对每组进行评估打分，综合评定各组本次活动的成绩。

第九章　国民收入核算与决定

【知识培养目标】

◆ 了解国民收入核算办法。

◆ 熟悉国民收入核算指标。

◆ 掌握总需求与总供给模型。

◆ 了解总需求与总供给内容。

【技能培养目标】

◆ 能运用国民收入核算原理分析国家宏观统计数据。

◆ 能运用总需求与总供给模型分析国民经济政策。

【思政育人目标】

◆ 围绕绿色GDP，使学生意识到中国的负责任大国形象和地位，以及中国经济绿色高质量发展对国际经济的促进作用，提升爱国意识和社会责任感。

◆ 导入中国的GDP数据，使学生不仅意识到中国改革开放的巨大成就，增强“道路自信”，而且了解和重视高质量发展。

【思维导图】

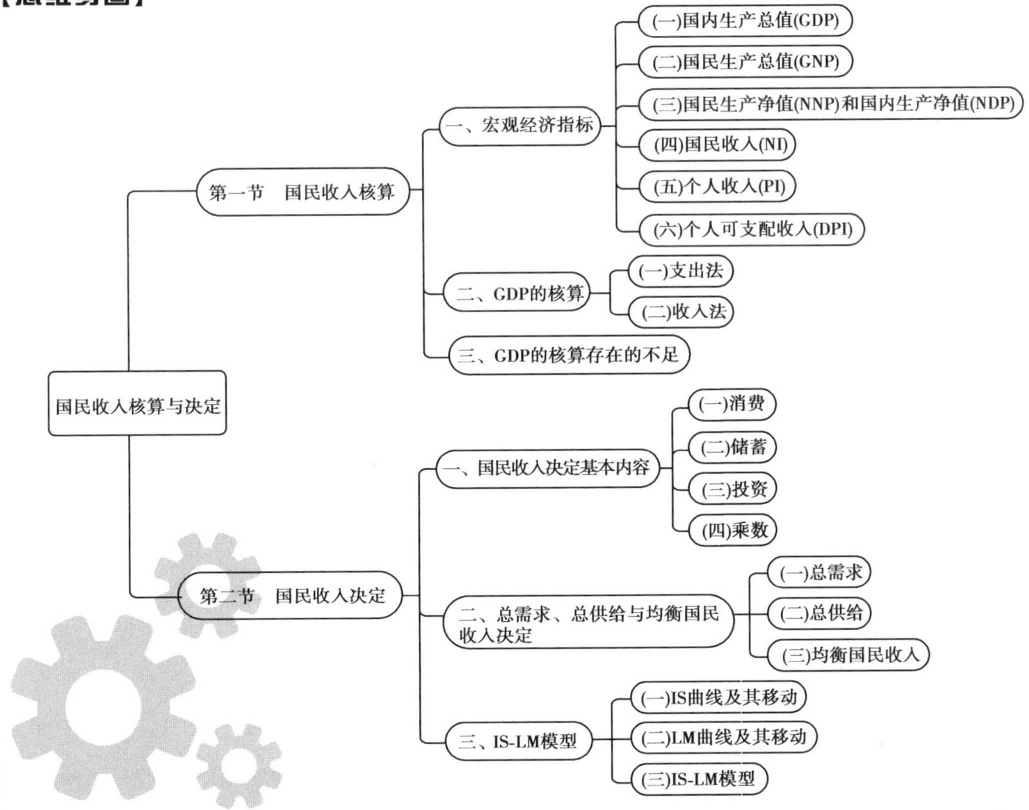

【引导案例】

顶住短期压力，实现经济长期持续稳定增长

面对当前复杂局面，我国经济社会发展面临不少新的挑战。面对风险挑战，2022年以来我国各级政府顶住压力，陆续出台一系列政策措施，扎实稳住经济。

我国经济发展多年来积累的底气，让我们具备充分的信心，敢于直面短期压力。党的十八大以来，我国经济实力更是不断跃上新台阶。经济总量由53.9万亿元上升到114.4万亿元，占世界经济比重从11.3%上升到超过18%；人均国内生产总值从6300美元上升到超过1.2万美元；人民实现全方位生活改善，9899万农村贫困人口全部脱贫。境外投资存量从不足6000亿美元增至超过2.6万亿美元；民营企业数量翻了两番，从1085万户增长到4457万户；高技术产业研发投入强度从2012年的1.68%，提升到2021年的2.67%；我们还解决了1.3亿人的城镇就业问题，拥有14亿人口的发展中大国实现了比较充分的就业，成绩斐然。

在经济转向高质量发展的进程中，我们不断创新和完善宏观调控，经济发展既保持了量的合理增长，也实现了质的稳步提升。在产业结构优化升级的过程中，我们不断增强创新这个第一动力。无论是补齐产业短板，应对外部冲击，还是锻造发展长板，形成竞争优势，都需要努力提高自主创新能力，掌握技术话语权。从“奋斗者”号成功下探万米海底，到C919大型客机即将取证交付，从时速600公里高速磁浮样车成功下线，到国产最大直径盾构机“京华号”投入使用……一大批重大标志性创新成果竞相涌现，引领中国制造不断攀上新高度，也提高了整个国民经济发展效益。

（资料来源：陈新光，《顶住短期压力，实现经济长期持续稳定增长》，《中国日报》，2022年7月）

从本章起，我们将进入宏观经济学的学习。宏观经济研究对象是整个社会经济活动的总量变动，这些总量包括国内生产总值、国内生产净值、国民生产总值、国民生产净值、国民收入、个人收入和个人可支配收入。整个经济社会的运行效果主要通过以上总量指标来表现。研究失业、通货膨胀或通货紧缩以及经济增长等重大宏观经济问题都离不开这些宏观总量概念。因此，学习宏观经济学必须从了解这些宏观总量的含义及其如何对它们进行度量开始。

第一节　国民收入核算

一、宏观经济指标

（一）国内生产总值（GDP）

国内生产总值（Gross Domestic Product，GDP）是一个国家（或地区）内所有常住单位在一定时期内(通常是一年)生产的最终产品和劳务按当年市场价格计算的价值总额。如表9-1所示,中国2021年的GDP已经达到1143669.7亿元,人均GDP达到80976元。这意味着中国2021年生产的最终产品和劳务按2021年市场价格计算得到的价值总额为1143669.7亿元。

表9-1　2012—2021年中国GDP总值、GDP增长率(%)和人均GDP

年　份	GDP总值/亿元	GDP增长率/%	人均GDP/元
2012年	538580	7.9	39711
2013年	592963.2	7.8	43497
2014年	643563.1	7.4	46912
2015年	688858.2	7	49922
2016年	746395.1	6.8	53783
2017年	832035.9	6.9	59592
2018年	919281.1	6.7	65534
2019年	986515.2	6	70078
2020年	1015986.2	2.3	71828
2021年	1143669.7	8.1	80976

注：表中的数据来源于国家统计局。

如表9-1和图9-1所示,近年来,随着国际经济局势的动荡,我国各级政府扎实推进各项工作,保证中国经济持续稳定发展和GDP总值稳步上升。2012年至2021年,中国GDP总值从538580亿元增加到1143669.7亿元,这意味着中国2021年间生产的最终产品和劳务按2021年市场价格计算得到的价值总额达到1143669.7亿元,实现经济稳步增长。

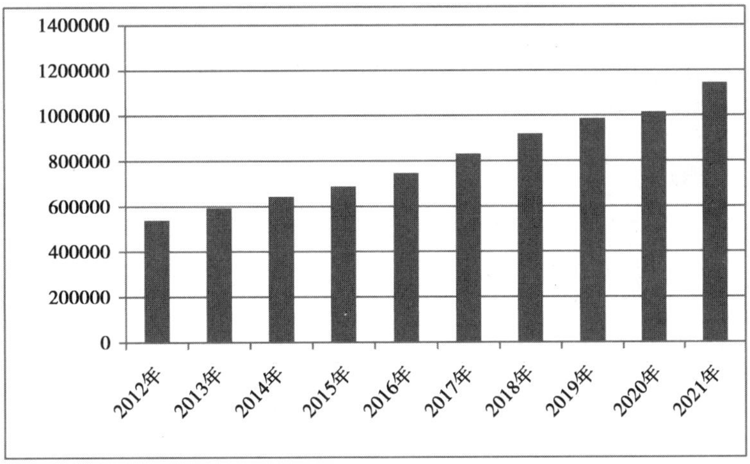

图9-1　2012—2021年GDP总值图(单位:亿元)

如图9-2和图9-3所示，2012年至2021年，中国GDP虽然持续增加，但是GDP增长率出现了增速下行和居民人均GDP总值的上下波动。

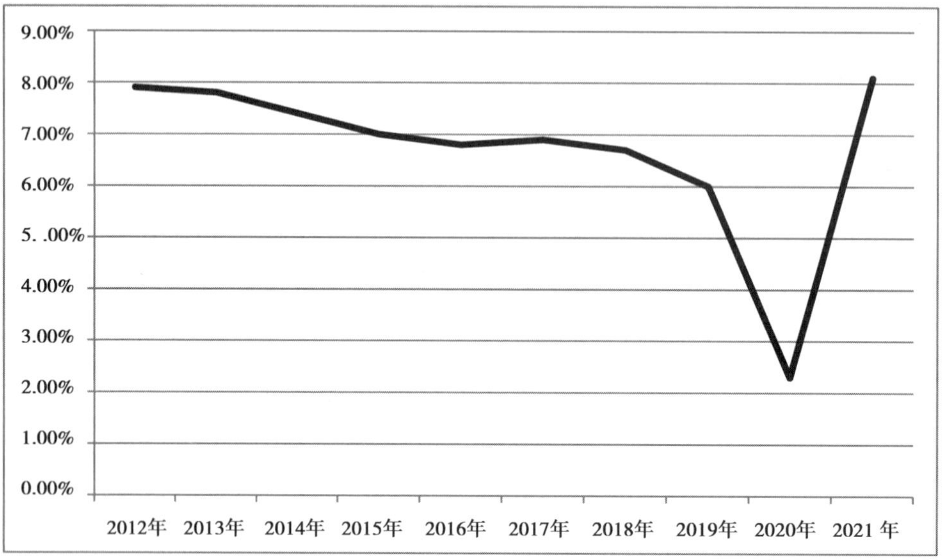

图9-2　2012—2021年GDP增长率图(单位:%)

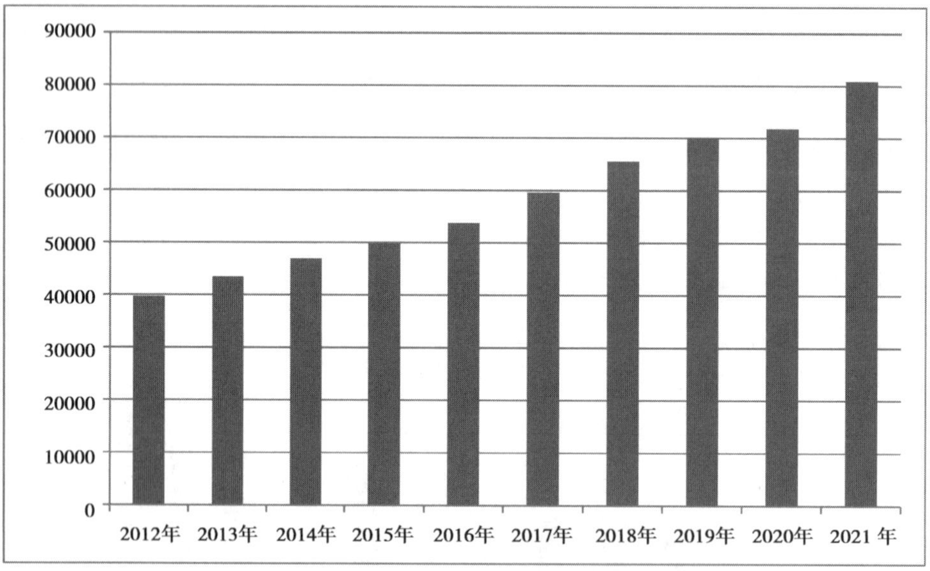

图9-3　2012—2021年居民人均GDP总值图(单位:元)

GDP的内涵一般需要从以下几个方面正确把握：

①GDP是最终产品和劳务的价值总和。最终产品是指直接用于消费和出口的产品，而用于再加工或转售的产品就是中间产品(Intermediate Product)，中间产品不能计入GDP。最终产品与中间产品的本质区别在于购买者的目的是用于消费还是用于出售或生产，而不在于产品本身的性质。例如，面粉如果被食品加工企业购买做面包，这部分面粉就是中间产品，如果被居民购买用于家庭消费，那么这部分面粉就是最终产品。

②GDP是用市场价值来衡量的。GDP是按当年现期的市场价格进行核算的结果，并非“实际产出价值”，价格变动在其中也会起一定的作用。如果产出量不变，今年的市场价格比去年上涨20%，那么GDP也会增加20%，但这种增加只是名义上的，因为产出并未增加。

③GDP是一定时期生产而非销售的最终产品价值。这里强调的是生产出的而不是销售出的最终产品价值。如果一个企业生产了价值1000万元的产品，却只卖掉900万元的产品，剩下的100万元的产品可以看作企业的存货投资，计入GDP的是1000万元的产品。反之，如果企业生产了1000万元的产品，却售出了1100万元的产品，计入GDP的仍然是1000万元的产品，只是上一年存货减少100万元。

在表9-2中，衣服是最终产品，总价值为60元。按照增值法计算得出衣服的价值也是60元。如在核算GDP总值时把产品的中间成本也一并核算的话，将会导致价值的重复计算，重复计算额为80元。

表9-2 最终产品价值与中间产品价值表

产品类型	生产阶段	产品价值/元	中间产品成本/元	增加价值/元
中间产品	棉花	15	–	15
	棉纱	25	15	10
	棉布	40	20	15
最终产品	衣服	60	40	20
合 计		140	80	60

④GDP的衡量有一个地域范围的限制。GDP中包括一个国家或地区境内所有生产单位生产的最终产品和劳务的市场价值总和，而不管这些生产单位是否属于本国所有。与此相对应的国民生产总值(GNP)则涉及国民的概念，它是本国生产单位所创造的最终产品价值，而这些生产单位既可以在国外，也可以在国内。

⑤没经过市场交易的经济活动产生的价值无法计入GDP。现实中，这些经济活动也是广泛存在的，像家务劳动、农民自给自足的产品等都没有经过市场交易，从而无法计入GDP。

【知识小链接】

国内生产总值的意义有多大?

著名经济学萨缪尔森说过：“国内生产总值是20世纪最伟大的发现之一。”没有国内生产总值这个发明，我们就无法进行国与国经济实力的比较以及贫穷与富裕的比较，无从知道本国宏观经济在世界经济中的位置。国内生产总值是宏观经济中最受关注的经济统计数字，它被认为是衡量国民经济发展情况最重要的一个指标，透过国内生产总值看到了国与国财富的差距。

另外，在GDP概念体系当中，我们还必须了解实际国内生产总值与名义国内生产总值。

由于国内生产总值涉及价格、产量两因素。因此，产量和价格的变动都会使国内生产总值发生变动。实际上，人们的物质福利只与所生产的物品和劳务的数量和质量有关，如果产品和劳务的数量和质量不变，而价格提高一倍，国内生产总值增加一倍，但人们的物质福利并未增加。因此，有必要把引起国内生产总值变动中的价格因素抽象出来，只研究产品和劳务的数量变化，这就需要区分名义国内生产总值和实际国内生产总值这两个概念。

名义国内生产总值是以当年价格计算出来的生产物品和劳务的价值总和，等于各种商品与劳务总量和其当年价格乘积之和，它反映了实物和价格的变化。例如，2021年的名义国内生产总值是2021年生产的全部最终产品和劳务用2021年的市场价格计算出来的市场价值。而实际国内生产总值是指以基期价格计算出来的生产物品和劳务的价值总和，等于各种商品与劳务总量和基期价格乘积之和，只反映实物的变化，剔除了价格变动的影响。例如，如果把2000年作为基期，那么2021年的实际国内生产总值是2021年的全部最终产品和劳务用2000年的市场价格计算出来的市场价值。二者之间的关系是：

$$名义国内生产总值=实际国内生产总值\times物价指数 \tag{9-1}$$

如果使用的都是基期的价格，则两个时期的国内生产总值的差额可表现出两个时期产量的变化。如果仅比较两个时期的名义国内生产总值，我们则无法知道这两个时期国内生产总值的差额究竟是由产量变化引起的，还是由价格变化引起的。

（二）国民生产总值（GNP）

与国内生产总值不同，国民生产总值（Gross National Product，GNP）是按照国民原则来计算的，即本国国民（包括境内公民及境外具有本国国籍的公民）生产的最终产品价值，不管是否发生在国内，都被计入国民生产总值。国民生产总值以人口为统计标准，是指本国常住居民生产；国内生产总值则以领土为统计标准，只要是在本国领土范围内，不管谁生产的都应该计入该指标。两者之间的关系可以是：

$$GNP= GDP+国外要素收入净额 \tag{9-2}$$

国民生产总值与国内生产总值的关系可表述为：

国外要素收入净额为本国公民在其他国家获得的收入减去外国公民在本国得的收入，如差额为正数，说明国民生产总值大于国内生产总值，即 $GNP> GDP$；如差额为负数，说明国生产总值小于国内生产总值，即 $GNP<GDP$。

（三）国民生产净值（NNP）和国内生产净值（NDP）

上述GDP与GNP指标，强调了总量概念，没有考虑折旧，如果从GDP与GNP指标中扣除折旧就是国民生产净值（NNP）和国内生产净值（NDP）。国内生产净值是指在一定时期（通常为1年）内在本国领土内新创造的价值总和，等于GDP减去折旧；国民生产净值是指在一定时期（通常为1年）内新增加的最终商品和劳务市场价值总和，表示经济活动中能够用于消费和净投资的价值总额，等于GNP减去折旧。它们的关系是：

$$国民生产净值=国民生产总值-折旧 \tag{9-3}$$

$$国内生产净值=国内生产总值-折旧 \tag{9-4}$$

（四）国民收入（NI）

国民收入（National Income，NI）是指在一定时期内（通常为1年），一国生产要素（指劳动、资本、土地、企业家才能）所获收入的总和，即工资、利息、租金和利润等之和。国民收入等于国民（或国内）生产净值减去企业间接税再加上政府津贴。间接税从形式上看是由企业负担的，实际上间接税支出附加在产品成本上，在销售产品中转移出去了，由最终消费者承担。由于间接税作为产品的价格附加，既不是任何生产要素提供的，也不能为任何生产要素所获得，因此计算国民收入时要扣除。政府津贴是国家对产品售价低于生产要素成本价格的企业的补贴，目的是弥补企业的损失来维持这种产品的生产。这种补贴可看作是一种负税（即倒付的税），属于企业生产要素的收入。因此计算国民收入要从间接税中扣除政府津贴。用公式表示：

$$\begin{aligned}\text{国民收入} &= \text{国民生产净值} - \text{企业间接税} + \text{政府津贴} \\ &= \text{工资十利资} + \text{利润} + \text{利息} + \text{租金} + \text{津贴}\end{aligned} \tag{9-5}$$

（五）个人收入（PI）

个人收入（Personal Income，PI）是指一个国家所有个人在一定时期（通常为1年）从经济活动中获得的收入。PI等于NI减去非个人接受的部分（包括公司利润、社会保险费），再加上并非由于提供生产性劳务而获得的其他个人收入，包括政府转移支付、利息调整、红利和股息。

$$\begin{aligned}\text{PI} &= \text{NI} - \text{个人得不到的部分} + \text{个人额外得到的部分} \\ &= \text{NI} - (\text{公司未分配利润} + \text{公司所得税} + \text{公司和个人缴纳的社保费}) + \\ &\quad \text{转移支付} + \text{利息调整} + \text{红利和股息}\end{aligned} \tag{9-6}$$

（六）个人可支配收入（DPI）

个人可支配收入（Disposable Personal Income，DPI）等于个人收入扣除个人所得税（Income Taxes，IT）之后剩余的部分。个人收入和个人可支配收入都是重要的宏观经济总量指标，对改善社会消费水平有重要影响。

$$\begin{aligned}\text{DPI} &= \text{PI} - \text{个人所得税} \\ &= \text{个人消费支出} + \text{个人储蓄}\end{aligned} \tag{9-7}$$

二、GDP的核算

GDP核算方法主要包括支出法、收入法和生产法。本书主要介绍两种常用GDP核算方法：支出法和收入法。

（一）支出法

支出法，就是从产品的使用出发，把一年内购买的各项最终产品的支出加总而计算出的该年内生产的最终产品的市场价值。这种方法又称最终产品法、产品流动法。

如果用Q_1、Q_2，…，Q_n代表各种最终产品的产量，P_1、P_2…P_n代表各种最终产品的价格，则使用支出法核算GDP的公式是：

$$Q_1P_1+Q_2P_2+\cdots+Q_nP_n=\text{GDP} \tag{9-8}$$

在现实生活中，产品和劳务的最后使用，主要是居民消费、企业投资、政府购买和出口。因此，用支出法核算GDP，就是核算一个国家或地区在一定时期内居民消费、企业投资、政府购买和净出口这几方面支出的总和。

①居民消费（用字母C表示），包括购买冰箱、彩电、洗衣机、小汽车等耐用消费品的支出，服装、食品等非耐用消费品的支出以及用于医疗保健、旅游、理发等劳务的支出，但建造住宅的支出不属于消费。

②企业投资（用字母I表示），是指增加或更新资本资产（包括厂房、机器设备、住宅及存货）的支出。投资包括固定资产投资和存货投资两大类。固定资产投资指新造厂房、购买新设备、建造新住宅的投资。为什么住宅建筑属于投资而不属于消费呢？因为住宅像别的固定资产一样是长期使用、慢慢地被消耗的。存货投资是企业掌握的存货（或称为库存）的增加或减少。如果年初全国企业存货为2000亿元而年末为2200亿元，则存货投资为200亿元。存货投资可能是正值，也可能是负值，因为年末存货价值可能大于也可能小于年初存货。企业存货之所以被视为投资，是因为它能产生收入。

③政府购买（用字母G来表示），是指各级政府购买物品和劳务的支出，它包括政府购买军火、军队和警察的服务，政府机关办公用品与办公设施，举办诸如道路等公共工程，开办学校等方面的支出。政府支付给政府雇员的工资也属于政府购买。政府购买是一种实质性的支出，表现出商品、劳务与货币的双向运动，直接形成社会需求，成为国内生产总值的组成部分。政府购买只是政府支出的一部分，政府支出的另一部分如政府转移支付、公债利息等都不计入GDP。政府转移支付是政府不以取得本年生产出来的商品与劳务作为报偿的支出，包括政府在社会福利、社会保险、失业救济、贫困补助、老年保障、卫生保健、对农业的补贴等方面的支出。政府转移支付是政府通过其职能将收入在不同的社会成员间进行转移和重新分配，将一部分人的收入转移到另一部分人手中，其实质是一种财富的再分配。有政府转移支付发生时，即政府付出这些支出时，并不相应得到什么商品与劳务，政府转移支付是一种货币性支出，整个社会的总收入并没有发生改变。因此，政府转移支付不计入国内生产总值中。

④净出口（用字母$X-M$表示，X表示出口，M表示进口）是指进出口的差额。进口应从本国总购买中减去，因为进口表示收入流到国外，同时，也不是用于购买本国产品的支出；出口则应加进本国总购买量之中，因为出口表示收入从外国流入，是用于购买本国产品的支出，因此，净出口应计入总支出。净出口可能是正值，也可能是负值。

把上述四个项目加起来，就是用支出法计算GDP的公式：

$$\text{GDP}=\text{C}+I+G+(X-M) \tag{9-9}$$

在我国的统计实践中，支出法计算的是国内生产总值划分为最终消费、资本形成总额和货物和服务的净出口总额，它反映了本期生产的国内生产总值的使用及构成。

最终消费分为居民消费和政府消费。居民消费除了直接以货币形式购买货物和服务的消费外，还包括以其他方式获得的货物和服务的消费支出，即所谓的虚拟消费支出。居民虚拟消费支出包括以下几种类型：单位以实物报酬及实物转移的形式提供给劳动者的货物和服务;金融机构提供的金融媒介服务;保险公司提供的保险服务。

通过支出法计算的GDP,我们可以计算出消费率和投资率。所谓消费率就是最终消费占GDP的比率,所谓投资率就是资本形成总额占GDP的比率。按照有关统计资料,最近几年以来,我国的消费率出现了比较明显的下降趋势,2005年我国的消费率为52.1%,投资率为43.4%。同世界水平相比,我国的消费率明显偏低。因此,当前和今后一段时期,宏观经济调控的一个重要内容就是要调整投资和消费的比例关系,扩大消费需求是扩大内需的重点。

(二)收入法

收入法又称要素收入法,是按照总产出等于总收入的恒等式,通过对生产要素所有者收入的计算得到一国在一年内的总产出,即GDP总值。

①工资、利息和租金等生产要素的报酬。工资包括所有工作的酬金、津贴和福利费,也包括工资收入者必须缴纳的个人所得税及社会保险费。利息是人们为公司、企业提供融资而得到的利息收入,例如银行存款的利息、企业债券的利息等,国债利息不包括在内。租金包括在一定时期内出租土地、房屋等资源或物品使用权所获得的租赁收入及专利、版权等收入。

②公司税前利润。包括公司所得税、社会保险税、股东红利以及公司未分配利润等。

③企业间接税及企业转移支付。这些虽然不是生产要素创造的收入,但要通过产品价格转嫁给消费者,所以一般也将其看作成本。企业转移支付包括对非营利组织的社会性捐助和消费者呆账,企业间接税包括货物税或销售税、周转税等。

④非公司业主收入,例如医生、律师、会计师、农民和个体业主等个体从业者的收入,他们使用自己的资金,自己雇佣自己,其工资、利息、利润、租金通常被混在一起作为非公司业主收入。

⑤折旧费。

综合下来,我们可得出以下恒等式:

$$\begin{aligned}\text{GDP}=&\text{工资}+\text{利息}+\text{租金}+\text{公司税前利润}+\text{企业间接税及企业转移支付}+\\&\text{非公司业主收入}+\text{折旧费}\end{aligned} \tag{9-10}$$

三、GDP的核算存在的不足

目前来看,大部分群众和单位喜欢用GDP衡量一切经济活动,认为凡是计入GDP增长的活动就是有价值的,凡是GDP下降就是有问题的。作为综合程度最高的经济指标,GDP并非尽善尽美,其自身也存在许多缺陷,但是其缺陷又表现在哪里呢?

GDP不能完全准确地反映一国的实际经济水平。前面我们讲过,GDP不能反映大量的非市场化经济活动,例如家庭内的无私劳务、自给自足的经济活动以及各类地下经济活动等。

GDP不能正确反映产品和劳务的技术进步。一个明显的例子是计算机,它的质量显著改进,但价格却大幅下降,这种情况几乎涉及所有商品,尤其是科技型产品。我们计算GDP时,使用的是市场价值,市场价格往往并不体现产品和劳务由技术进步而带来的质量改进,相反,正是由于技术进步,在产品和劳务质量不断改进的同时,却带来价格下降。

GDP表明社会的产品和劳务的价值总量,但不能实现商品和劳务的精准细化。苏联高度集中的计划经济用GDP总量来衡量,接近发达国家水平,但其产业结构中重工业,尤其是军事工业所占比重较大,与人民生活密切相关的轻工业发展相对落后,因而其人民生活水平远远低于发达国家水平。

GDP没有反映人们的社会福利以及精神收入。如果人们放弃闲暇去工作,GDP会增加,但是闲暇的减少也减少了人们的社会福利,许多科研人员从他们所从事的工作中得到精神上的享受和满足,而现有的GDP却不能完全地反映他们的精神收入状况。从这个意义上讲,GDP增加能否使每个人的状况变好并不确定。

更重要的是,GDP也没有反映环境污染的问题。如果政府不对环境污染进行任何管制,厂商可以不考虑自己生产物品所增加的污染,这时会增加GDP,但空气和水质量的恶化可能导致社会总福利的下降。经济学的一个基本观点是:天下没有免费的午餐。经济产量的增加过程,必然是自然资源消耗增加的过程,同时,也伴随着生态破坏和环境污染。1979年以来,中国是世界上经济增长最快的国家,但在增长过程中,自然资源消耗量和生态赤字也是很高的,所以,既要看到我国GDP的数字,也要关注取得GDP数字背后所付出的代价。国际社会由此产生了绿色GDP的概念。从2003年开始,国家统计局开始对全国自然资源进行了实物核算,这是建立绿色GDP核算体系的基础。从2004年开始,国家统计局和国家环境保护总局已成立绿色GDP联合课题小组,正在组织力量积极进行研究和实验。我国近期提出的“科学发展观”为建立绿色GDP核算体系提供了重要动力。

【课程思政】

中国GDP何时能超过美国?

2001年,中国GDP超过意大利,成为世界第六;

2005年,中国GDP超过法国,成为世界第五;

2006年,中国GDP超过英国,成为世界第四;

2007年,中国GDP超过德国,成为世界第三;

2010年,中国GDP超过日本,成为世界第二。

中国GDP会超过美国吗? 如果会,那么在什么时间能够超过?

中国GDP是一定能够超过美国的。1990年中国GDP只有美国的6%,2000年中国GDP是美国的12%,在1990年到2000年的十年间,中国GDP占美国GDP的比重提升了一倍;2010年中国GDP是美国GDP的40.6%,在2000年到2010年的十年中,中国GDP占美国GDP比重提升了两倍多。在2010年到2020年的十年中,中国GDP进一步提升到美国的71%。超过美国是迟早的事情。

超越美国不是我们的目标,超越自己才是,如果超越了美国,那只是顺便而已,2001年人均GDP首次突破1000美元,但是2020年人均GDP已经突破了1万美元,从1000美元到1万美元用了19年。

中国每年的GDP增速都不是世界上最快的，但是胜在持久性和稳定性，每年都能够保持较高增速，然后连续数十年，学过复利的人都知道，复利越到后面越可怕。

第二节　国民收入决定

在研究国民收入的决定时，必须区分潜在的国民收入与均衡的国民收入。潜在的国民收入是指经济中实现了充分就业时所能达到的国民收入水平，所以又称为充分就业的国民收入。均衡的国民收入是指总需求与总供给达到平衡时的国民收入。均衡的国民收入并不一定等于潜在的国民收入。国民收入决定理论要说明的是如何实现均衡的国民收入，即实现总供给和总需求的平衡状态，以及均衡的国民收入水平是如何变动的。在不考虑总供给这一因素时，均衡的国民收入就是由总需求水平所决定的。

一、国民收入决定基本内容

国民收入决定基本内容包括消费、储蓄、投资和乘数等。

(一)消费

1.消费倾向

消费是人们为满足各种需要而享用商品和劳务的经济行为和活动。现实经济生活中，有许多因素影响消费，如收入、价格、利率、资产、制度、风俗等，在众多影响因素中，收入是决定消费支出的重要因素。经济学家凯恩斯把消费在收入中所占的比例叫作消费倾向。消费倾向分为平均消费倾向(APC)和边际消费倾向(MPC)。

消费与收入之间的依存关系就是消费函数。

$$C=f(Y) \tag{9-11}$$

式(9-11)中，C表示消费，Y表示收入。

平均消费倾向(APC)是指消费总量在收入总量中所占的比例。

$$\text{APC}=C/Y \tag{9-12}$$

式(9-12)中，APC表示平均消费倾向，C表示消费，Y表示收入。

边际消费倾向(MPC)是指在增加的一个单位收入中用于消费支出部分所占的比率，即消费增量与收入增量的比率。

$$\text{MPC}=\Delta C/\Delta Y \tag{9-13}$$

式(9-13)中，MPC表示边际消费倾向，ΔC表示消费的增加量，ΔY表示收入的增加量。

一般情况下，消费增量总是小于收入增量而又不会等于收入增量，这样，边际消费倾向总是小于1而大于0，即$0<\text{MPC}<1$。即人们收入的增加必然会带来消费的增加，但是消费的增加总是小于收入的增加，这就是边际消费倾向递减规律。

2.消费函数

图9-4中，横轴表示收入Y，纵轴表示消费C，45°线表示到纵、横轴的垂直距离相等，即$Y=C$。$C=f(Y)$曲线就是消费曲线，表示消费和收入的函数关系。B点收支相等，B点左方表示消费大于收入，B点右方表示消费小于收入。随着收入变化，消费曲线与45°线距离越来越大，这也是边际消费倾向递减的图像诠释。

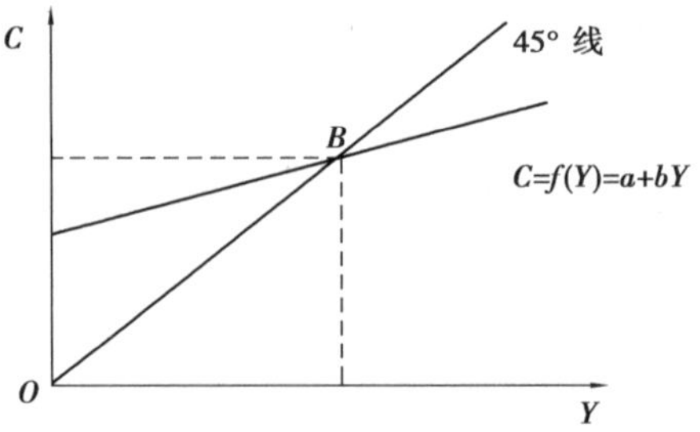

图9-4 线性消费曲线

如果收入和消费之间存在线性关系，边际消费倾向为一常数，消费函数可用方程式表示为：

$$C = a + bY \tag{9-14}$$

式(9-14)中，a、b为常数，其中a表示自发消费或基本消费，也就是在收入为零时也必须产生的消费，bY表示由收入引致的消费。方程式的经济含义表示：消费等于自发消费和引致消费的总和。在图9.4中，消费曲线是一条向右上方倾斜的直线，消费曲线的斜率为恒等于b，即边际消费倾向。

(二)储蓄

1.储蓄倾向

储蓄是指居民消费后的剩余部分，是人们收入中没有用于消费的部分。个人、家庭和企业都存在为某种目的而进行储蓄的行为。

收入(Y)减去消费(C)就是储蓄(S)。凯恩斯理论认为，收入是决定储蓄的唯一因素，收入的变化决定储蓄的变化。储蓄与收入之间的依存关系就是储蓄函数。

$$S=f(Y) \tag{9-15}$$

式(9-15)中，S表示储蓄，Y表示收入。

凯恩斯认为，储蓄倾向指储蓄在收入所占的比例。储蓄倾向可分为平均储蓄倾向(APS)和边际储蓄倾向(MPS)。平均储蓄倾向是指任一收入水平上储蓄在收入中所占的比例。

$$\text{APS} = S/Y \tag{9-16}$$

式(9-16)中，APS表示评价储蓄倾向，S表示储蓄，Y表示收入。

边际储蓄倾向是指在增加的收入中用于储蓄部分所占的比率，即储蓄增量与收入增量的比率。

$$\text{MPS} = \Delta S/\Delta Y \tag{9-17}$$

式(9-17)中，MPS表示边际储蓄倾向，ΔS表示储蓄的增加量，ΔY表示收入的增加量。

边际储蓄倾向同边际消费倾向一样，随着收入的增加，储蓄也会增加，他们都是正数，数值都大于0而小于1。边际储蓄倾向同边际消费倾向不一样的是，储蓄增加比消费增加的速度要快，即$\Delta S/S>\Delta Y/Y$，这就是边际储蓄倾向递增规律。

2.储蓄函数

消费是收入中用于购买消费品与劳务的部分，储蓄则是收入中减去消费的余额。也就是说：

$$Y=C+S \tag{9-18}$$

图9-5中，横轴表示收入Y，纵轴表示消费S，储蓄曲线为$S=f(Y)$，表示储蓄和收入的函数关系[illegible]曲线与横轴相交，储蓄为零。B点左方，在横轴下方，表示储蓄[illegible]方，表示储蓄为正数。随着收入变化，消费曲线距离横轴越[illegible]增的图像诠释。

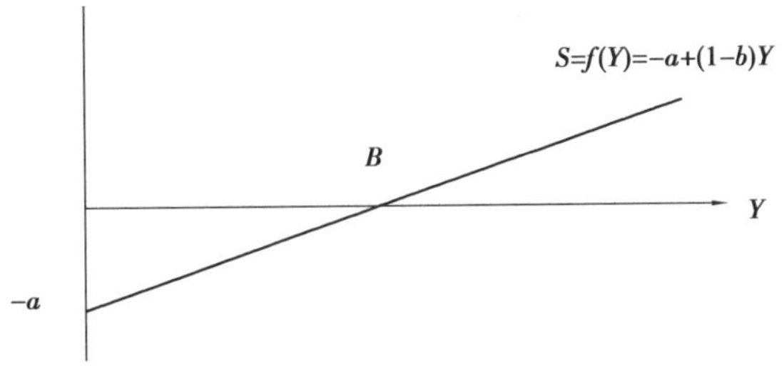

图9-5 线性储蓄曲线

如果收入和储蓄之间存在线性关系，边际储蓄倾向为一常数，储蓄函数可用方程式表示为：

$$S=-a+(1-b)Y \tag{9-19}$$

式(9-19)中，a、b为常数，其中a表示自发消费或基本消费，就是在收入为零时也必须产生的消费，b表示边际消费倾向，$(1-b)$表示边际储蓄倾向，$(1-b)Y$表示由收入引起的储蓄。方程式的经济含义表示：储蓄等于收入所引致的储蓄减去自发消费。在图9-5中，消费曲线是一条向右上方倾斜的直线，消费曲线的斜率为恒等于$1-b$，即边际储蓄倾向。

3.消费函数和储蓄函数的关系

消费函数和储蓄函数之和等于收入。而平均消费倾向(APC)和平均储蓄倾向(APS)互为补数，二者之和永远等于1。边际消费倾向(MPC)和边际储蓄倾向(MPS)互为补数，二者之和永远等于1。

$$\mathrm{APS}+\mathrm{APS}=C/Y+S/Y=(C+S)/Y=Y/Y=1 \tag{9-20}$$

$$\mathrm{MPC}+\mathrm{MPS}=\Delta C/\Delta Y+\Delta S/\Delta Y=(\Delta C+\Delta S)/\Delta Y=\Delta Y/\Delta Y=1 \tag{9-21}$$

(三)投资

1.投资的含义

投资是指资本的形成，即社会实际资本的增加，包括厂房、设备和存货增加、新住宅的建设等，其中主要是厂房、设备的增加。

购买有价证券、土地或其他财产，不能算是投资，只是财产的转移。要进行投资，投资的预期利润率即资本的边际效率至少应该等于利息率。

2.投资的分类

从是否受国民收入的影响角度划分，投资可分为自发投资与引致投资。自发投资是指仅仅由于经济体系外部因素所发生的投资，它不受国民收入变动的制约，是由独立的非经济因素（或外生变量）所引起的投资，例如新发明、新技术、人口、资源、心理、战争、政府政策等因素决定的投资，这种投资与国民收入或消费无关，投资会保持一定水平。引致投资是指由于国民收入或消费变化而引起的投资。引致投资与国民收入或消费水平存在依赖关系，国民收入或消费水平较高必将导致较多的投资。

从投资和资本存量之间的关系划分，投资可分为重置投资、净投资与总投资。重置投资是指用来补偿已耗费的资本设备的投资，即折旧，决定于原有资本量、使用期限及其构成。净投资是指为增加资本存量而进行的投资，就是净资本形成或实际资本的净增加，即厂房、设备与存货的净增加。净投资的大小决定于国民收入水平与变化情况。总投资等于重置投资与净投资之和。即：总投资=重置投资+净投资。从总投资角度看，投资就是对原有资本存量的追加或扩大，取得资本资产。在现实经济活动中，重置投资与净投资在具体形态上总是结合在一起，但在性质上是不同的，这种区分在理论研究中有着重要意义。

3.投资函数和资本边际效率

（1）投资决策与投资函数

投资的动机和目的是为获取利润最大化，作投资决策必须考虑两个因素：一是投资的预期利润率；二是资本市场的利率。比较二者高低，投资的预期利润率高于资本市场利率是投资决策的基本要求。

投资决策与投资函数：投资的动机和目的是为获取最大利润，作投资决策必须考虑两个因素：一是投资的预期利润率；二是资本市场的利率。比较二者高低，投资的预期利润率高于资本市场利率是投资决策的基本原则或准绳。

从总体看，决定投资水平的主要因素有三个：社会投资需求、家庭储蓄供给和厂商投资品供给。投资函数严格来说就是投资需求函数，决定投资的最主要因素是国民收入和利率，由于投资需求与国民收入呈正相关关系，与利率呈负相关关系，如不考虑国民收入，投资函数可以表现为：

$$I=I(r) \tag{9-22}$$

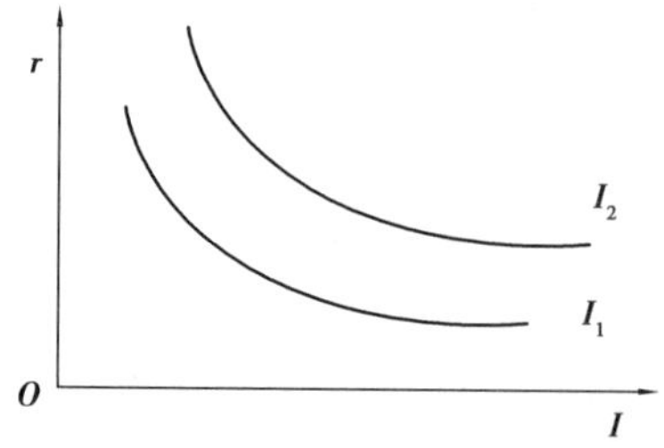

图9-6 投资曲线

如图9-6所示，投资曲线表现为一条向右下方倾斜的曲线。如果由于某种原因，比如投资者对资本收益的预期增加导致资本的边际效率增加，那么，在同一利率下投资量会增加，表现为投资曲线向右上方平行移动，如在图9-6中，I_1移动到I_2。反之，投资曲线向左下方移动。一般地，为分析的简便，投资函数以线性形式表示，即：

$$I=I_0-d_0Y \tag{9-23}$$

式(9-23)中,I_0为自主投资,不随利率的变化而变化;d_0Y则是因为利率的变动引起的投资的变动,称为引致投资。

(2)资本边际效率(MEC)

资本边际效率是指资本的预期利润率,即增加一笔投资预期可以得到的利润率,是经济学家凯恩斯提出的概念。资本边际效率相当于贴现率(或折现率),用这个贴现率把投资的将来预期收益折成现值正好等于该项资本品的现有供给价格(或成本)。

假设,C_R表示投资资本品的供给价格,也称重置资本;$R_1,R_2,R_3,\cdots,R_n$分别表示第1,2,3,…,n年的预期收益;rm表示资本边际效率。有如下关系式:

$$C_R=\frac{R_1}{(1+r_M)}+\frac{R_2}{(1+r_M)^2}+\frac{R_3}{(1+r_M)^3}+\cdots\cdots+\frac{R_n}{(1+r_M)^n} \tag{9-24}$$

从资本边际效率公式可看出,资本边际效率取决于投资品的供给价格与预期收益。在其他条件相同的情况下,供给品价格越大,资本边际效率越小;预期收益越大,资本边际效率越大。

如果用r_i代表利息率,资本边际效率曲线方程可写为:

$$I=I\ (r_i) \tag{9-25}$$

式(9.24)中,I表示投资,r_i表示利率。该公式就是投资利息率函数或投资函数,它表明投资与利率呈负相关关系,利息率越高,投资量越小;利息率越低,投资量越大。

资本边际效率递减规律在凯恩斯经济理论中有着特殊意义:资本边际效率递减,削弱了投资的吸引力和私人投资的信心,会引起对资本品的需求不足,即投资不足,私人投资不足必须由国家承担起投资的责任,维持一定的有效需求,解决经济危机与失业,使经济能很好发展。同时,凯恩斯对经济危机的论述认为,经济危机的主要原因就在于资本边际效率突然大幅度下降,引起社会投资需求的急剧减少。

(3)投资边际效率(MEI)

资本边际效率曲线就是投资需求曲线,它强调了当利息率下降时会引起投资增加,结果势必提高资本品的成本,各投资项目的资本边际效率会有所降低。因此,资本边际效率(MEC)与投资边际效率(MEI)的区别是:资本边际效率是表示资本品价格不变时,投资和利息率的反比关系;而投资边际效率是表示资本品价格变化时,投资和利息率的反比关系。

(四)乘数

1.乘数概念和分类

乘数也称为倍数,是西方经济学的一个重要概念。乘数理论是考察和分析在社会经济活动中某一因素的变化或变量的增减,所引起一系列连锁反应的状态和结果,即研究一个因素或变量的变化,对整个社会经济的影响程度。

乘数原理可以用于不同的领域和方面,就有不同的乘数。由于引起国民收入变动的初始量包括投资、政府购买、税收等等,所以除经济学家卡恩提出的就业乘数和凯恩斯提出的投资乘数外,还有政府支出乘数、税收乘数、平衡预算乘数、预算乘数、外贸乘数、货币创造乘数等等。其中,政府支出乘数是指政府支出增加可以使国民收入增加的倍数。税收乘数是指政府通过税收增减变动而引起国民收入变动的倍数。平衡预算乘数是指政府支出乘数和税收乘数两者之和。预算乘数是对政府支出乘数、税收乘数和平衡预算乘数三者的统称。外贸乘数是指出口增加所引起国民收入增加的倍数。货币创造乘数是指货币增加总额与最初新增货币额的比值,即法定准备金率的倒数。

在国民收入决定理论当中,乘数原理说明影响国民收入的因素发生变动时所引起的国民收入变动的程度。由于国民收入的变动量是引起其变动的初始量的若干倍,因此,若用K来表示乘数,则:$\Delta Y=K\cdot$初始量

2.投资乘数

凯恩斯在消费倾向的基础上,建立了一个乘数原理。投资乘数原理的经济含义可以归结为:投资变动给国民收入带来的影响,要比投资变动更大,这种变动往往是投资变动的倍数。通过乘数原理,凯恩斯得到了国民收入(Y)与投资量(I)之间的确切关系,将其经济理论指导经济政策的制定,并指导经济实践。

当总投资增加为ΔI时,会在国民经济各部门之间引起连锁反应,但当国民收入重新达到均衡时,国民收入增量ΔY将是投资增量ΔI的若干倍,相对增加的倍数用K来表示,K就是投资乘数。与此同时,K又等于1减去边际消费倾向的倒数或者边际储蓄倾向的倒数,用公式表示为

$$K=\Delta Y / \Delta I \tag{9-26}$$

$$K=1/(1-\mathrm{MPC})=1/\mathrm{MPS} \tag{9-27}$$

$$\Delta Y=\Delta I\cdot K=\Delta I\cdot(1+b+b^2+b^3+b^4+b^{n-1})$$

$$\Delta Y=\Delta I\cdot\frac{1}{1-b} \tag{9-28}$$

式(9-28)中,ΔY表示收入增加量,ΔI表示投资增加量,b是MPC,表示边际消费倾向。

从投资乘数公式中可以看出,乘数的大小同边际消费倾向呈正相关,边际消费倾向大,投资乘数越大;边际消费倾向越小,投资乘数越小。由于边际消费倾向与边际储蓄倾向之和恒等于1,所以,乘数同边际储蓄倾向呈负相关,边际储蓄倾向越大,投资乘数小,边际储蓄倾向越小,投资乘数越大。对应关系如表9-3所示。

表9-3　MPC、MPS和K之间的关系表

MPC	0	1/2	1/3	2/3	3/4	4/5	1
MPS	1	1/2	2/3	1/3	1/4	1/5	0
K	1	2	3/2	3	4	5	∞

一般来说,边际消费倾向在0和1之间,即$0 < \mathrm{MPC} < 1$,所以,投资乘数在无穷大与1之间,即$1< K < \infty$。

同理,当投资减少时,国民收入将成倍减少。

例如:某部门投资增加100万元,边际消费倾向为0.8。当用这100万元来购买投资品时,生产投资品部门就增加收入100万元,形成了社会收入的第一次增加。因为边际消费

倾向是0.8，增加的100万元收入中会有80万（100×0.8）元用来购买消费品。生产消费品部门的收入增加80万元，这是社会收入的第二次增加。同样，由于边际消费倾向是0.8，增加的80万元收入中又会有64万（80×0.8）元用于消费，社会的收入又第三次增加了64万元，以此类推，投资增加收入，收入增加消费，消费引起收入增加，收入继续提升消费，反复循环，具体如表9-4所示。当国民收入达到新的均衡时，国民收入的增加量是：

$$\Delta Y=100+100\times0.8+100\times0.8^2+100\times0.8^3+100\times0.8^{(n-1)}=100\times1/(1-0.8)=500$$

表9-4　投资乘数增量表

收入增加次数	每次收入增加数量	以 $\Delta I\times b$ 表示
第一次	100	$\Delta I=100$
第二次	$100\times0.8=80$	$\Delta I\times b=80$
第三次	$100\times0.8^2=64$	$\Delta I\times b^2=^{64}$
……	$100\times0.8^{(n-1)}$	$\Delta I\times b^{(n-1)}=100\times0.8^{(n-1)}$
收入总量增加	$100+100\times0.8+100\times0.8^2+\cdots$	$\Delta I(1+b+b^2+b^3+b^4+b^{n-1})$

3.乘数的正反作用

投资乘数是从正反两方面发生作用的。一方面，投资的增加会引起收入和就业量成K倍地增加；另一方面，投资的减少也会导致收入和就业量成K倍地减少。所以西方经济学家把乘数称为一把“双刃剑”。

【课程思政】

举办北京冬奥会的意义在哪里？

北京冬奥会是我国重要历史节点的重大标志性活动，对促进京张地区经济发展具有重要意义。采用投入产出法，构建2022年冬奥会对京张地区经济影响的模型，分析冬奥会对京张地区经济影响的规模、对GDP的贡献和对相关产业的拉动作用。2022年冬奥会对京张地区经济影响的总体规模达到3574.01亿元，对北京和张家口GDP年平均贡献率分别为0.28%和5.58%，拉动建筑业、制造业等相关行业发展。

二、总需求、总供给与均衡国民收入决定

在上一部分，我们了解了国民收入决定理论中的四个基本概念，接下来我们将进一步分析总需求、总供给与简单国民收入决定。

均衡国民收入是指总需求与总供给达到平衡时的国民收入。国民收入水平是由总需求和总供给共同决定的。

（一）总需求

总需求是指在其他条件不变的情况下，在某一给定的价格水平上人们所愿意购买的产出总量，也即所有生产部门所愿意支出的总量。按照国民收入核算理论，总需求可以由

经济中的总支出来表示，包括消费、投资、政府商品与服务采购、净出口四个组成部分。

①消费：主要取决于可支配收入，而可支配收入是指个人收入减去税收。

②投资：包括对建筑物和设备的私人购买以及库存品的增加。

③政府开支：政府在商品与服务上的开支。

④净出口：等于出口值减去进口值。

若用C表示私人消费支出、I表示私人投资支出、G表示政府购买支出、$X-M$表示国外对本国产品的净购买支出，以AD表示一国的总需求，则一国的总需求的构成可表示为：

$$AD=C+I+G+(X-M) \tag{9-29}$$

（二）总供给

总供给是指在一定时期内所有厂商提供的物品和劳务的总和。按照国民收入核算理论，总供给可以用总收入来表示。以AS表示总供给，C、S、T分别表示私人收入中用于消费的部分、私人收入中用于储蓄的部分和政府的收入（税收）。则一国的总供给可表示为：

$$AS=C+S+T \tag{9-30}$$

（三）均衡国民收入

总需求是计划支出，总供给是计划收入，显然，总需求并不等于总供给，经济社会就是在这两种力量的作用下，朝着一定的方向运行。一般地，当总需求大于总供给时，整体经济朝着扩张的方向运行；相反，当总需求小于总供给时，整体经济朝着紧缩的方向运行；当这两种力量处于均衡时，即总需求等于总供给时，将使得作为总体的经济处于均衡状态。均衡国民收入就是指总需求与总供给恰好一致时的国民收入水平。均衡国民收入的条件是：

$$C+I+G+(X-M)=C+S+T$$

或者：

$$I+G+X=S+T+M \tag{9-31}$$

式(9-31)中，I表示投资，G表示政府购买，X表示出口额，M表示进口额，S表示储蓄，T表示税收。

1.两部门经济中的均衡国民收入决定

两部门经济实际上是一种理论的简化，它是指一个假设的经济社会仅由厂商和居民户这两种经济单位所组成，不存在企业间接税。两部门经济是一种最简单的经济。在两部门经济中，居民户向厂商提供各种生产要素并且得到相应的收入，并用这些收入购买与消费各种产品、劳务；厂商购买居民户提供的各种生产要素进行生产，并向居民户提供各种产品与劳务。两部门经济流量循环如图9-7所示。

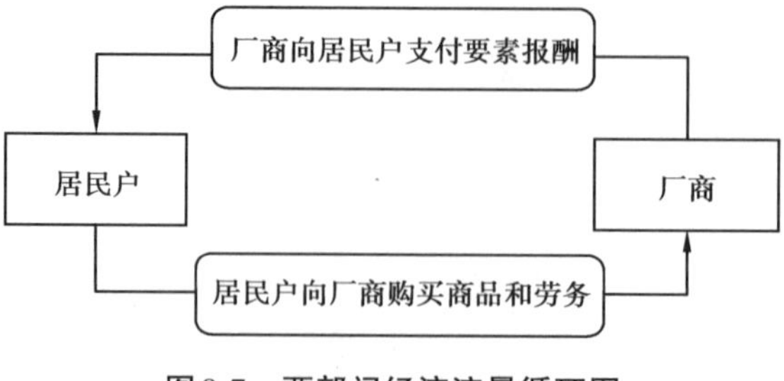

图9-7　两部门经济流量循环图

由于居民户的消费支出和厂商的投资支出都是总需求的构成部分，所以在包括居民户与厂商的两部门经济中，总需求分为居民户的消费需求（C）和厂商的投资需求（I）。消费需求与投资需求可以分别用消费支出与投资支出来表示，于是：$\mathrm{AD}=C+I$。总供给是各种生产要素收入的总和，这些收入可分为消费（C）、储蓄（S）两部分，于是：$\mathrm{AS}=C+S$。

当总需求等于总供给时：

$$\mathrm{AS}=\mathrm{AD}$$

即：

$$C+I=\mathrm{C}+S$$

如果两边同时扣除相同的部分C，则两部门经济中的均衡国民收入决定公式可以写成：

$$I=S$$

2. 三部门经济中的均衡国民收入决定

三部门经济是指没有对外贸易部门，由厂商、居民户和政府这三种经济单位组成的经济社会。在三部门经济中，政府的经济活动包括两个方面：一方面是政府收入，主要是政府向企业和居民户征税；另一方面是政府支出，包括政府对商品和劳务的购买，以及政府给居民户的转移支付，如救济金、福利开支等。因此，政府与居民户、政府与厂商之间的货币流向是双向的，该类型收入流量模型如图9-8所示。

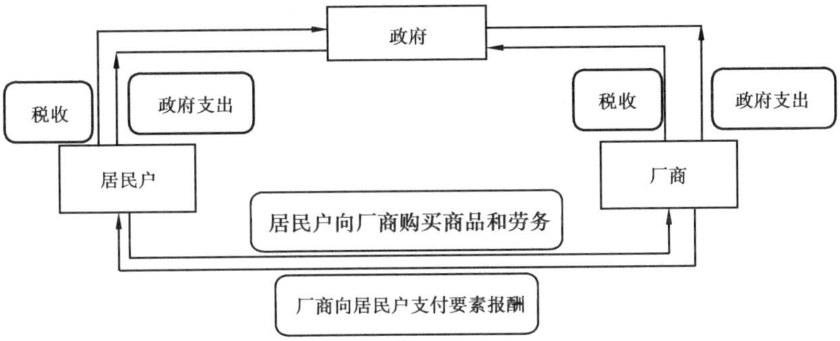

图9-8　三部门经济流量循环图

在三部门经济体系中，总需求不仅包括消费需求（C）、投资需求（I），而且还包括政府需求，政府需求可以用政府支出（G）来表示。所以三部门总需求可以表达为：

$$\mathrm{AD}=C+I+G$$

与此同时，三部门的总供给除了各种生产要素供给之外，还包括政府供给。政府供给是指政府为整个社会提供国防基础设施等公共物品。政府为了提供这些公共物品而得到的相应收入就是税收（T），所以三部门总供给可以表达为：

$$\mathrm{AS}=C+S+T$$

因为：AD=AS。如果两边同时扣除相同的部分C，则三部门经济中的均衡国民收入决定公式可以写成：

$$I+G=S+T$$

即：

$$I=S+(T-G)$$

也就是说，在三部门的均衡国民收入决定条件下，储蓄（包括私人储蓄和政府储蓄）也等于投资。

3.四部门经济中的均衡国民收入决定

在三部门经济基础上加进一个对外贸易部门就成了四部门经济。在四部门经济中，国外部门的经济功能主要体现在两个方面：一是作为国外生产要素的供给者，向国内各部门提供产品与劳务，构成社会总供给的一部分对国内来说，就是进口(M)；作为国内产品与劳务的需求者，向国内进行购买，对国内来说，就是出口(X)。该类型收入流量模型如图9-9所示。

$$AD=C+I+G+X$$

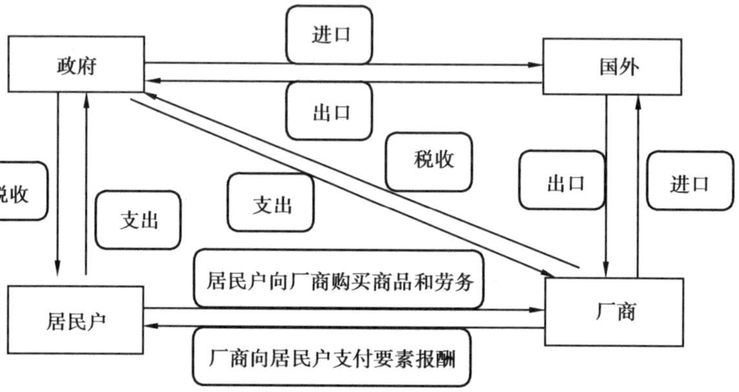

图9-9　四部门经济流量循环图

在四部门经济体系中，总需求不仅包括消费需求(C)、投资需求(I)和政府需求(G)，而且还包括国外需求(即本国的出口)。本国的出口用X来表示。所以四部门总需求可以表达为：

相应地，四部门的总供给除了各种生产要素供给和政府供给之外，还包括国外供给部分(即本国的进口)。本国的进口用M来表示。所以四部门总需求可以表达为：

$$AS=C+S+T+M$$

因为：AD=AS

所以：$C+I+G+X=C+S+T+M$

如果两边同时扣除相同的部分C，则四部门经济中的均衡国民收入决定公式可以写成：

$$I+G+X=S+T+M$$

即：

$$I = S+(T-G)+(M-X)$$

三、IS-LM模型

IS-LM模型是英国经济学家希克斯提出的，后经美国经济学家汉森改进，又被许多经济学家修正、扩展而形成的分析工具。

IS-LM模型是说明商品市场与货币市场同时达到均衡时国民收入与利息率决定的模型。在这里，I是指投资，S是指储蓄，L是指货币需求，M是指货币供给。这一模型在理论上是对总需求分析的全面高度概括，在政策上可以解释财政政策和货币政策，因此被称为整个宏观经济学的基础。

（一）IS曲线及其移动

1.IS曲线含义

IS曲线也叫投资—储蓄曲线，是描述产品市场达到均衡时，即$I=S$时，国民收入与利率之间存在着反方向变动关系的曲线。

商品市场是指由消费品与投资品构成的市场。IS曲线是描述商品市场达到均衡，即$I=S$时，国民收入与利息率之间存在的反方向变动关系的曲线。在图9-10中，横轴Y代表国民收入，纵轴r代表利率，IS曲线上任意一点都是$I=S$，即商品市场上实现了均衡。IS曲线向左下方倾斜，表示当商品市场实现均衡时，利率与国民收入呈反方向变动，即利率高则国民收入低，利率低则国民收入高。

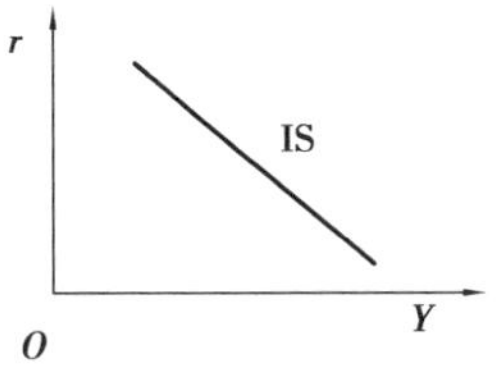

图9-10 IS曲线

在产品市场上，利率与国民收入呈反方向变动关系，这是因为利率与投资呈反方向变动。我们知道，投资是为了实现利润最大化，投资者一般要用贷款来投资，而贷款必须付出利息。这样，投资就要取决于利润率与利率。在利润率既定的条件下，投资就要取决于利率。利率越低，投资者借贷资金的成本越小，则纯利润越大，从而投资就越多；反之，利率越高，投资者借贷资金的成本就越大，纯利润就越少，从而投资就越少。由此可见，利率与投资呈反方向变动。由于投资是总需求的一个重要组成部分，投资增加，总需求增加，从而国民收入就增加；投资减少，总需求减少，从而国民收入就减少。因此，利率与国民收入呈反方向运动。

2.IS曲线移动

IS曲线会随自发总需求的变动而变动，即发生平行位移，IS曲线的移动主要取决于投资I和储蓄S的变化。自发总需求增加，IS曲线向右上方移动；自发总需求减少，IS曲线向左下方移动。（图9-11）

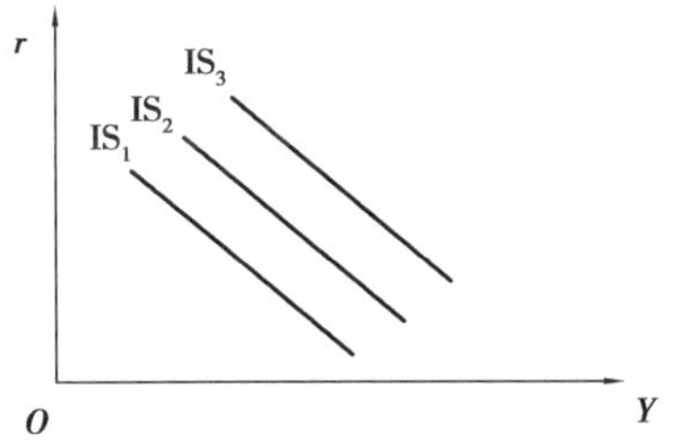

图9-11 IS曲线的移动

（二）LM曲线及其移动

1.货币的需求与供给

货币需求（L）是指人们由于各种动机而引起的对货币的需求量。人们对货币的需求主要出于三种动机：第一，交易动机。第二，预防动机。第三，投机动机。

货币供给（M）是指实际货币供给量，它与利率无关，是由国家规定的。

2.LM曲线的含义

LM曲线也称货币供求曲线，是描述货币市场达到均衡时，即$L=M$时，国民收入与利率之间存在同方向变动关系的曲线。

在图9-12中，横轴代表国民收入Y，纵轴代表利率r，LM曲线上任何一点都满足$L=M$，即实现了货币市场的均衡。LM曲线向右上方倾斜，表明在货币市场上实现均衡时，利率与国民收入呈同方向变动，利率高国民收入高，利率低则国民收入低。

3.LM曲线的变动

LM曲线会随货币供给量的变动而发生位置平行移动。货币供给量增加，LM曲线向右下方移动；货币供给量减少，LM曲线向左上方移动，如图9-13所示。

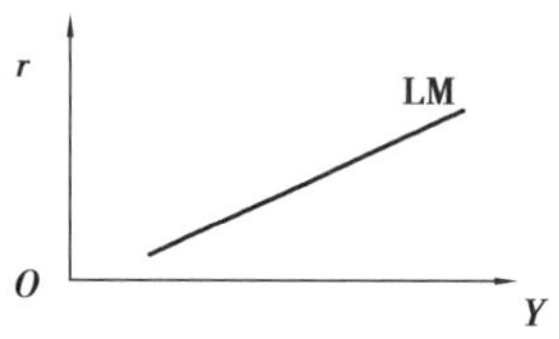

图9-12　LM曲线图

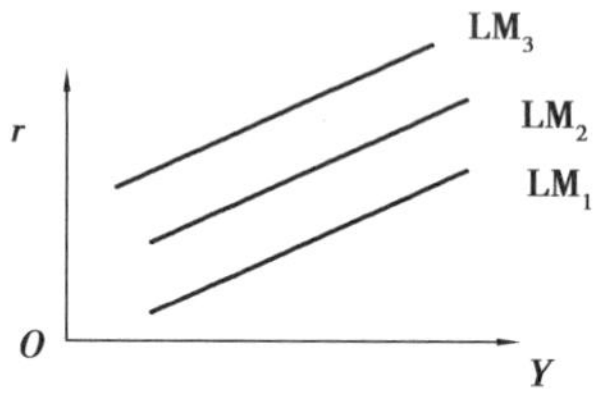

图9-13　LM曲线移动图

【知识小链接】

凯恩斯货币需求动机?

凯恩斯提出货币需求的三大动机，即交易性需求、预防性需求和投机性需求。①货币的交易性需求是指个人或企业为应付日常交易的需要而持有一定数量的货币。②货币的预防性需求是指人们为了应对意外发生的支出，为了不错过意外的有利的购买机会以及为了偿付未来债务而持有一定数量的货币。③货币的投机性需求是指人们为了在未来的某一适当时机从事以债券的买卖为典型的投机活动而持有一定数量的货币。交易性需求和预防性需求主要取决人们的收入，投机性需求则主要取决于市场利率。

（三）IS–LM模型

1.IS-LM模型的含义

IS-LM模型是宏观经济分析的重要工具，IS代表了产品市场的均衡，LM曲线代表了货币市场的均衡。当两条曲线相交时即是两个市场同时实现均衡的一般均衡状态。

把IS曲线和LM曲线放在一张图上，就能得出IS-LM模型。IS-LM模型说明，均衡国民收入的决定不仅要以储蓄等于投资为条件，而且还要以货币供给等于货币需求为条件，这就是商品市场与货币市场的一般均衡。

图9-14中，IS曲线和LM曲线相交于E点，实现了货币市场和商品市场的同时均衡，均衡收入为Y_0，均衡利率为r_0。

2.商品市场和货币市场均衡的变动

①LM曲线不变，IS曲线的移动对国民收入和利率的影响。

在LM曲线不变的情况下，自发总需求增加，IS曲线向右上方平行移动，从而国民收入增加，利率上升；反之，自发总需求减少，IS曲线向左下方平行移动，从而国民收入减少，利率下降，如图9-15所示。

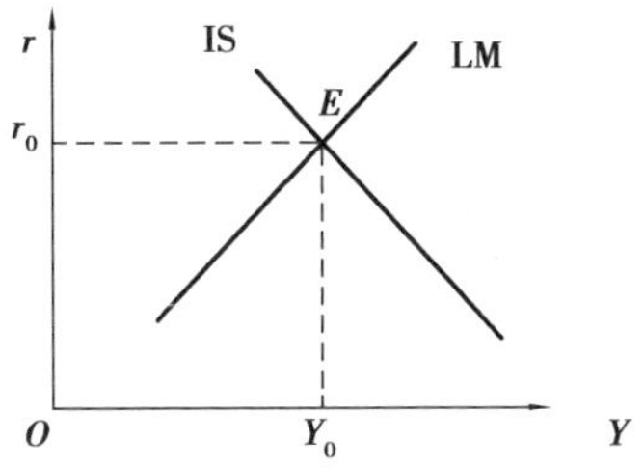

图9-14 IS-LM 曲线图

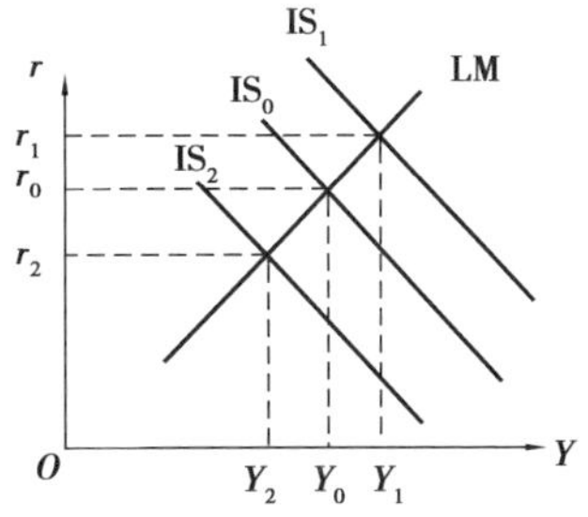

图9-15 IS曲线移动对国民收入和利率的影响图

②IS曲线不变，LM曲线的移动对国民收入和利率的影响。

在IS曲线不变的情况下，货币量增加，LM曲线向右下方平行移动，从而国民收入增加，利率上升；反之，货币量减少，LM曲线向左上方移动，从而国民收入减少，利率上升，如图9-16所示。

③IS曲线和LM曲线的同时移动对国民收入和利率的影响。

如果IS曲线和LM曲线同时移动，国民收入和均衡利率的变动情况，则由IS曲线和LM曲线如何同时移动而定。若IS曲线向右上方移动，LM曲线同时向右下方移动时，则均衡国民收入增加，而利率的变动则主要取决于IS曲线与LM曲线两者之间的变动幅度，如图9-17所示。

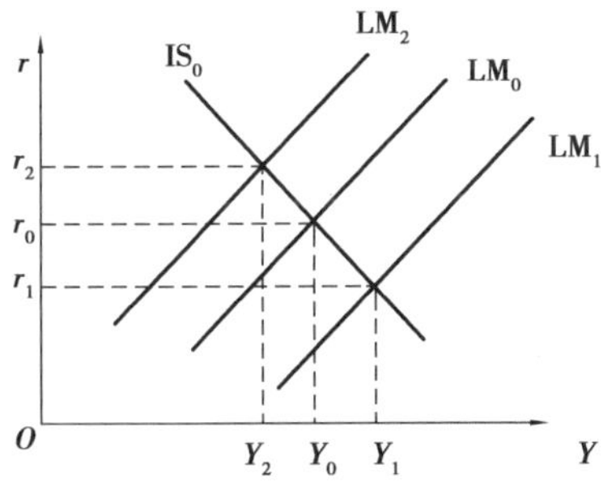

图9-16 LM曲线的移动对国民收入和利率的影响图

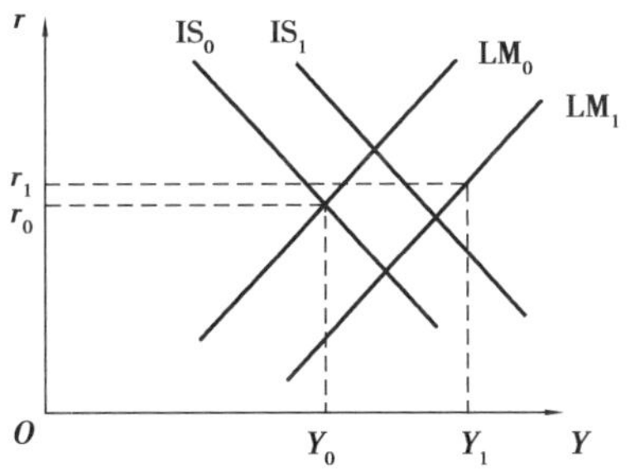

图9-17 IS曲线和LM曲线的同时移动对国民收入和利率的影响图

【思政拓展案例】

您必须了解的一个词——绿色GDP

所谓绿色GDP，就是把资源和环境损失因素引入国民核算体系，即在现有的GDP中扣除资源的直接经济损失，以及为恢复生态平衡、挽回资源损失而必须支付的经济投资。建立以绿色GDP为核心指标的经济发展模式和国民核算新体系，不仅有利于保护资源和环境，促进资源可持续利用和经济可持续发展，而且有利于加快经济增长方式的转变，提高经济效率，从而增进社会福利。同时，采用绿色GDP这一总量指标，也有助于更实际地测算一国或地区经济的生产能力。

2011年，频繁光顾的雾霾天中，PM2.5迅速成为家喻户晓的热词。第二年，《北京市2012—2020年大气污染治理措施》发布，打响新一轮蓝天保卫战的同时，也开启了产业结构深度调整的转型之路。2014年开始，北京市在《政府工作报告》中进一步明确提出，坚持把转变经济发展方式摆在首要位置，不断提高可持续发展水平。

北京交出了一份绿色低碳发展的答卷，其中，“三项第一”颇为亮眼：2020年，北京万元GDP能耗降幅在31省区市中居首；2021年，北京人均GDP突破2.8万美元，居31省区市首位；2021年，北京市数字经济增加值占GDP比重40.4%，位列全国第一。

“建设绿色家园是人类的共同梦想。”“北京的发展要着眼于可持续，在转变动力、创新模式、提升水平上下功夫。”

山就是美丽，蓝天也是幸福。对首都北京来说，城市的绿色家底关乎城市品质，关乎民生福祉，也关乎国家形象。十年来，沿着习近平总书记指引的方向，北京立足建设国际一流的和谐宜居之都的战略目标，瞄准改善人居环境做好“留白增绿”，聚焦大气治理“一微克一微克去抠”。万元GDP能耗降幅全国居首，万元GDP碳排放量全国最优，排出率先碳中和时间表……在这场朝向绿色的伟大进军中，北京“大城市病”治理取得标志性成果，生态环境质量稳步向好。日臻完善的“北京方案”，标志着高质量发展与生态文明建设的有机统一，为中国式现代化的绿色之路提供了宝贵经验。

既求发展也求绿色，既要增长也要品质，绿色发展，是实现中华民族伟大复兴的重要内容，也是北京构建高质量现代化经济体系的宝贵机遇。新起点上再出发，全市上下都要乘势而上，努力走出一条经济发展和生态文明相辅相成、相得益彰的好路子、新路子。

（资料来源：王大治，《北京日报》，2022年10月）

思政引导：

中国重典治污渐成常态　做大绿色GDP谋增长新径

中国已在环境保护和生态文明建设上展现出空前决心。近年来，中国密集出台一系列改革措施推进绿色发展。继2015年发布《关于加快推进生态文明建设的意见》和《生态文明体制改革总体方案》后，仅2016年中央深改组审议通过的生态文明建设相关文件就超过20件，源头严防、过程严管、后果严惩的制度体系逐渐完善。有人担忧，环保力度持续加码，可能使增速下降的中国经济发展承压。如何兼顾经济发展和生态环境保护历来是个难题。不过对中国来说，这是个披沙拣金的过程：即使短期内国内经济可能面临“刮骨疗毒”带来的痛苦，但中国“向污染宣战”的口号和行动将持续进行。

思考与练习

一、单项选择题

1.国民生产总值中的最终产品是指（　　）。

A.有形的产品　　B.无形的产品

C.既包括有形的产品，也包括无形的产品　　D.不能确定

2.一国的国民生产总值小于国内生产总值，说明该国公民从外国取得的收入（　　）外国公民从该国取得的收入。

A.大于　　B.小于

C.等于　　D.可能大于也可能小于

3.据简单国民收入决定模型，引起国民收入减少的原因是（　　）。

A.消费减少　　B.储蓄减少　　C.消费增加　　D.储蓄增加

4.假定其他条件不变，厂商投资增加将引起（　　）。

A.国民收入增加，但消费水平不变　　B.国民收入增加，同时消费水平提高

C.国民收入增加，但消费水平下降　　D.国民收入增加，储蓄水平下降

5.如果个人收入为570元，个人所得税为90元，消费等于430元，利息支付总额为10元，个人储蓄为40元，则个人可支配收入为（　　）。

A.500元　　B.480元　　C.470元　　D.400元

6.净出口是指（　　）。

A.出口减去进口　　B.出口加上进口

C.出口加上政府转移支付　　D.进口减去出口

7.当消费函数为$C=\alpha+\beta y$时，则APC（　　）。

A.大于MPC　　B.小于MPC

C.等于MPC　　D.上述三种情况都有可能

8.乘数发挥作用的条件是（　　）。

A.社会资源已得到充分的利用　　B.社会资源没有得到充分的利用

C.边际消费倾向大于0　　D.边际消费倾向小于0

9.政府支出增加会使IS曲线（　　）。

A.向左移动　　B.向右移动

C.保持不变　　D.以上说法均有可能

10.边际消费倾向和边际储蓄倾向之和（　　）。

A.一般大于1　　B.一般小于1　　C.一般等于1　　D.一般为0

二、多项选择题

1.GDP的核算方法有哪些？（　　）

A.支出法　　B.生产法　　C.汇总法　　D.收入法

2.凯恩斯认为货币需求的原因包括（　　）。

A.投机动机　　B.交易动机　　C.发展动机　　D.谨慎动机

3.四部门的收入决定中，总支出包括（　　）。

A.投资　　B.消费　　C.政府购买　　D.出口

三、判断题

1.简单国民收入决定理论中，均衡产出是指与总需求相等的产出。（　　）

2.边际消费倾向越大，投资乘数越小。（　　）

3.在两部门经济中，均衡产出公式为$y=c+i$其中c、i是指实际消费和实际投资。

( )

4. 当政府支出增加时，IS曲线将向右上方移动。 ( )

5. 居民用资金去购买股票，这是一种典型的投资行为。 ( )

6. 假如某企业用自有资金去扩大生产规模，由于它不用支付利息，故该项投资的成本为0。 ( )

7. 花费40万元去购买房子是一种消费行为。 ( )

8. 稀缺性仅仅是市场经济中所存在的问题。 ( )

9. 一个在日本工作的中国公民的收入是中国GDP的一部分，也是日本GNP的一部分。 ( )

10. 名义GDP和实际GDP的差别所反映的是通货紧缩的程度。 ( )

四、问答题

1. 说明国民收入核算体系中，GDP和GNP的关系和五个总量的关系。

2. 现有的以GDP为核心的核算方法有何缺陷？应如何予以弥补？

3. 什么是乘数理论？它有哪些分类？

技能训练项目

研讨从经济学出发，我国应该采取什么措施来保持经济持续稳定发展？

【技能目标】

培养学生的经济学思维和提高学生对经济问题的综合分析能力。

【内容与要求】

学生自愿组成学习小组，每组5~6人，以组为单位对我国推动经济社会改革，保持GDP持续稳定增长情况等进行分析研讨。问题的选择和分析可以通过网络、报纸、身边的经济案例来收集资料。研讨过程中自由发言，围绕以下几个问题进行：

1. 开展供给侧结构性改革的原因、现状、方法？

2. 实施扩大内需、发力出口等提升经济发展水平的原因、现状？

3. 面对不利形势，保持GDP稳定增长，有什么解决对策？

根据研讨情况，总结归纳，形成一份“关于推动我国经济持续稳定发展措施的分析报告”，并做好交流发言的准备。

【成果与考核】

1. 小组提交一份修改完善后的“关于推动我国经济持续稳定发展措施的分析报告”。

2. 由教师与全班同学共同根据各组报告、班级交流发言以及提问答辩情况对每组进行评估打分，综合评定各组本次活动的成绩。

第十章 失业与通货膨胀分析

【知识培养目标】

◆ 了解失业的类型和失业的影响。

◆ 掌握菲利普斯曲线的概念与政策含义。

◆ 掌握通货膨胀的类型、形成原因和经济效应。

【技能培养目标】

◆ 能分析失业和通货膨胀的原因。

◆ 能分析通货膨胀对经济的影响。

【思政育人目标】

◆ 引导和教育学生认清当前就业形势及就业压力。

◆ 引导学生提高忧患意识。

【思维导图】

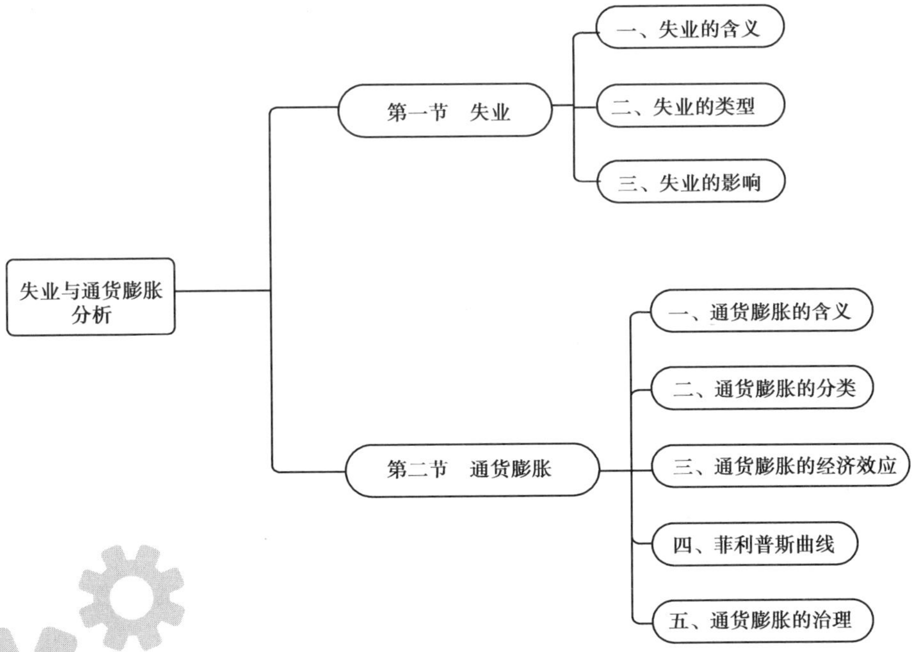

【引导案例】

全球被通胀支配,经济数据下的你幸福还是痛苦?

2020年以来,全球经济活动大幅下滑的背景下,经过多轮的货币和财政刺激,各国和各部门出现不同程度的复苏。2021年以来,部分国家物价水平抬升,带动全球的通胀预期升温,而2022年的地缘政治冲击进一步恶化了本已脆弱的供应链,尤其是俄乌冲突过程中,欧美各国对俄制裁不断加码,进一步导致全球通胀攀升,使得美联储不断加大货币紧缩力度,全球中央银行被迫卷入加息竞赛,这令疫情下本就脆弱的全球经济“雪上加霜”,欧美等发达国家和部分新兴经济体通胀问题日益严峻。美国正在经历四十年来最严重的通胀,2022年8月,美国劳工统计局公布的通胀率是8.3%,超出预期。2021年以来,英国和欧元区通胀率持续较快上升,于2022年7月分别达到10.1%和8.9%;根据全球最大的20个经济体的通货膨胀率数据,除中国、日本、沙特、瑞士和印尼之外,另外15个国家的通胀率,全部都超过了5%,而且有一半的国家通胀率超过8%,新一轮通胀已经蔓延全球。

2022年8月,国际劳工组织在发布了《2022年全球青年就业趋势》报告,2022年全球失业青年失业率达到14.9%,失业总数达到7300万,较2021年的7500万略有改善,但仍比2019年疫情前水平高出600万。报告显示,新冠疫情加剧了15岁至24岁青年面临的诸多劳动力市场挑战。自2020年初以来,青年的就业损失比例远高于成年人。女性青年面临比男性青年更为糟糕的处境,其就业人口比例远低于男性。2022年,全球有27.4%的女性青年处于就业状态,而男性青年的就业比例则为40.3%。同时,在不同地区,青年就业的复苏情况也存在明显差异。阿拉伯国家的青年失业率是全世界最高和增长最快的,2022年达到24.8%。该地区女性青年的失业率可达42.5%,几乎是全球女性青年平均失业率的三倍。欧洲青年失业率则预计高出1.5个百分点,达到16.4%。亚太地区将达到14.9%,与全球平均水平相当。2022年8月,中国城镇青年人失业率升至19.9%,再创历史新高。青年就业问题仍是当前就业工作的重心所在。中国作为世界上最大的发展中国家,在世界经济体中占有重要的地位,特别是在经历了新冠疫情后,中国经济的迅速反弹提升了世界经济发展的信心,国家统计局发布的《党的十八大以来经济社会发展成就系列报告之十三》显示,2013—2021年,我国对世界经济增长的平均贡献率达38.6%,超过G7国家贡献率的总和,是推动世界经济增长的第一动力。但是,通货膨胀和失业问题一直是困扰我国经济发展的两大重要问题,保持物价稳定,实现充分就业也是中国的宏观经济政策的两大主要目标。要实现经济的持续增长,就必须解决好这两大问题。

失业与通货膨胀是与我们日常工作生活关系最为紧密的经济现象。有人说物价都涨了,我们手里的钱都不值钱了,所以通货膨胀不好,这种判断对吗?通货膨胀到底对人们的生活产生什么样的影响呢?失业是如何形成的?政府如何衡量失业,有哪些政策可以治理失业?失业与通货膨胀有关系吗?存在什么样的关系?通过本章学习,我们将一一揭晓你心中的疑问。

第一节　失业

一、失业的含义

失业是现代经济学中最难以回避的、最直接而又最严重地影响人们生活的宏观经济问题,对个人和整个社会都会造成严重的后果。在所有宏观经济指标中,就业率和失业率最直接地被公众所感知。实现高就业、低失业也在政府宏观经济目标中居于显著地位。

(一)失业的含义

所谓失业是指有劳动能力和劳动意愿的劳动者找不到工作的状态。

从定义可以看到,失业要具备三个条件:

①有能力工作;

②愿意按现行工资工作,为寻找工作付出过一定的努力,即有求职活动;

③目前没有工作。

上述条件必须同时成立,才能构成完整的失业的内涵。如果一个人没有工作过程中所需要的工作能力,没有劳动技能,虽然没有工作,也不属于失业者。如果一个大学生毕业后不立即去工作,而是选择在家复习考研究生,也就不是失业者。

(二)失业的衡量——失业率

失业的状况通过失业率来衡量。失业率是失业人数(失业量)与劳动力总量(劳动总量)的比例。因此,失业率取决于劳动总量、就业人数(就业量)。失业量=劳动总量-就业量。用N表示就业量,U表示失业量,L表示劳动总量,n表示就业率,u表示失业率,那么有:

显然:

$$n=\frac{N}{L},\quad n=\frac{U}{L} \tag{10-1}$$

这样,失业率u可以通过就业率n得到,因为$u=1-n$。同样,知道了失业率u,也可以得到就业率n。因此,研究失业问题,实际也是研究就业问题。减少失业,就是扩大就业。

二、失业的类型

宏观经济学通常将失业分为两类:一类是自愿失业,另一类是非自愿失业。自愿失业是指劳动者不愿意接受现行的工资而发生的失业。非自愿失业是指劳动者虽然愿意接受现行的工资,但仍然找不到工作而发生的失业。自愿失业存在很大的人为主观性,而非自愿失业是劳动者自身不能控制的。因此,如果没有特殊说明,宏观经济学中的失业一般指非自愿失业。

按照失业的原因,非自愿失业可分为四类:摩擦性失业、结构性失业、周期性失业和季节性失业。

（一）摩擦性失业

摩擦性失业是指劳动力在正常流通过程中产生的失业，通常是由短期或局部的摩擦而出现的暂时性失业。市场经济中，劳动者为得到更高的收入或更舒适的工作环境，在找到新工作之前，他们需要一定的搜寻信息、自我充实的时间，这种短暂的失业是不可避免的，劳动市场信息渠道不畅通或组织不完善可能加剧摩擦性失业。例如学生从学校毕业时，就需要寻找工作，可由于经验等方面的不足，不能及时补充退休人员的空缺，所以一部分人便滞留在失业的队伍里。当代西方经济学家认为，摩擦性失业是不可避免的，在美国占失业人数的4%~5%。

（二）结构性失业

结构性失业是指由于经济结构变化，劳动力供给和需求在产业、地区分布等方面不一致引起的失业。这种失业通常表现为空位与失业并存。即一方面有许多合适的工作岗位找不到合适人选的空位；另一方面有许多人因为各种条件的限制找不到合适的工作岗位的失业。例如，在外贸、翻译行业存在大量就业机会，但那些只有普通英语能力的人显然不能胜任这种高要求的职位。同样，在电脑等技术迅速发展的行业存在许多就业机会，但那些电脑知识了解较少的人不能适应这种工作。某些地区经济发展迅速，存在大量的就业机会；某些地区经济发展缓慢，存在大量的失业者。

（三）周期性失业

周期性失业是指一个经济周期内，随经济的衰退或萧条因总需求下降而造成的失业。经济增长具有周期性，当经济增长处于繁荣或高涨阶段时，总需求水平较高，就业量增加，失业量减少；经济增长处于萧条或停滞阶段时，总需求水平较低，就业量减少，失业量增加。按照凯恩斯的说法，当实际的总需求小于充分就业的总需求时，消费疲软，市场不旺，造成企业投资减少从而减少雇佣人员而形成周期性失业。

（四）季节性失业

季节性失业是指某一行业由于季节性因素而引起的失业。有些行业的生产与服务会随着季节的变化而变化，对劳动的需求也随着季节的变化而变化，生产和销售旺季所需的人手多，生产和销售淡季所需的人手少，因而出现季节性失业。季节性失业在农业部门表现最明显，冬季会使季节性失业达到高点，秋季会使季节性失业达到顶点。

三、失业的影响

失业不仅仅是经济问题而且是个社会问题。失业是经济问题，因为它意味着资源的浪费。失业之所以成为社会问题，是因为它使失业者面对收入减少的困境，给家庭和社会带来极大的压力。

（一）失业的经济影响

无论在哪个社会中，失业的代价都是高昂的。失业导致了部分劳动力资源的闲置和浪费，失业者所承担的直接金钱成本就是他们的收益损失，失业增加使失业者的家庭收入和消费受到消极影响。失业后，家庭收入急剧下降，消费支出也随之下降。同时，失业本身意味着经济资源的浪费。这是因为人们的工作能力在失业时期不能得到利用,就意味着这一时期的人力资源将永久丧失。同时,失业者不能从工作中学习技能、积累经验,甚至原有的技能也可能退化。失业还会给整个经济带来更大的影响。失业意味着产出损失,失业增加后,厂商产品的销售市场萎缩,有效需求下降。于是产出降低,生产能力闲置,利润率开始下降。厂商面临如此情况,就减少投资需求,减少新生产能力的形成。由于家庭消费减少和厂商投资下降,整个国民经济的增长受到抑制。

(二)失业的社会影响

过高的失业率还会影响社会的安定,进而产生其他的社会问题。失业者本身会感到沮丧和紧张,个人的尊严受损,家庭生活压力加大。同时失业者还可能对社会产生抱怨情绪,影响社会安定。严重的周期性失业不只是经济的弊病,还是社会的灾难。社会影响中最富戏剧性的实例是俄罗斯对市场改革实施"休克疗法"后经济的下滑。1995年,俄罗斯大约有五分之一的人失业,实际产出急剧下降。健康情况恶化,男人的预期寿命由1990年的64岁下降到1995年的57岁。除了战争时期,还没有一个工业化国家的国民健康状况像俄罗斯那样因经济衰退而如此严重地下滑。

(三)奥肯法则

国民经济的产出水平是由经济中的就业水平决定的,就业水平的变化将引起产出水平的变化。当所有的生产要素(尤其是劳动力)都被充分使用时所达到的产出水平我们称为潜在的产出水平。由于在各类经济中失业以及其他生产要素非充分利用情况的存在,因此实际的产出水平总是小于潜在的产出水平,二者之间的差值我们称为产出缺口。那么产出和失业率之间存在什么关系?20世纪60年代,担任约翰逊总统经济顾问委员会主席的阿瑟·奥肯(Arthur Okun)教授研究发现,随着经济从萧条中逐渐恢复,产出增加的比例大于就业增加的比例。具体地说,失业率增加1%,产出就下降2%,反之,失业率下降1%,产出就增加2%。奥肯法则揭示了失业与经济增长之间的内在关系,失业的变动引起经济增长的变动,同样,经济增长的变动也引起失业的相应变动。

【课程思政】

史上最难毕业季,毕业生该何去何从?

受多重因素影响,2022年就业形势复杂严峻。教育部的数据显示,2022年我国高校的毕业生达到了1076万人,同比增加167万人,这也是高校毕业首次突破千万人数之多。与此同时,互联网企业掀起了一股裁员潮,从2018年下半年到现在,裁员这个词纷纷登上热搜,国内互联网巨头陷入裁员魔咒,不少企业开始用优化调整替代裁员这一听起来令人感到打击的词。从2021年7月到2022年3月中旬,腾讯、阿里巴巴、字节跳动、美团、拼多多、快手、百度、京东、网易、微博、哔哩哔哩、蚂蚁集团12家企业总离职人数21.68万人。不可否认的是,整个互联网的人才招聘正在缩紧,为了降本增效和精简人员,互联网大厂不得不裁员和组织架构优化。所以,大学生在校一定要修炼好"内功",否则就会毕业即失业。

第二节　通货膨胀

一、通货膨胀的含义

通货膨胀是宏观经济运行中经常出现的一种病态现象，已经成为一个普遍的世界性经济问题，不同于主要影响人口中的某些群体的失业，通货膨胀影响到每一个人。

通货膨胀是指一般价格水平持续和显著的上升现象。通货膨胀总是和物价水平联系在一起的，要理解通货膨胀的本质，还应注意三点：

第一，通货膨胀是一般物价水平的上升，即经济体中大多数商品的物价上涨，而不是指个别商品，如果仅有一种或几种商品的价格上升不是通货膨胀。

第二，物价水平的上涨是指一段时间内连续不断地持续上涨，不是暂时的或偶然的价格上涨。例如，偶然的自然灾害引起的价格上涨，是短暂的，不能称为通货膨胀。

第三，物价水平的上升是显著的。

物价水平的幅度通过物价指数来表示，物价指数反应的是不同时期商品和劳务的平均物价涨跌幅度，通常用消费物价指数（CPI）来衡量物价水平。消费物价指数是指居民的消费品价格水平变动的指标，主要反映的是货币购买力的下降和商品与劳务价格变动对居民生活消费的影响。用公式表示：

$$\text{CPI} = \frac{\text{一组固定商品按当期价格计算的价值}}{\text{一组固定商品按基期价格计算的价值}} \times 100\% \qquad (10\text{-}2)$$

或

$$\text{CPI} = \frac{\sum P_1 Q_1}{\sum P_0 Q_0} \times 100\% \qquad (10\text{-}3)$$

式（10-3）中，P 为价格，Q 为数量；“0”和“1”分别指基期和报告期。

例如，2021年某国普通家庭购买一组商品的费用为20000美元，2021年购买同样一组商品的费用是23000美元，那么和2021年比2020年的消费价格指数就为：

$$\text{CPI}_{2009}=23000/20000\times100\%=115\%$$

有了价格指数这一概念，就可以对通货膨胀的程度进行度量，衡量通货膨胀状况的经济指标是通货膨胀率。通货膨胀率是一个时期到另一个时间价格水平变动的百分比。用公式表示就是：

$$I = \frac{P_t - P_{t-1}}{P_{t-1}} \qquad (10\text{-}4)$$

式（10-4）中，I 是通货膨胀率，P_t 是 t 期的一般价格水平或物价指数，P_{t-1} 是 t-1期的物价指数。例如，某个经济体去年的消费价格指数为120%，今年的消费价格指数为133%，则这一时期的通货膨胀率=（133%−120%）/120%×100%=10.8%

二、通货膨胀的分类

通货膨胀具有不同的类型。依据不同的划分标准，通货膨胀可以划分为不同的类别。

（一）按照物价上升的速度和趋势划分

①爬行通货膨胀，又称为温和通货膨胀，其特点是价格上涨缓慢并且可以预测，一般维持在2%~4%，许多国家都存在着这种通货膨胀。有时把通货膨胀率低于10%的通货膨胀也称为爬行通货膨胀，许多经济学家认为这种温和而缓慢上升的价格对经济的增长有积极的刺激作用。

②加速的通货膨胀，又称奔腾的通货膨胀，其特点是通货膨胀率较高，一般在10%以上和100%以内。对于这种通货膨胀，政府必须采取强有力的政策措施加以控制，以免对一国经济和人民生活造成不利影响。

③恶性通货膨胀，又称超级通货膨胀，其特点是通货膨胀率非常高，一般在100%以上。发生这种通货膨胀时，物价持续飞涨，货币购买力急剧下降，货币体系崩溃，经济秩序遭到破坏，对整个社会的政治、经济、文化均会造成严重负面影响。德国在1922年1月到1923年1月价格指数从100上升到10000亿，提高了99亿倍。

（二）按通货膨胀的表现形式划分

①公开的通货膨胀，又称开放型通货膨胀，是指通货膨胀完全可以通过一般物价水平上升的形式表现出来。

②隐蔽的通货膨胀，又称抑制性通货膨胀，是指通货膨胀并没有通过物价水平的上升表现出来。在这种通货膨胀中，国家控制物价，主要消费品价格基本保持人为平衡，但表现为市场商品供应紧张、凭证限量供应商品、变相涨价、黑市活跃等的一种隐蔽性的一般物价水平普遍上涨的经济现象。

（三）按通货膨胀的成因划分

①需求拉动型通货膨胀，是指总需求增加，使得总需求超过总供给引起的物价总水平持续上升，即“过多的货币追求过少的商品”。任何一种增加需求的因素，如货币供给过多、政府购买增加、出口增加、投资增加、消费者信心增强等，都可能会引起这种通货膨胀。

需求拉动型通货膨胀一般与经济繁荣相关。当经济处于繁荣时期时，需求拉动型通货膨胀很高。相反，当经济处于衰退期时，需求拉动型通货膨胀很低。需求拉动型通货膨胀的过程可用图10-1来说明。

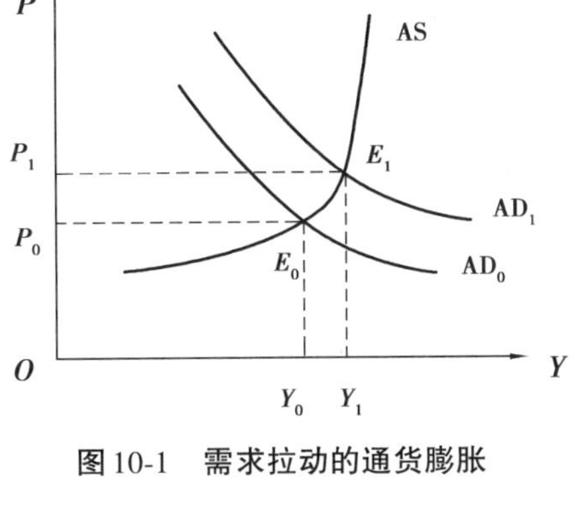

图10-1　需求拉动的通货膨胀

图中横轴Y表示总产量（国民产出），纵轴P表示一般价格水平。AD为总需求曲线，AS为总供给曲线。初始的总需求曲线AD_0与短期总供给曲线AS相交于点E_0，此时的收入为充分就业收入Y_0，一般价格水平为P_0。现在总需求增加，总需求曲线由AD_0向右平移到AD_1，AD_1与AS相交于点E_1，一般价格水平由P_0上升到P_1，发生通货膨胀。

②成本推进型通货膨胀，是指由于生产要素（包括工资、租金和利率等）价格上升和生产成本上升而引起的物价总水平持续上升。工会要求提高工资，土地所有者提高地租，银行提高利率，进口原材料价格上涨，都可能成为成本推进型通货膨胀的导火线。当工会迫使厂商提高工资，并使工资的增长快于劳动生产率的增长时，生产成本就会提高，从而导致物价上涨。而物价上涨后，工会会要求提高工资，又会对物价上升产生压力，工资与物价互为因果，互相推进，螺旋上升，形成所谓的“工资-价格螺旋”，这称为工资推进型通货膨胀。而当垄断企业凭借其垄断地位，通过提高价格来增加利润时也会导致物价的普遍上涨，这称为利润推进型的通货膨胀。

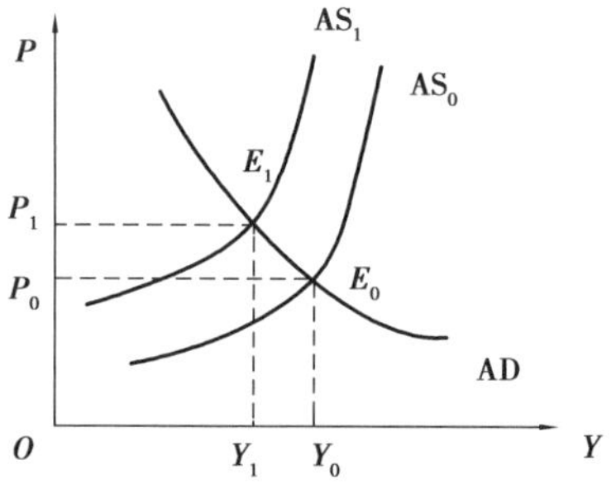

图 10-2 成本推动的通货膨胀

在总需求不变的情况下，成本推动的通货膨胀可以用图10-2来说明。

图10-2中，初始的短期总供给曲线AS_0与总需求曲线AD与相交于点E_0，此时的收入为充分就业收入Y_0，一般价格水平为P_0。现在总供给减少，总供给曲线由AS_0左移到AS_1，AS_1与AD相交于点E_1，一般价格水平由P_0上升到P_1，发生通货膨胀。

③供求混合型通货膨胀。一些西方经济学家认为，单一用需求拉上或成本推进都不足以说明一般价格水平的持续上涨，而应把总需求和总供给结合起来分析通货膨胀的原因，通货膨胀是两者共同作用的结果。通货膨胀过程可能从一般的过度需求开始，过度需求引起物价上涨，物价上涨又会使工资增加，从而成本增加，引起成本推进的通货膨胀。如果通货膨胀是由成本推进引起的，如在工会压力下提高工资或为了追逐利润而减少供给，导致物价上涨，同时，货币收入水平的提高，需求拉动物价上涨，引起更高的物价上涨。

④结构性通货膨胀，是指由于社会经济结构因素的变动而引起的一般物价水平的持续上涨。在整体经济中不同的部门有不同的劳动生产率增长率，但却有相同的货币工资增长率。因此，当劳动生产率增长率较高的部门货币工资增长时，就给劳动生产率增较低的部门形成一种增加工资成本的压力，因为尽管这些部门劳动生产率的增长率较低，但由于工资的刚性，后一类部门的劳动者也要求提高工资，就形成了货币工资增长率大于劳动生产率增长率的情况，引起了平均物价水平随着社会经济部门结构的变化呈持续上升的趋势，这种通货膨胀称为结构性的通货膨胀。

三、通货膨胀的经济效应

通货膨胀的经济效应是指通货膨胀对收入分配、就业、产出等经济变量的作用。

（一）通货膨胀的再分配效应

通货膨胀的过程也是收入再分配的过程。在其他因素不变的情况下，通货膨胀对社会不同成员的收入分配有不同的影响，一些人从中受益，另一些人受损。

首先，通货膨胀不利于依靠固定的货币收入维持生活的人，包括领取救济和退休金的人、白领阶层、公共雇员以及靠福利和其他转移支付维持生活的人。对于固定收入阶层来说，其名义收入是固定的货币数额，落后于上升的物价水平。因而其实际收入因通货膨胀而减少，购买力随价格的上升而下降，生活水平也必然会相应地降低，他们是通货膨胀的牺牲品。相反，那些名义收入不断变动的人，特别是其收入增加快于价格水平和生活费用上涨的人，则会从通货膨胀中得益。

其次，通货膨胀不利于债权人，而有利于债务人。具体地说，通货膨胀靠牺牲债权人的利益而使债务人获利。假如甲向乙借款1万元，一年后归还，而这段时间内价格水平上升一倍，那么一年后甲归还给乙的一万元相当于借时的一半。

最后，通货膨胀对储蓄者和持有现金者不利。随着物价上涨，当初存款的实际价值或购买力就会降低。那些口袋中有闲置货币的人，会受到更严重的打击，因为不但要承受通货膨胀的损失，而且连利息都没有。同样，像保险金、养老金以及其他固定价值的证券财产等，它们本来是作为预防未来使用而建立的，但在通货膨胀中其实际价值也会下降。

（二）通货膨胀的产出效应

通货膨胀的产出效应是指物价普遍上涨对产出和就业的影响。在通货膨胀条件下，人们的购买行为提前，从而使需求增加；物价上涨推动供给上升，从而刺激厂商增加投资、增加产出。对生产要素的需求是引致需求。产品市场需求和供给的增加，推动着对劳动需求的增加，从而增加就业。但通货膨胀的这种正效应，只能发生在温和的通货膨胀条件下，在恶性通货膨胀的条件下只会严重破坏社会经济生活，导致社会生产下降，失业率上升。

（三）通货膨胀的资源配置效应

在市场经济中，资源的配置是通过价格进行的。在通货膨胀期间，价格变动是紊乱的，由此可能会引起资源配置的扭曲。例如，由于相对价格的变化，资源从生产领域转向非生产领域，使社会生产规模下降，社会经济遭受损失。但是，相对价格的变化也可能同时使一些部门的资源配置趋于合理，在物价普遍上升的过程中，供求缺口较大产业的产品价格上升得较快，使资源向这些产业流动，这有助于改善资源配置的效率。

四、菲利普斯曲线

（一）菲利普斯曲线的内涵

1958年，伦敦经济学院教授菲利普斯在《经济学报》发表《1861—1957年英国的失业和货币工资变动率之间的关系》一文。他根据英国1861—1957年的统计资料，推导出了一条反映货币工资变动率与失业率之间非线性反方向变动关系的曲线，这条曲线被称为菲利普斯曲线。菲利普斯曲线是一条向右下方倾斜的曲线，力图揭示出失业与货币工资的变动之间存在着一种反向关系：当失业率较低时，货币工资趋向上升，当失业率较高时，货币工资趋向下降。菲利普斯曲线如图10-3所示。

图10-3中，横轴U为失业率，纵轴$\Delta W/W$为工资增长率，PC为菲利普斯曲线。失业率与货币工资增长率之间存在交替关系。

(二)菲利普斯曲线与通货膨胀

西方经济学认为，菲利普斯曲线不仅可以反映工资增长率与失业率之间的关系，还可以间接反映出失业率与通货膨胀率之间的关系。因此，菲利普斯曲线也是一种通货膨胀理论，只需将菲利普斯曲线改动一下，即可得到失业率与通货膨胀率之间的关系。

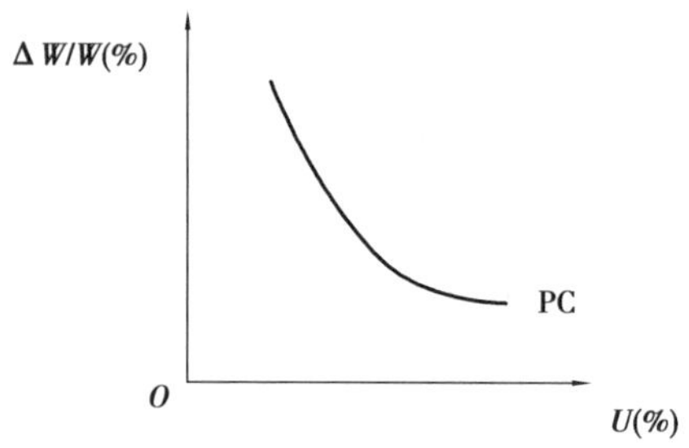

图10-3 菲利普斯曲线

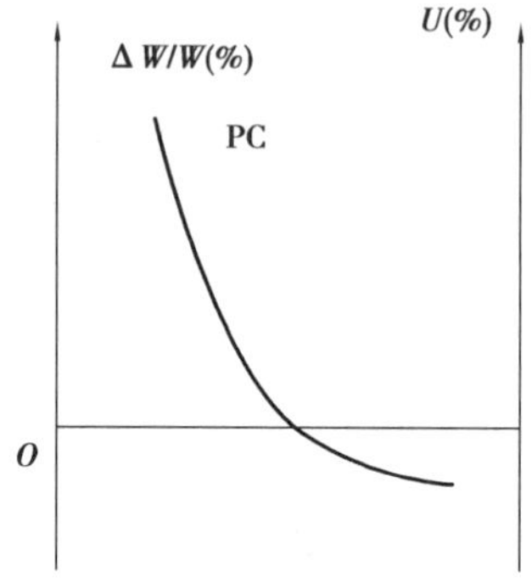

图10-4 改造的菲利普斯曲线

如图10-4所示，左纵轴表示工资增长率，U为失业率，$\Delta W/W$表示通货膨胀率，PC表示菲利普斯曲线。从图中可以看出，通货膨胀率与失业率之间存在反向变动，互相替代的关系。当失业率上升时，通货膨胀率降低；当失业率降低时，通货膨胀率则上升。这是因为通货膨胀使实际工资下降，从而能刺激生产，增加劳动的需求，减少失业。菲利普斯曲线提供的失业率与通货膨胀率之间的关系为实施政府干预、进行总需求管理提供了一份可供选择的菜单。它意味着可以用较高的通货膨胀率为代价，来降低失业率或实现充分就业；而要降低通货膨胀率和稳定物价，就要以较高的失业率为代价。例如，假定政府认为失业率或通货膨胀率超过3%，社会就无法接受，那么这3%的失业率或通货膨胀率就成为一定时期社会所能承受的最大极限，被称为“临界点”。假定通货膨胀率高达5%，那么政府可以通过紧缩性的经济政策使失业率提高，从而使失业率和通货膨胀率都控制在极限范围之内；反之，如果失业率过高，政府可以采取扩张的政策使通货膨胀率提高，以换取低的失业率，使两者处于极限范围之内。这就是所谓相机抉择的做法，在20世纪70年代以前，西方国家奉行的就是这套政策。

【课程思政】

制度自信

受流动性泛滥、供给瓶颈等因素影响，石油、天然气、煤炭、铁矿石等国际大宗商品价格大幅上涨，推高了全球通胀水平。这也在一定程度上推高了国内能源、原材料价格，2021年10月份国内PPI(生产者物价指数)一度上涨至13.5%，为多年来新高。但是有关部门多措并举，采取供需调节、市场监管、预期引导等一系列保供稳价措施，取得积极成效，国内物价总水平保持在合理区间运行，2021年中国居民消费价格(CPI)平均上涨

0.9%，与国际主要经济体高通胀形成鲜明对比，对全球物价发挥了重要的“稳定器”作用。2022年，为应对外部输入性通货膨胀压力，发改委明确要做好大宗商品保供稳价工作，并严厉打击捏造散布涨价信息、囤积居奇、哄抬价格等违法违规行为，特别坚决打击资本恶意炒作行为。因此，我们要对党和国家的制度充满自信，要看到“全国上下一盘棋，集中力量办大事”的制度优势，要相信社会主义制度能够带动经济发展，维护社会稳定发展。

五、通货膨胀的治理

通货膨胀的治理措施与通货膨胀产生的原因紧密相连，在不同的通货膨胀原因的基础上，产生了不同的通货膨胀治理方法。

(一)实行紧缩性的需求政策

紧缩政策的做法源于总需求大于总供给造成的通货膨胀，着眼于通过抑制总需求来减轻通货膨胀，包括紧缩的财政政策和货币政策。紧缩的财政政策主要包括削减政府开支和增加税收。紧缩的货币政策一般包括提高法定存款准备金率、提高利率、提高银行贴现率、通过公开市场业务回笼基础货币等政策。抑制总需求的紧缩政策对于治理通货膨胀比较容易奏效，但在短期内常常会引起失业率上升和产出下降。

(二)收入政策

收入政策的做法是基于成本推进的通货膨胀，政府试图通过控制工资的增长来抑制物价的上涨。收入政策主要包括以下三方面内容：

①工资和物价管制。其具体做法是冻结工资，强行将工资总额或增长率固定在一定水平之上，这种做法会使实际工资率有所下降，从而对抑制通货膨胀和衰退都有一定的效果，但是工资管制使收入分配更加不利于工人，容易导致资源分配的扭曲。

②道德规劝。政府对工会和企业进行劝说，争取他们自觉限制工资和物价的增长，以使工资保持在一定水平，减轻通货膨胀压力。

③税收政策。主要有政府规定工资的增长与劳动生产率提高挂钩的原则，以及价格变动与工资成本变动挂钩的原则。对于政府规定的工资与物价增长指数，政府以税收手段进行奖励。对超过该指数的企业，政府提高税率进行惩罚。对于低于该指数的企业，政府以低税率进行鼓励。

(三)指数化政策

指数化政策是按照通货膨胀指数来调整有关变量(如工资、利息)的名义价格，部分或全部地与物价指数相联系，自动随物价升降而升降，以便使其实际值保持不变。指数化政策是一种将通货膨胀看成是小毛病，适应通货膨胀，与通货膨胀共存的政策，一定程度上可以消除货币膨胀对经济的消极影响，有利于社会稳定，但实施起来较为困难，有时甚至会加剧通货膨胀。

(四)积极的供给政策

通货膨胀通常表现为物价上涨，也就是与货币购买力相比的商品供应不足。因此，一些西方经济学家主张用刺激生产的方法增加供给来治理通货膨胀。其主要措施有减税、削减社会福利开支、适当增加货币供给发展生产和精简规章制度等。

【思政拓展案例】

2022年中国高校毕业生首破千万，多渠道多举措应对“就业难”

2021年11月中旬，教育部发布《关于做好2022届全国普通高校毕业生就业创业工作的通知》，并启动实施“2022届全国普通高校毕业生就业创业促进行动”。随后，教育部、人力资源社会保障部共同召开网络视频会议，强调各地各高校要拓宽市场化就业渠道，开拓政策性岗位，推动公共就业服务进校园等举措。在财政部的支持下，教育部还启动了“中央专项彩票公益金宏志助航计划——全国高校毕业生就业能力培训项目”，帮助参训学生提升就业竞争力。教育部启动实施“供需对接就业育人项目”，组织高校与281家用人单位开展项目对接。2022年1月，教育部高校学生司司长王辉曾在教育部举行的新闻发布会上表示：“当前我国经济发展面临需求收缩、供给冲击、预期转弱三重压力，这些压力会对就业产生影响。”王辉称，教育部的主要工作目标是“全力确保2022届高校毕业生就业局势的稳定”。

此前，为积极应对疫情影响，教育部依托大学生就业网，联合多家社会招聘机构，共同推出了2020届高校毕业生全国网络联合招聘，为高校毕业生提供每天24小时、全年365天免费网上就业服务。2022年3月，教育部全新升级了“国家24365大学生就业服务平台”，开拓了更多的岗位资源，还为受疫情影响较为严重的吉林等地区举办了专场招聘。教育部官方信息显示，截至4月28日，该平台汇聚岗位信息达到了640万个。各地区也积极响应政策，广东省实施民营企业就业支持计划，引导民营企业拿出更多岗位吸纳毕业生，并向吸纳毕业生的小微企业发放社保补贴；湖北、四川、云南等地对毕业生及招用企业分别给予千元至数万元不等的生活补贴或就业补贴；江苏省精准识别全省61万毕业生信息，系统自动匹配政策享受条件，为10万人定向落实社保补贴、岗位补贴等扶持政策2亿元；福建省要求以“百校走千企”行动为契机，各学校走访企业原则上不低于200家，推介更多毕业生实习、就业。

思政引导：中国政府自上而下为抗击失业采取了强有力的措施，说明大学生的就业问题一直是国家高度关注和重视的问题，就业是最大的民生。作为大学生来说，要认清当前的就业形势及就业压力，提高忧患意识，在校期间要奋发图强，学好专业知识，积极参加社会实践，提升自己的综合素质，才能在激烈竞争中脱颖而出，同时也要树立正确的择业观和就业观，行行出状元，服务基层同样也可以实现自身价值。

思考与练习

一、单项选择题

1. 一般用来衡量通货膨胀的物价指数是(　　)。

A. 消费者物价指数　　B. 生产物价指数

C. GDP缩减指数　　D. 以上均正确

2. 根据菲利普斯曲线,降低通货膨胀率的办法是(　　)。

A. 减少货币供给量　　B. 降低失业率

C. 提高失业率　　D. 增加财政赤字

3. 通货膨胀的主要类型有(　　)。

A. 需求拉动型　　B. 成本推进型

C. 结构型　　D. 以上均正确

4. 自然失业率(　　)。

A. 恒为零

B. 是没有摩擦性失业时的失业率

C. 是没有结构性失业时的失业率

D. 是经济处于潜在产出水平的失业率

5. 在通货膨胀不能完全预期的情况下,通货膨胀将有利于(　　)。

A. 债务人　　B. 债权人

C. 在职工人　　D. 离退休人员

6. 失业率是指(　　)。

A. 失业人口占劳动力的百分比　　B. 失业人数占人口总数的百分比

C. 失业人数占就业人数的百分比　　D. 以上均正确

7. 充分就业的含义是(　　)。

A. 人人都有工作,没有失业者　　B. 消灭了周期性失业的就业状态

C. 消灭了自然失业时的就业状态　　D. 消灭了自愿失业时期的就业状态

8. 如果某人由于冶金行业不景气而失去工作,这种失业属于(　　)。

A. 摩擦性失业　　B. 结构性失业

C. 周期性失业　　D. 自愿失业

9. 如果某人大学刚毕业尚未找到工作,这种属于(　　)。

A. 摩擦性失业　　B. 结构性失业

C. 周期性失业　　D. 自愿失业

10. “滞胀”指的是以下何种情况?(　　)

A. 高通货膨胀与高失业率并存　　B. 高通货膨胀与低失业率并存

C. 下降的通货膨胀与上升的失业率并存　　D. 低通货膨胀与高失业率并存

二、判断题

1. 衡量一个国家经济中失业状况的最基本指标是失业率。（ ）
2. 因不满工资待遇而不愿就业属于自愿失业。（ ）
3. 新加入劳动力队伍，正在寻找工作而造成的失业属于结构性失业。（ ）
4. 结构性失业是一种自愿失业。（ ）
5. 实行适当的经济政策可以消除结构性失业。（ ）
6. 需求不足的失业是一种非自愿失业。（ ）
7. 充分就业与任何失业的存在都是矛盾的。因此，只要经济中有一个失业者存在，就不能说实现了充分就业。（ ）
8. 消费物价指数、批发物价指数和国民生产总值折算价格指数的变化方向和变化幅度是一致的。（ ）
9. 通货膨胀会引起收入的再分配。（ ）
10. 温和的通货膨胀对生产有一定的扩张作用。（ ）

三、案例分析

1.20世纪80年代阿根廷的恶性通胀。

在20世纪80年代的大部分时间里，阿根廷一直是一个典型的经济案例，年通胀率平均达到450%，1990年初的12个月其通胀率更飙升到20000%。在这种情况下，经济活动的主要目的只是避免通胀吞噬一切。阿根廷的高通胀终于出现一个充满希望的转机。1989年刚刚当选总统的卡洛斯·梅内姆宣布了通过财政和货币政策反通胀的计划。此外，他还支持许多以供给为导向的经济改革，包括在1991年初任命由哈佛大学培养的经济学家多明戈·卡瓦洛为经济大臣。20世纪90年代初期，通胀已降为每年30%左右。

（1）通货膨胀会有哪些起因？

（2）通货膨胀的收入分配效应是什么？

（3）供给政策是如何抑制通货膨胀的？

（4）从需求管理的角度出发，阿根廷政府应从哪些方面控制通货膨胀？

2. 中国正面临世界上最大的就业问题。

国情问题专家、清华大学教授胡鞍钢讲过，“中国正面临世界上最大的就业战争”。把就业视作一场战争，当然不只是一个简单的比喻，而是有事实依据的。据他计算，中国以世界上9.6%的自然资源，9.4%的资本资源，1.85%的知识技术资源，以及1.83%的国际资源等，来为占世界人口26%的劳动力创造就业机会。换句话说，世界上还没有哪个国家要像中国这样提供7亿多个工作岗位，整个西方发达国家才不过提供4.3亿。因此，说中国正面临世界上最大的就业战争是一点也不为过的。至少在未来10年，中国的人口还呈增加的趋势，劳动力供大于求的矛盾将长期存在。

具体来说，目前中国的就业形势，一是劳动力供求总量矛盾突出。据统计，未来5年，全国将新增城镇就业人口5000万人。其中，农村转移劳动力每年将达800万~1000万人，城镇下岗职工还有400万人需要再就业，大学毕业生人数也将保持在一个较大的数目，劳动力总量将达到8.3亿人，但劳动力就业需求岗位只能新增4000万个，劳动力供求缺口在

1000万个左右。二是劳动力结构性矛盾突出。一些传统行业出现大批下岗失业人员，而一些新兴的产业、行业和技术职业需要的素质较高的人员又供不应求，劳动者的职业能力和素质亟待提高。在关注中国的就业问题时，除了工人和农民工的就业问题外，大学生的就业问题也应该引起社会的高度重视。目前出现了所谓“2030现象”，也就是20岁到30岁之间的人面临的就业难题。

可以说，中国将进入严酷的高失业和就业结构大调整时期，这是一个已经超越了经济范畴的严峻挑战，世界上没有任何一个国家面临着像中国这样的就业挑战，值得严重关注和谨慎对待。

(1)失业率与经济过热之间有什么关系？

(2)我国应如何缓解目前的失业问题？

技能训练项目

辩论赛——沃尔克反通货膨胀的功与过

【技能目标】

培养学生的思辨精神和提高学生对经济问题的分析能力。

【内容与要求】

学生自愿组成学习小组，每组5~6人，以组为单位对以下问题开展辩论赛。

沃尔克反通货膨胀的功与过

20世纪70年代是美国经济不堪回首的时代，严重的通货膨胀和失业(称为滞胀)一直困扰着美国。1979年夏季，通货膨胀高达14%，失业率高达6%，经济增长率不到1.5%。在这种严峻的形势下，沃尔克受命担任美联储主席，沃尔克上任后把自己的中心任务定为反通货膨胀，并为此采取了紧缩性货币政策。1979年9月，沃尔克把贴现率提高了0.5%，见效不大。11月份又把贴现率从11%提高到12%。在此后的5个月中，货币供应量一直减少，但到1980年2月通货膨胀率高达15%。与此同时，失业率高达10%，是30年代大萧条之后的最高水平。沃尔克的这种政策引起各方反对，并直接使任命他的卡特总统竞选失败。但沃尔克坚持认为物价稳定是经济好转的必要条件，顶住压力继续实施这种政策。1983年和1984年通货膨胀终于降到4%左右。随后美国经济进入80年代的复苏与繁荣。

沃尔克把通货膨胀率降低到4%左右的成功是以短期内高达10%的失业率和30年代之后最严重的衰退为代价的。经济学家把通货膨胀减少1%的过程中每年产量(GDP)减少的百分比称为牺牲率。产量的减少则会引起失业率的上升，这充分说明通货膨胀与失业之间存在短期交替关系，实现低通货膨胀在一定时期内以高失业为代价。

许多美国经济学家认为，沃尔克反通货膨胀的代价并没有以前预期的那么大，因为他坚定反通货膨胀的态度影响了人们的预期。当人们预期通货膨胀会很快得到制止时，反通货膨胀政策会更有效。沃尔克至今不为当初的政策后悔。稳定物价是经济发展的基本条件。当然如果沃尔克“下药”不那么狠,也许代价会更小一些。

【成果与考核】

1.小组提交一份“沃尔克反通货膨胀的功与过的分析报告”。

2.由教师与全班同学共同根据各组报告、班级交流发言以及提问答辩情况对每组进行评估打分,综合评定各组本次活动的成绩。

第十一章　经济周期与经济增长

【知识培养目标】

◆ 了解经济周期的含义、类型和阶段划分。

◆ 理解经济周期的成因。

◆ 了解经济增长的含义与衡量标准。

◆ 熟悉经济增长模型。

【技能培养目标】

◆ 能根据经济活动特征判断经济周期所处阶段。

◆ 能分析国家经济增长的原因。

【思政育人目标】

◆ 引导学生了解中国经济的发展，增强民族自豪感。

◆ 树立生态环保、经济可持续发展观念。

【思维导图】

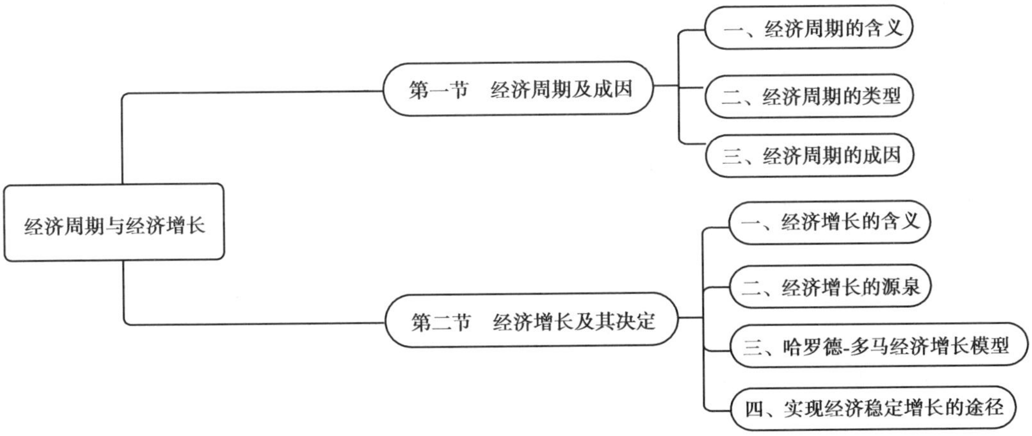

【引导案例】

2022年上半年经济怎么样?

国务院新闻办公室于7月15日上午10时举行新闻发布会,国家统计局介绍2022年上半年国民经济运行情况。上半年经济怎么样?一起关注。

二季度经济顶住压力实现正增长,上半年GDP同比增长2.5%。今年以来,国际形势复杂严峻,世界经济增长放缓态势明显。国内疫情多发散发,对经济稳定运行造成了严重冲击。4月份主要经济指标深度下跌,5月份主要经济指标降幅收窄,6月份经济企稳回升,二季度经济顶住压力实现正增长。初步核算,上半年国内生产总值(GDP)562642亿元,按不变价格计算,同比增长2.5%。

6月份主要经济指标企稳回升。4月份受超预期因素影响,主要指标下滑明显。随着疫情防控总体向好,企业复工复产有序推进,一系列稳增长政策措施显效,5月份经济止住4月份下滑势头,6月份主要经济指标企稳回升。从生产看,6月份规模以上工业增加值同比增长3.9%,比上月加快3.2个百分点;服务业生产指数也由上月下降5.1%转为增长1.3%;从需求看,6月份社会消费品零售总额由上月下降6.7%转为增长3.1%;出口增长22%,比上月加快了6.7个百分点。从地区看,6月份,31个省区市中,21个地区规模以上工业增加值同比增速比上月回升,占67.7%;30个地区限额以上单位消费品零售额增速比上月回升,占96.8%。

物价形势总体稳定,上半年CPI同比上涨1.7%。今年以来,国际大宗商品价格特别是粮食和能源价格持续高位,对国内输入性通胀影响加大。我国加大市场保供稳价力度,抓好粮食和能源生产,保障了国内市场价格总体稳定。上半年,全国居民消费价格(CPI)同比上涨1.7%,低于全年3%左右的预期目标。我国价格涨幅明显低于欧美国家8%以上的涨幅水平。6月份美国、欧元区CPI同比分别上涨9.1%和8.6%。

就业形势好转,城镇调查失业率连续两个月回落。2022年上半年,全国城镇新增就业654万人,全国城镇调查失业率平均为5.7%。二季度从月度看,4月份城镇调查失业率为6.1%,5、6月份连续下降。5月份下降到5.9%,6月份降至5.5%。从6月份来看,25~59岁就业主体人口城镇调查失业率为4.5%,比上月下降0.6个百分点;外来农业户籍人口调查失业率为5.3%,下降0.9个百分点。

受疫情冲击较大地区经济恢复在稳步加快。今年上半年以来疫情对部分地区经济运行造成了较大影响,但疫情的冲击影响都是短期的、外在的,不会改变地区经济协调发展大的趋势。尽管二季度部分地区经济受疫情冲击较大,但是从月度来看,随着疫情防控总体向好,企业复工复产加快,6月份主要经济指标明显改善。6月份,上海、吉林规模以上工业增加值同比增长13.9%和6.3%,上个月分别为下降30.9%和4.9%。从消费看,吉林限额以上单位消费品零售额6月份增长5.5%,上个月为下降1.5%。从就业来看,上海、吉林城镇调查失业率分别比上月下降9.7和0.8个百分点,说明这些受疫情冲击较大地区经济恢复在稳步加快。

中西部地区经济增势较好。二季度,中部、西部地区生产总值同比分别增长2.3%和2%,增速均快于全国。二季度,东部和东北部分地区受疫情冲击影响较大,但中西部地区工业生产总体稳定,支撑了工业生产。二季度,中部、西部地区规模以上工业增加值同比分别增长5.9%和6%,均快于全国规模以上工业增加值增速。上半年,中部、西部地区规模以上工业增加值同比均增长7.3%,快于东部地区5.1个百分点。中部、西部地区固定资产投资分别增长10.7%和8%,分别快于东部地区6.2和3.5个百分点。

下阶段,国民经济有望逐步恢复,保持平稳增长。从下阶段来看,目前全球经济滞胀风险在上升,国内经济恢复还存在很多不稳定不确定因素,但是中国经济韧性强、潜力大,长期向好的基本特点没有变。随着一揽子稳增长政策措施落地见效,经济运行有望逐步改善。

第一,大国经济有韧性。我国经济规模依然可观,长期积累的雄厚物质基础和超大市场规模优势明显,上半年经济总量达到56万亿元。

第二,需求恢复有潜力。稳投资力度持续加大,专项债发行和使用加快,重大项目加快推进,基础设施投资提速。线下消费场景渐次复苏,加上促消费政策发力,消费有望继续恢复。我国外贸进出口具有较强韧性。5月份,我国进出口总额同比增长9.5%,比4月份加快9.4个百分点;6月份,进出口同比增长14.3%,比5月份进一步加快了4.8个百分点。

第三,生产回升有支撑。5月份,规模以上工业增加值率先实现由负转正。随着企业复工复产加快推进,产业链供应链堵点卡点逐步打通,汽车、电子等重点行业带动作用有望进一步增强。随着疫情防控形势趋稳,6月份服务业生产由降转升。物流运输逐步畅通,有助于支撑生产进一步恢复。

第四,创新发展增动力。在疫情条件下,传统产业加速向数字化、网络化、智能化方向延伸拓展,新产业(300832)新动能继续保持平稳较快增长。

第五,宏观政策有保障。下阶段,大规模留抵退税、专项债发行使用、加大金融支持实体经济力度等政策效应会继续显现,有助于推动经济持续回升、向好发展。

(资料来源:中国政府网)

疫情期间,全球经济下滑,而中国经济在逐步回升,稳步增长。目前中国经济的发展,受到西方国家的围剿,中国经济发展困难重重,即便如此艰难环境下,中国经济依然稳步增长。我们要学会用系统思维分析经济周期,正确理性分析中国经济增长原因。

第一节 经济周期及成因

一、经济周期的含义

经济周期也称经济循环,是指经济运行中周期性出现的经济扩张与经济紧缩交替更迭、循环往复的一种现象。它是国民总产出、总收入和总就业的波动,是国民收入或总体经济活动扩张与紧缩的交替或周期性波动变化。

经济周期一般可以分为四个阶段,即繁荣、衰退、萧条和复苏。繁荣阶段是经济周期的高峰阶段,此时的经济处于高水平时期,消费旺盛,就业增加,产量扩大,社会总产出逐渐达到最高水平。繁荣阶段不可能长期保持下去,当消费趋缓、投资下降时,经济就开始下滑,走向衰退阶段。在衰退阶段期间,需求萎缩,从而生产和就业下降。就业下降导致家庭收入减少,失业增多。随着消费的不断减少,产品滞销,价格下降,企业利润减少,致使企业投资进一步减少,大量生产能力闲置,相应地,社会收入也不断减少,最终使得经济跌落到萧条阶段。萧条阶段是经济周期的谷底,供给和需求均处于较低水平,劳动力失业率高,公众消费水平下降,企业生产能力大量闲置,存货积压,工厂亏损甚至倒闭,企业对前景缺乏信心。随着时间的推移,现有设备不断损耗和消费引起的库存减少,企业开始增加投资,于是就业开始增加,产量逐渐扩大,经济便进入复苏阶段。复苏阶段是经济走出萧条并走向上升的阶段。这一阶段的生产和销售逐渐回升,就业增加,收入和消费支出增加,价格有所上涨,整个经济呈现上升的势头。随着就业与生产的继续扩大,价格上升,经济又走向繁荣阶段,开始了又一个经济循环。

图11-1描绘了经济周期的四个阶段。

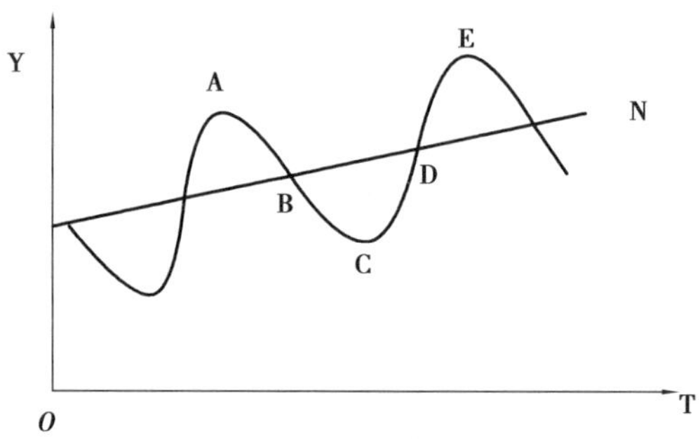

图11-1 经济周期的阶段

在图11-1中,横轴T代表时间(年份),纵轴Y代表国民收入或经济水平,N代表正常的经济活动水平。经济在A点时达到峰顶,A—B衰退,B—C为萧条,C点时达到谷底,C—D为复苏,D—E为繁荣,在E点时又达到顶峰,从一个峰顶到另一个峰顶经济经历了四个阶段。

【课程思政】

2023年中国经济复苏

2023年5月2日,国际货币基金组织(IMF)发布的《亚洲及太平洋地区经济展望》报告显示,在中国和印度的乐观前景推动下,亚太地区将成为2023年世界最具活力的主要地区。其中,中国经济有望增长5.2%,中国将为亚太和全球经济复苏提供巨大动力。2023年对全球经济来说是充满挑战的一年。尽管外部需求减弱、货币政策收紧,但亚太地区的内部需求依然强劲,来自中国的消费激增正在推动整个地区的增长。报告预计,2023年亚太地区的经济增速将从2022年的3.8%上升至4.6%,比2022年10月份的预测上调了

0.3个百分点，这意味着该地区对全球经济增长的贡献将达到约70%。报告显示，中国经济正在复苏，为亚洲的经济活力提供了主要动力。中国经济在中国共产党的领导下，正稳定向前发展，中国将成为全球经济增长的关键引擎。

二、经济周期的类型

在研究经济周期时候，经济学家们根据每个经济周期时间长短的不同而把经济周期分为不同的类型。根据经济周期的长短，经济学家把经济周期分为基钦周期、朱格拉周期、康德拉季耶夫周期、库兹涅茨周期和熊波特周期。

（一）基钦周期

1923年，英国经济学家约瑟夫·基钦发表了《经济因素中的周期与趋势》一文，他研究了1890—1922年间英国与美国的物价、银行结算和利率等指标，认为经济周期实际上有大周期和小周期两种，小周期年均长度为3.5年，大周期则包括两个或三个小周期。熊彼特把基钦所说的小周期称为短周期或基钦周期。

（二）朱格拉周期

1862年，法国经济学家朱格拉在他的《论法国、英国和美国的商业危机及其发生周期》一书中提出，存在着危机或恐慌并不是一种独立的现象，而是社会经济运动三个阶段中的一个，这三个阶段是繁荣、危机与萧条。这三个阶段的反复出现就形成了周期现象。他通过对较长时期工业经济周期的研究，并根据生产、就业人数、物价水平等指标，确定了经济中平均每个周期9~10年的中周期，又称为朱格拉周期。

（三）康德拉季耶夫周期

1925年，俄国经济学家康德拉季耶夫在《经济生活中的长期波动》中提出了著名的“长周期理论”。康德拉季耶夫在研究了有关英、美、法、德等国的长期时间序列资料后，根据这些国家价格水平、利率、工资和对外贸易、煤炭、生铁等产量和消费量的变动情况得出这样的结论：资本主义社会存在着平均长度为50年左右的长期波动。

（四）库兹涅茨周期

美国经济学家库兹涅茨在1930年出版的《生产和价格的长期运动》中分析了英国、美国、德国、法国、比利时等国1866—1925年间60种商品的历史统计资料，认为经济中存在着为期15~25年的长期波动，平均长度为20年左右。这种波动在美国的建筑业中特别明显，所以又称“建筑业周期”。

（五）熊彼特周期

奥地利经济学家熊彼特1939年出版的《经济周期》第一卷中，对基钦周期、朱格拉周期和康德拉季耶夫周期进行了综合。他认为：长周期的不同阶段仍有中周期波动，中周期的不同阶段还有短周期波动。每个长周期包括6个中周期，每个中周期包括3个短周期，短周期平均为40个月，中周期为9~10年，而长周期为48~60年。

三、经济周期的成因

对于经济周期的成因，西方经济学家分别从不同的角度提出了不同的解释，归纳起来主要有以下几种：

(一)纯货币周期理论

该理论的主要代表人物是英国经济学家霍特里和美国经济学家M.弗里德曼，纯货币理论认为，经济周期纯粹是一种货币现象，货币流通量和货币流通速度直接决定了名义国民收入的变动，货币因素是引起整个国民经济波动的根本因素。

纯货币理论进一步认为经济周期是银行体系交替地扩张和紧缩信用所造成的，尤其以短期利率起着重要的作用。当银行体系降低利息率，扩大信贷时，就会引起生产的扩张与收入的增加，使经济走向繁荣。但银行信用并不能无限地扩大，当银行体系被迫紧缩信用时，就会引起生产下降，由此出现生产过剩危机，进而使经济进入萧条阶段。在萧条时期，资金逐渐回到银行，银行可以通过贴现等方式扩大信用，从而经济又进入复苏阶段，经济又开始进入下一个周期。

(二)投资过度理论

投资过度理论从投资系的角度分析经济周期的形成，把经济周期的循环归因于投资过去。由于投资过多，与消费品生产相比，资本品生产发展较快。因此，资本品生产的过度发展促使经济进入繁荣阶段，资本品的过度生产导致消费品生产的减少，从而经济结构失衡。同时资本品生产过多必将引起资本品过剩，于是出现过剩危机，经济进入萧条阶段。

【知识小链接】

投资过度理论

投资过度理论最先始于俄国的M.И.杜冈-巴拉诺夫斯基(1865—1919)和德国的A.施皮特霍夫(1873—1957)。其后的主要代表者有瑞典G.卡塞尔(1866—1945)和K.维克塞尔(1851—1926)。英国A.C.庇古和D.H.罗伯逊(1890—1963)在第一次世界大战后的著作中用多种原因来解释危机，投资过多也是原因之一。投资过多论(资本短缺或消费过多)的经济周期理论则是以充分就业为隐含的前提的。根据对引起投资原因解释的不同，投资过度理论又可分为两派，一派认为是货币引起了投资过度，称为货币投资过度理论；另一派则认为是新发明、新市场开辟等非货币因素引起了投资过度，称为非货币投资过度理论。

(三)创新周期理论

创新周期理论是奥地利经济学家熊彼特创立的，他认为创新是经济周期波动的源泉。熊彼特认为由创新所引起的经济周期的过程是：创新为创新者带来超额利润，引起其他企业仿效，形成“创新浪潮”，从而引起对银行信用和资本品需求的增长，导致经济繁荣。经过一段时间后，随着新技术或新产品被大多数厂商所掌握，原有的超额利润消失，对银行信用和资本品的需求减少，引起经济萎缩，导致经济衰退。直至另一次创新出现，经济进入下一周期的繁荣。熊彼特还进一步说明了创新引起的经济周期萧条与复苏。在最初的创新浪潮和经济繁荣中，不仅生产资本品的部门扩张，而且消费品的部门也在扩张。因此出现投资失误和过度投资行为，于是走向萧条。萧条发生后，不良的投资行为逐渐减少，经济转向复苏。要使经济由复苏转向繁荣，则必须再次创新。

（四）心理预期理论

心理预期理论的代表人物是以庇古、凯恩斯为代表的经济学家，他们认为，经济的周期循环取决于投资，而投资大小主要取决于对未来的预期。由于生产者对经济繁荣、衰退、萧条、复苏阶段的不同心理预期，引发了经济周期性的波动。因此，当预期乐观时，增加投资，经济步入复苏和繁荣；当预期悲观时，减少投资，经济则陷入衰退与萧条。

第二节 经济增长及其决定

经济增长是一个古老的话题。在早期的古典经济学阶段，亚当·斯密和大卫·李嘉图就探讨了国民财富的增长问题。在一个国家经济增长的过程中，大多数人变得更为富裕，物质生活提高。但与此同时，世界上还有一些贫穷落后国家的生活水平没有提高反而下降。为什么有的国家经济发展迅速，人民生活富裕；而有的国家经济增长乏力，人民生活贫困，一个国家应该采取什么措施来实现本国的经济增长？哪些因素决定了国民收入的增长？

一、经济增长的含义

一般来说，经济增长是指一个国家或一个地区生产的商品和劳务的能力的增长。如果考虑到人口增加和价格变动情况，经济增长应当包括人均福利的增长。库兹涅茨曾给经济增长下了这样一个定义：“一个国家的经济增长，可以定义为给居民提供种类日益繁多的经济产品的能力长期上升，这种不断增长的能力是建立在先进技术以及所需要的制度和思想意识之相应的调整基础上的。”经济增长有以下三个含义：

第一，经济增长的集中体现和结果是商品供给量不断增加，因此经济增长就是实际国内生产总值的增加。如果考虑到人口的增加，经济增长就是人均实际国内生产总值的增加。

第二，技术进步是实现经济增长的必要条件。在影响经济增长的诸因素中，技术进步是第一位的。一部经济增长的历史，就是一部技术进步的历史。

第三，制度与意识形态的调整或变革是经济增长的充分条件：一方面，社会制度与意识形态的变革是经济快速增长的前提。例如，私有产权的确立是经济增长的起点和基础。只有在制度与意识形态的调整基础上，技术才能极大地进步。另一方面，新的经济制度的出现，使交易费用降低时，分工将进一步细化，促进经济增长。

二、经济增长的源泉

经济增长是产量的增加，经济学家发现无论是贫国还是富国，经济增长的发动机必定安装在四个轮子上，即人力资源、自然资源、资本和技术。通常，经济学家使用总生产函数来表明这些因素之间的关系，总生产函数是总投入与总产出，即生产中使用的全部生产要素投入量与总产量之间关系的数学表达式，用公式来表示就是：

$$Y=A \cdot F(K,\ L,\ R) \tag{11-1}$$

式(11-1)中，Y代表产量，K代表资本，L代表劳动，R代表自然资源(自然资源是一个常数)，A代表技术，F表示产量与生产要素投入量之间的函数关系。从式(11-1)中可以看出，经济增长的源泉是资本、劳动、与技术进步。因此，经济增长的源泉是资本投入的增加、劳动投入的增加和技术进步。

(一)资本

资本可以划分为物质资本和人力资本。物质资本又称有形资本，是指道路、电厂等基础设施和设备、厂房、存货等。人力资本又称无形资本，主要是劳动者身上的投资，如劳动者的知识、技能等。人力资本在经济增长中的作用是非常重要的，但是难以估算。现代经济学家认为，资本增加是经济增长的重要条件，在经济增长中，一般规律是资本的增加大于劳动力的增加，从而每个劳动力所拥有的资本量，即人均资本量是增加的。人均资本量增加是人均产量提高的前提。大多数经济高速发展的国家，都将10%~20%的产出用于净资本的形成。战后西方国家经济增长的事实，说明了资本增加多的国家，经济增长率较高。因此，许多经济学家都比较重视资本积累。

(二)劳动

劳动是指劳动力。劳动力是数量与质量的统一。劳动力的增加包括劳动力数量的增加与劳动力质量的提高。劳动力数量的增加可以有三个来源：人口的增加，人口中就业率的提高，劳动时间的增加。劳动力质量的提高则是文化技术水平和健康水平的提高。劳动在经济增长的过程中的作用是不容忽视的。劳动与资本在一定范围内存在一种替代关系，当资本不足时可以通过增加劳动来弥补，同样，在劳动不足时也可以通过增加资本来弥补。

(三)技术

技术进步在经济增长中的作用，体现在生产率的提高上，即在技术进步的条件下同样的生产要素投入量能提供更多的产品。技术进步主要包括知识进展、资源配置的改善和规模经济。知识进展是技术进步中最重要的内容。知识进展包括科学技术的发展及其在生产中的运用，如新工艺的发明与采用等。美国经济学家丹尼森估算，在技术进步引起的生产率的提高中有60%左右要归功于知识进展。资源配置的改善是指劳动力和资本从生产率较低的部门转向生产率较高的部门。规模经济是指随着企业经营规模扩大使采用节约要素投入的新技术成为可能，从而使单位投入的产量增加。

在影响经济增长的诸多因素中，技术进步是重要的。据美国劳工部和一些私人研究机构的分析，1948—1994年，产出以平均每年3.4%的速度增长。投入品的增长（资本劳动和土地）每年所作的贡献为2.1%，技术进步的贡献平均每年为1.3%。

三、哈罗德-多马经济增长模型

研究经济增长，除了分析影响经济增长的各种因素外，还面临两个问题：一是在长期中是否存在一种稳定状态的增长；二是经济稳定增长的条件是什么。英国经济学家哈罗德和美国经济学家多马分别在20世纪40年代提出了经济增长模型。由于他们所提出的模型基本相似，所以称为哈罗德-多马经济增长模型。

【知识小链接】

罗伊·福布斯·哈罗德

罗伊·福布斯·哈罗德（1900—1978）是英国经济学家，生于英国诺福克。1919年进入牛津大学，专修古典文学、哲学和历史学。1922年毕业后去剑桥大学，在凯恩斯的指导下学习经济学一年，此后长期在牛津大学任教。1940—1945年在英国政府工作。1945年继凯恩斯之后担任英国皇家经济学会刊物《经济学杂志》的第三任主编。“二战”后，除继续在牛津大学执教外，于1947—1950年任联合国就业与经济稳定委员会委员，1952年任联合国国际货币基金组织的经济顾问等职。在经济学领域中，哈罗德对不完全竞争理论、国际贸易理论和经济周期理论进行了深入的探索并作出了重大的贡献。

（一）哈罗德-多马经济增长模型的基本假设

哈罗德-多马经济增长模型是以一系列假设条件为前提的，这些假设条件主要有：

①经济社会生产单一产品。这种产品可以是资本品，也可以是消费品。

②生产中只使用劳动和资本两种生产要素，且两种要素的比例不变。

③在一定时期内技术水平不变，资本-产量比率不变。

④规模报酬也不变，即生产规模扩大时不存在收益递增或递减

⑤不存在技术进步，也不存在资本折旧问题。

在这些假定基础上，哈罗德-多马经济增长模型集中考察了社会再生产过程中的几个变量以及它们之间的相互关系，提出了一个国家在长期内实现经济稳定、均衡增长所需具备的条件。

（二）哈罗德经济增长模型

哈罗德经济增长模型是从国民收入、资本-产量比率和储蓄率三个经济变量及其相互关系的分析中来考察决定经济增长的因素。用G表示经济增长率，Y表示国民收入，ΔY表示国民收入的增量，则有：

$$G=\frac{\Delta Y}{Y} \tag{11-2}$$

用v表示资本-产量比率，则有：

$$v=\frac{K}{Y}=\frac{\Delta K}{\Delta Y} \tag{11-3}$$

由于假设不存在折旧，资本增量$\Delta K=I$，因此式(11-3)也可以写成：

$$I=v/\Delta Y \tag{11-4}$$

用s表示储蓄-收入比率(储蓄率)，则有：

$$s=\frac{S}{Y} \tag{11-5}$$

按照凯恩斯的理论，只有$I=S$时，也就是只有当投资等于储蓄或者说储蓄全部用于投资时，经济活动才达到均衡状态。哈罗德以凯恩斯提出的这个均衡条件为基础，进一步提出，在经济增长过程中，同样只有实现了$I=S$这一条件，经济才能实现均衡增长。根据式(11-3)、(11-4)和(11-5)，可以得到：

$$G=\frac{s}{v} \tag{11-6}$$

$G=\frac{s}{v}$式就是哈罗德经济增长模型的基本公式，它说明：第一，经济增长率与储蓄率成正比，储蓄率越高，经济增长率也越高。第二，经济增长率与资本-产量比率成反比，即资本-产量比率越高，经济增长率越低。

(三)哈罗德经济增长模型关于经济稳定增长条件的分析

哈罗德未说明经济稳定增长的条件及经济变动的动因，进而提出了三种增长率：

①有保证的增长率(G_w)，又称合意增长率。合意增长率是指经济在实现充分就业条件下均衡的、稳定的增长所需要的增长率。在经济稳定增长条件下，只有保证使增加的储蓄能全部转化为投资，才能使总供给和总需求相等，实现均衡增长。假设在充分就业条件下人们愿意的储蓄率为s_w(称合意的储蓄率)，用v_w表示合意的资本-产出比率(用投资-收入增量比率$I/\Delta Y$表示)，为了必须使投资者在保证实现最大利润条件下愿意按资本-产出比率增加投资，则为实现充分就业的有保证的均衡经济增长率(G_w)应是：

$$G_w=s_w/v_w \tag{11-7}$$

实际的资本存量等于合意的资本存量、实际的与合意的资本存量增长率等于投资增长率亦等于储蓄增长率，同时总供给等于总需求(储蓄=投资)时，经济就能在保持充分就业条件下获得均衡增长。

②实际增长率(G)。实际增长率就是在事后统计的实际达到的增长率，由实际发生的储蓄率和资本产出比率决定，其公式是$G=s/v$。

③自然增长率(G_n)。自然增长率是指与人口增长率相对应的经济增长率。从长期的经济发展来看，人口增长与技术进步所允许达到的最大增长率即是自然增长率，用公式表示就是$G_n=n$(一国人口增长率)。

哈罗德认为，只有实际增长率、合意增长率、自然增长率这三个增长率相等，即：$G=G_w=G_n$，经济社会才能实现合乎理想的长期的均衡增长。

哈罗德认为，如果$G>G_w$，意味着实际的储蓄率或实际的投资率会大于合意的储蓄率或合意的投资率，从而使实际的需求大于合意的供给。这样就会形成经济的累积性的扩张，可能导致通货膨胀。如果 $G<G_w$，意味着实际的储蓄率或实际的投资率会小于合意的储蓄率或合意的投资率，会使投资缩减，从而导致经济萎缩，其结果是经济的衰退与萧条。如果 $G_w>G_n$，说明储蓄和投资的增长率超过了人口增长与技术进步所能允许的程度，这时的生产增长受到劳动力的不足与技术水平的限制，将会出现储蓄与投资过度现象，也就是社会总供给大于社会总需求，从而使经济呈现长期停滞的趋势。如果 $G_w<G_n$，说明储蓄和投资的增长率还没有达到人口增长同步所允许的程度。这时，生产的增加不会受劳动力不足与技术水平的限制，生产者将增加雇佣工人以扩大再生产，从而使经济出现长期的繁荣、扩张的趋势。如果 $G_w=G_n$，说明全部劳动力和生产设备在现实的技术条件下都得到了充分利用，这时，如果 $G=G_w$，则整个经济实现充分就业的长期稳定均衡增长。所以，哈罗德认为，$G=G_w=G_n$ 是其增长模型的理想境地。

四、实现经济稳定增长的途径

一国想要实现经济持续稳定增长，必须重视影响其经济发展的因素，并在此基础上制定相应的政策和措施，以实现其经济的长期稳定和快速增长。

（一）提高劳动力质量

劳动力是经济增长不可缺少的条件，也是经济增长的源泉之一。劳动力的增加对经济增长起着重要作用，劳动力包括数量和质量两方面。随着市场经济体制的逐步发展和完善，工业化、城市化和现代化进程的进一步加快，经济增长越来越依赖于劳动者质量的提高，劳动者自身素质也成了许多行业发展的瓶颈。因此，要实现经济可持续增长，就要增加人力资本投资，大力发展教育和培训，以提高劳动者的文化素质和技能水平，最大限度地提高劳动者的就业能力。

（二）提高资本利用效率

在现代经济增长中，随着经济的高速增长，资本的形成速度比以往各个时代都高得多，资本投入对经济增长的贡献日益显著，资本积累是经济增长的助推器。因此，在经济增长过程中，不仅要重视资本的积累，更要重视资本利用的效率，提高资本产出比率，最大限度发挥资本的作用。同时，要拓宽资本利用的途径，不仅要加快储蓄转化为投资的渠道，还要适时引进外资以弥补国内资本的不足，加快产业结构的调整和改善地区经济发展的不平衡状况。

（三）以技术进步为支撑

科学技术是经济可持续发展的强大动力，因此充分发挥和利用技术进步对增长的贡献，已成为各国经济政策的重要内容。具体来说，首先，政府要发挥在推动技术创新中的作用，加快国家创新体系建设。制定并实施与经济发展相结合的科技发展规划，并对组织实施进行监督、评价，促进人才的合理流动，采取更有力的手段，增加投入，改进管理，促进技术广泛有效的传播，加强国际科技合作。其次，要使企业成为技术创新的主体，切实转变企业的经营观念，确立以技术创新为提高企业竞争力的根本；加快企业的制度创新，为企业的技术创新提供有效的保障；培养一批具有创新意识的现代企业家，发挥企业家的示范作用。最后,加强国际科技合作。研究开发的国际化已经成为世界经济中一个非常重要的发展趋势,任何国家都不可能独立依靠本国的科学技术资源来获得经济发展所必需的知识供应,通过国际科技合作参与到知识国际化浪潮中去,是获得先进科学技术知识供应的一条最为有利的捷径。

【思政拓展案例】

推动经济实现质的有效提升和量的合理增长

党的二十大报告指出,高质量发展是全面建设社会主义现代化国家的首要任务。发展是党执政兴国的第一要务。没有坚实的物质技术基础,就不可能全面建成社会主义现代化强国。必须完整、准确、全面贯彻新发展理念,坚持社会主义市场经济改革方向,坚持高水平对外开放,加快构建以国内大循环为主体、国内国际双循环相互促进的新发展格局。

经济发展方式实现根本性转变

从明确"五位一体"总体布局和"四个全面"战略布局,到明确社会主要矛盾发生历史性变化,再到判断我国经济已由高速增长阶段转向高质量发展阶段;从创造性提出新发展理念到作出加快构建新发展格局的重大战略决策……党中央对新时代党和国家事业发展作出科学完整的战略部署,引领中国经济迈上更高质量、更有效率、更加公平、更可持续、更为安全的发展之路。

党的十八大以来,我国经济总量连续跃升,继2020年突破100万亿元大关后,2021年又突破110万亿元,达114.4万亿元,按不变价计算为2012年的1.8倍。2021年,我国人均GDP达80976元,按年平均汇率折算达12551美元,连续3年超过1万美元,稳居上中等收入国家行列,接近了世界银行划分的高收入国家门槛。

要紧紧抓住高质量发展这个主题

经济发展的"量"和"质"是相互统一的。"量"是指经济发展的规模、速度、范围等;"质"是指经济发展的动力结构、消耗水平、比较优势、分配格局等。没有量的积累和支撑,则无法保障质的存在和持续稳定;如果降低质的要求,过度追求量的增长,则量的增长无法转化为质的实力。经济高质量发展就是将"质的有效提升"和"量的合理增长"统一起来。

在新征程上,要紧紧抓住高质量发展这个主题,把实施扩大内需战略同深化供给侧结构性改革有机结合起来,增强国内大循环内生动力和可靠性,提升国际循环质量和水平,加快建设现代化经济体系,着力提高全要素生产率,着力提升产业链供应链韧性和安全水平,着力推进城乡融合和区域协调发展,推动经济实现质的有效提升和量的合理增长。

继续创造令人刮目相看的新的奇迹

前进道路上,只要我们调动一切可以调动的积极因素,团结一切可以团结的力量,不断巩固全国各族人民大团结,加强海内外中华儿女大团结,形成同心共圆中国梦的强大合力,增强志气、骨气、底气,知难而进、迎难而上,全力战胜各种困难和挑战,就一定能依靠顽强斗争打开事业发展新天地,继续创造令人刮目相看的新的奇迹。

新征程上的宣示坚定而豪迈："从现在起，中国共产党的中心任务就是团结带领全国各族人民全面建成社会主义现代化强国、实现第二个百年奋斗目标，以中国式现代化全面推进中华民族伟大复兴。"凝结崇高的价值追求，积蓄强大的思想力量，亿万人民一起向着未来出发，一定能用新的伟大奋斗创造新的伟业！

（资料来源：中国经济网）

思政引导：党的二十大的召开对中国经济的发展有着重大意义，指明了未来中国经济发展方向，建设现代化产业体系，坚持把发展经济的着力点放在实体经济上，推进新型工业化，加快建设制造强国、质量强国、航天强国、交通强国、网络强国、数字中国。相信未来中国经济的发展会继续创造令人刮目相看的新的奇迹，加油中国！

思考与练习

一、单项选择题

1. 下列对经济周期阶段排序正确的是（　　）。

A. 复苏、繁荣、衰退、萧条　　B. 复苏、繁荣、萧条、衰退
C. 复苏、萧条、衰退、繁荣　　D. 复苏、衰退、萧条、繁荣

2. 经济周期的中心是（　　）。

A. 价格的波动　　B. 利率的波动
C. 国民收入的波动　　D. 股票的波动

3. 一国在一段时期内GNP的增长率在不断降低，但是总量却在不断提高，从经济周期的角度看，该国处于（　　）阶段。

A. 复苏　　B. 繁荣　　C. 衰退　　D. 萧条

4. 康德拉季耶夫周期是（　　）。

A. 长周期　　B. 中周期
C. 长度约50年　　D. 长度8~10年

5. 根据哈罗德-多马经济增长模型，当有保证的增长率小于实际增长率时，经济将出现（　　）。

A. 均衡增长　　B. 累积性的扩张
C. 累积性的收缩　　D. 实际产出水平进一步提高

6. 朱格拉周期的平均长度一般为（　　）。

A.50年　　B.40个月　　C.10年左右　　D.4年左右

7. 根据哈罗德的分析，当有保证的增长率大于实际增长率时，经济会（　　）。

A. 持续高涨　　B. 均衡增长　　C. 长期萧条　　D. 无法确定

8. 根据哈罗德增长理论，实现充分就业均衡增长的条件是（　　）。

A. 实际增长率等于自然增长率
B. 实际增长率等于有保证的增长率

C.实际增长率等于自然增长率等于有保证的增长率

D.有保证的增长率等于自然增长率

9.当合意的资本-产出比率小于实际的资本-产出比率时,厂商(　　)。

A.增加投资　　B.减少投资　　C.投资不变　　D.不能确定

10.朱格拉周期是一种(　　)。

A.中周期　　B.短周期　　C.长周期　　D.不能确定

二、多项选择题

1.下列关于经济周期的表述,正确的是(　　)。

A.经济周期是指重要的经济指标GDP出现的有规律的扩张和收缩

B.经济周期是指总体经济活动沿着经济增长的总体趋势而出现的有规律的扩张和收缩

C.古典型经济周期是指一国经济运行处于低谷,经济增长率保持正值但增长幅度比过去有所下降

D.我国经济周期属于增长型经济周期。

E.基钦周期对经济运行影响较大且较为明显

2.关于经济周期,下列说法正确的有(　　)。

A.经济周期是总体经济活动

B.经济周期是个别部门或个别经济总量指标

C.经济周期是指总体经济活动沿着经济增长的总体趋势而出现的有规律的扩张和收缩

D.经济周期按波动的时间长短可以分为古典型周期和增长型周期。

E.经济周期需要通过一组经济总量指标,包括GDP、就业和金融市场指标等才能说明

3.下列关于经济周期的说法中正确的有(　　)。

A.经济周期一般分为繁荣、衰退、萧条和起飞四个阶段。

B.经济波动的周期性会在很大程度上决定商业银行的经营状况

C.在危机阶段,商业银行的负债规模严重下降

D.在高涨阶段,商业银行的资产规模急剧下降

E.在经济复苏阶段,商业银行的资产业务规模和利润有明显扩大

4.一个国家的长期经济增长主要取决于(　　)。

A.净出口　　B.政府支出

C.生产要素的投入量　　D.生产要素的效率

E.投资需求

5.下面关于经济增长的说法,正确的有(　　)。

A.经济增长是一种长期的经济趋势

B.一般采用GDP来衡量经济增长

C.经济增长也可以定义为人均实际GDP的增长

D.经济增长着重研究总供给在长期中的变动

E.只有消费的增长才是经济增长

三、判断题

1.经济周期是总体经济活动的波动,也就是国民收入的波动。 ( )

2.确切地说,当实际GDP的增长率低于2%时,表明发生了经济衰退。 ( )

3.在经济周期的四个阶段中,经济活动高于正常水平的是繁荣和复苏,经济活动低于正常水平的是萧条和衰退。 ( )

4.经济学家常用危机的严重程度作标准来划分经济周期。 ( )

5.熊彼特周期是一种长周期。 ( )

6.经济周期是可以预期的,因为它的发生常常是很有规律的。 ( )

7.经济周期的繁荣阶段完全可由充分就业的到来而判定。 ( )

8.经济周期是经济活动总水平的长期的、波浪式的运动。 ( )

9.圣诞节前市场活动的繁荣不能称为经济的周期性波动。 ( )

10.在经济衰退时期,人们的可支配收入中消费的比率将减小。 ( )

四、问答题

1.经济周期一般分为几个阶段?每个阶段各有什么特征?

2.经济周期的成因是什么?

3.经济增长的含义是什么?

4.实现稳定经济增长的途径有哪些?

技能训练项目

调查分析中国经济增长及存在的问题

【技能目标】

培养学生全面正确认识中国经济增长问题的能力。

【内容与要求】

学生自愿组成学习小组,每组5~6人,以组为单位调查分析中国经济的增长及增长背后存在的问题,并针对问题提出解决措施。调查可以通过网络、报纸、身边的经济案例来收集资料。讨论过程中自由发言,围绕以下几个问题进行:

1.近几年中国经济增长的情况。

2.中国经济增长的原因分析。

3.中国经济增长背后存在的问题。

4.针对这些问题,提出建议。

根据讨论情况,总结归纳,形成一份“关于中国经济增长的调研报告”,并做好交流发言的准备。

【成果与考核】

1.小组提交一份修改完善后的“关于中国经济增长的调研报告”。

2.由教师与全班同学共同根据各组报告、班级交流发言以及提问答辩情况对每组进行评估打分,综合评定各组本次活动的成绩。

第十二章　宏观经济政策

【知识培养目标】

◆ 了解宏观经济政策目标。

◆ 熟悉宏观财政政策和货币体系的主要内容。

◆ 掌握宏观财政政策和货币政策手段及其实施效果。

◆ 掌握宏观货币政策实施的条件。

【技能培养目标】

◆ 能理解国家的财政经济政策，并对其效果作出初步分析。

◆ 能理解国家的货币经济政策，并对其效果作出初步分析。

【思政育人目标】

◆ 引导和教育培养学生的家国情怀，唤醒时代未来主人的责任担当。

◆ 强化学生的政治认同，增强制度自信、道路自信。

【思维导图】

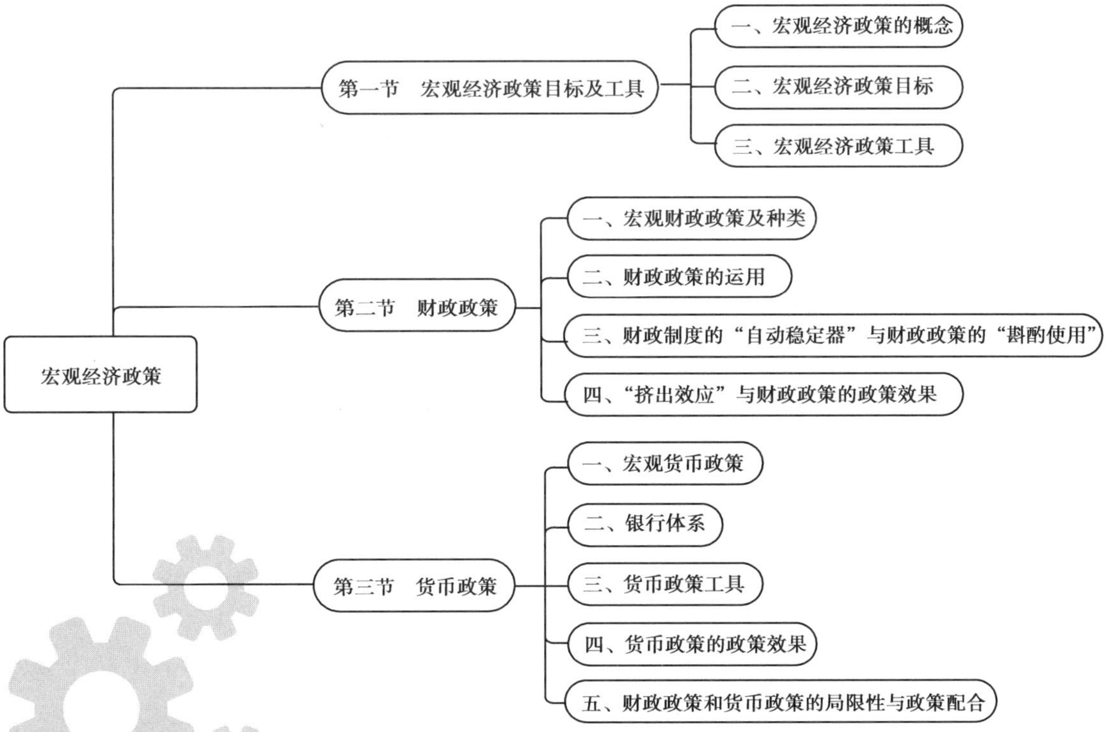

【引导案例】

2019年是世界各主要经济体经济呈现为高负债、低利率、低通胀和低增长的一年。2020年又遇到贸易保护主义和全球疫情的冲击，世界银行预计，美国经济下降3.6%，欧元区各国经济整体缩减7.4%，日本经济下降5.3%。进入2021年，疫情还在持续，全球经济增长的不确定性和下行压力加大。2020年，党中央、国务院保持战略定力，准确判断形势，精心谋划部署，果断采取行动，我国经济二季度实现V型复苏，四季度GDP实际同比增速达到6.5%，小幅超过疫情前水平。2020年，我国国内生产总值首次突破100万亿元，实际同比增长2.3%，成为全球唯一实现经济正增长的主要经济体。这份成绩来之不易。

面对严峻复杂的国际形势、艰巨繁重的国内改革发展稳定任务特别是新冠疫情的严重冲击，2020年，中国经济取得了举世瞩目的成就，但仍存在一些不可忽视的问题：一是复苏并不平衡，二是投资持续恢复的基础并不牢固，三是消费复苏存在长期制约，四是外需超预期不可持续。2021年，疫情变化仍存在高度不确定性，全球经济恢复和政策转向节奏仍不明朗，如何防控疫情反弹二次影响经济增长，如何稳定就业岗位、保持居民收入流连续、减少家庭储蓄深度消耗和连接消费与供给的良性循环，如何权衡稳杠杆与防风险，如何有效应对全球流动性泛滥的溢出效应，是中国面临的主要风险与挑战。

为支持实体经济发展，促进综合融资成本稳中有降，中国人民银行于2021年7月15日下调金融机构存款准备金率0.5个百分点（不含已执行5%存款准备金率的金融机构）。这次下调后，金融机构加权平均存款准备金率为8.9%。中国人民银行将继续实施稳健的货币政策，坚持稳字当头，保持流动性合理充裕，保持货币供应量和社会融资规模增速同名义经济增速基本匹配，搞好跨周期设计，支持中小企业、绿色发展、科技创新，为高质量发展和供给侧结构性改革营造适宜的货币金融环境。

2021年12月15日，下调金融机构存款准备金率0.5个百分点，共计释放长期资金约1.2万亿元。

2022年4月15日，中央银行宣布全面降准，释放长期资金约5300亿元。此时降准的大背景是，当前世界局势复杂演变，国内疫情近期多发，对经济平稳运行带来很大不确定性和挑战，实体经济遭遇了不小的困难。自从国常会释放信号后，市场对降准翘首以待，如今预期终于落地。投资界人士认为，虽然幅度较为克制，但上述举措总体符合市场预期。基于历史经验可以发现，降准并不是决定市场趋势的核心因素，但对于短期行情有提振作用。

为支持实体经济发展，促进综合融资成本稳中有降，中国人民银行决定于2022年4月25日下调金融机构存款准备金率0.25个百分点（不含已执行5%存款准备金率的金融机构）。为加大对小微企业和"三农"的支持力度，对没有跨省经营的城商行和存款准备金率高于5%的农商行，在下调存款准备金率0.25个百分点的基础上，再额外多降0.25个百分点。本次下调后，金融机构加权平均存款准备金率为8.1%。

中国人民银行有关负责人就下调金融机构存款准备金率答记者问时表示，当前流动性已处于合理充裕水平。此次降准的目的，一是优化金融机构资金结构，增加金融机构长期稳定资金来源，增强金融机构资金配置能力，加大对实体经济的支持力度。二是引导金融机构积极运用降准资金支持受疫情严重影响行业和中小微企业。三是此次降准降低金融机构资金成本每年约65亿元，通过金融机构传导可促进降低社会综合融资成本。

中央银行表示将继续实施稳健货币政策。一是密切关注物价走势变化，保持物价总体稳定。二是密切关注主要发达经济体货币政策调整，兼顾内外平衡。同时，保持流动性合理充裕，促进降低综合融资成本，稳定宏观经济大盘。

（资料来源：①中国宏观经济分析与预测（2020—2021），周天勇、许文立。②中国人民银行官网。③河北新闻网，燕都融媒体记者李红波。）

第一节　宏观经济政策目标及工具

一、宏观经济政策的概念

宏观经济政策是指国家或政府有意识、有计划地运用一定的政策工具，调节控制宏观经济的运行，以达到一定的政策目标。

二、宏观经济政策目标

在市场经济条件下，市场失灵不仅反映在微观经济方面，同样也反映在宏观社会经济福利方面。资本主义社会经常出现的经济危机就是市场经济重大的缺陷。因此，现代经济理论认为为了解决市场经济的缺陷，政府应该采取一些有效的干预措施，其主要目标有：充分就业、经济增长、物价稳定和国际收支平衡。

（一）充分就业

充分就业在广泛的意义上是指一切生产要素（包含劳动）都有机会以自己愿意的报酬参加生产的状态。但通常指劳动这一要素的充分就业，一般是用失业率的高低作为衡量充分就业与否的尺度，当一个经济社会的失业率达到自然失业率水平时，就认为实现了充分就业。

（二）经济增长

经济增长是指在一个特定时期内经济社会所生产的人均产量和人均收入的持续增长。通常用一定时期内实际国内生产总值年均增长率来衡量。因为经济增长与失业常常是相互关联的，所以如何维持较高的增长率以实现充分就业，是西方国家宏观经济政策追求的目标之一。

（三）价格稳定

价格稳定是指价格总水平的稳定，是一个宏观经济概念。一般用价格指数来表达一般价格水平的变化。值得注意的是，价格稳定不是指每一种商品的价格固定不变，而是指价格指数的相对稳定，即不出现通货膨胀。

(四)国际收支平衡

国际收支对现代开放型经济国家是至关重要的。西方经济学家认为,一国的国际收支状况不仅反映了这个国家的对外经济交往情况,还反映出该国经济的稳定程度。当一国国际收支处于平衡状态时,就必然会对国内经济形成冲击,从而影响该国国内就业水平、价格水平和经济增长。

三、宏观经济政策工具

目前,经济学界公认的宏观经济政策主要有三类:

(一)需求管理政策

一些经济学家认为经济波动的根源在于总需求的波动。总需求不足导致失业增加,经济萧条;总需求过多,导致物价上升,经济膨胀。需求管理政策就是要通过对总需求的调节,实现总需求等于总供给,达到既无失业又无通货膨胀、经济稳定增长的目标。需求管理政策包括财政政策和货币政策。

(二)供给管理政策

另一些经济学家相信萨伊定律,认为供给会创造出自己的需求。失业是由总供给不足引起的。而总供给不足的原因在于税率过高,挫伤了人们储蓄、投资与工作的热情。只有降低税率,才能增加总供给,增加就业。供给管理政策是通过对总供给的调节,来达到上述政策目标。供给管理包括控制税收政策、改善劳动力市场状况的人力政策以及放松减轻政府对经济的管制,鼓励自由竞争等政策。

(三)国际经济政策

还有学者认为一国的宏观经济政策目标的实现不仅有赖于国内经济政策,而且受到国际经济环境的影响。需要采取相应的国际经济政策,以实现国际收支平衡。

本书主要介绍凯恩斯的需求管理政策,即财政政策和货币政策,具体来说,财政政策包括政府税收和支出政策,货币政策则包括公开市场业务,调整再贴现率和法定准备金率等。不同的经济政策工具有着不同的传导机制,而经济政策工具的效果则受多方面因素的制约。

【知识小链接】

供给侧改革

供给侧改革全称为供给侧结构性改革,指的是从提高供给质量出发,用改革的办法推进结构调整,矫正要素配置扭曲,扩大有效供给,提高供给结构对需求变化的适应性和灵活性,提高全要素生产率,更好满足广大人民群众的需要,促进经济社会持续健康发展。

供给侧改革中的供给指的是提供,供给侧就是提供产品的一方,消费者就是需求的一方,叫作“需求侧”。供给侧改革,就是从供给、生产端入手,通过解放生产力,提升竞争力促进经济发展。具体而言,就是要求清理僵尸企业,淘汰落后产能,将发展方向锁定新兴领域、创新领域,创造新的经济增长点。

第二节　财政政策

一、宏观财政政策及种类

宏观财政政策是实施政府干预、调节国民经济的宏观经济政策的重要内容，是宏观需求管理的重要政策工具。宏观财政政策是随凯恩斯主义的产生而产生的，旨在通过税收和公共支出的变化调节总需求，达到充分就业、经济增长等目标。财政政策的一般定义是：为促进就业水平提高，减轻经济波动，防止通货膨胀，实现稳定增长而对政府支出、税收和借债水平所进行的选择，或对政府收入和支出水平所作的决策。

宏观财政政策主要是通过政府的财政收支来进行的，国家财政包括政府收入和政府支出两个方面。

（一）政府收入

政府收入为各级政府收入的总和，包括税收、公债和罚没等收入。

1.税收

税收是当今世界各国最重要的财政收入形式，其占各国财政收入的比重在60%～90%。它是国家为了实现其职能按照法律预先规定的标准，强制地、无偿地取得财政收入的一种手段。

税收涉及以下几个方面的内容：

①税收制度，简称“税制”。它是国家征收税款的各种法令和办法的总称。不同的国家有不同的税制，有的国家以流转税为主，有的国家以所得税为主，有的国家实行复合税制。中国过去以流转税为主，流转税又以产品税为主，这十分不利于生产的专业化分工和协作。为适应社会主义市场经济发展，我国现行的税制类型是流转税与所得税并重的双主体税制类型的复合税制结构。

②税收原则。首位明确、系统阐述税收原则的是古典政治经济学派创始人亚当·斯密，他从经济自由主义的立场出发，在《国富论》中提出了税收“平等、确实、便利、最少征收费用”四个原则。其中，平等原则（Principle of Equality）是指国民应依其所得收入多少向国家缴纳租税，亚当·斯密的平等原则认为税收应保持“中性”，不能因征税改变财富分配的原有比例。他同时认为应该量能纳税，合理负担。确实原则（Principle of Certainty）是指国民所纳税目与条例应当确实，纳税的时间、地点、数额、手续等都应明确规定。便利原则（Principle of Convenience）是指政府规定的纳税时间、地点、方法等都应尽量方便纳税人。最少征收费用原则（Principle of Minimum Cost）也叫征收经济原则（Principle of Economy in Collection），是指在税收的征收过程中，税务部门所耗用的费用应减到最低的程度。二是资本主义垄断时期瓦格纳的四项九端税收原则。即财政收入原则，包括充足原则和弹性原则两方面；国民经济原则，包括税源的选择和税种的选择两方面；社会正义原则，包括普

遍原则和平等原则两方面；税务行政原则，包括确实、便利、节省三方面。三是现代的“公平与效率”两大税收原则。公平讲求税收在经济与社会领域的一视同仁，后者则提倡以最小的税收成本获取最大的税收利益。

③税种。国家税收的种类很多，各国情况也不尽相同。从总体上看，根据课税对象不同，政府税收可以分为财产税、所得税和流转税。按税收能否转嫁，可将税收分为直接税和间接税。直接税由纳税人直接负担，不能转嫁他人，即纳税人与负税人一致。直接税包括财产税和所得税两大类。财产税类以纳税人拥有的财产数量或财产价值为课税对象所征的一类税，对社会财富的存量课税，具有直接税的性质。所得税类是以纳税人的所得收益额为征收对象所征收的一类税，主要是对个人和企业的收入征税，是政府税收收入的主要来源之一。财产税和所得税都实行累进税率，即税率是递增的，财产越多，收入越高，边际税率随之累进。间接税是指纳税人能够将税收负担转嫁给他人的税种。间接税纳税义务人不是税收的实际负担人，纳税义务人能够用提高价格或提高收费标准等方法把税收负担转嫁给别人。虽然表面上负有纳税义务，但是实际上已将自己的税款加于所销售商品的价格上由消费者负担或用其他方式转嫁给别人，即纳税人与负税人不一致。流转税属于间接税，是以商品流转额和非商品营业额为课税对象的税收总称，包括增值税、销售税、消费税、关税等，通常实行比例税率。间接税税负易于转嫁的特点，可以刺激经济的发展。自1994年财税体制改革后，我国的税种设置由原有的37个减至23个，初步实现了税制简化与高效的统一。

2. 公债

公债是政府可以运用的一种重要的宏观调控手段。公债是政府以债务人身份取得的一种债务收入。它是各级政府借债的统称。中央政府的债务称为中央债，又称国债；地方政府的债务称为地方债。我国地方政府无权以自身名义发行债务，故人们常将公债与国债等同起来。公债是政府对公众的债务，或公众对政府的债权，包括中央政府的债券和地方政府的债券。它不同于税收，具有有偿性和自愿性的特点，是政府运用信用形式筹集财政资金的特殊形式。按发行期限划分，公债可分为短期公债、中期公债和长期公债。发行期限在一年之内的公债，又称为流动公债。短期公债流动性大，因而成为资金市场主要的买卖对象，是执行货币政策、调节市场货币供应量的重要政策工具。中期公债是发行期限在1—10年的公债。政府可以在较长的时间内使用这笔资金，因此它在许多国家占有重要地位。长期公债是发行期限在10年以上的公债。

【知识小链接】

早期古希腊的税收优惠和救济理论

减税降费在西方经济史上最早从古希腊时期就有发展的萌芽。古希腊经济基本上是自然经济，但商品经济已有一定的发展。其经济理论是以理性为基础，和伦理观念总是分不开。古希腊的经济学家色诺芬第一次提出了财政收入和财政支出的概念，在其晚期著作《雅典的收入——增加雅典国家收入的方法》中，他认为除了国家所拥有的肥沃的土地以及石料丰富等自然条件可以成为国家收入以外，可以通过制定一些有利于外国人的制度来吸引外国人侨居雅典，以此活跃经贸活动创造财富。他分析了雅典的优势所在，认为雅典是一个优越的交通枢纽，为了减少贸易过程中的摩擦，国家应该对外国商人予以特权和优惠政策，而对公正解决贸易争端的法官予以奖励。与此同时，主张国家应该设立一项救济基金，救济那些来到雅典遇到困难的人，这有利于使他们产生报恩心理，一旦人们摆脱困难富裕起来后，就会反过来报答国家和更加努力地工作，这种税收优惠和补助金理论可谓是最早的减税降费的雏形。

（二）政府支出

政府支出是整个国家中各级政府支出的总和，由许多具体的支出项目构成，主要可分为政府购买和政府转移支付。

政府购买是指政府对商品和劳务的购买。例如，购买军需品、机关办公用品以及支付政府雇员报酬等费用。政府购买实际是以取得商品和劳务作为报偿的支出，是实质性的支出，和私人支出相同，直接形成社会需求和购买力。政府购买可以引起资源的重新配置，从而可以有效地干预经济活动。目前我国政府支出的项目主要有：防务和安全支出、社会福利支出、公债利息、公共卫生和保健、职业训练和教育、环境保护、公路和住宅、农业、空间研究等。

政府转移支付是指政府不以取得劳务和商品作为报偿的支付。政府的转移支付包括社会福利、保险、贫困救济和失业补助及农业补贴金等方面的支出。它是一种货币性的支出，没有发生直接商品交易行为，政府单方面把一部分收入的所有权转移出去，不能对资源的利用发生重大影响。政府转移支付不能像政府购买那样有力地对经济生活进行干预。

二、财政政策的运用

财政政策运用政府开支与税收来调节经济，通过财政支出和税收直接影响消费需求和投资需求，以使总需求和总供给相适应，从而稳定经济，防止经济波动。

1.扩张性财政政策

扩张性财政政策是指当经济萧条、失业率上升、产生紧缩缺口时，为了弥补此缺口，减轻或消除经济萧条，刺激总需求，以便使经济达到充分就业水平而采取的增加财政支出或降低税收的财政政策。

①增加政府财政支出。包括增加政府购买和增加政府转移支付两方面。增加政府购买，包括政府对商品和劳务的购买。政府的转移支付，主要包括失业救济、养老保险、贫困救济等。增加政府公共支出、购买，增加转移支付，使社会总需求中的政府开支部分提高，既可以直接扩大投资和消费，又有利于刺激私人投资，增加居民消费，提高总需求的水平，从而使总需求与总供给达到均衡。

②减少税收。主要指减少企业和个人的所得税等。减税可以降低企业成本，增加企业利润，刺激生产。减少个人所得税可相对增加居民收入，从而增加消费。政府通过以上措施增加有效需求，使经济扩张，失业减少。

【拓展阅读】

新的组合式税费支持政策稳住经济大盘

当前，我国经济发展面临需求收缩、供给冲击、预期转弱三重压力，减税降费政策是有效的“减压阀”，有助于稳住市场主体，从而稳住经济基本盘。2022年，国家实施新的组合式税费支持政策，针对市场主体特别是中小微企业、个体工商户、制造业、特殊困难行业提供税费支持，减的是税费，增的是信心。

2022年7月20日，在国家税务总局落实新的组合式税费支持政策专题新闻发布会上，国家税务总局副局长王道树介绍，今年以来，新的组合式税费支持政策为稳定宏观经济大盘提供了有力支撑。截至7月20日，合计新增减税降费及退税缓税缓费超3万亿元，其中已退到纳税人账户的增值税留抵退税款达20005亿元，超2021年全年退税规模的3倍。

在减税降费方面，2022年上半年全国新增减税降费5074亿元。其中，新增减税4097亿元、降费977亿元。分政策项目看，小规模纳税人“六税两费”减征政策进一步扩展至小型微利企业和个体工商户，新增减税降费830亿元；在小规模纳税人征收率由3%降至1%的基础上，今年4月1日起免征增值税，新增减税793亿元；小型微利企业应纳税所得额100万~300万元部分再减半政策，新增减税477亿元；继续实施的阶段性降低工伤、失业保险费率政策，新增降费805亿元。

在缓税缓费方面，到2022年7月累计办理缓税缓费5533亿元。其中，继续实施制造业中小微企业缓缴政策，办理缓缴税费5257亿元；4月至6月为受疫情影响较大的困难行业和中小微企业办理缓缴社保费276亿元。

新的组合式税费支持政策带动小微企业经营逐步改善，支撑困难行业销售加快回暖，助力工业经济运行企稳回升，政策效应持续显现。截至2022年7月20日，小微企业已获得新增减税降费和退税缓税缓费1.25万亿元，零售、餐饮、旅游、交通运输等受疫情影响较大的困难行业新增减税降费和退税缓税缓费5428亿元，工业企业新增减税降费和退税缓税缓费1.37万亿元。

2.紧缩性财政政策

紧缩性财政政策是指当在经济繁荣时期，产生通货膨胀缺口时，为了控制需求膨胀，稳定物价，使产量与收入保持在充分就业水平上面采取的减少财政支出或增加税收的财政政策。

①紧缩财政支出。包括减少公共工程开支、政府购买和政府转移支付，这样一方面直接减少了总需求，另一方面又抑制了私人消费与投资，间接减少了总需求，有助于消除通货膨胀。

②增加税收。增加政府对居民的所得税可以减少个人的可支配收入，从而减少消费，增加公司所得税可以减少公司投资，这样可以抑制消费和投资，减少过度需求和使物价趋于稳定，增加间接税也会抑制消费与投资。

三、财政制度的“自动稳定器”与财政政策的“斟酌使用”

(一)财政制度的“自动稳定器”

财政制度的“自动稳定器”也称内在稳定器,是指经济系统本身存在的一种会减少各种干扰对国民收入冲击的机制,能够在经济繁荣时自动抑制通胀,在经济衰退时自动减轻萧条,无须政府采取任何行动。财政制度由于本身具有的功能,在经济活动中能够自动减少或者自动增加财政收支,自动调节总需求的变化,从而有助于经济的稳定,减轻以致消除经济波动。这种稳定功能主要通过以下几个方面得以实现:

①累进的个人所得税。所得税有一定的起征点和固定的税率。在税率不变的情况下,在经济萧条时期,由于收入减少,符合纳税规定的人少了,或使纳税人的收入自动进入较低纳税档次,税收额自动下降,从而抑制消费与投资的减少,可起到抑制衰退的作用。反之,在经济膨胀时期,由于个人收入增加,税收额会随收入而自动增加,从而抑制消费与投资的增加,有助于减轻由于需求过大而引起的通货膨胀。

②累进的公司所得税自行变化。公司所得税也是内在稳定器。在经济萧条时期,由于公司利润减少,符合纳税规定的公司少了,或使纳税公司的收入自动进入较低纳税档次,税收额自动下降,从而抑制投资的减少,可起到抑制衰退的作用。反之,在经济膨胀时期,由于公司利润增加,税收额会随收入而自动增加,从而抑制投资的增加,有助于减轻由于需求过大而引起的通货膨胀。

③各种转移支付的自行变化。在健全的社会福利、社会保障制度下,各种社会福利支出,一般会随着经济的繁荣而自动减少,这有助于抑制需求的过度膨胀,也会随着经济的萧条而自动增加,这有助于阻止需求的萎缩,从而促使经济趋于稳定。失业救济和各种福利的支出这类转移支付,有其固定的发放标准。当经济萧条时,失业增加,收入减少,符合救济条件的人数增多,申请失业救济金的人增加,失业救济和各种福利的支出就会相应增加,转移支付增加,可以抑制人们收入,特别是可支配收入的下降,从而抑制个人消费的减少,使国民经济中的总需求不致下降过多。反之,当经济膨胀时,失业减少,失业救济和各种福利的支出就会相应减少,政府转移支付减少,从而抑制个人消费的增加,使总需求不致过旺。“自动稳定器”效应的两个方面是有机结合在一起的,它们相互配合,共同发挥作用。

④农产品价格维持制度。政府通常对农产品价格实行补贴或支持。在经济萧条时期,农产品价格下跌,政府按支持价格收购农产品,使农民的收入和消费维持在一定水平上;经济膨胀时,国民收入水平上升,农产品价格上升,政府减少对农产品的购买并抛售农产品,限制农产品价格上升,从而抑制农民收入和消费的增加,减少了总需求的增加量,防止通货膨胀。

(二)财政政策的“斟酌使用”

从理论上说,财政制度的自动稳定机制是存在的,尤其是累进的公司所得税和累进的个人所得税,对经济活动水平的变化反应相当敏感。但这种调节作用毕竟有限,仅靠财政制度的自动稳定器,很难实现宏观经济的自动均衡和稳定,政府还必须有意识地运用财政政策进行调节,即财政政策的“斟酌使用”。

所谓财政政策的"斟酌使用"，是指为确保经济稳定，政府要审时度势，主动采取一些财政措施，通过改变政府支出或税收水平以稳定总需求，使之接近物价稳定的充分就业水平。这就是"斟酌使用"的或权衡性财政政策。在经济繁荣时期，政府要通过减少政府支出或增税等紧缩性财政政策来压抑总需求。当经济衰退时，政府应通过削减税收、降低税率、增加支出等政策刺激总需求。这种交替使用的紧缩性和扩张性财政政策，被称为补偿性财政政策。简言之，要"逆经济风向行事"，即在经济高涨时期对其进行抑制，使经济不会过度高涨而引起通货膨胀；在经济衰退时期对其进行刺激，使经济不会萧条而引起失业。这样的经济政策就是凯恩斯主义的相机抉择的"需求管理"。

四、"挤出效应"与财政政策的政策效果

（一）"挤出效应"

我们已经知道，增加政府支出ΔG使IS曲线向右平移$(1/1-b\cdot\Delta G)$单位。但这仅考虑了商品市场的均衡，而忽略了货币市场的均衡。如果两个市场的双重均衡需要同时考虑的话，即在IS-LM模型的框架中，分析政府支出的增加对均衡的利率和国民收入水平的影响，情况又会怎样呢？这里以增加政府支出为例来介绍扩张性财政政策在提高产量收入水平的同时也引起货币市场的调整，提高均衡利息率，从而减少私人部门的投资支出，即经济学中所说的"挤出效应"。

图12-1可以说明上述问题。假定原政府支出水平对应着IS曲线，国民经济的初始均衡点为E_0，政府支出增加ΔG之后，使得IS曲线向右平移$(1/1-b\cdot\Delta G)$个单位至IS_1，商品市场实现了新的均衡，国民收入增加到Y_2，但货币市场却发生了失衡——货币需求大于货币供给。因为增加政府支出后一定会导致国民收入的增加，而国民收入的增加，一定又会导致广义的货币交易需求（即L_1）的增加。同时，又假定了货币供给量不变，因此，这势必导致货币的过度需求，从而导致利率R的上升；而利率的上升，引起私人投资支出减少，这就是所谓的"挤出效应"，在图中表现为Y_1与Y_2之间的水平距离。由于存在政府支出"挤出"私人投资问题，因此，新的均衡点只能是E_1，收入不可能增加至Y_2，而只能增加至Y_1。

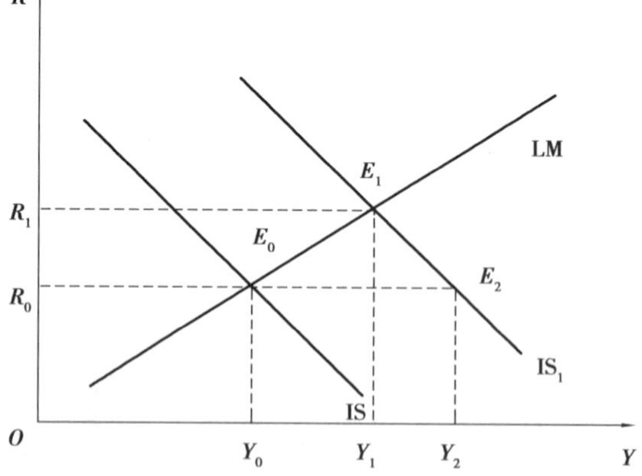

图12-1 增加政府购买引起IS曲线右移

减税政策和增加政府支出一样，也将影响IS曲线的移动，会提高利率和国民收入水平，这是扩张性财政政策的一般性结论。

(二)财政政策效果与IS曲线、LM曲线的斜率

从图12-1可以看出，财政政策效果的大小(指的是财政政策实施对国民收入变动的影响)随IS曲线和LM曲线的斜率不同而不同。一般情况下，在给定LM曲线的情况下，IS曲线越陡，则移动IS曲线时收入变化就越大，财政政策效果越大；IS曲线越平坦，则移动IS曲线时收入变化就越小，财政政策效果越小，如图12-2所示。

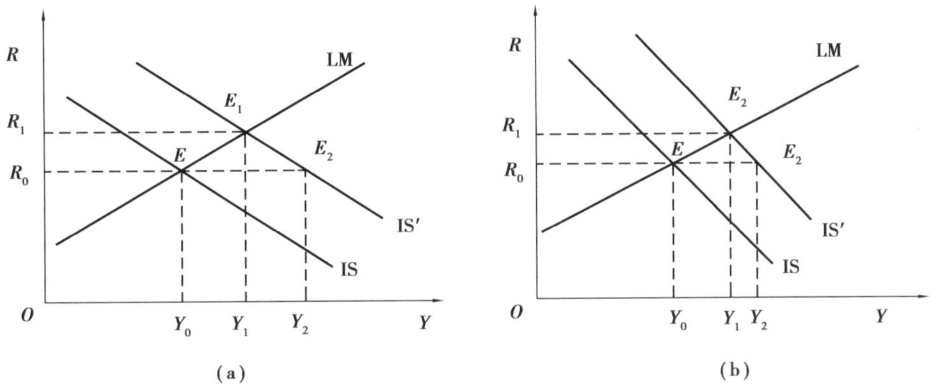

图12-2　财政政策效果因IS斜率而异

图12-2(a)和(b)中，假定LM曲线不变，起初的均衡收入和利率分别为Y_0和R_0。政府实行一项扩张性财政政策，会使IS曲线向右移动，国民收入由Y_0增加到Y_1，很明显可以看出，图(a)表示的政策效果小于图(b)，原因在于图(a)中IS曲线比较平坦，而图(b)中IS曲线比较陡峭。IS曲线越平坦，表示投资的利率系数越大，即利率变动一定幅度所引起的投资变动的幅度越大，实行扩张性财政政策时被挤出的私人投资越多，从而使国民收入增加得就越少，即政策效果越小。

如果LM曲线为一水平线，增加政府支出对产量的增加具有完全的效应，而对利率没有任何影响。在IS-LM模型中，当LM曲线为一水平线时，增加政府支出，利率不会改变，IS曲线的右移导致完全相等的均衡国民收入的增量。总之，极端的凯恩斯主义认为：LM曲线为一条水平线，财政政策具有完全的效应。

以古典经济学为基础，货币需求对利率变化的反应弹性为0，即无论利率如何变化，货币需求始终不变，则LM曲线是垂直的。如果LM曲线为一条垂线，在IS-LM模型中，增加政府支出，使得IS曲线向右平移，而产出水平没有变化，仅仅是利率的上升。由于增加政府支出导致利率上升，国民收入没有发生变化即发生了完全的挤出效应。但事实上，LM曲线并不是一条垂直线，即不会发生完全的挤出效应。

同样的道理，我们可以比较在IS斜率相同而LM斜率不同的情况下，财政政策的效果大小，并且可以得出：在IS斜率不变时，政府增加同样数量的一笔支出，当LM比较平缓时，政策效果较大；LM比较陡峭时，政策效果较小。如图12-3所示，(a)和(b)中，IS斜率相同，而(a)中的LM比较平坦，(b)中的LM比较陡峭，在实施相同的财政政策的情况下，LM

平坦时政策效果较好。

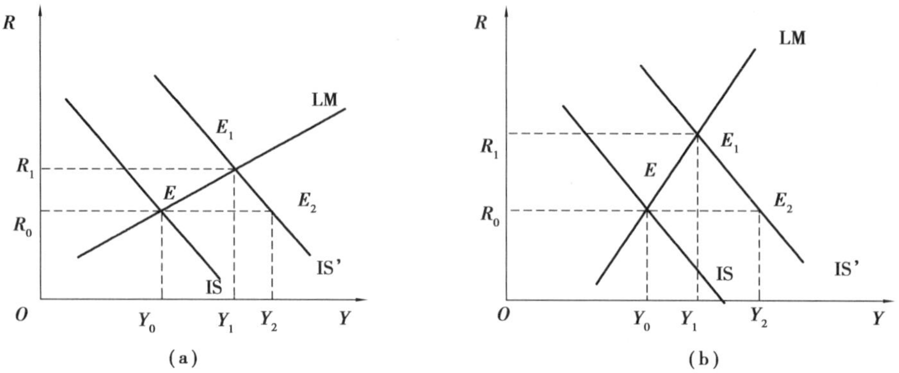

图12-3 财政政策效果因LM斜率而异

【拓展阅读】

2022年中国财政政策执行报告节选

2022年以来，各级财政部门坚持以习近平新时代中国特色社会主义思想为指导，弘扬伟大建党精神，坚持稳中求进工作总基调，完整、准确、全面贯彻新发展理念，加快构建新发展格局，认真贯彻落实“积极的财政政策要提升效能，更加注重精准、可持续”要求，加强财政资源统筹，实施新的组合式税费支持政策，兼顾稳增长和防风险需要，适当降低赤字率，合理安排债务规模，保证财政支出强度，优化支出重点和结构，推动财力下沉，持续改善民生，严肃财经纪律，着力稳定宏观经济大盘。

一是就业资金保障力度不断加大。强化就业优先导向，2022年中央财政就业补助资金安排617.58亿元，增加51.68亿元，已下达597.58亿元，支持各地落实就业创业扶持政策。

二是援企稳岗政策发力显效。延续实施阶段性降低失业保险费率、工伤保险费率政策至2023年4月30日。延续实施失业保险稳岗返还政策，将大型企业返还比例从2021年的30%提至50%，中小微企业返还比例从60%最高提至90%。2022年出现中高风险疫情地区的市县，可对因疫情严重影响暂时无法正常生产经营的所有参保企业，按每名参加失业保险的职工不超过500元的标准发放一次性留工补助，政策执行至2022年年底。

三是重点群体就业工作扎实开展。对企业招用毕业年度高校毕业生，签订劳动合同并参加失业保险的，按每人不超过1500元的标准，发放一次性扩岗补助；对招用毕业年度高校毕业生并签订1年以上劳动合同的中小微企业，给予一次性吸纳就业补贴。一次性扩岗补助与一次性吸纳就业补贴政策不重复享受，两项政策实施至2022年年底。新设“中央专项彩票公益金支持大学生创新创业教育项目”并安排资金1亿元，推动大学生创新创业教育发展。出台国家助学贷款免息及本金延期偿还政策，免除2022年及以前年度毕业贷款学生2022年内应偿还的国家助学贷款利息，免息资金由财政承担；本金可延期1年偿还，不计罚息，预计可惠及400多万高校毕业生。

随着经济逐步恢复，各项稳就业政策逐步落实，城镇调查失业率升高的趋势得到扭转。2022年上半年，全国城镇新增就业654万人，全国城镇调查失业率平均值至5.7%，就业形势总体改善。

（资料来源：中华人民共和国财政部官网《2022年上半年中国财政政策执行情况报告》）

第三节 货币政策

一、宏观货币政策

宏观货币政策是指中央政府通过中央银行以改变货币供应量的手段来达到特定的经济目的的经济政策。改变货币供应量的结果是变动利率，通过利率的变动来改变总产出或者通货膨胀水平。货币政策的作用过程是中央政府通过银行体系来实现。

二、银行体系

货币政策是由中央银行代表政府通过银行体系来实施的。要知道货币政策的作用过程，就必须先了解一下国家的金融机构。各国的具体金融机构虽然各不相同，但基本上都包括中央银行和金融媒介机构。金融媒介机构主要包括商业银行、保险公司、信托投资公司、信用协会、储蓄信贷协会等。中央银行以及它所控制的商业银行，是一个国家中最重要的金融机构。

（一）中央银行及其职能

中央银行是国家最高金融当局，它执行国家的金融政策，代表政府对商业银行和其他金融机构进行管理。作为一种公共机构，中央银行是不以营利为目的的。每一个国家都有中央银行。例如，我国的中国人民银行、美国的联邦储备银行、英国的英格兰银行、法国的法兰西银行等。中央银行的主要职能有：

①中央银行是发行货币的银行，是硬币和纸币唯一的、最终的来源。中央银行如美国联邦储备银行资产负债表的负债方面的主要来源有联邦储蓄券、成员银行存款、其他存款等，资产方面的主要来源有黄金券、政府债券以及贷款、贴现和预付等。

②中央银行是政府的银行。中央银行通过发行国库券和公债券来管理政府的贷款，政府将税收和其他收入存入中央银行，中央银行为政府记账，帮助政府办理收支事项，当政府账户出现赤字时，财政部可以向中央银行借款。政府是中央银行最重要的客户。

③中央银行是银行的银行。商业银行是中央银行最重要的客户之一，中央银行接受商业银行的存款，作为商业银行的储备金，同时又向商业银行发放贷款，以支持商业银行。商业银行要听取中央银行关于金融问题和货币政策的意见，接受中央银行的指导。

④控制整个国家的货币供给和信用情况，执行国家的货币政策。这是中央银行最为重要的职能。中央银行是国家的货币权力当局，是制定和执行货币政策的最高主管机构。

(二)商业银行

商业银行是金融机构中产生时间最早者,最初向银行借款的人绝大部分是为了经营商业的,所以叫作商业银行。商业银行最为重要的经济作用在于接受活期存款和承兑该存款的支票。商业银行的经济作用还表现在发放短期贷款方面,商业银行靠发放贷款和接受存款来投放货币和收回货币。商业银行除了为企业提供短期贷款,也发放消费贷款、抵押贷款和长期商业贷款,并且购买各级政府的公债。商业银行除了接受活期存款,也接受定期存款。商业银行是一国经济制度提供货币供给的最重要的组成部分。

(三)中国的银行体系

我国的银行体系主要由中央银行、政策性银行和商业性银行及其他金融机构等组成。

中国人民银行是我国的中央银行。

政策性银行包括中国农业发展银行、国家开发银行和中国进出口银行,它是我国政府为了扶持农业和贸易等而建立的,其业务主要是政策性的,为了执行政府的支持农业、扶贫开发以及进出口政策。

我国的商业银行包括:①四大国有银行(中国农业银行、中国工商银行、中国建设银行和中国银行);②中国交通银行、中信银行、中国光大银行、华夏银行等全国性商业银行,其中交通银行是1986年成立的我国首家股份制商业银行;③广东发展银行、深圳发展银行、浦东发展银行等地区性商业银行。

在广大农村地区,还有遍布各地的农村信用合作社,以及在一些地区试点实行的合作银行等。

【拓展阅读】

中国中央银行起源

中国中央银行的起源是户部银行。户部银行是清末官商合办的银行,1905年8月在北京开业,它是模仿西方国家中央银行而建立的我国最早的中央银行。1908年,户部银行改为大清银行。1912年,大清银行改组为中国银行。

交通银行始建于1908年,成立之初,曾自我标榜为“纯属商业银行性质”。但事实上,它后来成了北洋政府的中央银行。1913年,交通银行取得了与中国银行同等地位的发行权。1914年,交通银行改定章程,已经具备了中央银行的职能。

以上两行,共同作为北洋政府的中央银行。

(四)银行存款的创造机制

银行存款的创造指整个银行体系能够把贷款扩大到原始存款的若干倍。货币包括纸币、硬币和活期存款,货币供给量中的大部分是活期存款,这里的存款指活期存款,通过活期存款的派生机制即可创造货币。

为了说明货币创造的过程,先介绍一个很重要的概念——准备金。准备金是银行为了自己的信誉与稳定,以备存款人随时取款,而保存在银行中的通货和在中央银行的存款。在银行存款中准备金所占的比率(即准备金与银行存款之比),称为准备金率(准备率的范围在0和1之间)。在现代银行制度中,准备金在银行存款中起码应占的比率是由政府规定的,这一比率称为法定准备金率。按法定准备金率提留的准备金是法定准备金。法定准备金一部分是银行库存现金,另一部分存放在中央银行的存款账户上。存款准备金占存款总额的比例可以不必太高,因为商业银行把吸收的存款贷给企业或个人,他们又可能会把贷得的钱再存入商业银行。企业和个人所借得的钱,一部分可能存放在自己的手里,一部分用以支付货款,一部分存起来。后两部分的钱都有可能不再回到原先贷款的那家商业银行,而流到别的商业银行,但只要企业和个人不把钱放在自己的口袋里,总是要流回到商业银行系统中去的。

假定商业银行系统的存款准备率为20%,100万美元货币的增加究竟最终会增加多少银行存款呢?这里必须做出两个假定:①企业和个人一分钱也不存放在自己的口袋里;②商业银行是国家垄断的,整个国家只有一个商业银行大系统。

现在某企业存入第一级银行100万美元,第一级银行按法定准备率留下20万美元法定准备金后,将余下的80万美元全部贷出或买进证券,得到这80万美元款项者将它存入第二级银行。第二级银行也留下其中的20%即16万美元作为准备金,余下的64万美元全部贷出或购买证券。这使社会上的货币供给增加64万美元。得到这笔款项者将其存入第三级银行,第三级银行也留下20%即12.8万美元作为准备金,余下的51.2万美元全部贷出或购买证券,这使社会上的货币供给又增加51.2万美元……以此类推下去,直到最后创造的货币存款500万美元,是原始存款的5倍,新增贷款400万美元。可用表12-1来说明银行体系创造货币的这一过程。

表12-1　银行体系的存款创造过程

银　行	新存款/万元	新贷款/万元	准备金/万元
第一级银行	100	80	20
第二级银行	80	64	16
第三级银行	64	51.2	12.8
⋮	⋮	⋮	⋮
总　计	500	400	100

如果以d表示最初存款额,D表示存款总额,r表示法定准备率,$0< r <1$, n表示银行级数,则有以下计算公式:

$$D=d[1+(1-R)+(1-R)^2+(1-R)^3+\cdots\cdots+(1-R)^n]=d\times1/[1-(1+R)]=d/r$$

由以上公式可以看出:银行体系所能创造出来的货币与法定准备率成反比,与最初存款成正比。

上式中的$1/r$被称作货币创造乘数。它既可以使银行存款多倍扩大,又能使银行存款多倍收缩。因此,中央银行只要控制准备金和调整法定准备率就可以对货币的供给产生重大影响。

三、货币政策工具

货币政策是中央银行根据既定的目标，通过中央银行对货币供给（主要是活期存款）的管理，调节信贷供给和利率，以影响宏观经济活动总水平的经济政策。其主要货币政策工具有公开市场业务、再贴现率、法定存款准备金率等。

（一）公开市场业务

公开市场业务是各国中央银行管理金融市场的主要工具，也是货币政策中最重要、最经常、最有力的工具。公开市场业务是指中央银行在证券市场上买进或卖出政府债券，以调节货币供给量和利率，进而调节宏观经济活动水平的政策行为。公开市场业务的目的不是牟利，而是调节货币供应量和利率。中央银行在市场上买进政府债券，出售者无论是商业银行还是社会公众，经过票据交换和清算后，将债券收入存入商业银行，将增加银行体系的储备金，通过货币乘数的作用，使商业银行的放款规模扩大，银根放松，货币供给量成倍增加，将导致利率下降，促进消费和投资的扩张，从而刺激了经济的扩张。反之，中央银行在市场上出售债券，会起到紧缩信用的作用，货币供给量成倍减少，卖出债券会使债券价格下降，利率反而上升，抑制消费和投资的扩张。

公开市场业务要能作为一种货币政策工具被有效地利用，调节货币供给量，应具备以下条件：第一，中央银行有金融市场的领袖地位和雄厚的资金；第二，中央银行有灵活操作的权力，即在买卖有价证券的数量、种类等方面有决策权；第三，金融市场发达，组织完善，这样，中央银行的买卖行为可以迅速影响全国；第四，有价证券的数量和种类要适当，长期、中期、短期都有，而且政府债券要有相当数量；第五，信用制度发达、完善，各商业银行和其他金融机构按规定行事。

（二）再贴现率

中央银行实施货币政策的第二个工具，是调高或降低对商业银行发放贷款的利息率，即再贴现率，以限制或鼓励银行借款，从而影响银行系统的存款准备金和利率，进而决定货币存量和利率，以达到宏观调控的目标。客户向银行申请贷款时，通常用商业票据作抵押，银行扣除自贴现日至到期日的利息后，再贷款给客户，这种贷款行为称为贴现，贷款利率称为贴现率。当商业银行以商业票据为抵押向中央银行申请贷款时，称为再贴现，此时的贷款利率称为再贴现率。中央银行的再贴现主要是为了解决商业银行周转资金短缺的问题。20世纪30年代以后，商业银行不再主要用商业票据而是用政府债券作为担保向中央银行借款。

中央银行提高再贴现利率，商业银行就会因融资成本上升而提高贷款利率，从而减少社会对借款的要求，最终达到收缩信贷规模及货币供给量的目的。降低贴现率，则会出现相反的结果。

调整贴现率还有一种所谓的“告示性效应”，即贴现率的变动，可以作为向银行和社会公众宣布中央银行政策意向的有效办法。贴现率变动会通过各种途径影响利率，并对外资的流入或流出也有影响。例如，为吸引外资流入，可以提高贴现率；反之，降低贴现率，则会减少外资流入。

还应该注意的是，再贴现是中央银行对商业银行的一种短期贷款，一般不超过3个月，最长在1年以内，因此，再贴现率是一种短期利率。再贴现率是由中央银行决定的，不随借贷市场供求关系的变动而变动，不同于市场利率。在现实中，再贴现率是一种最低利率。

虽然人们对贴现率政策的作用有不同的看法，但作为一种金融政策工具，它仍在使用，只是其重要性远不如公开市场政策。

（三）法定存款准备金率

中央银行实施货币政策的第三个工具是改变法定存款准备金率。按规定，法定储备金必须存入中央银行的户头，因此，它是商业银行的资产，中央银行的负债。其目的就是以此来改变商业银行持有的储备金数额，使商业银行的信贷规模发生变化，达到金融控制和调节货币供给量的目的。如果提高法定存款准备金率相当于各银行减少了可用于贷款的货币量，通过货币乘数成倍地减少货币供给；反之，如果降低法定存款准备金率，使银行增加用于贷款的货币量，通过货币乘数成倍地扩大货币供给。法定存款准备金率的变动对所有的金融机构都有所影响，能够在很短时期内导致较大幅度减缩货币存量和利率的提高，容易导致中小银行破产，所以中央银行在实践中很少使用这种强有力的工具。

（四）道义劝告

货币政策工具除了上述三种主要工具外，还有一些辅助性工具，比如道义劝告。所谓道义劝告，是指中央银行运用自己在金融体系中的特殊地位和威望，通过对银行及其他金融机构的劝告，影响其贷款和投资方向，以达到控制信用的目的。道义劝告不具有法律地位，也不具有行政强制性，但能起到一定作用。这种劝告可看作是对那些不顺从中央银行的一种潜在的威慑，所以也是中央银行的一个政策工具。

上述货币政策工具常常需要配合使用，其中，公开市场业务是最经常使用的政策工具，因为中央银行对公开市场业务是主动开展的，买卖政府债券的数量可以很大，也可以很小，可以起到微调作用，相对于改变法定准备金率和贴现率更为温和，对经济产生的波动相对小，不会像改变法定准备金率和贴现率那样，可能引起社会动荡。

在不同的经济形势下，中央银行要运用不同的货币政策来调节经济，可以是扩张性的，也可以是紧缩性的。在经济萧条时期，总需求小于总供给，为了刺激总需求，就要运用扩张性货币政策。其中包括在公开市场上买进政府债券，降低再贴现率，降低法定准备金率等等。在这种情况下，会增加货币供给量，使利率降低，鼓励投资和消费，达到刺激总需求的目的。在经济繁荣时期，总需求大于总供给，为了抑制总需求就要运用紧缩性货币政策。其中包括在公开市场上卖出政府债券，提高再贴现率，提高法定准备金率等等。在这种情况下，会减少货币供给量，使利率提高，抑制投资和消费，达到抑制总需求的目的，降低通货膨胀率。

四、货币政策的政策效果

(一)扩张性货币政策

①扩张性货币政策的含义。扩张性货币政策是指当经济萧条、失业增加,产生紧缩缺口时,为了减轻或消除经济萧条,而采取的增加货币供给,降低利率,从而刺激总需求的货币政策。

②扩张性货币政策的主要工具。包括降低法定存款准备金率、降低再贴现率和在公开市场上买进政府债券。

③扩张性货币政策的政策效果。可用图12-4表示。图12-4中货币供给量增加,LM向右移动,由LM_0移动到LM_1,这时利率下降,国民收入增加,由Y_0增加到Y_1,实现了经济增长的目的。

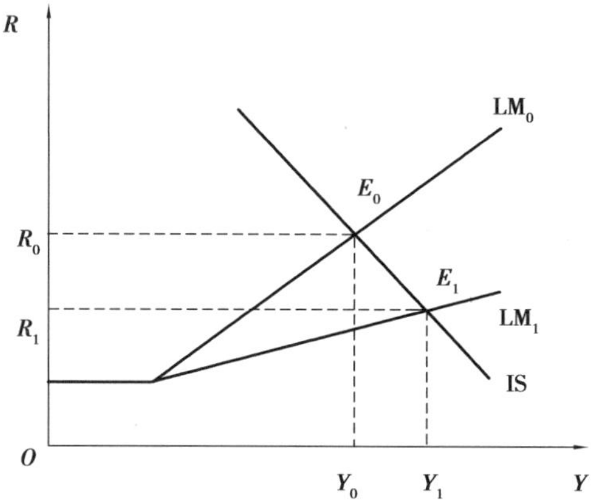

图12-4 扩张性货币政策

④扩张性货币政策效果与IS、LM曲线斜率。变动货币供给量的政策对总需求的影响,即货币政策的效果,与财政政策效果一样,同样受IS、LM曲线斜率的影响。IS曲线越平缓,LM曲线移动对国民收入的影响就越大;反之,IS曲线越陡峭,LM曲线移动对国民收入变动的影响就越小。如图12-5所示,在货币供给增加量相等的情况下,IS比较平坦时,政策效果较好。这是因为,IS越陡,表示投资的利率系数越小,因此,当LM由于货币供给增加而向右移动使利率下降时,投资不会增加很多,从而国民收入水平也不会有较大增加;反之,IS越平坦,则表示投资的利率系数越大,因此,货币供给增加使利率下降时,投资会增加很多,从而使国民收入水平有较大增加。

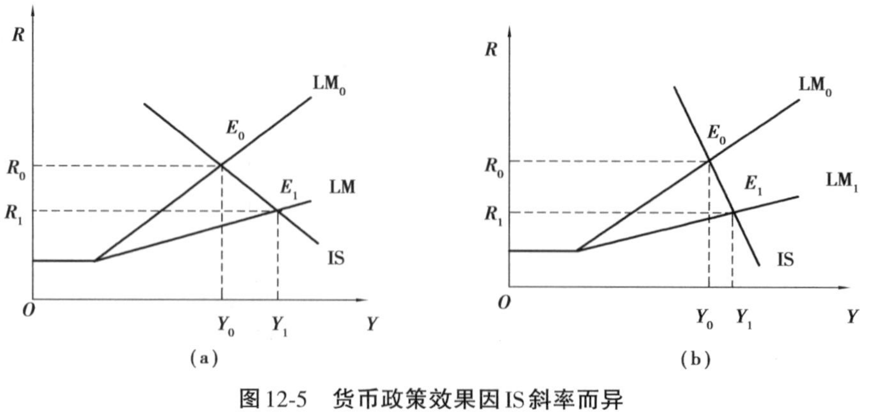

图12-5 货币政策效果因IS斜率而异

在给定的斜率为负的IS曲线的前提下，LM曲线越平坦，货币政策对产出的影响越小；反之，LM曲线越陡峭，货币政策对产出的影响愈大。如图12-6(a)中LM曲线比较平坦，而12-6(b)中的LM曲线比较陡峭，在货币供给量增加幅度相同的情况下，LM曲线陡峭时，货币政策作用效果较好。这是因为，LM曲线平坦，表示货币需求的利率系数较大，也即利率稍有变动就会使货币需求变动很多，换个角度讲，很大的货币量变动只会引起较小的利率变化，因而货币供给量的变动对利率的影响较小，从而增加货币供给量的货币政策不会对国民收入有较大影响；反之，若LM曲线较陡峭，表示货币需求的利率系数较小，即货币供给量稍有增加就会使利率下降较多，因而对投资和国民收入有较大影响。

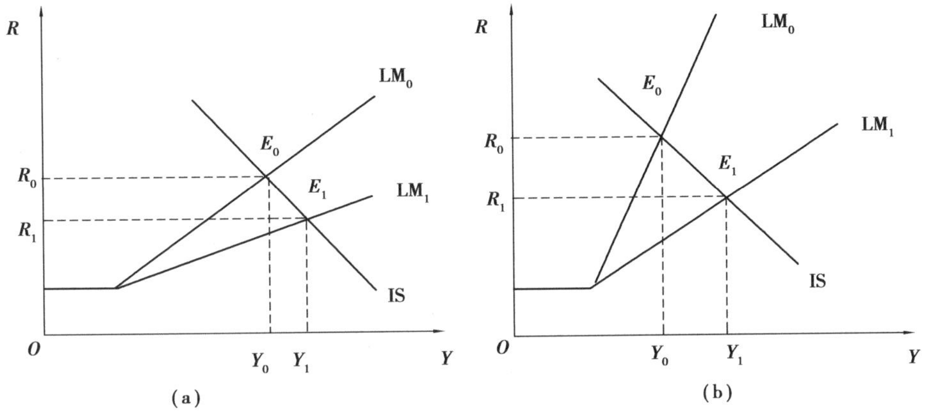

图12-6 货币政策效果因LM斜率而异

如果LM曲线为一条水平线，同时，改变货币存量使得LM曲线从R_1ELM变为R_1ELM'，这样，货币供给量增加使得LM曲线在R_1E水平段上没有任何变化。在这种情况下，实施公开市场业务等货币政策对利率和收入水平均不会产生影响，如图12-7所示。这种在任一给定的较低利率水平上，公众持有货币的机会成本小到可以忽略不计时，公众愿意持有任何数量的货币的情况叫流动性陷阱。货币政策在流动性陷阱里无力影响利率和产量。

流动性陷阱理论是极端的凯恩斯主义反对货币政策的一种理论。如图12-7所示，在某一给定的较低利率水平之上，如R_1，公众愿意持有任意数量的货币供给量，因而LM曲线为一水平线。此时，增加货币供给对国民收入没有任何影响。

当货币需求对利率变化完全缺乏弹性时，LM曲线便为一条垂线。在这种情况下，LM曲线的平移对收入有着最大的效应。

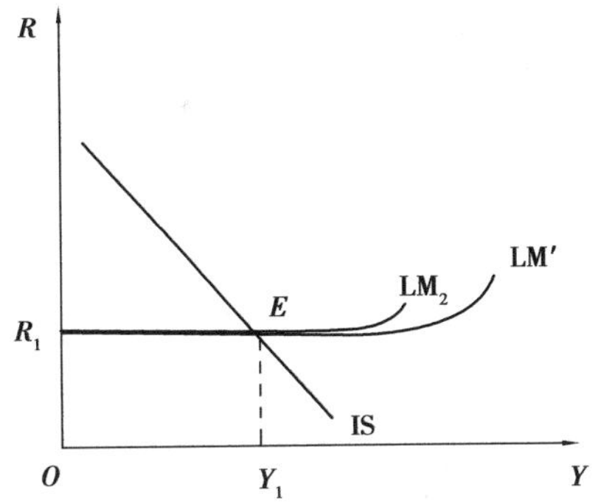

图12-7 流动性陷阱

(二)紧缩性货币政策

紧缩性货币政策是指当经济活跃、投资和消费过度，物价上涨，产生通货膨胀缺口时，为了减轻或消除经济过热而采取的减少货币供给，提高利率，从而抑制总需求的货币政策。

紧缩性货币政策的主要工具包括提高法定存款准备金率、提高再贴现率和在公开市场上卖出政府债券。

紧缩性货币政策的政策效果分析也是基于IS-LM模型，与扩张性货币政策相反，紧缩性货币政策使LM向左移动，政策效果的大小仍然与IS、LM曲线斜率大小有关，详细情况不再分析。

五、财政政策和货币政策的局限性与政策配合

（一）财政政策的局限性

1.财政政策的时滞性

①识别时滞，即在经济发生变化与认识这种变化之间存在着时间的迟误。财政政策是逆经济风向行事，要花费一定时间来识别衰退或膨胀的转折点，当识别出来了，可能已置身于这一过程之中了。

②行动时滞，即认识到经济的变化与制定执行政策措施之间存在的迟误。在识别出转折点之后，决定采取某种措施还需要较长时间。

③反应时滞，即在政策措施开始执行与这些措施产生实际效果之间存在时间的迟误。政策措施实施后，一段时间才能发挥作用。

明确问题所在、选择适宜的政策等都需要时间。时滞的存在，限制了财政政策对经济波动的反应能力。

2.财政政策在税收政策方面的局限性

①增税政策。为抑制通货膨胀，政府会使用增税政策，但企业为了保持原有利润而抬高商品价格。通过税收负担转嫁过程，增税会必然引起物价上涨。

②为防止经济衰退减少税收，如果人们并不将因少纳税留下的钱用于购买商品，而是用于储蓄，这时，减税政策不一定能带来消费或投资的增加。

3.财政政策在支出政策方面的局限性

①在萧条时期，政府的购买和转移支付的增加，目的是鼓励投资和消费，刺激总需求，但如果人们将这笔收入用于储蓄而非商品购买时，不一定能带来消费或投资的增加。

②在通货膨胀时期，政府减少购买和转移支付，会直接影响大企业和削减转移支付的人们的收入，因此会遭到他们的反对。

（二）货币政策的局限性

①在经济衰退时期，尽管中央银行采取扩张性措施，但是商业银行往往为了安全起见不愿冒风险增加贷款，厂商也不愿利用较低的利率，增加投资。

②在通货膨胀时期，尽管中央银行采取紧缩性措施，提高利率，但企业会认为此时有利可图，增加贷款。

(三)相机抉择与政策配合

1.相机抉择

财政政策和货币政策在原则上都能起到稳定经济的作用,在不同的经济形势下要选择如何配合使用。相机抉择是指政府在运用宏观经济政策来调节经济时,可以根据市场情况和各项调节措施的特点,机动地决定和选择某项或几项政策措施。

2.政策配合

①一松一紧。即扩张性财政政策和紧缩性货币政策相结合。当经济萧条但又不太严重时,用扩张性财政政策刺激总需求,再用紧缩性货币政策控制通货膨胀。

②双紧政策,即紧缩性财政政策和紧缩性货币政策相配合。当经济中出现严重通货膨胀时,用紧缩性财政政策,降低总需求水平,同时又实行紧缩性货币政策,以防止利率过分提高。

③一紧一松。即紧缩性财政政策和扩张性货币政策相配合。当经济中出现通货膨胀又不太严重时,用紧缩财政政策,降低总需求水平,用扩张性货币政策,降低利率,以免财政过度紧缩而引起衰退。

④双松政策。扩张性财政政策和扩张性货币政策相配合。当经济严重萧条时,用扩张性财政政策增加总需求,用扩张性货币政策降低利率。

表12-2是两种政策搭配使用的不同组合,从表中可以看出,不同组合的政策效果是不一样的,其中“不确定”的政策效果指由于两种政策不同的使用力度,可能会导致产出增加或减少。例如,第四种政策搭配,同时使用扩张性的财政政策和货币政策,即在IS-LM模型中,IS和LM都向右移动,其中国民收入一定增加,但利率则视IS和LM哪个移动的幅度大(即财政政策和货币政策哪种使用的力度大)而定。

表12-2　财政政策与货币政策的配合使用

序　号	政策混合	产　出	利　率
1	扩张性财政政策和紧缩性货币政策	不确定	上升
2	紧缩性财政政策和紧缩性货币政策	减少	不确定
3	紧缩性财政政策和扩张性货币政策	不确定	下降
4	扩张性财政政策和扩张性货币政策	增加	不确定

【思政拓展案例】

2022年货币政策:宽而不溢、精准滴灌

2022年,面对复杂多变的国内外经济金融形势,中央银行全面践行金融工作的政治性、人民性与专业性,坚定走中国特色金融发展之路:(1)坚持“稳字当头、以我为主”的总体原则,继续实施稳健的货币政策,持续加大对实体经济的支持力度;(2)完善“双支柱”调控体系,加强宏观审慎制度建设,有效防范和化解金融风险;(3)健全金融供给体系,大力发展普惠金融、科技金融、数字金融等特色金融,扩大金融业高水平对外开放程度,提高中

国金融的全球竞争力。

继续实施稳健的货币政策，不断加大对实体经济的支持力度。总量上，保持流动性合理充裕，保持货币供应量和社会融资规模增速与名义经济增速基本匹配，疏通货币政策传导机制，增强信贷增长稳定性。价格上，持续释放贷款市场报价利率改革和传导效应，进一步推动金融机构降低实际贷款利率，降低市场主体的融资成本。结构上，发挥货币政策总量和结构双重功能，继续用好结构性货币政策工具，突出金融支持重点领域。

操作上，适时降准降息，通过加快利率市场化进程，以政策利率带动市场利率下行。降息方面，中央银行全年两次下调OMO（公开市场操作）与MLF（中期借贷便利）中标利率，累计降幅达0.2个百分点；三次下调5年期LPR（贷款市场报价利率），累计降幅达0.35个百分点，政策利率的下调有效引导企业贷款利率降至4.05%的历史低位。降准方面，中央银行于4月全面下调金融机构人民币存款准备金率0.25个百分点，降低金融机构成本，进而传导至社会综合融资成本。

面对美元飙升带来的人民币贬值，货币政策两度下调外汇存款准备金率，累计3个百分点；适时上调远期售汇业务外汇风险准备金率，将其从0上调至20%。“稳汇率”政策的适时使用，有效弱化了人民币单边贬值的市场预期，维护了人民币强势货币的国际地位。

完善“双支柱”调控体系，加强宏观审慎制度建设，有效防范和化解金融风险。自从党的十九大明确作出健全货币政策和宏观审慎政策双支柱调控框架的重要部署以来，中央银行加快建立有中国特色的宏观审慎政策框架，提高系统性金融风险防范能力。2022年，宏观审慎顶层框架初见成效，房地产金融与跨境资本流动宏观审慎政策工具逐渐完善。19家商业银行被评定为国内系统重要性银行，其资产规模占我国银行业总资产的60%以上；平均不良率1.33%，低于2021年同期水平，拨备覆盖率为240%，同比提高15.6个百分点。

大力发展特色金融支持工具，健全金融供给体系。新发展格局需要进一步深化金融供给侧结构性改革，健全金融供给体系。自2021年起，中央银行加快绿色金融、普惠金融与科技金融等特色金融工具的创新与应用。截至2022年上半年末，结构性货币政策工具额度超7万亿人民币，余额为5.4万亿人民币。下半年，中央银行推出政策性开发性金融工具，用来支持重大基础设施项目的开展。截至三季度末，该工具总投放6743亿元，推动社融与中长期信贷的企稳向好。

（资料来源：新浪网）

思政引导：2022年以来，面对百年未有之大变局，在习近平新时代中国特色社会主义思想的指导下，在以习近平同志为核心的党中央坚强领导下，各地区各部门有力统筹经济社会发展，我国经济运行总体实现平稳开局，经济发展有韧性有活力，长期向好的基本面没有改变。但当前国际形势仍然严峻复杂，宏观经济下行压力较大，市场主体面临的困难增加。

面对当前的经济金融形势，中国人民银行主动作为，靠前发力，发挥好货币政策工具的总量和结构双重功能，稳定宏观经济基本盘，提高政策精准导向和直达性，助力困难行业和小微企业纾困发展，强化对实体经济的支持力度，保持经济运行在合理区间。

思考与练习

一、单项选择题

1.当总需求大于总供给时,可采取的政策是(   )。

A.增加政府购买　　B.减少政府购买

C.增加政府税收　　D.减少政府税收

2.下列(   )的财政政策将导致国民收入水平有最大增长。

A.政府增加购买40亿元商品和劳务

B.政府购买增加40亿元,同时增加税收40亿元

C.税收减少40亿元

D.政府支出增加40亿元,其中20亿元由增加的税收弥补

3.通常认为紧缩货币的政策是(   )。

A.提高贴现率　　B.增加货币供给

C.降低法定准备率　　D.中央银行增加购买政府债券

4.银行向中央银行申请贴现的贴现率提高,则(   )。

A.银行要留的准备金会增加　　B.银行要留的准备金会减少

C.银行要留的准备金仍不变　　D.以上几种情况都有可能

5.下列不属于中央银行扩大货币供给的手段是(   )。

A.降低法定准备率以变动货币乘数　　B.降低再贴现率以变动基础货币

C.公开市场业务买入国债　　D.向商业银行卖出国债

6.财政部向(   )出售政府债券时,基础货币会增加。

A.居民　　B.企业　　C.商业银行　　D.中央银行

7.扩张性财政政策对经济的影响是(   )。

A.缓和了经济萧条但增加了政府债务

B.缓和了萧条也减轻了政府债务

C.加剧了通货膨胀但减轻了政府债务

D.缓和了通货膨胀但增加了政府债务

8.降低贴现率的政策(   )。

A.将增加银行的贷款意愿　　B.将制约经济活动

C.与提高法定准备金率的作用相同　　D.通常导致债券价格下降

9.政府的财政收入政策通过(   )对国民收入产生影响。

A.政府转移支付　　B.政府购买　　C.消费支出　　D.出口

10.法定准备金率越高(   )。

A.银行越愿意贷款　　B.货币供给量越大

C.越可能引发通货膨胀　　D.商业银行存款创造越困难

二、判断题

1. 政府税收不具有自动稳定经济的作用。（ ）

2. 如果政府把债券出售给居民户，货币供给必定增加。（ ）

3. 准备金要求的提高是为了增加银行的贷款量。（ ）

4. 充分就业是指失业率为零。（ ）

5. 如果中央银行希望降低利率，那么，它就可以在公开市场上出售政府债券。（ ）

6. 改变再贴现率是中央银行经常使用的货币工具。（ ）

7. 增加税收和增加政府支出都属于扩张性的财政政策。（ ）

8. 当经济衰退时，一国货币当局应提高再贴现率，在公开市场上买进政府债券，降低法定准备金率。（ ）

9. 中央银行能够控制商业银行准备金而不是活期存款规模。（ ）

10. 在总需求量不足时，政府可采取扩张性的财政政策来抑制衰退。（ ）

三、简答题

1. 宏观经济政策工具主要有哪些？

2. 宏观财政政策的含义是什么？

3. 我国中央银行的货币政策工具主要有哪些？

4. 公开市场业务发挥作用的前提是什么？

5. 财政政策与货币政策如何混合使用达到调控目的？

技能训练项目

分析研讨国家宏观货币政策执行报告

【技能目标】

培养学生初步分析现实经济下国家货币政策的作用的过程能力。

【内容与要求】

全班自愿形成学习小组，每组5~6人，每组通过网络、报纸等搜索上一年《中国货币政策执行报告》，了解中国人民银行公开发布的有关货币政策执行情况，了解当年我国执行什么货币政策，在总结分析基础上，融会贯通，并以“××××年我国货币政策解读”为题，撰写一篇分析报告。

全班组织一次交流研讨，每组推荐一名代表发言，阐述本组对我国货币政策执行情况的解读，其他小组同学可进行提问或补充观点等。

【成果与考核】

1. 每组提交一份“××××年我国货币政策解读”分析报告。

2. 教师根据各组报告、发言对每组进行评估打分，分数作为本次实训成绩。

参考文献

[1] 保罗·萨缪尔森，威廉·诺德豪斯.经济学：学术版[M].19版.北京：商务印书馆，2017.

[2] 曼昆.经济学原理：宏观经济学分册[M].7版.北京：北京大学出版社，2015.

[3] 唐树伶.经济学基础[M].3版.北京：高等教育出版社，2012.

[4] 刘日星，赵亚芬.经济学基础[M].北京：北京邮电大学出版社，2014.

[5] 冯瑞.经济学基础[M].2版.北京：高等教育出版社，2019.

[6] 陈福明.经济学基础[M].3版.北京：高等教育出版社，2018.

[7] 高鸿业.西方经济学[M].7版.北京：中国人民大学出版社，2018

[8] 梁小民.西方经济学导论[M].4版.北京：北京大学出版社，2014.

[9] 梁小民.微观经济学纵横谈[M].北京：生活·读书·新知三联书店，2000.

[10] 茅于轼.生活中的经济学[M].3版.广州：暨南大学出版社，2007.

[11] 张永良.经济学基础[M].2版.北京：北京理工大学出版社，2018.